예제가 가득한 C 언어 길라잡이

한 권으로 끝내는 C 프로그래밍 입문!

김은철 지음

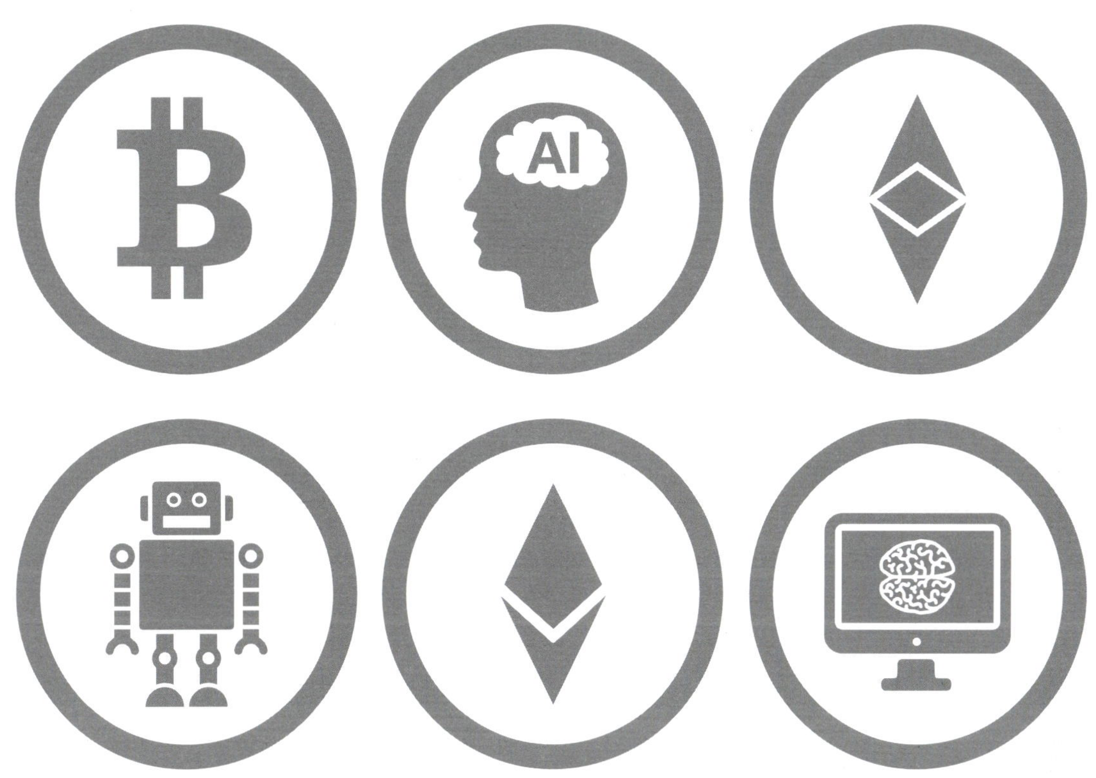

정보문화사
Information Publishing Group

예제가 가득한
C언어 길라잡이 개정 증보판

개정 증보 1쇄 발행 | 2018년 5월 10일
개정 증보 2쇄 발행 | 2021년 6월 10일

지 은 이 | 김은철
발 행 인 | 이상만
발 행 처 | 정보문화사

편집진행 | 노미라

주   소 | 서울시 종로구 동숭길 113 (정보빌딩)
전   화 | (02)3673-0037(편집부) / (02)3673-0114(代)
팩   스 | (02)3673-0260
등   록 | 1990년 2월 14일 제1-1013호
홈페이지 | www.infopub.co.kr

I S B N | 978-89-5674-777-4

머 리 말

C 언어의 세계에 오신 것을 진심으로 환영합니다.

이 책은 쉽고 간결한 예제 위주의 설명과 100개의 추가 예제를 통해 실무를 경험할 수 있도록 체계적으로 구성되어 있다. C 언어에 관심있는 독자라면 누구라도 이 책을 통해 최고의 프로그래밍 고수가 될 수 있을 것이다.

C 언어는 IoT라는 새로운 4차 산업혁명과 함께 많은 곳에서 사용되고 있다. 특히 나카모토 사토시에 의해 창안된 비트코인이라는 가상화폐의 핵심 엔진인 블록체인(Blockchain)이 C 언어로 개발되어 있어 시대를 따라가기 위해 C 언어를 배워야 함이 더욱 자명해졌다.

여러분이 공부하려는 C 언어는 하버드 대학교를 졸업한 데니스 리치에 의해 1971년에 만들어졌으며, 지금도 프로그래밍 언어의 표준으로 전 세계 수많은 프로그래머가 사용하고 있다. C 언어는 유닉스와 리눅스 운영체제를 만든 기본 언어이며, 우리가 사용하고 있는 아이폰, 아이패드, 안드로이드폰은 이 리눅스 운영체제를 탑재한 놀랍고 마술 같은 컴퓨터이다. 이런 기기들이 C 언어를 사용해 개발되었다는 것 자체가 C 언어를 알아야 하는 중요한 이유가 된다.

C 언어를 배우면 스마트 앱을 포함한 다양한 프로그램을 만들 수 있으며, 그 중 아이폰과 안드로이드용 앱이 단연 으뜸이 될 것이다. 아이폰과 안드로이드폰 내부가 C 언어를 기반으로 만들어졌기 때문에, 뛰어난 앱 개발자가 되기 위해 뿌리 깊은 C 언어를 익혀야 함은 당연하다. 또한, C 언어를 배운다는 것은 아이폰, 안드로이드 프로그래밍은 물론 C++, Java, HTML5, Swift 등의 수많은 프로그래밍 언어와 연결되어 여러분을 최고의 프로그래머로 만들어 주는 가장 빠른 지름길이기도 하다.

이 책은 필자의 30년이 넘는 오랜 경험을 살려 C 언어를 쉽고 빠르게 배울 수 있도록 집필하였다. 여러분도 이 책을 통해 훌륭한 프로그래머가 되기를 바란다. 불타는 열정으로 C 언어를 시작하는 여러분, 그리고 데니스 리치(Dennis Ritchie)와 스티브 잡스(Steve Jobs)에게 고마운 마음으로 이 책을 바친다.

저자 김은철

이 책의 특징

C 언어 입문의 시작, 가장 빠른 길잡이가 되어드릴 것입니다.

'Hello.c'에서 '리눅스 프로그래밍'까지 이 한 권에서 만나볼 수 있습니다. 1~14장에서 기본기를 다지고, 100개의 C 예제를 소개한 15장에서 실전 노하우를 익히세요!

Chapter 01 초보자도 쉽게 시작하는 C 프로그래밍

이 장에서는 C 언어를 학습함에 있어 반드시 알아야 할 개발 툴의 설치 및 사용 방법을 중점적으로 학습하며, 첫 번째 예제를 통해 C 언어로 프로그램을 만들어 볼 것입니다.

Chapter 02 C 프로그램의 첫걸음, 구성 요소

이 장에서는 C 언어에서 사용되는 각 요소들을 살펴봄으로써 C 언어에 대한 전반적인 이해 및 각각의 구성 요소가 뜻하는 의미를 학습하도록 합니다.

Chapter 03 기본기를 알면 C가 보인다. 변수와 상수

이 장에서는 변수와 상수의 개념 및 사용법에 대하여 학습합니다. 변수는 C 언어에서 가장 기초적인 개념이며, 프로그램 실행중에 수치값을 저장하기 위해 사용합니다. 이와 반대로 상수는 프로그램 실행중에 변할 수 없는 수치값을 저장하기 위해 사용합니다.

Chapter 04 입력과 출력의 기본, scanf( )와 printf( ) 함수

C 언어는 키보드로부터 값을 입력 받는 scanf() 함수와 화면 출력을 하는 printf() 함수를 제공하며, 각 함수는 매우 다양한 형식을 지원합니다. 이 장에서는 각 함수들이 제공하는 다양한 형식의 의미와 활용 방법에 대하여 학습합니다.

Chapter 05 연산자

연산자는 산술, 관계, 논리, 비트 연산자 등으로 분류할 수 있습니다. 이 장에서는 C 언어가 제공하는 수많은 연산자에 대하여 학습합니다.

Chapter 06 반복문

C 언어에서는 동일한 작업을 여러 번 반복해야 할 때 사용할 수 있는 for, while, do~while을 제공합니다. 이 장에서는 반복문의 작성 방법에 대하여 학습합니다.

Chapter 07 제어문

살다보면 두 가지 조건 중의 하나를 판단해야 할 경우가 있듯이 C 언어에서도 이와 같이 조건에 대해 평가할 수 있는 if문이 제공됩니다. 이 장에서는 if문 및 continue, break, switch문에 대하여 학습합니다.

Chapter 08 함수

C 언어 프로그램은 대부분 함수로 구성되어 있습니다. 함수를 사용하면 구조화된 프로그램을 만들 수 있으며, C 언어가 제공하는 printf() 함수, scanf() 함수 등의 표준 함수도 사용할 수 있습니다. 이 장에서는 함수는 무엇이고 어떻게 작성해야 하는지 학습합니다.

Chapter 09 배열

배열은 데이터형이 같은 변수의 집합입니다. 배열은 1차원, 2차원, 3차원 등이 주로 사용되며, 정수형, 문자형, 실수형 등 다양한 데이터형을 지원합니다. 이 장에서는 배열 변수의 선언과 사용 방법에 대해 학습합니다.

Chapter 10 포인터

C 언어는 Java나 기타 다른 언어와 달리 메모리 번지를 저장하기 위한 데이터형을 제공하는데, 그것이 바로 포인터형 변수입니다. 이 장에서는 이러한 포인터에 대해 학습합니다.

Chapter 11 문자와 문자열

C 언어에서 가장 많이 사용되는 것 중 하나가 문자 및 문자열입니다. 이 장에서는 문자의 개념, 문자열의 구성 방법, 문자열과 배열의 관계, 문자열의 포인터, 문자열 함수의 사용 및 메모리 공간을 동적으로 할당하는 방법에 대해서 학습합니다.

Chapter 12 구조체

C 언어는 구조화된 프로그래밍을 위해 프로그래머가 필요한 변수들을 한 곳에 묶어서 사용할 수 있는 구조체(structure)를 제공합니다. 이 장에서는 이러한 구조체에 대해 학습합니다.

Chapter 13 포인터 고급

이 장에서는 지금까지 학습한 여러 종류의 변수 및 함수에 대한 좀 더 고급 기능의 포인터에 대해 다룹니다. 고급 포인터의 종류는 포인터의 포인터, 포인터 배열, 함수 포인터, 함수 포인터 배열 등 다양하며, 이 장에서 포인터의 깊이를 느껴보기 바랍니다.

Chapter 14 생각하는 프로그램, 알고리즘

알고리즘이란 주어진 문제를 해결하는 방법입니다. 이 장에서는 재귀 호출 및 선택 정렬 그리고 자료를 저장하는 링크드 리스트와 트리 등의 알고리즘에 대해 학습합니다.

Chapter 15 100개의 예제로 마무리하는 C 프로그래밍

이 장에 소개한 100가지 예제를 통해 간단한 구구단부터 리눅스 프로그래밍까지 직접 프로그램을 짜보면서, 지금까지 배우고 익힌 문법적인 실력을 실무적인 실력으로 키워보세요.

공부하다 안 될 때는

구입하신 책으로 학습하다 잘 되지 않을 때에는 필자가 운영하는 커뮤니티인 네이버 카페(http://cafe.naver.com/pplus.cafe)나
정보문화사 홈페이지(http://www.infopub.co.kr)의 [도서 문의 게시판]으로 문의주세요.

1 웹 브라우저를 실행시킨 후 정보문화사 홈페이지로 들어간 후 아이디와 패스워드를 입력하여 로그인합니다.

2 메인 페이지에서 [고객센터]-[게시판]-[도서문의 게시판]을 클릭하여 '도서문의 게시판' 화면으로 이동합니다.

3 질문 및 답변들이 있는 게시판 화면에서 아랫부분으로 이동하여 [글쓰기]를 클릭하고, 질문 내용을 작성한 후 [등록]을 클릭합니다.

4 게시판에서 자신이 등록한 문의 글을 확인할 수 있습니다.

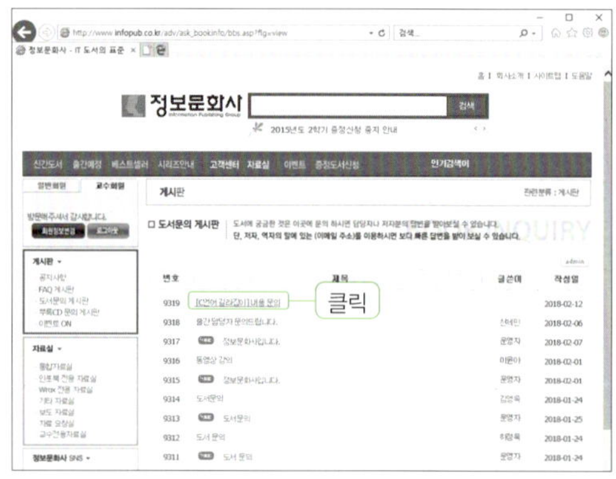

예제 파일의 구성

정보문화사 홈페이지 자료실에서 프리웨어 C/C++ 컴파일러인 Dev-C++ 및 본문에 사용된 모든 예제 프로그램의 소스 코드와 소스 코드 검색 프로그램 Mong.exe 프로그램을 제공합니다.

프리 C/C++ 컴파일러 Dev-C++ 설치

정보문화사 홈페이지 자료실에서 받은 Dev-C++은 사용 제한이 없는 프리웨어 C 컴파일러입니다. 내려 받은 Dev-Cpp 5.11 TDM-GCC 4.9.2 Setup.exe를 더블클릭하여 설치합니다.

Mong.exe 설치

자료실에서 내려받은 5674-777.zip 파일의 압축을 풀면 Mong.exe 파일이 있습니다. 몽 프로그램의 사용법은 아래를 참조하세요.

몽 프로그램 사용하기

Mong.exe 프로그램을 실행하면, 다음과 같은 화면을 볼 수 있습니다.

몽(Mong.exe) 프로그램은 도움말과 Chapter 1 ~ Chapter 15까지로 구성되어 있습니다. 도움말은 몽 프로그램에서 사용되는 단축키 등이 설명되어 있으며, Chapter 1~ Chapter 15까지는 책에 소개된 예제 코드들이 포함되어 있습니다.

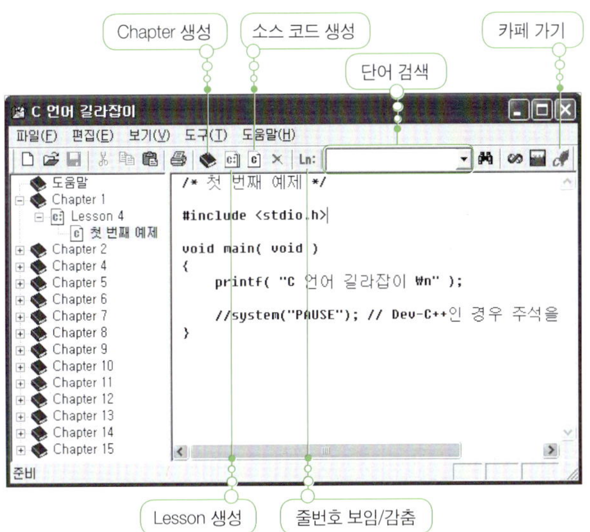

이 책을 보는 방법

레슨 제목
앞으로 배울 내용의 가장 핵심적이고 중요한 사항을 레슨 제목으로 삼았습니다.

레슨 도입문
해당 레슨에서 다루고 있는 내용을 간략하게 설명합니다.

이것만은 꼭
각 레슨을 진행하면서 꼭 알아두어야 하는 용어 및 참고하면 좋은 용어 등을 정리하였습니다. 또한 예제의 난이도, 활용도, 소요시간을 ★/☆로 표시하여 예제 수준을 알 수 있도록 하였습니다.

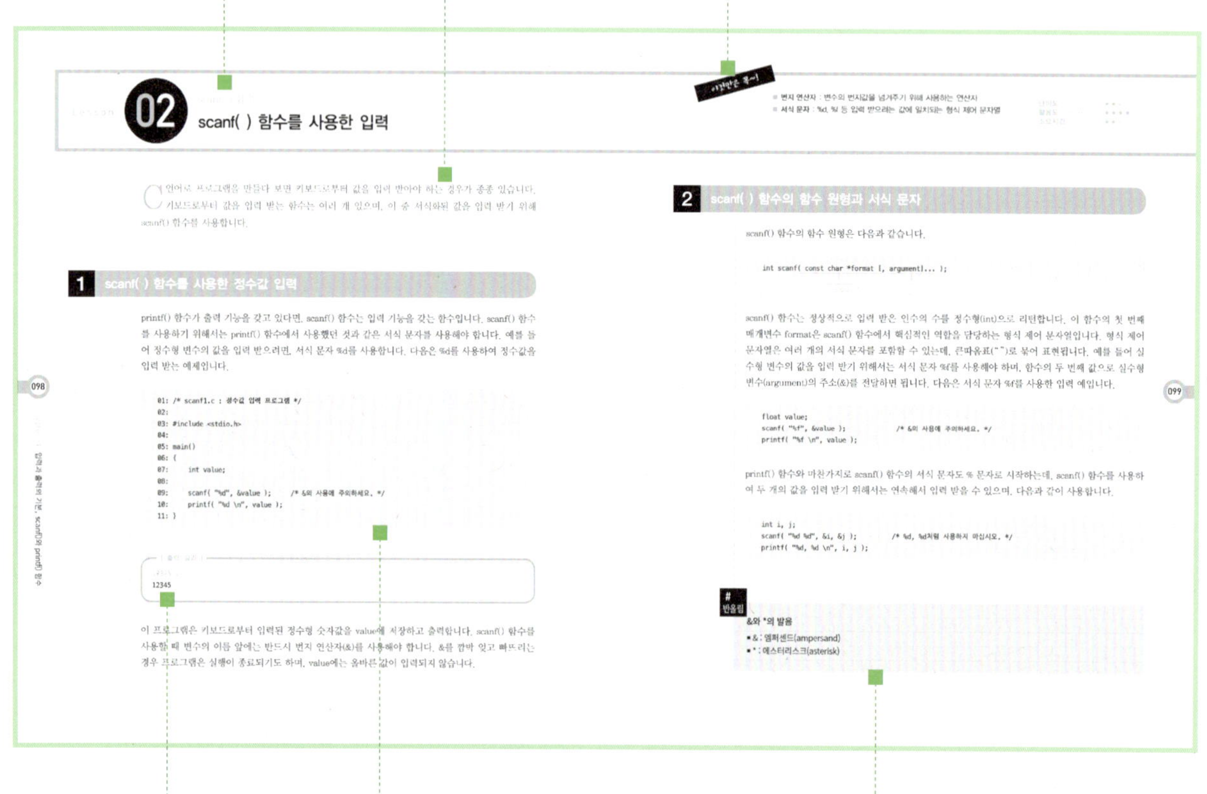

출력 결과
소스 코드를 컴파일하여 실행한 결과 모습입니다. 색상으로 표시되어 있는 부분은 직접 키보드로 입력하는 부분입니다.

소스 코드
해당 레슨의 주가 되는 프로그램의 풀 소스 코드를 보여줍니다. 이 부분을 줄 번호를 제외하고 그대로 입력하면 해당 프로그램을 컴파일하여 실행해 볼 수 있습니다.

반올림
독자의 이해를 도울 수 있는 알짜 팁이나 좀 더 깊이 있는 설명을 배치하였습니다.

비법전수

각 단락에서 소개하지 못한 내용이나 보충할
내용을 따로 분리해 다루어줌으로써 중/고급
유저로 나아갈 수 있는 발판을 마련해줍니다.

코드 설명

실행 코드를 한 줄 한 줄 지칭하여 프로그램의
흐름대로 자세히 설명합니다. 프로그램을 분석
하면서 익혀보세요.

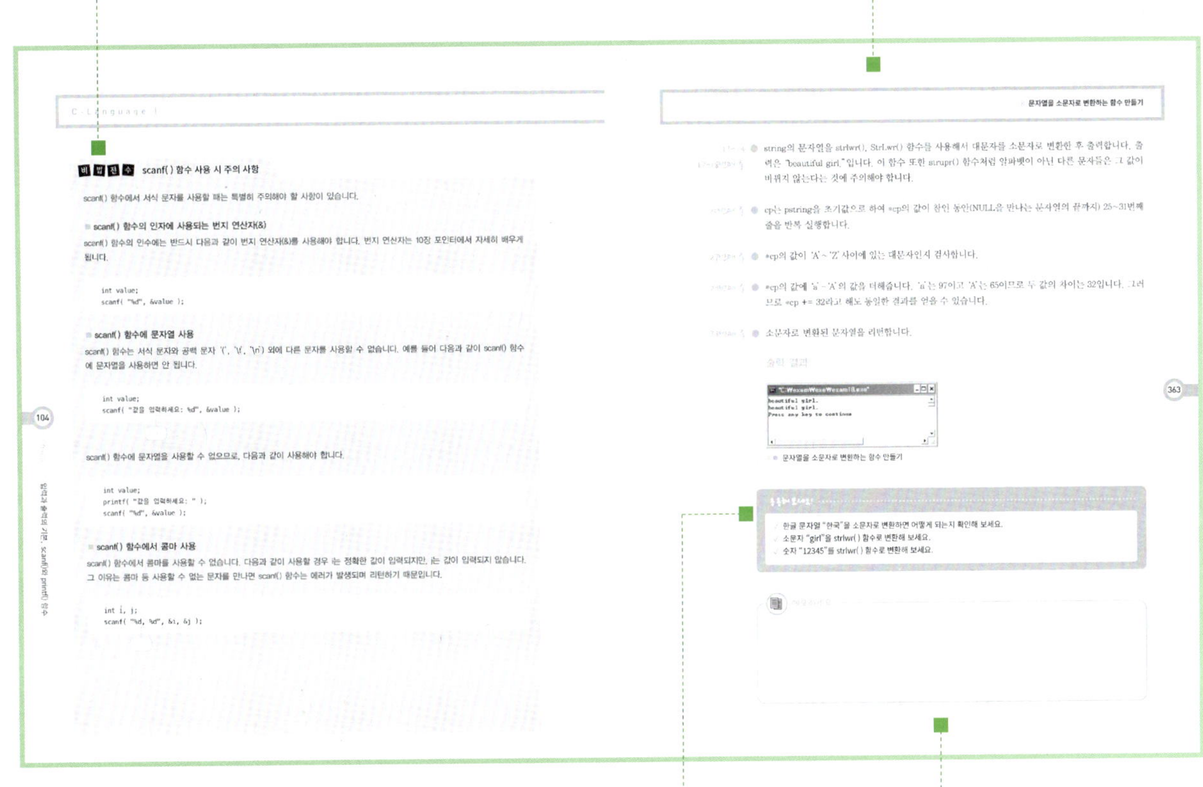

응용해 보세요!

앞서 설명한 실습 프로그램의 응용 방
향을 제시해주어 해당 프로그램을 좀더
확실히 익힐 수 있도록 하였습니다.

메모하세요

자유로운 메모 공간입니다. 필요하거나
중요한 내용을 자유롭게 적어두는 유용
한 공간으로 활용하세요.

C o n t e n t s
차 례

chapter 01 초보자도 쉽게 시작하는 C 프로그래밍

chapter 02 C 프로그램의 첫걸음, 구성 요소

chapter 03　기본기를 알면 C가 보인다. 변수와 상수

Contents

C - Language

Contents

Contents

Contents

chapter 12　구조체

chapter 13 포인터 고급

Contents

C - Language

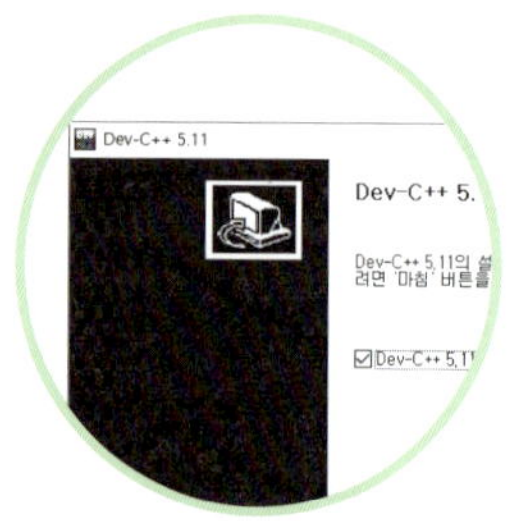

프로그래머라면 누구나 한 번쯤 배우게 되는 것이 C 언어입니다. C 언어는 1971년에 데니스리치에 의해 개발이 시작되어 지금까지 업그레이드가 진행되어 왔습니다. 이 장에서는 C 언어를 학습함에 있어 반드시 알아야 할 개발 툴의 설치 및 사용 방법을 중점적으로 학습하며, 첫 번째 예제를 통해 C 언어로 프로그램을 만들어 볼 것입니다.

초보자도 쉽게 시작하는
C 프로그래밍

01
chapter

01

C 언어 소개

C 언어를 이해하자!

C 언어에 입문한 것을 환영합니다. C 언어를 처음 접하는 독자들은 C 언어라는 것이 언제 탄생되고 어떻게 발전되어 왔는지 궁금할 것입니다. 이 레슨에서는 C 언어의 탄생 배경과 지금까지 어떻게 발전되어 왔는지 그 역사에 대해 알아봅니다.

1 | C 언어의 탄생 배경 그리고 역사

사람이 서로 의사를 소통하기 위해 언어를 사용하듯이, 컴퓨터와 대화를 하기 위해서도 언어가 필요합니다. 컴퓨터와 대화할 수 있는 언어는 다양한 종류가 있으며, 그 중 하나가 C 언어입니다. C 언어는 1971년경부터 데니스리치(D.M.Ritchie)에 의해 개발이 시작되었습니다. C 언어가 개발된 목적은 UNIX 운영체제를 만들기 위해서였으며, 이후 몇 차례 표준화 작업을 거듭한 끝에 현재는 C99(ISO 9899:1999)까지 표준화 작업이 완료되었습니다.

C 언어가 탄생되기까지는 10여 년의 세월이 필요했으며, 그 시초가 바로 ALGOL 60입니다. 이 ALGOL 60이라는 언어를 시작으로, CPL, BCPL, B 언어를 거쳐 C 언어가 탄생하게 된 것입니다. 이렇게 개발된 C 언어는 UNIX라는 운영체제를 만들 수 있을 정도로 강력하기 때문에 급속도로 퍼져 나갔으며, 몇 년이 지난 후 여러 기관에서 그들만의 C 언어 표준을 만들어 사용하기 시작했습니다. 이로 인해 C 언어가 갖는 뛰어난 이식성과 호환성이 점차 줄어드는 문제가 생겼습니다.

이런 문제들을 해결하기 위해 미국 표준 위원회(ANSI: American National Standard Institute)에서는 1983년에 위원회를 설립하고, C 언어의 표준안을 1989년에 완성하였습니다. 이 표준안은 1990년도에 ISO에 의해 승인되었고, 이를 C 언어의 표준인 ANSI C(C90)라 합니다. 그 후 1995년에 C95로 개정되고, 1999년에 다시 C99로 개정되었습니다.

운영체제

요즘 흔히 볼 수 있는 Windows 7/10 등을 운영체제라고 합니다. 운영체제는 컴퓨터 시스템을 구성하고 있는 하드웨어 장치와 응용 프로그램(한글, 워드 등)의 중간에 위치하여, 우리들이 좀 더 쉽게 컴퓨터를 사용할 수 있도록 컴퓨터 시스템을 운용해 줍니다. Windows, Linux(Ubuntu, CentOS), UNIX, Android, iOS 등은 모두 운영체제입니다.

2 C 언어를 사용하는 이유

요즘은 C#, 파이썬 등 현대 시대에 맞는 새로운 언어들이 프로그램 개발 시장을 많이 차지하고 있습니다. 파이썬은 인공지능(AI)과 함께 그 인기를 더해가고 있으며 마이크로소프트는 C#을 전폭적으로 지원하고 있습니다. 하지만 그런데도 C 언어는 현재도 프로그래밍 개발 시장을 굳건히 지키고 있습니다. 또한, 요즘 핫이슈인 비트코인 기술의 블록체인을 구현하는 막강한 언어이기도 합니다. C 언어를 통해 여러분은 프로그래밍이 무엇이고, 알고리즘을 어떻게 구현해야 하는지 배울 수 있습니다. 또한, 다른 언어로 시작하는 프로그래머에 비교해 기초를 탄탄하게 다질 수 있습니다. 프로그래밍 전문가를 꿈꾸는 프로그래머라면 반드시 C 언어를 잘 배워 두기 바랍니다. 다음은 C 언어가 갖는 장점을 나열한 것입니다.

- 코드가 간결합니다.
- C 언어는 강력하고 개발 효율이 높습니다. C 언어를 사용하면 운영체제를 비롯하여 다른 컴파일러까지 개발할 수 있습니다.
- C 언어는 이식성이 높은 언어입니다. 이식성이 높다는 것은 Linux 운영체제에서 개발된 프로그램을 거의 고치지 않고, 윈도우 운영체제 등에서 사용할 수 있다는 것입니다.
- 함수를 사용해서 구조적인 프로그래밍을 할 수 있으며, 프로그램의 특성에 따라 모듈화를 할 수 있습니다.
- 객체 지향 언어인 C++ 언어를 배우기가 쉬워집니다.
- 하드웨어와 관련된 프로그래밍이 쉽습니다.
- 범용성이 뛰어납니다.

C++ 언어는 C 언어에서 객체 지향 프로그래밍(OOP: Object-Oriented Programming)을 추가한 언어라고 생각하면 되며, 최근 들어 복잡한 프로그램을 개발하기 위해서 C++ 언어를 많이 사용합니다. 하지만 아직도 임베디드나 펌웨어 프로그램은 C 언어로 개발되고 있으며, 두 언어를 혼용하는 경우도 있습니다. 다음은 C 언어로 작성한 Hello.c 예제입니다. 잠시 살펴보고 넘어가도록 하세요.

```
/* Hello.c */

#include <stdio.h>

int main( void )
{
    printf( "Hello! world!" );
    return 0;
}
```

프로그래밍을 이해하자!

C 언어를 배우는 대부분의 목적은 컴퓨터에서 실행되는 다양한 종류의 응용 프로그램을 만들기 위해서입니다. 이 레슨에서는 프로그램(Program), 프로그래머(Programmer), 프로그래밍(Programming)에 대한 개념과 컴파일러 및 링커의 기능에 대해 학습합니다.

1 프로그램

프로그램(Program)이란 컴퓨터가 이해할 수 있는 수많은 명령어들의 집합입니다. 컴퓨터는 순서적으로 배치된 이진 명령들을 처리하는 기계이며, 우리가 사용하는 모든 프로그램은 이런 명령어들로 구성되어 있습니다. 프로그램은 그 종류가 매우 다양합니다. 카톡 프로그램, 게임 프로그램, 한글 편집 프로그램 등이 있으며 대부분 우리가 자주 접하는 프로그램입니다. 앞으로 여러분은 이 책을 배워 가면서 C 언어로 수많은 프로그램을 작성하게 될 것입니다.

2 프로그래머

컴퓨터는 수치 계산을 위해 만들어졌으며, 1946년 세계 최초의 전자식 컴퓨터인 에니악(ENIAC)이 탄생되었습니다. 컴퓨터에 명령을 전달하기 위해서는 프로그램이 필요하며, 이 프로그램을 만드는 사람을 프로그래머(Programmer)라 합니다. 독자 중에는 "나는 멋진 게임을 만들 거야!"라고 생각하는 독자가 있을 것인데, 그런 멋진 게임을 만들기 위해서는 C 언어부터 시작해야 한다는 것을 알아야 합니다. 프로그래머는 어떤 언어를 사용하는가에 따라 여러 형태의 프로그래머로 분류할 수 있습니다. C 언어를 사용하는 C 프로그래머로부터 Java 프로그래머, Web 프로그래머, DB 프로그래머 등이 있습니다. 지금 이 책을 보고 있는 여러분은 C 프로그래머라고 할 수 있습니다.

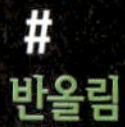

#
반올림

에니악(ENIAC)

세계 최초의 전자식 컴퓨터로써 1946년에 만들어졌습니다. 이 컴퓨터는 길이가 무려 30m이고, 무게가 30톤이나 되는 어마 어마한 컴퓨터였습니다. 거의 70년 이상 지난 지금은 불과 30cm의 길이에 3kg밖에 안 되는 노트북을 사용하고 있는데, 이는 놀라운 발전이 아닐 수 없습니다. 물론 계산 속도 또한 상상할 수 없을 정도로 빨라졌습니다.

3 프로그래밍

프로그래머에 의해 프로그램은 만들어집니다. 여러분은 앞으로 다양한 프로그램을 만들게 될 것이며, 프로그램을 만드는 과정을 프로그래밍(Programming)이라 합니다. 프로그래밍 작업은 다시 세 가지로 나누어지며, 다음과 같이 구분할 수 있습니다.

첫 번째, 편집기에 소스 코드(Source Code)를 입력합니다.
두 번째, 컴파일(Compile)을 합니다.
세 번째, 링크(Link)를 합니다.

소프트웨어 공학에서 프로그램의 개발 과정을 보면 요구 설계, 유지 보수 등 보다 어렵고 복잡한 단계가 존재합니다. 하지만 일반적인 프로그래밍은 3개의 작업으로 분리할 수 있으며, 이 3개의 작업이 완료되면 프로그램이 만들어집니다. 컴퓨터는 명령을 처리해 주는 기계에 불과하며, 현대 사회에서는 냉장고, 자동차, 스마트폰에 이르기까지 컴퓨터가 사용되고 있습니다.

첫 번째, 편집기에 소스 코드를 입력하는 과정은 프로그래밍의 핵심적인 부분입니다. 프로그래머는 소스 코드를 입력하고 컴파일 및 링크하여 프로그램을 만들어냅니다.

두 번째, 컴파일이란 소스 코드를 목적 코드(Object Code)로 변환하는 것을 뜻합니다. 소스 코드는 사람이 이해할 수 있는 것이고, 목적 코드는 컴퓨터가 이해할 수 있는 명령어들의 모임입니다. 소스 코드를 목적 코드로 변환해 주는 프로그램을 **컴파일러**(Compiler)라고 합니다.

세 번째, 링크란 목적 코드에 스타트업 코드를 추가해서 실행이 가능한 상태의 프로그램으로 만드는 것입니다. 목적 코드를 실행 가능한 프로그램으로 변환해 주는 프로그램을 링커(Linker)라고 하며, 링커는 여러 개의 목적 코드를 하나로 합쳐 주는 기능도 수행합니다.

#
반올림

소스 코드(Source Code)

컴퓨터 프로그램을 텍스트 형태로 기록하고 있는 것을 소스 코드라고 합니다. 일반적으로 프로그램을 만들기 위해서는 프로그래밍 과정을 거치며, 프로그래밍은 소스 코드를 입력하는 것이라 할 수 있습니다.

개발 툴을 설치하자!

프로그램을 만들기 위해서는 코드의 편집 및 디버깅, 컴파일, 링크의 과정이 필요합니다. 최근에는 편집기, 컴파일러 그리고 링커가 통합되어 있는 개발 툴이 많이 있으며, 이 레슨에서는 통합 개발 툴인 GNU의 Dev-C++과 Visual C++의 설치 방법을 학습합니다.

1 Dev-C++

Dev-C++은 유닉스용 컴파일러인 gcc와 Mingw(Minimalist GNU for Windows)를 포함해 무료로 배포되는 프로그램으로써, Visual Studio 2017과 유사한 개발 환경을 제공합니다. 이 프로그램은 정보문화사 자료실 또는 인터넷으로부터 내려 받을 수 있습니다.

http://www.infopub.co.kr

윈도10의 경우는 아래의 링크에서 내려 받을 수 있습니다.

https://sourceforge.net/projects/orwelldevcpp/files/Setup%20Releases/Dev-Cpp%205.11%20TDM-GCC%204.9.2%20Setup.exe/download

2 Dev-C++의 설치

step 01

정보문화사의 자료실 또는 인터넷으로부터 내려 받은 Dev-Cpp 5.11 TDM-GCC 4.9.2 Setup.exe를 실행합니다. 그러면 보안 인증 창이 나타난 후 [예] 버튼을 클릭하면 다음과 같이 압축을 푸는 화면이 나타납니다.

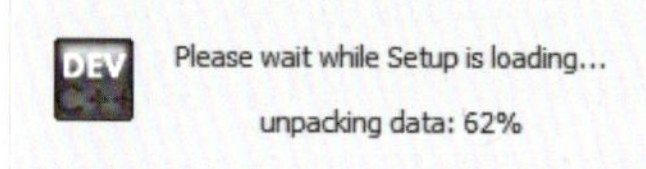

step 02

설치할 언어에 대한 대화 상자가 실행되면 설치 언어의 종류를 'Korean'으로 선택합니다. 그리고 [OK] 버튼을 클릭합니다. 설치를 취소하려면 언제든지 [Cancel] 버튼을 클릭합니다.

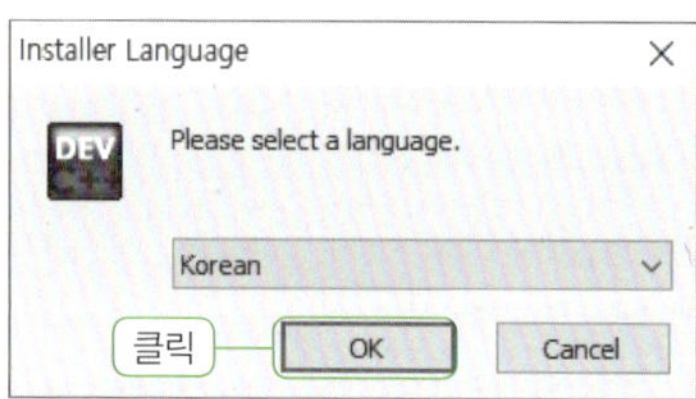

- **Dev-C++** : 유닉스용 컴파일러인 gcc와 Mingw를 포함하여 무료로 배포되는 프로그램
- **Visual C++** : MS사의 제품으로 C/C++/MFC/API 등을 개발할 수 있는 프로그램

난이도 ················· ★☆☆☆☆
활용도 ················· ★★☆☆☆
소요시간 ·············· ★★★☆☆

step 03

[사용권 계약] 대화 상자가 실행되면 [동의함] 버튼을 클릭합니다.

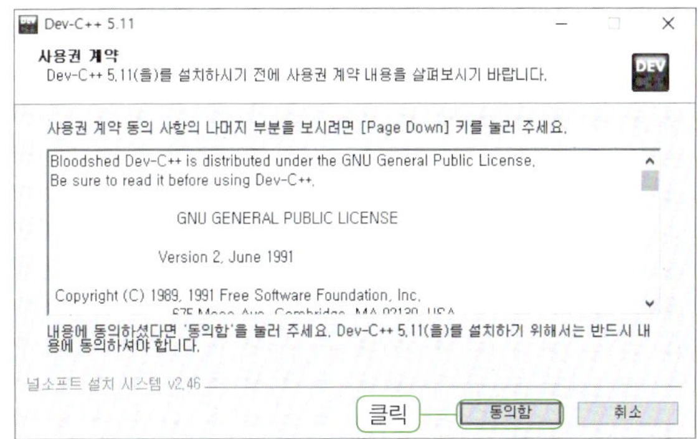

step 04

[구성 요소 선택] 대화 상자가 실행되면 설치 형태 선택을 모두 선택한 후 [다음] 버튼을 클릭합니다.

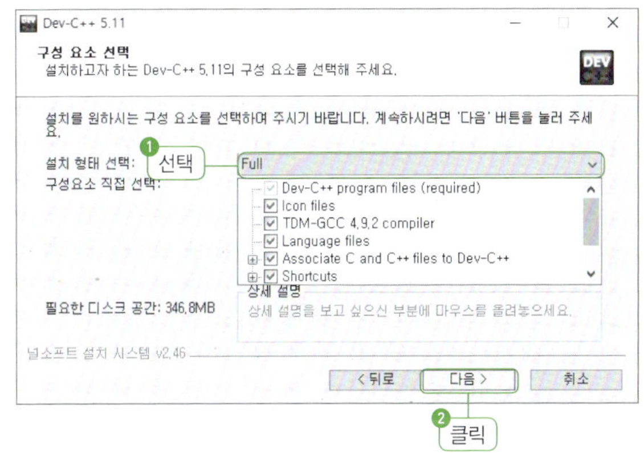

step 05

설치 폴더는 기본적으로 C:\Program Files (x86)\Dev-Cpp에 설치되며, [찾아보기…] 버튼을 클릭해 설치 폴더를 변경할 수 있습니다. 특별한 이유가 아니라면 기본 폴더로 선택하는 것이 좋습니다.

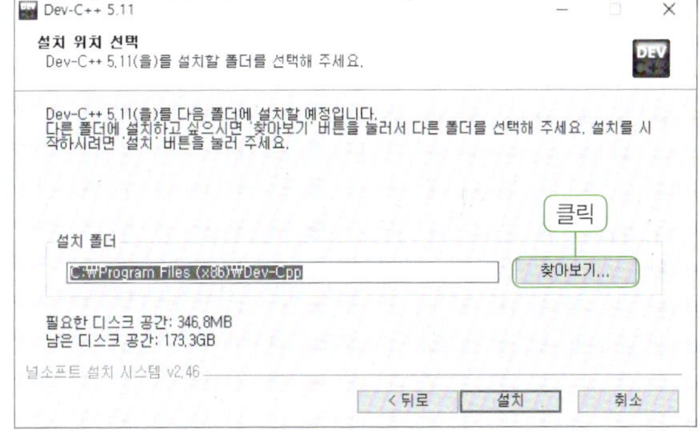

step
06

다음과 같이 프로그램 설치에 필요한 파일이 복사되는 과정이 진행바로 표시됩니다. 컴퓨터 사양에 따라 조금씩 다르지만 보통 1분 내외의 시간이 걸립니다.

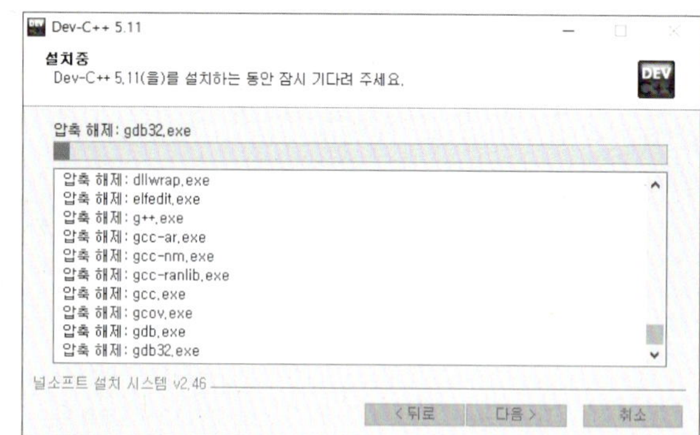

step
07

설치 완료 화면이 실행되면 [마침] 버튼을 클릭합니다.

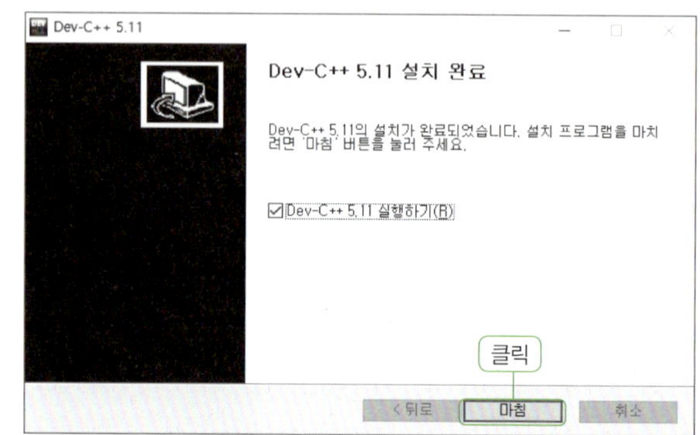

step
08

다음과 같이 사용할 언어를 선택하는 화면이 실행되면 Select your language 리스트 목록에서 'Korean(한국어)'를 선택합니다.
'Korean (한국어)'는 English에서 조금 아래로 내려가면 있습니다. [Next] 버튼을 클릭합니다.

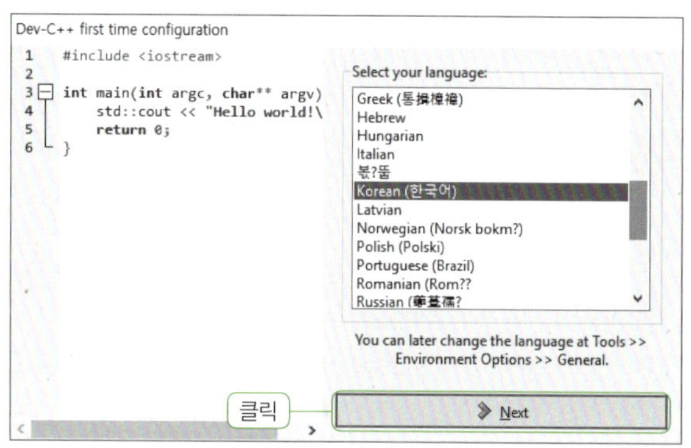

step 09

테마를 선택합니다. 폰트 및 컬러를 선택할 수 있으며, 그대로 둔 후 [Next] 버튼을 클릭해도 됩니다.

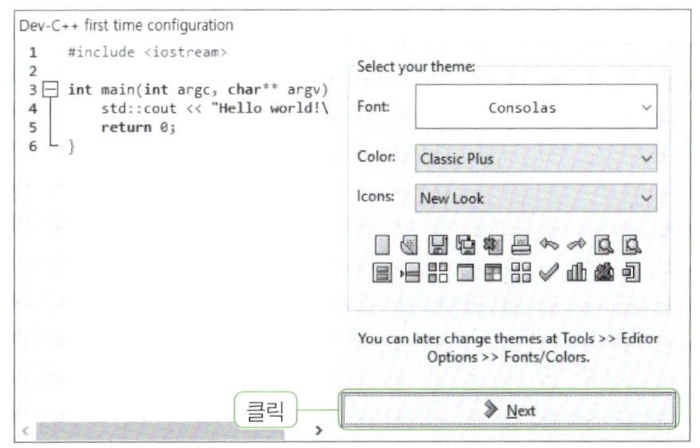

step 10

Dev-C++ 프로그램이 실행되었습니다. 이제 이 프로그램을 사용해 C 언어 프로그래밍을 시작할 수 있습니다.

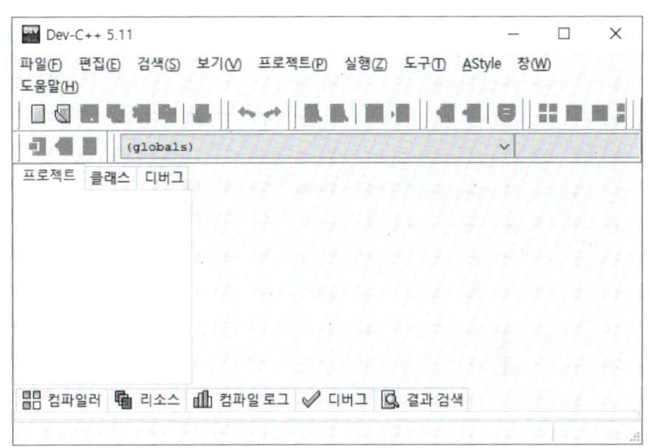

3 Visual Studio의 설치

Visual Studio Express는 마이크로소프트 사의 통합된 환경 개발 툴로 C 언어 뿐만 아니라 C++, MFC, API 등도 개발할 수 있습니다. 이 툴은 마이크로소프트 사의 홈페이지에서 무료로 설치할 수 있습니다. 아래의 경로(URL)에서 Visual Studio Express를 내려 받아 설치할 수 있습니다.

https://www.visualstudio.com/ko/vs/visual-studio-express/

step **01**

마이크로소프트의 비주얼 스튜디오 다운로드 페이지로 이동한 후 [Community 2017 다운로드]를 클릭합니다.

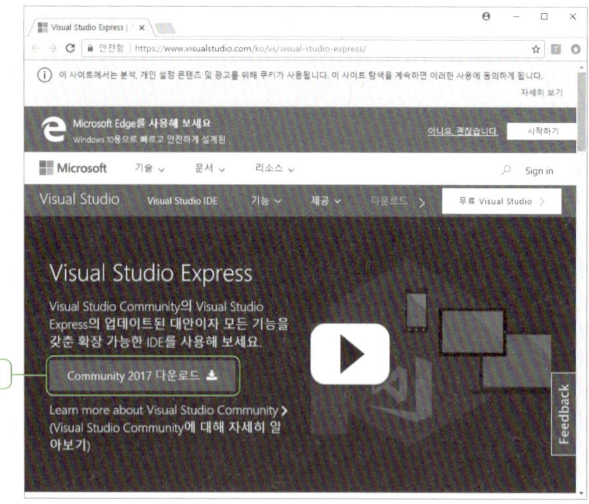

step **02**

내려 받은 파일 vs_community__207280191. 1503034909.exe(버전은 조금 다를 수 있음)를 실행합니다.

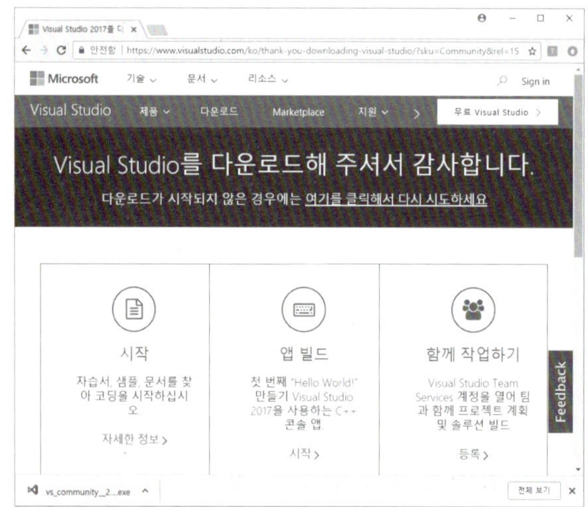

step **03**

설치를 하기 위해 압축을 해제하는 화면이 자동으로 실행됩니다.

step **04**

개인정보처리방침을 읽고 [계속] 버튼을 클릭합니다.

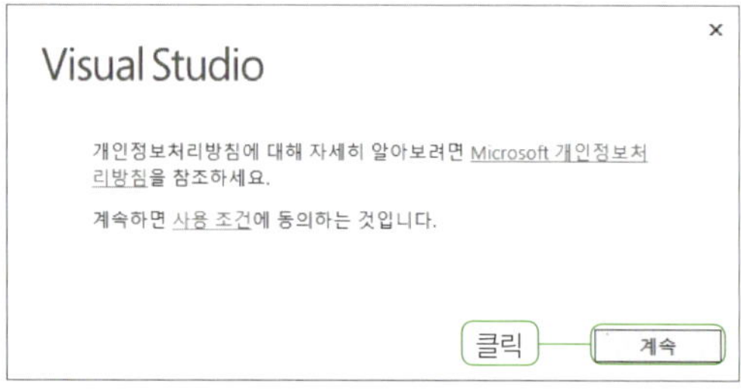

설치를 준비하는 동안 잠시 기다려주세요.

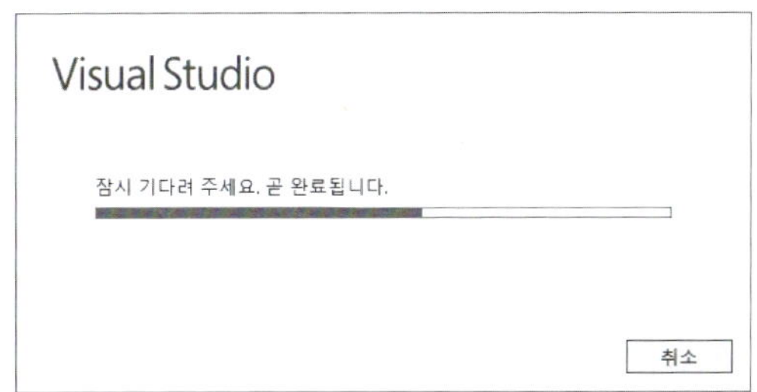

워크로드에서 [C++를 사용한 데스크톱 개발]
을 선택한 후, [설치] 버튼을 클릭합니다.

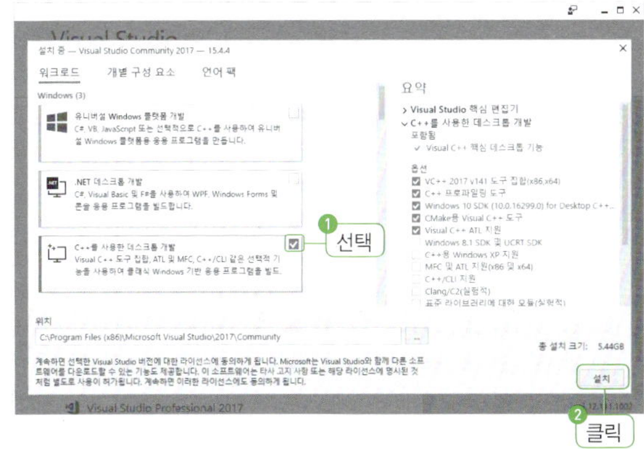

037

다음은 Visual Studio가 설치 중인 화면입니다.

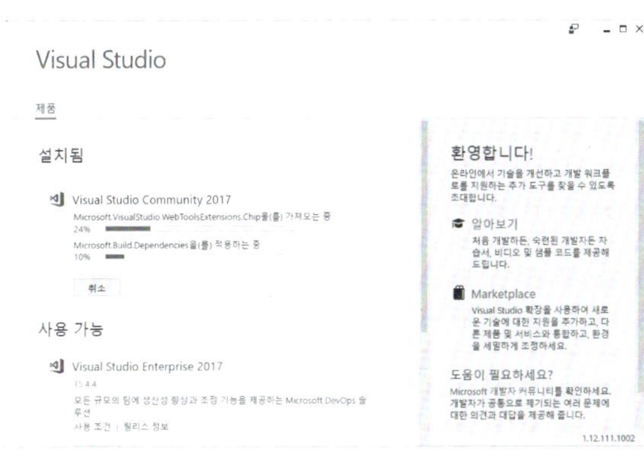

다음은 Visual Studio가 설치 완료된 화면입
니다.

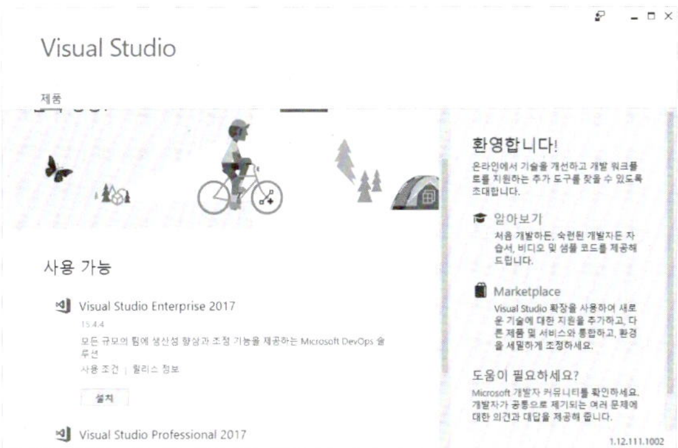

비 법 전 수 컴파일러의 종류에는 어떤 것들이 있나요?

컴파일러의 종류는 운영체제에 따라 아래와 같이 구분할 수 있습니다.

운영체제(OS)	컴파일러(Compiler)
윈도우	Visual Studio(Visual C++), Visual C++.Net, Dev-C++
리눅스(Linux), 유닉스(UNIX)	gcc, g++

Visual Studio(Visual C++)는 1990년대부터 지금까지 가장 사랑받는 컴파일러 중 하나입니다. 이 제품은 단순한 컴파일러의 차원을 넘어서 통합된 개발 환경(IDE: Integrated Development Environment)을 제공하는 것으로 유명하며, 현재 윈도우 응용 프로그램을 만들기 위해 가장 많이 사용되고 있습니다.

Visual C++.Net은 마이크로소프트 사가 자바(Java)에 맞서기 위해 만든 컴파일러입니다.

Dev-C++은 공개용 무료 컴파일러로 C, C++ 등을 학습하기에는 충분합니다.

gcc는 리눅스 또는 유닉스에서 사용되는 컴파일러이며, Visual Studio처럼 통합 환경을 제공하지는 않습니다. 일반적으로 vi, nano 등의 편집기(Editor)를 사용해 프로그램을 작성하고 gcc를 사용해 컴파일합니다.

C 언어를 공부하는 데 왜 C++ 컴파일러만 소개할까요? 그것은 대부분 C++ 컴파일러가 C 언어도 지원하기 때문이며, 요즘은 C 언어만 사용하기보다는 C++에 C 언어를 포함해 많이 사용합니다.

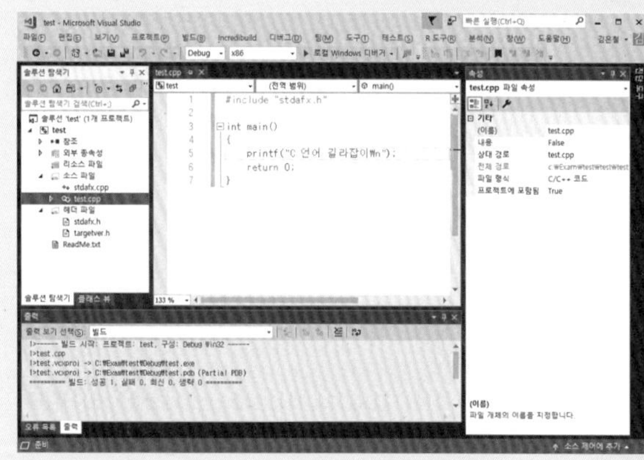

Dev-C++

Visual Studio

메모하세요

04

프로그램 작성법

첫 번째 C 프로그램의 작성과 이해

이 레슨에서는 Dev-C++을 사용해 프로그램을 작성하는 방법과 Visual Studio를 사용해 프로그램을 작성하는 방법에 대해 학습합니다. 이 책에서 C 언어로 프로그램을 만들기 위해서는 이번 레슨에서 학습하는 C 프로그램의 작성 방법을 반드시 이해해야 합니다.

1 Dev-C++ 시작하기

step 01

윈도 왼쪽 아래의 메뉴 버튼을 클릭한 다음 Dev-C++을 실행합니다.

step 02

다음은 Dev-C++이 실행된 모습입니다. Dev-C++을 사용해 C 프로그램을 작성하려면 프로젝트를 하나 생성해야 합니다. 프로젝트를 생성하기 위해서는 메뉴의 [파일]-[새로 만들기]-[프로젝트]를 선택합니다.

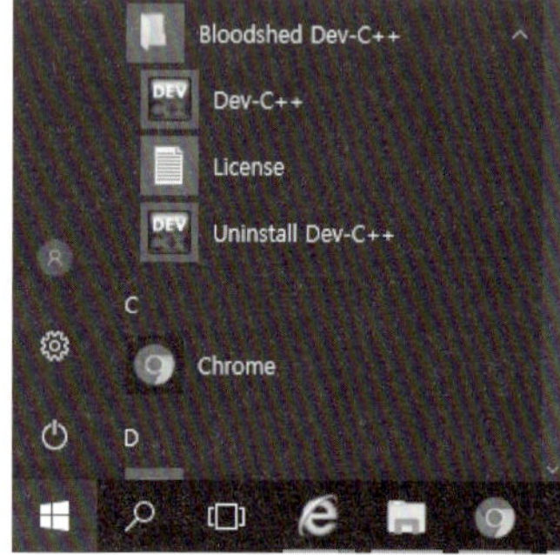

step 03

[새로운 프로젝트] 대화 상자가 실행되면 Console Application을 선택합니다. 그리고 프로젝트명을 'test'라고 입력합니다. 언어의 종류는 C, C++ 두 종류 중 'C'를 선택하고, '기본 언어로 설정'을 체크합니다. [확인] 버튼을 클릭합니다. 언어의 종류를 C++로 선택하면 컴파일 오류가 나므로 주의하기 바랍니다.

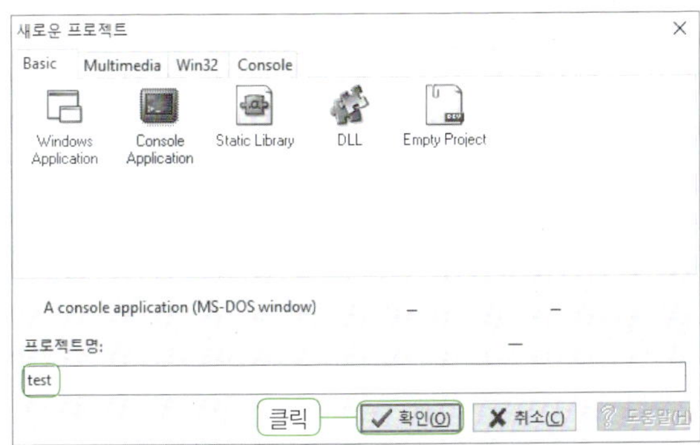

step 04

다음 화면과 같이 'exam'이라는 새 폴더를 생성합니다. 그리고 exam 폴더를 더블클릭해 exam 폴더로 이동한 후 [저장] 버튼을 클릭합니다.

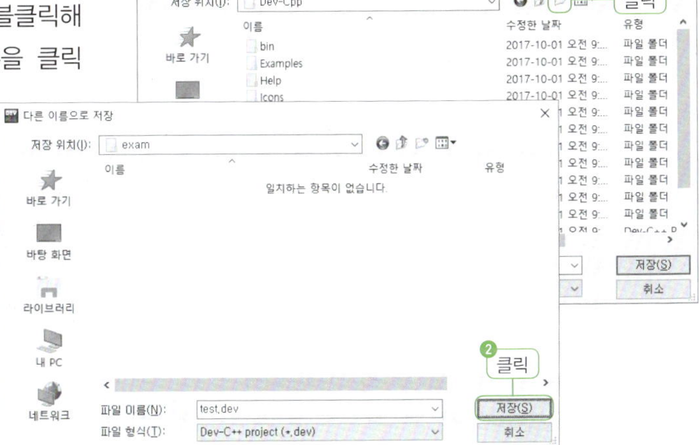

step 05

다음은 프로젝트가 생성된 화면이며, 그림과 같이 main.c가 기본적으로 생성됩니다.
main.c를 새로운 이름으로 저장하기 위해 메뉴에서 [파일]-[새이름 저장]을 선택합니다.

step **06**

그림과 같이 'printf("C 언어 길라잡이 \n");'
를 입력하여 추가합니다.

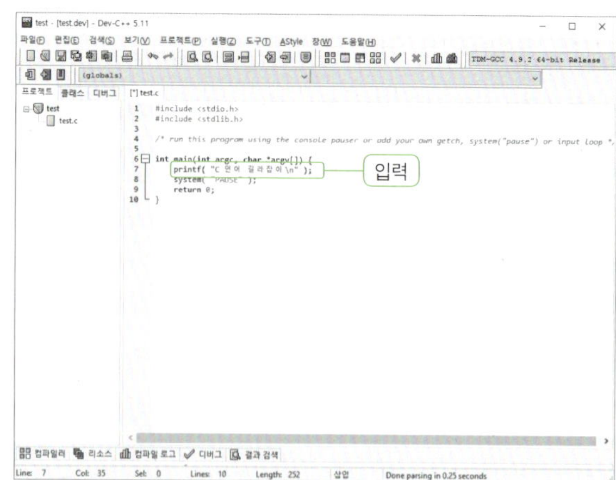

step **07**

프로그램을 컴파일하기 위해 메뉴에서 [실행]-[컴파일]을 선택합니다. 다음은 컴파일이 완료된 화면입니다. 만약 다음 그림과 다른 결과의 오류 화면이 출력된다면 방금 입력한 것이 잘못된 것이므로 다시 한 번 정확하게 입력했는지 확인한 후 컴파일하세요.

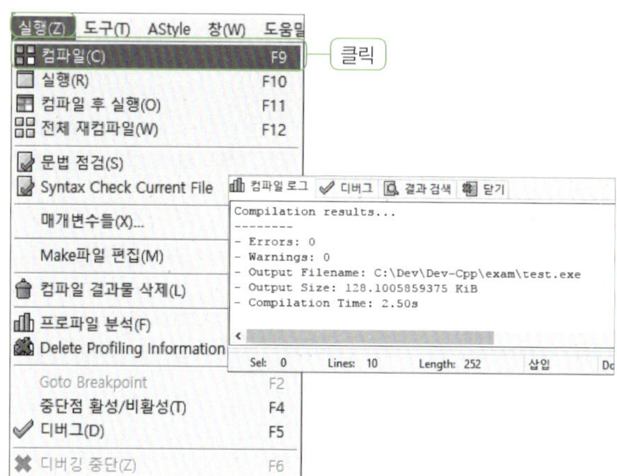

반올림

컴파일을 하기 위한 단축키 Ctrl + F9

프로그램을 만들기 위해서는 컴파일을 해야 하는데, 할 때마다 메뉴를 선택하는 것보다는 단축키 Ctrl + F9 (Ctrl 을 누르고 있는 상태에서 F9 를 동시에 누름)를 사용하는 것이 편리합니다.

step 08

여러분이 방금 입력하고 컴파일한 프로그램은 화면에 "C 언어 길라잡이"를 출력하는 프로그램입니다. 프로그램을 실행하기 위해서는 메뉴에서 [실행]-[실행]을 선택합니다. 그러면 다음과 같은 화면이 나타날 것입니다.

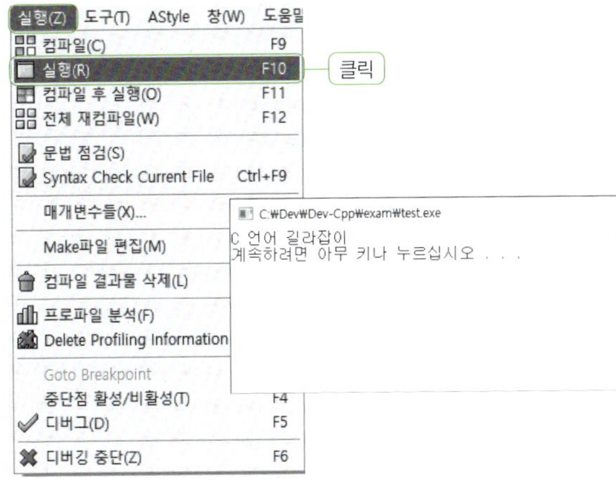

반올림

실행을 하기 위한 단축키 Ctrl + F10

프로그램을 실행하기 위해서는 단축키 Ctrl + F10 을 사용하는 것이 편리합니다.

C 언어를 사용해서 첫 번째 프로그램을 작성해 보았습니다. 아마 약간은 생소하리라는 생각이 듭니다. 많이 하다 보면 익숙해지므로 여유를 갖고 한두 번 더 반복해서 학습하기 바랍니다.

반올림

Dev-C++ 실행과 system("PAUSE");

Dev-C++에서 프로그램을 입력하고 실행하면, 화면에 다음과 같이 출력됩니다.

```
C 언어  길라잡이
계속하려면 아무 키나 누르십시오...
```

이때 "계속하려면 아무 키나 누르십시오..."를 출력한 후 출력 창이 계속 나타나게 해주는 기능이 있는데, 그것을 가능하게 하는 것이 바로 다음의 소스 코드입니다.

```
system("PAUSE");
```

만약 여러분이 Dev-C++을 사용하여 C 언어 길라잡이를 배우고자 한다면, 반드시 여러분이 입력한 맨 끝 줄에 'system("PAUSE");'를 입력하십시오.

2 Visual Studio 시작하기

step 01

윈도 왼쪽 아래의 메뉴 버튼을 클릭한 다음 Visual Studio 2017을 실행합니다. Visual Studio 버전이 변경된 경우 필자가 운영 중인 카페를 참조하세요(http://cafe.naver.com/pplus). 또한, Visual Studio 실행 시 로그인이 필요하므로 회원가입을 해야 합니다.

step 02

다음은 Visual Studio가 실행된 모습입니다. Visual Studio를 사용해 C 프로그램을 작성하려면 프로젝트를 하나 생성해야 합니다. 프로젝트를 생성하기 위해서는 메뉴에서 [파일]-[새로 만들기]-[프로젝트]를 선택합니다.

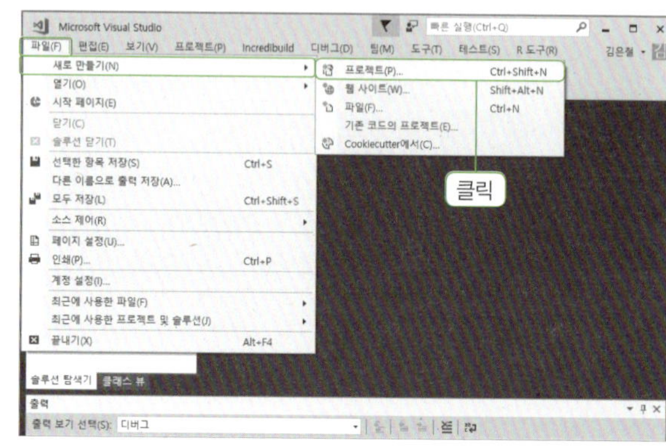

step 03

[새 프로젝트] 대화 상자가 실행되면 Visual C++ 목록에서 [Windows 콘솔 응용 프로그램]을 선택합니다. [이름]은 'test'라고 입력하고, 위치는 [C:\Exam]을 입력합니다. [확인] 버튼을 클릭하면 프로젝트가 생성됩니다.

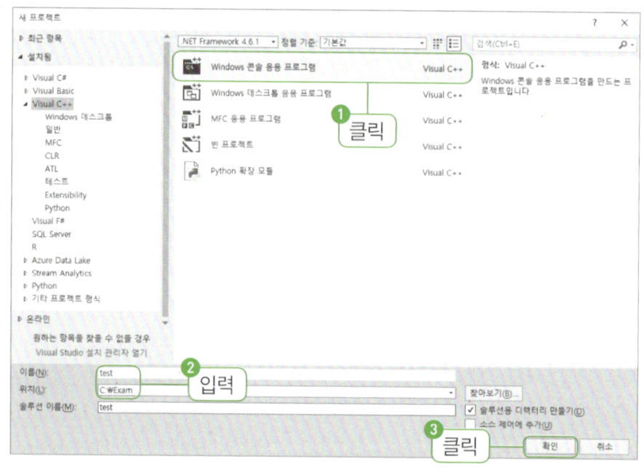

반올림

단축키 Ctrl + N

메뉴의 [File]-[New] 대신 단축키를 사용할 수 있습니다. Ctrl + N (Ctrl 을 누르고 있는 상태에서 N 을 동시에 누름)을 눌러도 메뉴에서 [File]-[New]를 선택한 것과 같은 기능을 합니다. 단축키는 각 메뉴의 오른쪽 끝에 표시되어 있으므로 다른 키도 이와 같이 사용할 수 있습니다.

step 04

다음은 프로젝트가 생성된 화면입니다. 그림과 같이 test.cpp, stdafx.cpp, stdafx.h, targetVer.h 파일이 자동으로 생성됩니다. 여기서 중요한 것은 test.cpp 파일이므로 다른 파일들은 무시해도 됩니다.

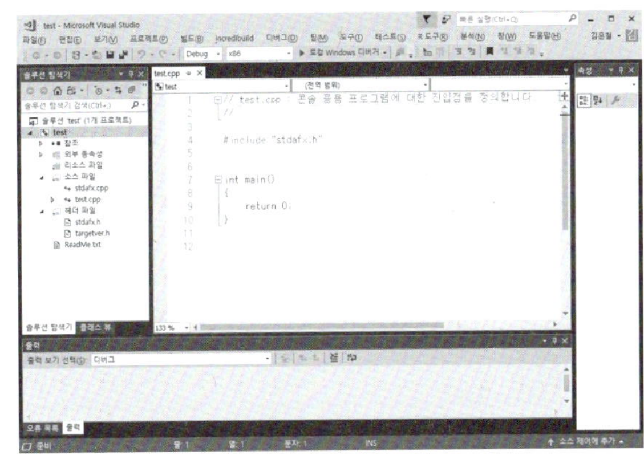

step 05

그림과 같이 'printf("C 언어 길라잡이 \n");'를 입력하여 추가합니다.

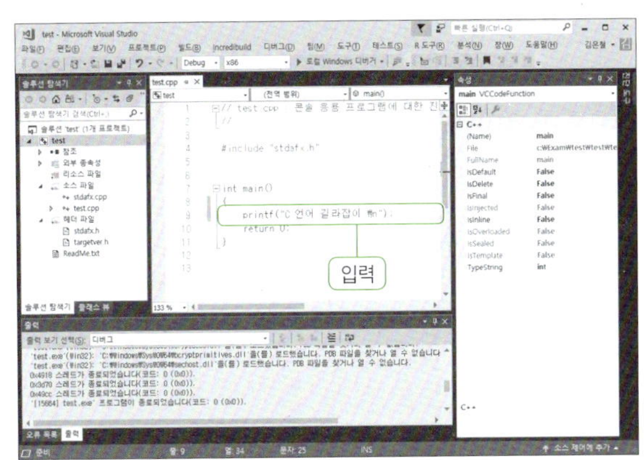

step 06

프로그램을 빌드(컴파일)하기 위해 메뉴에서 [빌드]–[test 빌드]를 선택합니다.

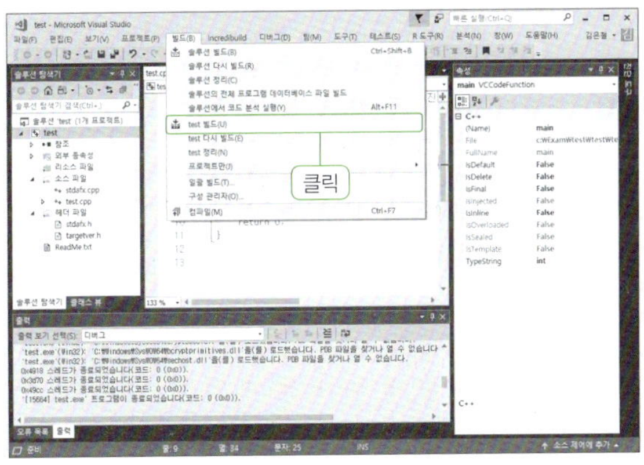

#
반올림

Build를 하기 위한 단축키 F7

프로그램을 만들기 위해서는 컴파일 및 빌드를 해야 하는데, 일일이 메뉴를 선택하는 것보다는 단축키 F7 을 사용하는 것이 편리합니다.

step 07

다음은 빌드가 완료된 화면입니다. 만약 다음 그림과 다른 결과의 오류 화면이 출력된다면 방금 입력한 것이 잘못된 것이므로 다시 한 번 정확하게 입력했는지 확인한 후 컴파일하세요.

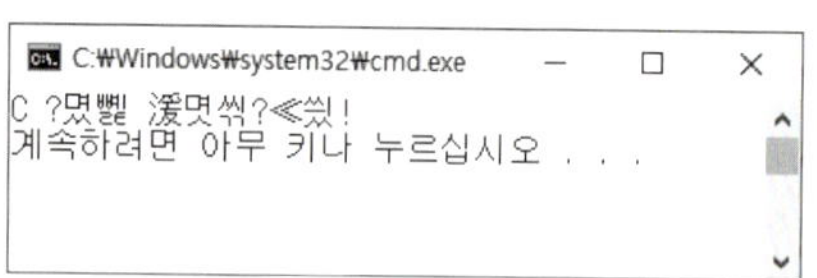

step 08

다음은 실행 결과입니다. 메뉴에서 [디버그]–[디버그하지 않고 시작]을 선택합니다. 한글이 깨져 보이는데 이것은 UTF-8로 된 실행 결과가 EUC-KR의 창에서 깨지기 때문에 발생한 것입니다. 이것을 해결하기 위해서는 현재 test.cpp 파일을 삭제한 후 test.cpp 파일을 새로 생성하거나 다른 이름으로 저장해 코드 페이지를 설정하면 됩니다.

반올림

프로그램을 실행하기 위한 단축키 Ctrl + F5

프로그램을 실행하기 위해서는 단축키 Ctrl + F5 를 사용하는 것이 편리합니다.

step 09

다른 이름으로 저장하려면 test.cpp를 선택한 상태에서 메뉴의 [파일]–[다른 이름으로 test.cpp 저장]–[저장의 인코딩하여 저장] 버튼 클릭 후, 인코딩을 [한국어 – 코드 페이지 949]로 설정하면 됩니다.

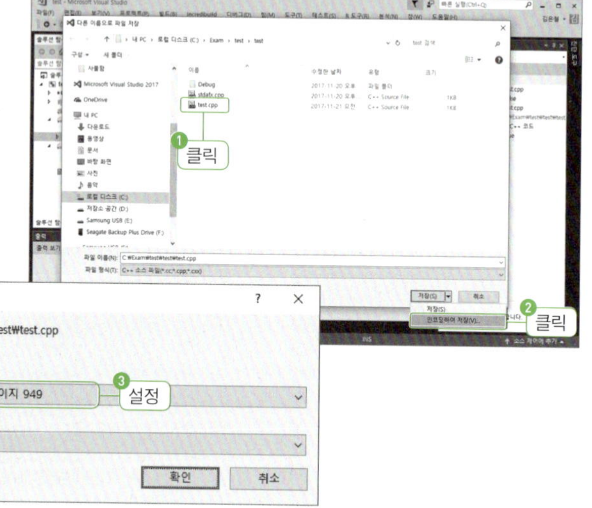

step 10

우선 소스 코드를 메모장 등에 복사합니다. 그러고 나서 다음 화면과 같이 test.cpp에 마우스 오른쪽 버튼을 클릭해 [제거] 메뉴를 선택합니다.

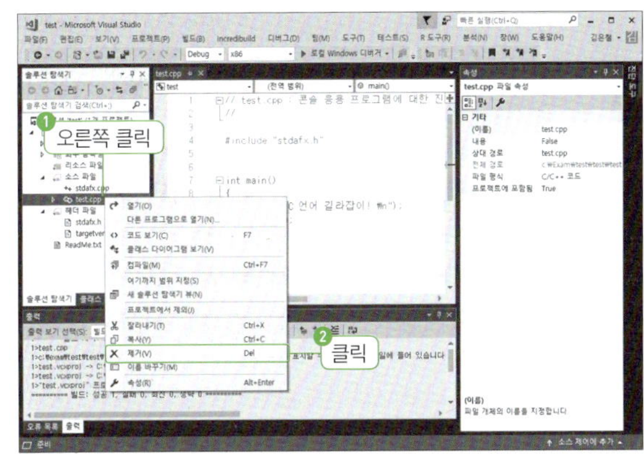

step 11

다음 화면에서 영구적으로 삭제할 것이기 때문에 [삭제] 버튼을 클릭합니다. [제거]는 파일은 삭제되지 않고 프로젝트에서만 제거되는 것이고 [삭제]는 파일도 삭제되고 프로젝트에서도 제거되는 것입니다.

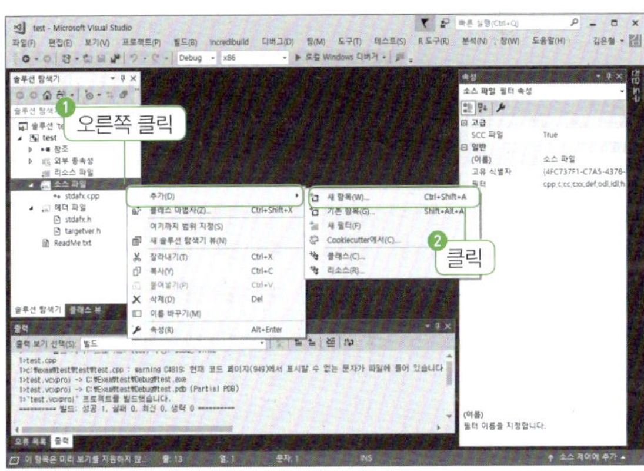

step 12

마우스 오른쪽 버튼으로 소스 파일을 선택한 후 [추가]–[새 항목] 메뉴를 선택합니다.

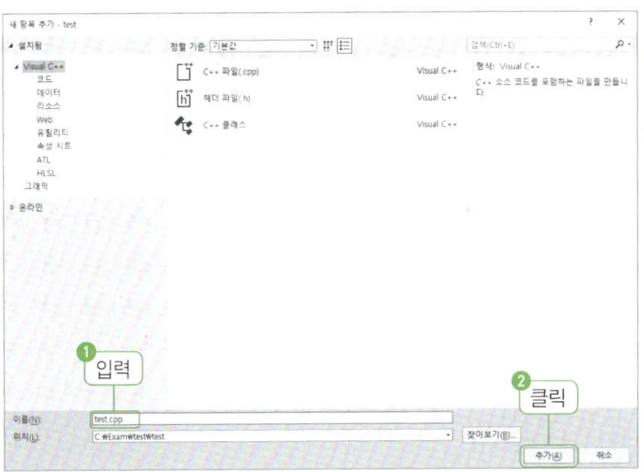

step 13

C++ 파일을 선택하고, 이름으로 'test.cpp'라고 입력한 후, [추가] 버튼을 클릭합니다.

step
14

메모장에 복사해 둔 소스 코드를 아래 화면
처럼 다시 복사해 옵니다.

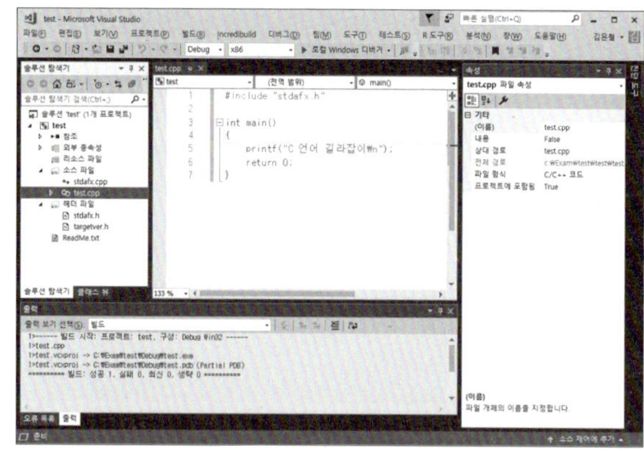

step
15

메뉴에서 [디버그]-[디버그하지 않고 시작]을
선택하거나 Ctrl+F5를 눌러 실행합니다.

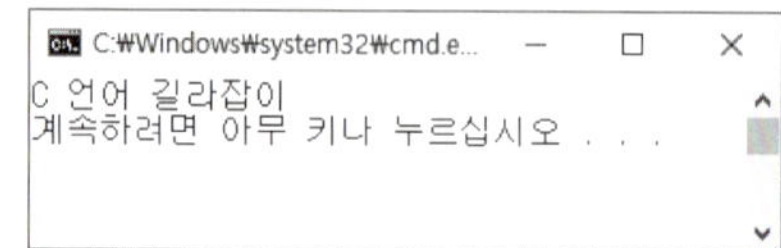

여러분은 지금 Dev-C++과 Visual Studio를 사용해 C 언어로 프로그램을 작성해 보았습니다. 2장부
터는 C 언어로 본격적인 프로그래밍을 하므로, 여기서 프로젝트를 작성하고 실행해 보았던 것을 반
복해 사용합니다. 그러므로 한두 번 더 반복해서 프로젝트를 작성하고 실행 프로그램을 만드는 방법
을 잘 이해하고 넘어가기 바랍니다.

메모하세요

C - Language

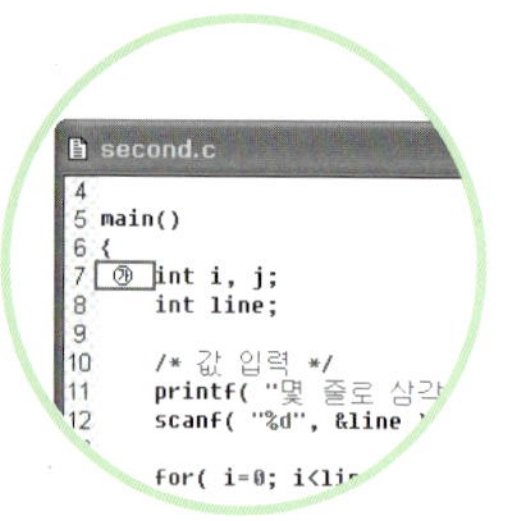

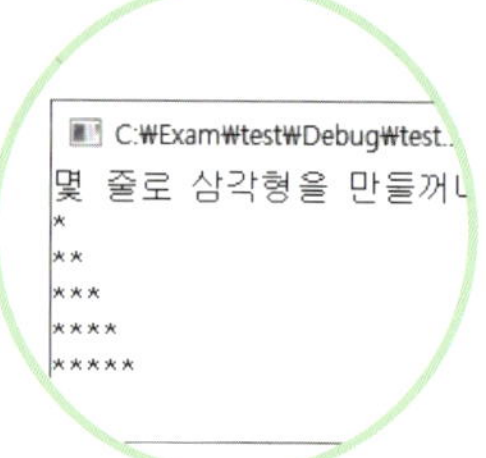

C 언어 프로그램은 함수, 변수, 주석문 등 다양한 구성 요소를 가지고 있습니다. 이 장에서는 C 언어에서 사용되는 각 요소들을 살펴봄으로써 C 언어에 대한 전반적인 이해 및 각각의 구성 요소가 뜻하는 의미를 학습하도록 합니다.

C 프로그램의 첫걸음, 구성 요소

01

두 번째 C 프로그램 예제

이번 장에서 하게 될 두 번째 프로그램 예제는 C 언어의 전체적인 윤곽을 살펴보는 것이기 때문에 조금 어렵습니다. 이 장을 완벽하게 이해하기 위해서는 3장~8장까지의 선행 학습이 필요합니다. 그러므로 C 언어로 쓴 소설을 읽는다는 아주 가벼운 마음으로 읽기를 바라며, 만약 이 장을 공부하는 것이 어렵게 느껴진다면 바로 3장의 '변수와 상수'로 건너뛰어도 관계없습니다.

1 두 번째 프로그램 예제

다음 소스 코드(줄여서 코드라 함)는 화면에서 줄 수를 입력 받아 삼각형을 출력하는 것입니다. C 언어를 처음 시작하는 독자는 도대체 감이 안 잡히겠지만, 이 책을 끝까지 보고 나면 너무나 쉬운 코드라는 것을 알게 될 것입니다. 여기에서는 이 코드를 반드시 이해한다는 생각보다는 앞으로 배워야 할 C 언어가 이런 것이구나 정도만 알고 가면 되고, 아래의 코드를 편안한 마음으로 첫 번째 줄부터 마지막 줄까지를 훑어보도록 합니다. 코드마다 붙어 있는 줄번호(1:, 2:, … , 24:)는 코드의 설명을 위해 있는 것이므로 입력하지 않도록 주의합니다. 즉, 실제로 코드를 입력 시에는 줄번호는 빼고 입력해야 합니다.

```c
 1: /* second.c : 삼각형 출력하기 */
 2:
 3: #include <stdio.h>
 4:
 5: main()
 6: {
 7:    int i, j;
 8:    int line;
 9:
10:    /* 값 입력 */
11:    printf( "몇 줄로 삼각형을 만들꺼니?" );
12:    scanf( "%d", &line );
13:
14:    for( i=0; i<line; i++ )
15:    {
16:        for( j=0; j<=i; j++ )
17:        {
18:            printf( "*" );
19:        }
20:        printf( "\n" );          // 다음 줄로 개행
21:    }
22:
23:    getch();                     // warning error 발생 시 무시하세요!
24: }                              // 또는 4번째 줄에 "#include <conio.h>"를 추가하세요!
```

- 소스 코드 : 삼각형을 출력하는 second.c의 1~24번째 줄에 타이핑되어 있는 문자
- 에러 : 정해진 규칙과 다르게 입력하거나 잘못 입력한 경우 결과 창에 발생되는 메시지

난이도 ················· ★☆☆☆☆
활용도 ················· ★★☆☆☆
소요시간 ·············· ★☆☆☆☆

프로그램을 컴파일하고 실행하면 아래와 같이 출력됩니다. 질문에 5라고 입력한 후 [Enter]를 누릅니다. 5 이외의 다른 값을 입력하면 해당 숫자만큼 별모양이 출력됩니다.

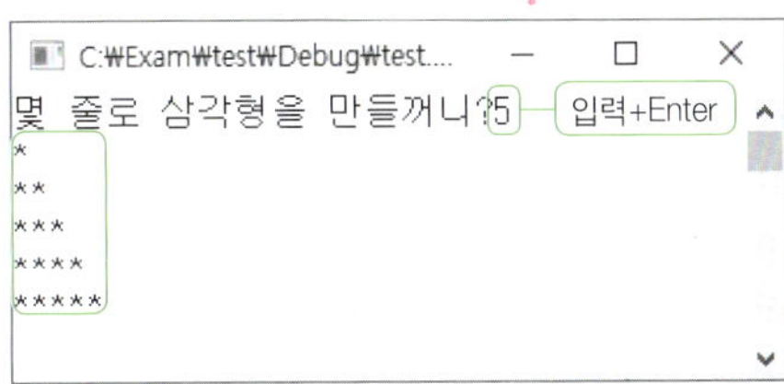

코드를 정확하게 입력하고 실행했다면 위와 같은 화면이 보여집니다. 그렇지 않다면 대부분이 코드를 정확하게 입력하지 않았기 때문입니다. 코드를 정확하게 입력하지 않은 경우 아래의 그림과 같은 에러가 발생하는데, 초보자의 경우 무슨 에러인지 판별하기가 쉽지 않기 때문에 어느 코드를 잘못 입력했는지 주의해서 다시 한 번 살펴보는 것이 좋습니다.

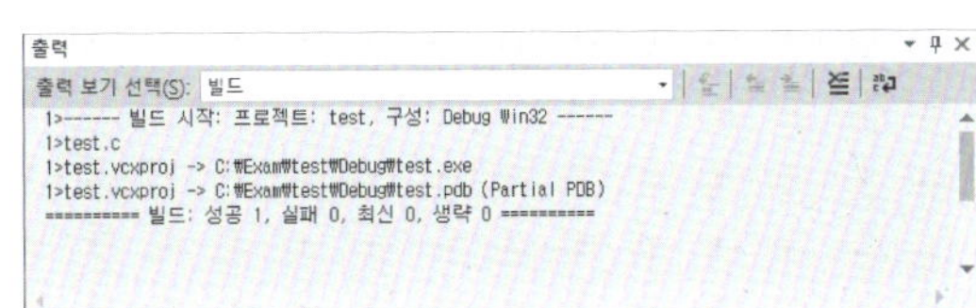

●● VC++ 결과 창

053

반올림

에러를 빨리 해결하는 방법

- 괄호 '(', ')', '{', '}'의 쌍이 맞는지 확인합니다.
- 겹 따옴표 "를 홑 따옴표 '로 사용했는지 확인합니다.
- 세미콜론 ';'을 입력할 곳에 정확히 입력했는지, ':'으로 잘못 입력하지 않았는지 확인합니다.
- Visual C++의 경우 F4 를 눌러서 에러가 난 곳을 확인합니다.
- 정보문화사 자료실에서 내려 받은 예제 소스 코드와 비교해 봅니다.
- 대문자, 소문자를 정확하게 구분하여 입력했는지 확인합니다.
- 잘못 입력한 문자(오타)가 있는지 확인합니다.
- 윗 줄과 아랫 줄이 바뀌었는지 확인합니다.
- 공백이 있는 곳이 정확한지 확인합니다.
- 모든 줄의 수가 24인지 확인합니다.
- 영문자 'i'를 숫자 '1'로 잘못 입력하지는 않았는지 확인합니다.
- ++를 +로 하나만 입력하지는 않았는지 확인합니다.

기초 구문 1 – main( ) 함수

C언어로 프로그램을 만들기 위해서 반드시 존재해야 하는 것이 main() 함수입니다. main() 함수는 프로그램의 실행이 시작되는 곳이며, 또한 프로그램이 종료되는 곳입니다. main() 함수는 여러 개 만들 수 없으며, 하나의 프로그램에는 오직 하나의 main() 함수만 허용됩니다.

1 main( ) 함수

C 언어가 갖는 특징 중 하나가 반드시 main() 함수를 가진다는 것입니다. [예제 second.c]를 보면 5번째 줄에 main()이란 것이 있는데, 이것이 바로 main() 함수입니다. 아래의 그림을 보면 이해하기 쉽습니다.

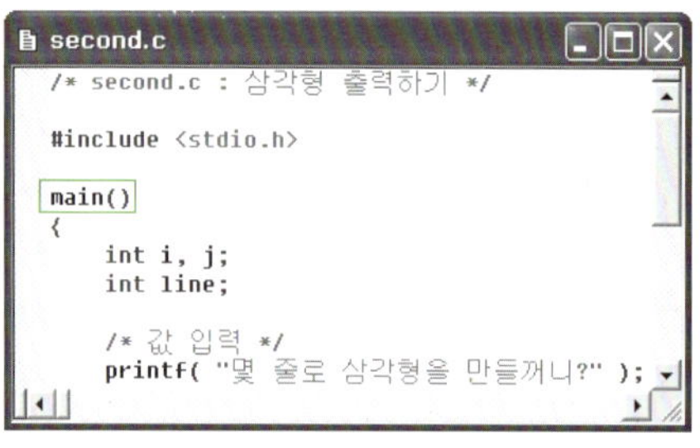

main() 함수는 여러 개를 사용할 수 없으며, 하나의 프로그램에는 반드시 하나의 main() 함수만 있어야 합니다. main() 함수 내에 입력되는 코드의 길이는 매우 길 수도 있으며, 짧을 수도 있습니다. 가장 짧은 main() 함수는 main(){} 입니다. 물론 이 코드는 아무런 동작도 하지 않습니다. main() 함수는 반드시 {로 시작해서 }로 끝나야 합니다. 즉 {와 }는 항상 한 쌍이 되어야 합니다. 52페이지에 있는 [예제 second.c]에 보면 6번째 줄과 24번째 줄이 한 쌍이 되고 있습니다.

main() 함수를 포함한 모든 함수에서 관례적으로 지켜야 하는 것이 있는데, 그것은 들여쓰기입니다. 들여쓰기란 다음 그림과 같이 [Tab]을 사용해서 띄어 주는 것을 의미합니다. [Tab]을 사용해서 문장을 보기 좋게 띄어 주는 것이 좋으며, ㉮㉯㉰가 좋은 예입니다. 그림에서와 같이 for문 또한 블록의 시작과 끝을 표시하는 의미로 중괄호 {와 }를 사용하고 있습니다. 그리고 그 안에 사용된 또 다른 for문도 블록의 시작인 {와 }를 사용하고 있습니다. ㉮는 [Tab]을 한 번, ㉯는 두 번, ㉰는 세 번 누른 것입니다.

- **함수** : 특정한 동작을 처리하기 위한 일련의 코드를 묶어 놓은 것. 프로그래 밍을 잘 하려면 함수를 잘 만들어 사용해야 함
- **main( ) 함수** : 프로그램의 실행이 시작되는 곳

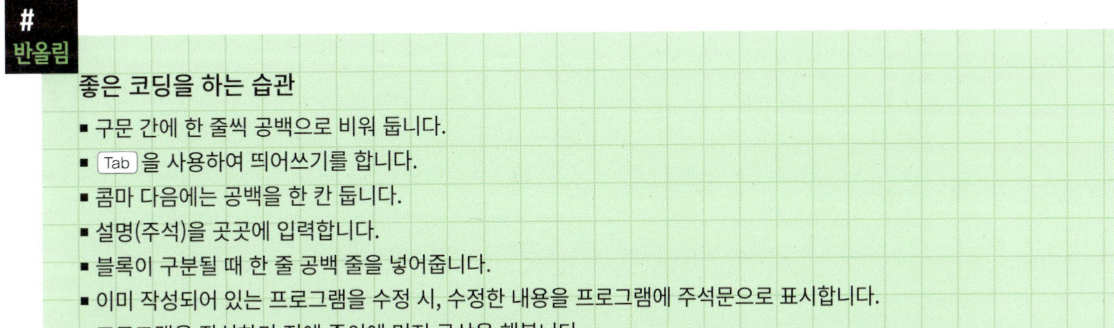

처음 프로그램을 배울 때 습관을 잘 들여야 나중에도 올바른 코딩 습관을 유지할 수 있습니다. 앞의 코드를 유심히 살펴보면 또 다른 특징을 발견할 수 있는데, 바로 줄 간의 띄어쓰기입니다. 4, 9, 13번째 줄에 아무런 코딩도 없음을 볼 수 있으며, 이것 또한 들여쓰기와 비슷하게 블록과 블록을 구분해 주는 역할을 합니다.

반올림

좋은 코딩을 하는 습관

- 구문 간에 한 줄씩 공백으로 비워 둡니다.
- Tab 을 사용하여 띄어쓰기를 합니다.
- 콤마 다음에는 공백을 한 칸 둡니다.
- 설명(주석)을 곳곳에 입력합니다.
- 블록이 구분될 때 한 줄 공백 줄을 넣어줍니다.
- 이미 작성되어 있는 프로그램을 수정 시, 수정한 내용을 프로그램에 주석문으로 표시합니다.
- 프로그램을 작성하기 전에 종이에 먼저 구상을 해봅니다.
- 프로그램의 흐름을 그림으로 알기 쉽게 표현한 플로우차트를 그려봅니다.
- 다른 사람이 입력한 소스 코드를 많이 보고, 좋은 점을 배웁니다.

변수
기초 구문 2 – 변수 선언

변수란 무엇이고, 왜 변수를 사용해야 할까요? 어느 프로그래밍 언어를 사용하든 변수를 사용하지 않는 것은 없습니다. 이 레슨에서는 변수란 무엇이고 어떻게 사용해야 하는지 알아보도록 합니다. 변수의 종류는 다양하며 정수형 변수, 실수형 변수, 포인터형 변수 등으로 구분할 수 있습니다.

1 변수(변할 수 있는 수)

C 언어로 프로그래밍을 할 때, 가장 먼저 접하게 되는 것이 변수입니다. 고급 언어(파이썬 같은)에서는 변수를 정의하지 않고 사용해도 되지만, C 언어에서는 반드시 변수를 정의한 후 사용해야 합니다.

```
3: #include <stdio.h>
4:
5: main()
6: {
7:    int i, j;
8:    int line;
9:
10:   /* 값 입력 */
11:   printf( "몇 줄로 삼각형을 만들꺼니?" );
12:   scanf( "%d", &line );
13:
14:   for( i=0; i<line; i++ )
15:   {
16:        for( j=0; j<=i; j++ )
17:        {
18:             printf( "*" );
19:        }
20:        printf( "\n" );              // 다음 줄로 개행
21:   }
22:
23:   getch();
24: }
```

위 코드에서 보면 7, 8번째 줄이 변수를 정의하는 것이며, i, j, line이 변수명입니다. 12번째 줄에서 line이 사용되고 있는데, line은 몇 줄을 출력할지를 저장하는 변수입니다. scanf( ) 함수는 표준 입력 장치(키보드)로부터 값을 입력 받는 기능을 하며, 키보드를 통해 5라고 입력하면 line 변수에는 5가 저장됩니다. 14번째 줄에서 i=0;에 의해 변수 i는 0을 저장합니다. for문은 문장을 반복할 때 사용하

- **변수** : 변할 수 있는 수. 수치값의 기억 장소
- **변수의 종류** : 정수형 변수, 실수형 변수, 포인터형 변수
- **예약어** : C 언어에서 변수명 정의 시 또는 조건문, 순환문에서 사용하는 if, for 등의 단어

난이도 ················· ★☆☆☆☆
활용도 ················· ★★★★★
소요시간 ············· ★☆☆☆☆

는 예약어(Keyword)이며, i<line;에 의해 변수 i의 값이 변수 line보다 작은 동안 15~21번째 줄을 반복하여 실행합니다. i++;에 의해 변수 i의 값은 1씩 증가합니다. 16번째 줄에서 j=0;에 의해 변수 j는 0을 저장합니다. 마찬가지로 for문은 반복문이기 때문에 j<=i;에 의해 j의 값이 i보다 작거나 같은 동안 17~19번째 줄이 반복 실행됩니다. j의 값은 j++에 의해 블록이 한 바퀴씩 돌 때마다 1씩 증가합니다.

변수는 왜 반드시 선언해야 할까요? Visual C++에서 변수를 정의하지 않았을 경우 아래와 같은 에러 메시지가 발생됩니다.

개	코드	설명
🚫	E0020	식별자 "line"이(가) 정의되어 있지 않습니다.
❌	C2065	'line': 선언되지 않은 식별자입니다.
❌	C2065	'line': 선언되지 않은 식별자입니다.

다음은 Dev-C++에서 변수를 정의하지 않고 사용했을 때의 에러 메시지입니다.

행	열	유닛	메시지
		C:\Dev\Dev-Cpp\exam\test.c	**In function 'main':**
11	15	C:\Dev\Dev-Cpp\exam\test.c	[Error] 'line' undeclared (first use in this function)
11	15	C:\Dev\Dev-Cpp\exam\test.c	[Note] each undeclared identifier is reported only once for each function it appears in
28		C:\Dev\Dev-Cpp\exam\Makefile.win	recipe for target 'test.o' failed

C 언어는 변수를 정의하지 않고 사용한 경우 위와 같은 에러를 발생시킵니다. 이 에러가 의미하는 것은 12번째 줄에서 사용된 line이란 변수가 정의되지 않았다는 뜻입니다.

C 언어는 값의 범위와 목적에 맞는 여러 종류의 변수형을 갖고 있습니다.

#
반올림

변수형과 값의 범위

- **문자형(char)** : -128 ~ +127 범위의 값만을 기억 가능.
- **정수형(int)** : -2,147,483,648 ~ +2,147,483,647 범위의 값만을 기억 가능.
- **실수형(double)** : 2.2E-308 ~ 1.8E308 (E308은 10의 308승을 의미)

04 기초 구문 3 – 문장

C언어는 여러 개의 수식과 함수 등이 모여 문장을 이룹니다. 문장은 컴파일러에 의해 컴퓨터가 이해할 수 있는 기계어로 번역됩니다. 이번 장에서는 문장을 어떻게 구분하고 만들 수 있는지 간략하게 짚고 넘어가도록 합니다.

1 수식

수식은 상수, 변수, 연산자, 그리고 함수 호출의 조합이며, 아래는 그 예입니다.

```
a + b
3.0 * x – 3.14
sin( 3.14 * y + 9.5 )
(X * Y) / 2.5
```

대부분의 식은 값을 갖습니다. 예를 들면, 식 a + b는 변수 a와 b의 값에 의존하는 명백한 값을 갖습니다. 만약 a가 1의 값을 갖고 b가 2의 값을 갖는다면, a + b는 3의 값을 갖습니다. 등호 기호 =는 C언어에서 기본적인 치환 연산자입니다. 치환 식의 예는 다음과 같습니다. 여기서 i는 5와 같다는 의미가 아니라, 5라는 값을 i에 넣는다는 의미입니다.

```
i = 5;
```

2 문장

변수 i는 5의 값을 할당 받고, 식은 대체로 그 값을 가집니다. 세미콜론(;)에 의해 끝날 때 식은 문장이 됩니다. 문장의 예를 들어 보면 다음과 같습니다.

```
i = 5;
x = 1.2 + sin(1.45);
printf( "노을" );
```

다음 두 개의 문장은 완전히 정당하지만 쓸모없는 일을 합니다.

```
4.222;
i + j;
```

3 치환문

일반적인 프로그램에서 문장은 등호 기호의 오른편에 있는 식의 값이 먼저 계산된 후, 등호 기호 왼편에 있는 변수에 대입됩니다. 예를 들면, 다음 코드에서

```
int x, y, z;
x = 2;
y = 3;
z = x + y;
```

x, y와 z는 정수형 변수로써 정의되며, x는 2가, y는 3이 대입됩니다. 그리고 식 x + y의 값이 z에 대입됩니다. x + y는 5가 되기 때문에 z는 그 값인 5를 대입 받게 됩니다. 다음의 치환 문장 또한 올바릅니다.

```
int a, b, c;
a = ( b = 3 ) + ( c = 4 );
```

두 개의 치환식 b = 3과 c = 4에서 b와 c는 각각 3과 4의 값을 갖습니다. 그리고 이 값들이 더해져서 7이라는 값을 갖게 되며, 이 값은 즉시 왼편의 a에 대입됩니다. 결국 a는 7이란 값을 대입 받게 됩니다.

#
반올림

올바르게 사용된 치환문
```
a = 9 + 0;
b = c + d * z / y;
```

잘못 사용된 치환문
```
a + 9 = 0; /* 등호 기호의 왼편은 변수만 올 수 있습니다. */
```

함수

05 기초 구문 4 – 함수

C 언어에서 가장 핵심적인 역할을 하는 것이 함수입니다. 함수는 특정한 동작을 처리하기 위한 일련의 코드를 묶어 놓은 것이며, 수백, 수천 가지의 함수를 만들고 사용할 수 있습니다. 절차 지향적인 C 언어에서 함수의 사용은 필수적입니다.

1 함수

다음 [예제 second_func.c]는 [예제 second.c]를 함수를 사용해서 다시 작성한 것입니다.

```
/* second_func.c : 함수를 사용한 삼각형 출력하기 */

#include <stdio.h>

void print_star( int line )
{
    int i, j;

    for( i=0; i<line; i++ )
    {
        for( j=0; j<=i; j++ )
        {
            printf( "*" );
        }
        printf( "\n" );
    }
}

main()
{
    int line;

    /* 값 입력 */
    printf( "몇 줄로 삼각형을 만들꺼니?" );
    scanf( "%d", &line );

    print_star( line );

    getch();
}
```


[예제 second.c]에서 for문을 사용해서 반복 처리하던 것을 함수를 사용해서 작성하였습니다. [예제 second_func.c]에 보면 5~17번째 줄에 걸쳐 있는 것이 함수 본체이며, 27번째 줄에서 호출됩니다.

27번째 줄에서 print_star() 함수를 호출하여 사용하고 있습니다. 즉 for문이 있던 부분에 함수명을 넣어 대치시켰는데, 이처럼 그 식이 있어야 할 자리에 해당 함수명을 넣고 실행(컴파일) 시 그 함수 부분(5~17줄)을 읽어오도록 하는 것을 함수의 호출이라 합니다. 함수를 호출한다는 것은 그 함수 부분을 함수를 호출한 곳으로 이동시켜 놓는 것과 같은 효과가 있는 것입니다. 그러므로 print_star() 함수가 있는 곳은 5~17번째 줄을 사용한 것과 같은 효과를 줍니다.

```c
main()
{
  int line;

  /* 값 입력 */
  printf( "몇 줄로 삼각형을 만들꺼니?" );
  scanf( "%d", &line );

  print_star( line );

  getch();
}
```

```c
void print_star( int line )
{
  int i, j;

  for( i=0; i<line; i++ )
  {
    for( j=0; j<=i; j++ )
    {
      printf( "*" );
    }
    printf( "\n" );          // 다음 줄로 개행
  }
}
```

함수를 사용할 때의 장점은 다음과 같습니다.

- 코드가 간결해지며, 직관적으로 알기 쉽습니다.
- 여러 번 사용해야 할 때, 코드의 중복을 피함으로써 파일의 크기가 작아집니다.
- 특정 동작을 하는 부분을 함수로 만들어 놓고 언제라도 재사용할 수 있습니다.
- 프로그램의 모듈화가 가능합니다.

함수를 사용할 때 단점은 다음과 같습니다.

- 함수 호출을 하면 호출을 하지 않을 때보다 실행 시간이 더 걸립니다.
- 무분별한 함수 사용은 프로그램을 복잡하게 만들 수 있습니다.

기초 구문 5 – 주석문

프로그램을 만들 때 가장 신경을 많이 써야 하는 부분이 주석입니다. 주석은 코드에 대한 설명을 기입해 놓는 것으로 프로그램의 실행과는 전혀 관련이 없습니다. 하지만 주석은 유지 보수를 할 때 많은 도움을 주기 때문에 체계적으로 주석을 사용하는 습관을 갖는 것이 좋습니다.

1 주석문

프로그래밍을 하다 보면 코드에 보충 설명을 해 놓아야 할 필요성이 있습니다. 주석(comment)은 이럴 때 사용하는 것이며, 일반적으로 /*와 */의 쌍으로 표현됩니다. 다음 예를 봅시다.

```
second.c

1  /* second.c : 삼각형 출력하기 */
2
3  #include <stdio.h>
4
5  main()
6  {
7      int i, j;
8      int line;
9
10     /* 값 입력 */
11     printf( "몇 줄로 삼각형을 만들꺼니?" );
12     scanf( "%d", &line );
13
14     for( i=0; i<line; i++ )
15     {
16         for( j=0; j<=i; j++ )
17         {
18             printf( "*" );
19         }
20         printf( "\n" );      // 다음 줄로 개행
21     }
22
23     getch();
24  }
```

프로그램에 주석을 사용하기 위해서는 /*와 */의 쌍을 이용해야 하는데, 요즘 컴파일러들은 모두 더블 슬래시(//)를 지원하여 한 줄 주석을 표현할 수 있게 합니다. /*,*/는 여러 줄에 걸친 주석을 표현할 때 많이 사용합니다. 하지만 이 규칙은 특별하지 않기 때문에 여러분의 취향에 맞게 적절하게 사용해도 됩니다. 위 코드에서 주석이 사용된 것을 찾아보면 아래와 같습니다. 모두 한 줄에 걸친 주석문입니다.

```
/* second.c : 삼각형 출력하기 */
/* 값 입력 */
// 다음 줄로 개행
```

앞 코드에서 주석으로 처리된 부분은 프로그램의 실행과는 전혀 관계가 없습니다. 프로그램을 만들

때 소스 코드는 주석이 없어도 잘 이해할 수 있도록 프로그래밍하는 것이 가장 중요합니다. 하지만 유지 보수의 관점에서 볼 때 주석을 사용하는 것은 문서화를 하는 하나의 방법이기도 합니다. 코딩을 하는 시점에서는 모든 코드가 다 이해되고 어렵지 않게 느껴지지만, 몇 달만 지나면 코드를 이해하느라 많은 시간이 걸리게 됩니다. "몇 줄도 안 되는 코드를 분석하는 데 얼마나 걸리겠는가?" 라고 생각되겠지만 앞으로 프로그램을 만들다 보면 몇 십만 줄까지 프로그래밍을 하게 됩니다. 처음의 습관은 매우 중요합니다. 주석을 잘 사용하여 고급 프로그래머가 되도록 노력합시다!

2 주석문 사용 시 주의할 점

다음과 같은 문장에서 변수 i는 사용할 수 있는지 생각해 봅시다. 변수 i에 5를 대입하기 위해서는 i를 먼저 선언해야 합니다. 변수 i가 선언되어 있긴 하지만 주석으로 처리되어 있습니다. 그렇다면 컴파일러는 이 문장을 무시합니다. 결국 컴파일러는 i가 선언되지 않았다는 에러를 발생시킵니다.

```
// int i;
i = 5;
```

#
반올림

올바른 코딩 습관

- 프로그램의 알고리즘이 복잡한 곳에는 반드시 주석(설명)을 사용합니다.
- 필요한 곳에만 주석을 달고, 필요하지 않는 곳에 주석을 사용하지 않습니다.
- 프로그램을 만들면서 주석을 바로 다는 습관을 갖습니다.
- 프로그램은 만드는 것도 중요하지만, 나중에 유지 보수가 중요하다는 것을 잊지 맙시다.

비법전수 주석문의 여러 가지 형태

■ 한 줄에 걸친 주석문 작성하기

한 줄에 주석문을 작성하기 위해서는 주로 더블 슬래시(//)를 사용합니다. 더블 슬래시를 사용하면 그 이후의 줄에 있는 코드는 주석으로 처리되어 컴파일 시 무시됩니다. 단, 한 줄 주석에 /* ~ */를 사용해도 됩니다.

```
// 프로그램명 : 삼각형 출력하기
// 만 든 이 : 홍 길 동
// 만든 날짜 : 2018년 1월 5일
// 저 작 권 : 정 보 문 화 사
```

■ 여러 줄에 걸친 주석문 작성하기

여러 줄에 걸쳐 주석을 작성하려면, 더블 슬래시를 사용하는 것 보다는 /*와 */를 사용하는 것이 편리합니다. 컴파일러는 /*로부터 */까지를 주석으로 처리합니다. 그러므로 /* ~ */ 사이의 문장은 모두 무시됩니다.

```
/* 프로그램명 : 삼각형 출력하기
   만 든 이 : 홍 길 동
   만든 날짜 : 2018년 1월 5일
   저 작 권 : 정 보 문 화 사 */
```

■ 주의해야 할 주석문

아래와 같은 주석문은 올바르지 않습니다. 왜냐하면 주석문은 /* /* ~ */ */처럼 중첩되어 사용할 수 없기 때문입니다. 이 문장은 /*/* 한 문자를 입력 받는다. */ 까지만 주석으로 처리되고, 끝의 */에서 에러를 발생시킵니다. 이렇게 중첩이 될 경우는 내부의 주석을 더블 슬래시(//)로 대체하여 처리하면 됩니다.

```
/*
/* 한 문자를 입력 받는다. */
getch();
*/
```
error

```
/*
// 한 문자를 입력 받는다.
getch();
*/
```

주석문의 사용 예 비 법 전 수

프로그램을 작성할 때는 아래와 같이 프로그램명, 만든이, 만든 날짜, 저작권 등을 주석문을 사용하여 입력해 놓는 것이 좋습니다. 또한, 프로그램의 수정이 있을 때에는, Revision의 아래에 언제 어떤 내용을 수정했는지 기입하여 본인 또는 다른 사람이 나중에 이 소스 코드를 보더라도 이해하기 쉽게 작성하는 것이 좋습니다.

```
01: /*
02: 프로그램명 : 삼각형 출력하기
03: 만 든 이 : 김은철
04: 만든 날짜 : 2018년 1월 5일
05: 저 작 권 : 정보문화사
06: */
07:
08: // Revision.
09: // 2018. 1. 5 : 주석 설명 추가
10:
11: #include <stdio.h>
12:
13: main()
14: {
15:     int i, j;
16:     int line;
17:
18:     /* 값 입력 */
19:     printf( "몇 줄로 삼각형을 만들꺼니?" );
20:     scanf( "%d", &line );
21:
22:     for( i=0; i<line; i++ )
23:     {
24:         for( j=0; j<=i; j++ )
25:         {
26:             printf( "*" );
27:         }
28:         printf( "\n" );              // 다음 줄로 개행
29:     }
30:
31:     getch();
32: }
```

기초 구문 6 – 중괄호, 괄호

프로그램은 크게 함수, 블록, 문장 등으로 구분됩니다. 함수의 시작은 중괄호 '{' 로 시작해서 중괄호 '}' 로 끝납니다. 블록의 시작 또한 중괄호 '{' 로 시작해서 중괄호 '}' 로 끝납니다. 그리고 함수 호출 시에도 괄호가 사용되는데, 이를 이번 레슨에서 학습합니다.

1 중괄호

중괄호는 함수에서 항상 사용되며, 함수 본체의 시작과 끝을 의미합니다. 다음을 봅시다.

```
3   #include <stdio.h>
4
5   void print_star( int line )
6   {
7       int i, j;
8
9       for( i=0; i<line; i++ )
10      {
11          for( j=0; j<=i; j++ )
12          {
13              printf( "*" );
14          }
15          printf( "\n" ); // 다음 줄로 개행
16      }
17  }
18
19  main()
20  {
21      int line;
22
23      /* 값 입력 */
24      printf( "몇 줄로 삼각형을 만들꺼니?" );
25      scanf( "%d", &line );
26
27      print_star( line );
28
29      getch();
30  }
```

print_star( ) 함수는 6번째 줄의 '{'로 시작해서 17번째 줄의 '}'로 끝납니다. main( ) 함수는 20번째 줄의 '{'로 시작해서 30번째 줄의 '}'로 끝납니다. 이처럼 중괄호는 함수의 시작과 끝을 표현할 때 사용합니다.

또한 for문이 반복되는 범위를 지정하기 위해 사용합니다. for문이 시작되는 10번째 줄에 '{'를 16번째 줄에 '}'를 사용하며, 내부에 중첩되어 있는 또 다른 for문의 시작인 12번째 줄에 '{'를 끝인 14번째 줄에 '}'를 사용합니다.

중괄호 '{'와 '}'는 이 외에도 나중에 배우게 될 조건문(if), 선택문(switch), 순환문(while) 등에서 사용됩니다. 각각에서 사용될 때 시작과 끝의 의미는 위와 동일합니다.

2 괄호

괄호는 함수나 수식에서 많이 사용되는데, 앞 코드에서 볼 수 있듯이 호출 시작 부분에 '('를 끝 부분에 ')'를 사용합니다.

**#
반올림**

중괄호는 내포 블록을 구성할 때도 사용할 수 있습니다.

다음과 같이 함수 내에 또 다른 블록을 만들 때 중괄호가 필요합니다.

```
main()
{
    int i, j;
    int line;

    {    /* 내포 블록 */
        int i = 5;
        printf( "%d \n", i );
    }
}
```

기초 구문 7 – #include문

C언어는 수많은 표준 함수들을 제공하고 있습니다. 문자열을 형식화하여 출력하는 printf() 함수, 숫자값을 읽는 scanf() 함수, 파일을 읽고 쓸 수 있는 fread(), fwrite() 함수, 시간을 처리하는 time() 함수 그리고 수학 관련 sin(), cos(), tan() 함수 등을 제공합니다.

1 #include문

함수를 사용하려면 반드시 함수 선언이 선행되어야 합니다. 이는 변수를 사용하기 위해 변수 선언을 먼저 해야 하는 것과 같은 이치입니다. 함수를 선언하려면 함수 원형을 알아야 하는데, 함수 원형을 일일이 외운다는 것은 쉽지 않습니다. 그래서 함수 원형을 헤더 파일(파일 확장자가 h인)에 미리 선언하여 놓고, #include문을 사용하여 포함할 수 있도록 편리성을 제공합니다. 다음 코드를 보면,

```
 3: #include <stdio.h>
 4:
 5: main()
 6: {
 7:     int i, j;
 8:     int line;
 9:
10:     /* 값 입력 */
11:     printf( "몇 줄로 삼각형을 만들꺼니?" );
12:     scanf( "%d", &line );
13:
14:     for( i=0; i<line; i++ )
15:     {
16:             for( j=0; j<=i; j++ )
17:             {
18:                     printf( "*" );
19:             }
20:             printf( "\n" );                // 다음 줄로 개행
21:     }
22:
23:     getch();
24: }
```

#include 〈stdio.h〉라는 부분이 있는데, 이 문장의 의미는 "stdio.h 파일을 이 줄에 포함시켜라" 라는 것입니다. stdio.h 파일에는 표준 입출력에 관련된 수많은 함수 원형이 선언되어 있습니다. 다음은 stdio.h 파일 중 일부를 표시한 것입니다. 이 파일에는 이미 printf() 함수의 함수 원형이 선언되어 있음을 알 수 있습니다.

```
_CRTIMP int __cdecl printf(const char *, ...);
_CRTIMP int __cdecl putc(int, FILE *);
_CRTIMP int __cdecl putchar(int);
_CRTIMP int __cdecl puts(const char *);
```

#으로 시작하는 문장은 전처리기에 의해 처리되는데, 전처리기는 stdio.h 파일을 읽어 그 줄에 넣어 주는 역할을 하며, 컴파일이 되기 바로 전에 실행됩니다. 참고로 stdio.h 파일은 Dev-C++ 또는 Visual C++ 프로그램이 설치된 폴더의 include 폴더에 존재합니다.


```
#include <stdio.h>  ──────────────→   // 생략 ...
                                       int printf(const char *, ...);
                                       int putc(int, File *);
                                       int putchar(int);
                                       int puts(const char *);
                                       // 생략 ...
main()
{
    int i, j;                          컴파일러가 실제 파일로 변환
```

가끔 #include 〈stdio.h〉는 #include "stdio.h"로 사용하곤 하는데, 이것은 현재 프로젝트가 존재하는 폴더에서 stdio.h를 찾은 후, 만약 있으면 그것을 사용하고, 없다면 설치된 폴더의 stdio.h를 사용하란 뜻입니다. 일반적으로 표준 함수인 경우 〈stdio.h〉와 같이 사용하고, 직접 만든 헤더 파일인 경우 "myheader.h"와 같이 사용합니다.

#
반올림

전처리기

프로그램 작성 시 프로그래밍의 편의성을 제공하기 위한 것으로, 소스 코드를 컴파일러가 이해할 수 있는 형태로 변환해 주는 역할을 합니다. 전처리기는 이 외에도 #define, #if, #ifdef 등 여러 가지를 처리합니다.

연습문제

01 모든 C 프로그램에서 반드시 존재해야 하는 함수는 무엇입니까?

02 프로그램에 주석문을 추가하기 위해 사용하는 기호는 무엇입니까?

03 함수를 사용하는 이유는 무엇입니까?

04 헤더 파일을 사용하는 이유는 무엇입니까?

05 main( ) { }이라고 프로그램을 작성한다면, 이 프로그램은 정상적으로 동작합니까?

06 [예제 second.c]를 컴파일하면 다음과 같은 에러가 발생하는데 그 이유는 무엇입니까?

```
second.c(23) : warning C4013: 'getch' undefined;
assuming extern returning int
```

07 정수형 변수 rate를 선언해 보세요.

08 다음 프로그램이 수행하는 것은 무엇입니까? 프로그램을 입력하고 컴파일하여 실행하십시오.

```
01: /* 연습문제 */
02:
03: #include <stdio.h>
04:
05: void main()
06: {
07:     int i, hap = 0;
08:
09:     for( i=1; i<=100; i++ )
10:     {
11:         hap = hap + i;
12:     }
13:
14:     printf( "1에서 100까지의 합 : %d \n", hap );
15:
16:     getch();
17: }
```

09 다음 프로그램에서 잘못된 곳을 세 개 찾아 수정하십시오.

```
01: /* 연습문제 */
02:
03: #include <stdio.h>
04:
05: void main2()
06: {
07:     int i, hab = 0;
08:
09:     for( i=2; i<=100; i++ )
10:     {
11:         hap = hap + i;
12:     }
13:
14:     printf( "1에서 100까지의 합 : %d \n", hap );
15:
16:     getch();
17: }
```


10 다음 코드를 사용하여 삼각형이 출력되도록 main( ) 함수 부분을 추가하십시오.

```
01: /* 연습문제 : 함수를 사용한 삼각형 출력하기 */
02:
03: #include <stdio.h>
04: #include <conio.h>
05:
06: void print_star( int line )
07: {
08:     int i, j;
09:
10:     for( i=0; i<line; i++ )
11:     {
12:         for( j=0; j<=i; j++ )
13:         {
14:             printf( "*" );
15:         }
16:         printf( "\n" );                // 다음 줄로 개행
17:     }
18: }
```

C - Language

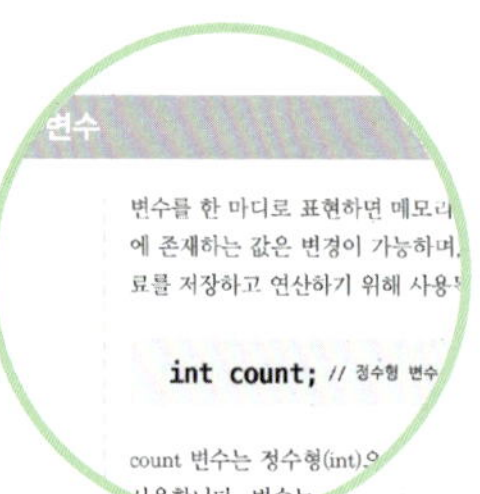

이 장에서는 변수와 상수의 개념 및 사용법에 대하여 학습합니다. 변수는 C 언어에서 가장 기초적인 개념이며, 프로그램 실행중에 수치값을 저장하기 위해 사용합니다. 이와 반대로 상수는 프로그램 실행중에 변할 수 없는 수치값을 저장하기 위해 사용합니다.

기본기를 알면 C가 보인다. 변수와 상수

01 변수

변수란?

C언어 프로그램의 구성은 코드(source code)와 자료(data)로 되어 있습니다. 이 중 자료를 저장하는 것을 변수라 하며, 자료는 정수, 실수, 문자열 등 여러 형태가 존재합니다. 이 레슨에서는 변수를 선언하는 방법과 기본 규칙에 대해 학습합니다.

1 변수

변수를 한 마디로 표현하면 메모리에 존재하는 값이며, 메모리 번지를 대신해서 사용됩니다. 메모리에 존재하는 값은 변경이 가능하며, '변할 수 있는 수'라고 하여 변수라 합니다. 일반적으로 변수는 자료를 저장하고 연산하기 위해 사용됩니다. 다음은 변수의 선언 예입니다.

```
int count; // 정수형 변수 count를 선언
```

count 변수는 정수형(int)으로 선언되었으며, 이 변수는 메모리(RAM)에서 4바이트 공간을 할당 받아 사용합니다. 변수는 메모리 번지를 대신해서 사용한다고 했습니다. 만약 변수라는 개념이 없다면, 자료를 저장하기 위해서 일일이 번지값을 기억해야 하기 때문에 효율성이 매우 떨어집니다. count 변수를 선언하고 4바이트 공간을 할당 받으면 이곳에 값을 넣거나 변경할 수 있습니다. 다음은 count 변수를 선언하고 100을 할당하는 예입니다.

```
int count;
count = 100;
```

위 코드는 count라는 변수를 메모리에 할당하고, 그 할당된 메모리 공간에 100을 대입시킵니다. 만약에 이 변수에서 50을 빼야 한다면, 다음과 같이 표현할 수 있습니다.

```
count = count - 50;
```

C 언어에서 '='를 대입 연산자라고 부르며, 대입 연산자가 있을 경우 오른쪽 수식이 먼저 계산된 후 왼쪽에 대입됩니다. 즉, 위의 수식은 count - 50을 먼저 계산합니다. 그러면 값은 50이 되며, 이 값을 대입 연산자의 왼쪽에 있는 count 변수에 저장합니다.

- **메모리** : 컴퓨터의 기억을 담당하는 하드웨어, 프로그램은 메모리에 저장된 후 실행됨
- **변수명** : 누구나 그 의미를 알 수 있도록 작성하는 것이 좋음
- **바이트** : 컴퓨터에서 사용되는 자료의 저장 단위

난이도 ················· ★☆☆☆☆
활용도 ················· ★★★★☆
소요시간 ·············· ★☆☆☆☆

앞 예는 변수를 선언하기 위해 정수형(int) 데이터형을 사용하였는데, 이것 외에도 다양한 데이터형이 존재합니다. 또한 변수의 선언 방법과 각각을 초기화하는 방법도 여러 가지 있습니다. 변수를 선언하기 위한 데이터형과 초기화하는 방법은 이번 장에서 모두 학습하게 될 것입니다.

#
반올림

변수명 선언 규칙

변수를 선언하려면 다음과 같은 변수 선언 규칙을 따라야 합니다.
a) 대문자(A~Z), 소문자(a~z), 숫자(0~9), 밑줄문자(_)를 사용합니다.
b) 변수명은 숫자로 시작할 수 없습니다.
c) 변수명으로 기본 예약어 또는 함수명을 사용할 수 없습니다.
d) 변수명의 길이는 ANSI C가 31자까지 가능하고, MS-C는 247자까지 가능합니다.
e) 변수명은 대문자와 소문자를 다르게 구분합니다.
f) 변수명으로 한글을 사용할 수 없습니다.

다음은 올바른 변수명의 예를 든 것입니다.

```
i, j, k, point, jumsu, value, VALUE, Cat, PC9, _line, ...
```

다음은 잘못된 변수명의 예를 든 것입니다.

```
int  printf;        /* 함수 이름을 변수로 사용 */
int  val ue;        /* 변수 이름 사이에 공백 존재 */
int  int;           /* 예약어를 변수의 이름으로 사용 */
int  변수;          /* 한글을 변수명으로 사용 */
int  val-ue;        /* 변수명에 '-'를 사용 */
int  9value;        /* 변수명의 처음에 숫자를 사용 */
int  @value;        /* 특수 문자 사용 */
```

변수명으로 사용할 수 있는 것과 없는 것을 C 언어를 입문하는 과정에서 구별하기란 쉽지 않습니다. 위의 내용은 꼭 그렇게 사용을 해야 한다는 것입니다. 이 책을 학습해 나가는 동안에 수많은 변수명을 만들어 자연스럽게 익힐 수 있기 때문에 변수명에 대한 명명 규칙은 가벼운 마음으로 읽어보세요.

075

변수형의 종류

숫자를 저장하는 변수

C 언어에서 숫자값을 기억하고 처리하기 위해서는 변수가 필요합니다. 숫자를 저장하기 위한 변수는 문자형, 정수형, 실수형 등으로 구분할 수 있으며, 각각은 자료의 크기 및 소수점의 사용 유무와 관련 있습니다.

1 숫자 변수의 종류

C 언어에서는 숫자의 값을 저장하기 위해 다양한 종류의 데이터형을 제공하며, 데이터형은 크게 정수형과 실수형으로 구분됩니다. 정수형과 실수형 변수는 소수점이 있는 값을 저장할 수 있는지 없는지의 차이로 구분되며, 소수점이 있는 값을 저장하기 위해서는 실수형 변수를 사용해야 합니다. 다음 표는 정수형 변수와 실수형 변수의 종류 및 각 데이터형이 가질 수 있는 값의 범위입니다.

[표 3-1] 데이터형의 종류와 값의 범위

종류	데이터형	메모리 크기	저장 가능한 값의 범위	표현 범위
정수형	char	1바이트	−128 ~ 127	양수, 0, 음수
	unsigned char	1바이트	0 ~ 255	양수, 0
	short	2바이트	−32,768 ~ 32,767	양수, 0, 음수
	unsigned short	2바이트	0 ~ 65,535	양수, 0
	int	4바이트	−2,147,483,648 ~ 2,147,483,647	양수, 0, 음수
	unsigned int	4바이트	0 ~ 4,294,967,295	양수, 0
	long	4바이트	−2,147,483,648 ~ 2,147,483,647	양수, 0, 음수
	unsigned long	4바이트	0 ~ 4,294,967,295	양수, 0
실수형	float	4바이트	1.2E−38 ~ 3.4E38	양수, 0, 음수
	double	8바이트	2.2E−308 ~ 1.8E308	양수, 0, 음수

처음으로 [표 3-1]을 보면서 데이터형의 종류를 모두 이해한다는 것은 조금 무리가 있습니다. 앞으로 C 언어를 조금씩 배우다 보면 자연스럽게 알게 될 것이며, 지금은 가벼운 마음으로 넘어가기 바랍니다.

정수형 변수에 보면 int형과 long형으로 구분되어 있는 것을 볼 수 있습니다. long형 변수는 원래 4바이트 크기를 갖는 변수이며, int형 변수는 CPU의 처리 능력에 따라 2바이트, 4바이트, 8바이트로 변합니다. 지금은 대부분의 PC가 64비트 CPU를 사용하기 때문에 int형은 8바이트가 됩니다. 32비트 CPU에서 int형은 4바이트가 됩니다.

#
반올림

메모리와 데이터형

[표 3-1]에 보면 데이터형에 따라 메모리의 크기가 조금씩 다른 것을 볼 수 있습니다. PC에 사용할 수 있는 메모리 (RAM)는 64MB, 128MB, 256MB, 512MB, 1GB 등 다양하며, 256MB의 메모리는 한글을 134,217,728자 기억할 수 있을 정도로 큰 용량입니다. 이렇게 큰 용량의 메모리에서 char형의 변수를 선언하면 1바이트의 공간이 사용됩니다. 1바이트는 8bits와 같으며, 8bits는 최소 0 ~ 최대 255까지의 숫자값을 기억할 수 있는 메모리 공간입니다. 즉, [표 3-1]에 나와 있는 메모리의 크기는 해당 데이터형이 가질 수 있는 값의 범위와 직접적인 관계가 있습니다.

2006을 저장하는 정수형 변수가 필요한 경우는 어떤 데이터형을 쓰는 것이 좋을까요? 우선 생각해볼 수 있는 것이 char형입니다. char형은 −128 ~ 127까지의 값만을 저장할 수 있습니다. 그렇다면, char형에는 2006을 저장할 수 없습니다. 다음으로 unsigned char형은 어떤가요? unsigned char형은 0 ~ 255까지의 값만을 저장할 수 있으므로, 이 데이터형도 불가능합니다.

2006을 저장하기 위해 적절한 데이터형을 찾아보면, short, unsigned short, int, unsigned int, long, unsigned long 등입니다. 이 중에서도 대부분의 프로그래머는 int형을 즐겨 사용합니다. 여러분도 일반적인 정수의 값을 저장하기 위해서는 int형을 사용하기 바랍니다.

03 변수의 선언

변수 선언

C언어에서 변수를 사용하기 위해서는 반드시 선언을 해 주어야 합니다. 변수를 선언할 때는 저장하려는 숫자값에 가장 알맞는 데이터형을 사용하는 것이 좋습니다.

1 변수의 선언

C 언어에서 변수를 사용하려면 선언을 해야 하며, 변수를 선언하는 위치에 따라 전역 변수와 지역 변수로 구분됩니다. 전역 변수는 프로그램에서 전반적으로 사용해야 할 때 사용하며, 지역 변수는 특정 함수 내에서만 사용됩니다. 변수를 선언하려면 다음과 같은 규칙을 따라야 합니다.

데이터형 변수 이름;

데이터형은 [표 3-1]에 나와 있는 char, int, long 등을 사용하면 되고, 변수 이름은 앞에서 설명했던 변수명 선언 규칙을 따라야 합니다. 이 규칙에 따라 다음과 같이 변수를 선언할 수 있습니다.

```
int total;        /* 정수형 변수 선언 */
double average;   /* 실수형 변수 선언 */
```

데이터형은 사용하려는 숫자 변수의 범위 및 용도에 맞게 사용하면 됩니다. total은 합계를 구하는 것이므로 정수형 변수를 사용하는 것이 좋으며, 평균(average)은 소수점이 있을 수 있으므로 실수형 변수를 사용하는 것이 좋습니다.

변수를 선언할 때, 다음과 같이 데이터형이 같은 경우는 한 줄에 선언할 수 있습니다.

```
int i;          /* i를 선언 */
int j;          /* j를 선언 */
int k;          /* k를 선언 */
int i, j, k;    /* i, j, k를 한 줄에 선언 */
```

■ **전역 변수** : 프로그램 전체에 걸쳐 사용되는 변수
■ **지역 변수** : 특정 함수 내에서만 사용되는 변수

난이도 ·················· ★☆☆☆☆
활용도 ·················· ★★★★☆
소요시간 ··············· ★★☆☆☆

변수의 범위: 지역 변수와 전역 변수　비 법 전 수

변수는 선언되는 위치에 따라 전역 변수와 지역 변수로 나눌 수 있습니다. 전역 변수는 모든 함수에서 선언해야 할 때 사용하며, 지역 변수는 특정 함수 내에서만 사용할 때 선언합니다. 다음과 같이 value라는 변수를 선언한다면,

```c
int value;              /* 전역 변수, 전역에서 사용 */
void main()
{
    value = 100;
}
void func()
{
    value = 200;
}
```

value는 전역 변수가 됩니다. 전역 변수로 선언되면 위의 코드와 같이 main( ) 함수 또는 func( ) 함수 어느 곳에서나 쉽게 이 변수를 접근해서 사용할 수 있습니다. 만약 value가 다음처럼 지역 변수로 선언된다면,

```c
void main()
{
    int value;               /* 지역 변수, main() 함수에서만 사용 */
    value = 100;
}
```

func( ) 함수에서는 더 이상 value 변수에 접근할 수 없습니다. value는 main( ) 함수 내에서 선언되었기 때문에 main( ) 함수에서만 사용이 가능합니다.

변수를 선언할 때 주의해야 할 것이 하나 있는데, 같은 이름의 변수일 경우는 지역 변수가 우선순위가 높다는 것입니다. 다음과 같이 value가 전역 및 지역에 동시에 선언될 경우, main( ) 함수에서 사용한 value는 지역 변수 value입니다.

```c
int value;              /* 전역 변수, 모든 함수에서 사용 */
void main()
{
    int value;          /* 지역 변수, main() 함수에서만 사용 */
    value = 100;        /* 지역 변수, value에 100을 대입 */
}
```

04

변수 초기화

변수의 초기화

C 언어에서 변수를 초기화하는 방법은 두 가지가 있습니다. 첫 번째는 선언과 동시에 초기화하는 것이고, 두 번째는 미리 선언을 한 후 초기화하는 것입니다. 각각의 방법은 필요에 따라 선택적으로 사용할 수 있으며, 전역 변수인 경우는 별도의 초기화를 하지 않는 경우 항상 0으로 초기화됩니다.

1 변수의 초기화

변수는 전역 변수와 지역 변수로 구분되며, 전역 변수를 초기화하지 않으면 자동으로 0으로 초기화됩니다. 하지만 지역 변수를 초기화하지 않으면 항상 임의의 값으로 초기화됩니다. 처음 프로그래밍을 하다보면 지역 변수를 초기화하지 않아서 발생하는 문제가 종종 있습니다. 변수를 초기화하는 방법은 두 가지가 있으며, 다음은 선언과 동시에 초기화하는 방법입니다.

```c
int total = 0;       /* total을 선언하고 0으로 초기화 */
```

만약 total을 선언한 후 0으로 초기화하지 않는다면, total은 쓰레기 값이 존재하게 됩니다. 다음과 같이 total을 초기화하지 않고 바로 사용하면 total은 쓰레기 값을 갖고 있기 때문에 원하지 않는 결과가 나옵니다.

```c
int total;             /* total은 쓰레기 값(보통 –858993460)을 갖습니다.*/
total = total + 1000;
```

total은 선언과 동시에 초기화되지 않았기 때문에, total에 1000을 더해도 그 값은 어떤 값이 될지 예측할 수 없습니다. 그러므로 total을 0과 같은 적당한 값으로 초기화해 줄 필요가 있으며, 이것이 변수를 초기화하는 두 번째 방법입니다.

```c
int total;             /* total은 쓰레기 값을 갖습니다. */
total = 0;             /* total을 0으로 초기화합니다. */
total = total + 1000;  /* total에는 1000이 대입됩니다. */
```

참고로 '='는 대입 연산자이며, 대입 연산자 우측의 값을 대입 연산자 좌측에 넣어 주는 역할을 합니다. 위의 마지막 줄에 보면 total + 1000이 우측에 있는데, 이 수식을 먼저 계산해서 대입 연산자의 좌측에 있는 total 변수에 넣습니다. 우측에서 계산 시 total은 값이 0이기 때문에 수식은 '0 + 1000'과 같으며, 이 값을 좌측의 total에 넣는 것입니다. 그러면 'total = 1000;'과 같기 때문에 결국 total에는 1000이 대입됩니다.

변수는 또한 동시에 여러 개 선언될 수 있으며, 이에 따라 선언과 동시에 초기화를 할 수 있습니다. 다음 예를 보면,

```
int total = 0;
int kor = 100, eng = 99, math = 98;      /* 콤마(,)를 구분 기호로 사용 */
int i = 0, j, k;                         /* 선언과 동시에 초기화 또는 초기화하지 않음 */
```

변수를 연속해서 선언할 경우는 콤마(,)를 구분 기호로 사용하며, 각 변수를 대입 연산자를 사용하여 초기화해주면 됩니다. 그리고 세 번째 줄과 같이 선언과 동시에 초기화할 수도 있고, 필요에 따라서 초기화하지 않을 수도 있습니다.

한 줄에 변수를 여러 개 선언할 때는 특별히 주의해야 할 것도 있습니다. 만약 다음과 같이 너무 많은 변수를 한 줄에 선언하면 소스 코드를 분석하는 것이 어려워질 수도 있습니다.

```
int i, j, k, kor, eng, math;       /* 한 줄에 용도가 다른 여러 변수를 선언 */
```

변수 선언을 잘하는 것도 프로그래밍 기술 중의 하나입니다. 여러분이 고급 프로그래머로 성장하기 위해서는 동작만 되는 프로그램을 만드는 것보다는, 의미를 쉽게 알 수 있는 변수를 선언하여 다른 사람이 좀 더 이해하기 쉽도록 해야 합니다.

변수를 선언하고 사용할 때는 주의해야 할 것이 또 하나 있습니다. 변수는 데이터형에 따라 저장 가능한 값의 범위가 존재합니다. 그러므로 다음과 같이 사용하면 잘못된 결과를 초래합니다.

```
char total = 0;
total = total + 1000;
```

위에서 total은 char형 변수이기 때문에 최대로 저장할 수 있는 값이 127밖에 안 됩니다. 127을 초과하는 값을 저장하기 위해서는 short, int, long 등의 데이터형을 사용해야 합니다.

C언어로 프로그램을 만들다 보면 항상 같은 값을 유지해야 하는 경우가 있습니다. 예를 들어 한국이 월드컵을 개최한 것은 2002년입니다. 2002년은 변하지 않으며 이처럼 변할 수 없는 값을 표현할 때 상수를 사용합니다. 상수는 문자형 상수, 정수형 상수, 실수형 상수 등으로 구분할 수 있습니다.

1 상수

상수는 프로그램 실행 시 항상 그 값이 변하지 않고 유지되는 수를 말합니다. 다음은 숫자 리터럴(literal), 문자 리터럴 그리고 문자열 리터럴입니다.

```
int value = 2005;        /* 2005는 정수형 상수 */
char ch = 'a';           /* 'a'는 문자형 상수 */
float pi = 3.14F;        /* 3.14F는 실수형 상수 */
double pi = 0.314e1;     /* 0.314e1은 실수형 상수 */
char* str = "Korea";     /* "Korea"는 문자열 상수 */
```

●● 정수형 상수

정수형 상수는 일반적인 숫자(0~9)와 부호(+,−)를 사용하여 표현할 수 있습니다. 다음은 정수형 상수의 일반적인 표현입니다. 정수형 상수를 특별한 기호 없이 그냥 사용하면 모두 10진수를 나타냅니다.

```
100 19980819 −3456 3456789L
```

정수형 상수는 컴파일러에 의해 자동적으로 데이터형이 정해집니다. 현재 대부분의 32비트 컴퓨터에서는 100이든 19980819든 모두 4바이트 크기의 int형으로 변환되며, 숫자의 끝에 L(또는 l)을 사용해서 명시적으로 LONG 값임을 표현할 수 있습니다. 또한 U(또는 u)를 사용해서 부호 없는 값임을 표현할 수도 있습니다.

■ **상수** : 프로그램 전반에 걸쳐 항상 값이 변하지 않는 수
■ **리터럴** : 프로그래밍 언어에서 직접 값을 나타내는 것. 다른 값을 참조하지 않고 그 자신이 데이터 값인 것

난이도 ·················· ★★☆☆☆
활용도 ·················· ★★★☆☆
소요시간 ··············· ★☆☆☆☆

#
반올림

정수형 상수를 8진수, 16진수로 표현하기

■ **8진수** : 0으로 시작하는 수로 숫자 0~7만 사용합니다. 011, 017, 055 등은 모두 8진수로 인식되며, 십진수 11과 8진수 011은 서로 다른 값이기 때문에 혼동하면 안 됩니다. 숫자 8과 9는 사용할 수 없으므로 018이나 019는 잘못된 8진수의 표현입니다.
■ **16진수** : 0x 또는 0X로 시작하는 수로 숫자 0~9와 문자 A~F를 사용합니다. 문자 A는 10, B는 11, C는 12, D는 13, E는 14, F는 15를 각각 의미합니다. 10진수 13을 16진수로 표현하면 0xD와 같습니다.

●● 문자형 상수

컴퓨터는 내부적으로 아스키(ASCII) 코드를 사용합니다. 아스키 코드의 값은 0~127 사이의 값으로 구성되며, 우리는 프로그램을 만들 때 적당한 아스키 코드 값을 사용해야 합니다. 예를 들어 문자 'A'를 표현하려면 아스키 값 65를 사용해야 되며, 숫자 '5'를 표현하려면 아스키 값 53을 사용해야 합니다. 일반적으로 사람이 모든 아스키 값을 외운다는 것은 쉽지 않기 때문에 다음과 같이 홑 따옴표를 사용하여 문자 형식으로 데이터를 표현하면, 컴파일러는 그런 값들을 자동으로 아스키 값으로 변환해 줍니다.

```
char c = 'A';      /* char c = 65; 와 동일, 컴파일러에 의해 자동 변환됨 */
char n = '5';      /* char n = 53; 과 동일 */
```

이 밖에도 문자형 상수는 다양하게 사용될 수 있으며, printf( ) 함수에 사용되는 '\n'은 아스키 값 10에 해당하는 상수입니다.

●● 실수형 상수

실수형 상수란 소수점을 사용하는 수를 의미하며, 다음과 같이 표현됩니다.

```
1.23 99.99 0.00001 0.3E-5 100.
```

위 수에서 100.에 소수점이 없다면 이 수는 정수형 상수가 됩니다. 연산식에서 소수점은 매우 중요한 의미가 있으므로 100과 100.을 잘 구별해서 사용해야 합니다.

C 언어에서 일반적인 변수를 상수로 선언하는 방법에는 매크로를 사용하는 방법과 const 키워드를 사용하는 방법이 있습니다.

1 매크로 상수

C 언어에서 자주 사용되는 상수는 매크로를 사용하여 표현하는 것이 편리합니다. 매크로 상수를 사용하면 변수명을 사용하듯이 특별한 이름으로 선언할 수 있으며, 프로그램에서 매크로 상수값이 필요한 곳은 어느 곳이든 사용할 수 있습니다. 수학에서 가장 많이 사용되는 상수 중 하나는 원주율(3.141592)입니다. 다음과 같이 원의 넓이를 구할 수 있는데,

```c
double r = 5.0;
double y = r * r * 3.141592;
```

이때 3.141592를 사용하는 것은 그 의미가 직관적이지 않습니다. 이를 다음과 같이 사용해 보면,

```c
#define PI 3.141592
double r = 5.0;
double y = r * r * PI;
```

그 코드가 의미하는 것을 좀 더 알기 쉬워집니다. PI를 사용해야 하는 곳이 여러 곳이라면 3.141592 대신 PI를 사용하면 됩니다. 만약에 나중에 PI의 값이 변경되어야 한다면, 전체 소스 코드에서 3.141592로 바꾸지 않고, PI의 선언(define)만 바꿔 주면 모든 곳이 자동으로 변경됩니다. 매크로 상수는 문자형, 정수형, 실수형 그리고 문자열형을 구분하지 않고 선언할 수 있으며, 그 예는 다음과 같습니다.

```c
#define X          5
#define Y          10
#define CHARACTER  '@'
#define PI         3.14
#define NAME       "홍길동"
#define AGE        35
```

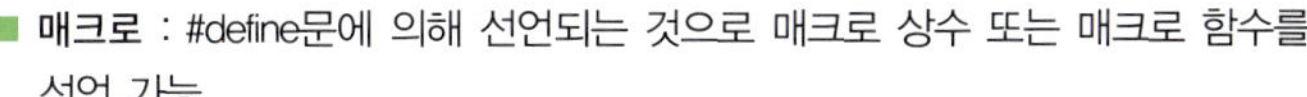

- 매크로 : #define문에 의해 선언되는 것으로 매크로 상수 또는 매크로 함수를 선언 가능
- const : 변수를 선언 시 그 변수의 값을 변경할 수 없도록 상수화시키는 키워드

> #
> 반올림
>
> **매크로 상수 만들 때 주의해야 할 것**
>
> #define문은 세미콜론(;)으로 끝나지 않습니다. 만약 아래와 같이 사용한다면,
>
> ```
> #define AGE 35;
> ...
> printf( "나이 : %d \n", AGE );
> ```
>
> 다음과 같은 세미콜론에 관련된 문법 에러가 발생하는데, 아무리 소스 코드를 살펴봐도 잘못된 곳은 없어 보입니다.
> AGE가 35;로 변경되기 때문에 그 줄에서 다음의 에러가 발생합니다.
>
> ```
> syntax error : missing ')' before ';'
> ```


2 const를 사용한 상수 정의

매크로를 사용하여 상수를 선언하는 것과 비슷한 방법으로 const 키워드를 사용하는 것이 있습니다. 앞에서 선언한 것을 const를 사용해서 다시 정의하면 다음과 같습니다.

```
const int    X = 5;
const int    Y = 10;
const char   CHARACTER = '@';
const double PI = 3.14;
const char*  NAME = "홍길동";
const int    AGE = 35;
```

const를 사용하여 상수를 선언하는 것과 매크로를 사용해서 상수를 선언하는 것은 약간의 차이점이 있습니다. const를 사용한 상수는 정확한 데이터형을 사용하여 정의하므로, 데이터형이 맞는지 검사할 수 있습니다. 하지만 매크로는 데이터형을 사용하지 않으므로 데이터형 검사를 할 수 없습니다.

```
const int value = 10000;
value = 100;         /* 컴파일 에러 const로 선언된 상수의 값을 변경하려 시도했음 */
```

Chapter 03

연습문제

01 다음과 같은 항목을 저장하기 위해 적절한 데이터형과 변수 이름을 선언하십시오.

    a. 점수   b. 임시 변수   c. 이름   d. 총합

02 정수형 변수 value를 선언하고 100으로 초기화하는 문장을 작성하십시오.

03 123456을 저장할 수 있는 데이터형은 무엇입니까?

04 0.001을 저장할 수 있는 데이터형은 무엇입니까?

05 다음 코드의 문제점을 설명하십시오.

```c
int ch = 10000;
ch = ch * ch * ch;
```

06 다음 문장이 실행되면 출력 값은 얼마입니까?

```c
01: /* 연습 문제 : 지역 변수와 전역 변수 */
02:
03: #include <stdio.h>
04:
05: int value;
06:
07: void func()
08: {
09:     value = value + 200;
10:     printf( "%d \n", value );
11: }
12:
13: main()
14: {
15:     int value = 100;
16:     func();
17: }
```

TIP

- 정수는 int형을 사용합니다.
- 소수점을 저장할 수 있는 데이터형은 float 또는 double입니다.

TIP

- 지역 변수는 함수 내에서만 사용되고, 전역 변수는 모든 함수에서 사용됩니다.
- Dev-C++에서 실행 시에는 11번째 줄에 system("PAUSE");를 추가하십시오.

07 다음 중 변수명으로 사용할 수 없는 것을 모두 선택하십시오.

a. count   b. main   c. __hello   d. printf

e. for   f. if   g. @test   h. 2006year

08 다음 중 음수값을 저장할 수 없는 데이터형은 무엇입니까?

a. short   b. int   c. unsigned char   d. long

09 int형이 저장할 수 있는 크기는 몇 바이트입니까?

10 다음 문장이 실행되면 잘못된 결과가 출력됩니다. 아래의 코드를 올바르게 수정하십시오.

```
01: /* 연습 문제 : 변수의 초기화 */
02:
03: #include <stdio.h>
04:
05: main()
06: {
07:     int hap;
08:
09:     hap = hap + 500;
10:
11:     printf( "%d \n", hap );
12: }
```

C - Language

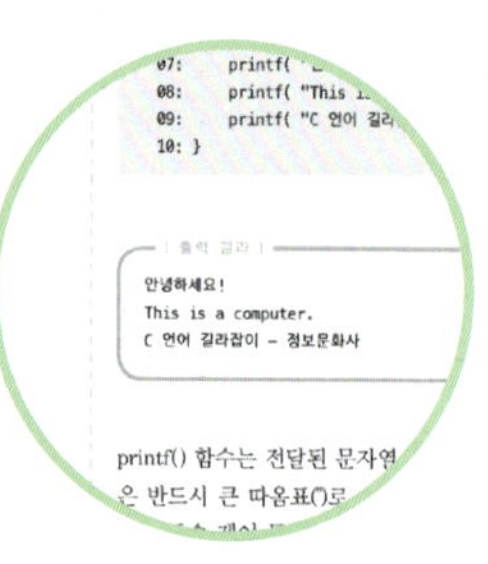

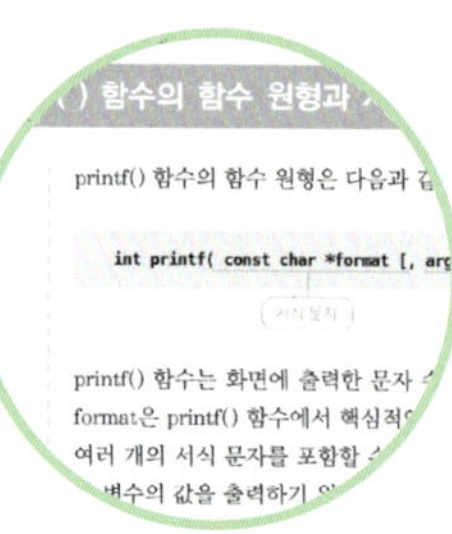

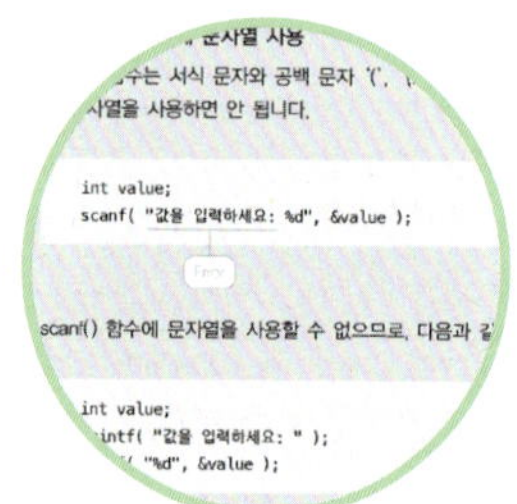

C 언어를 실습하기 위해서는 키보드로부터 값을 입력받고 화면에 연산 결과 등을 출력할 필요가 있습니다. C 언어는 키보드로부터 값을 입력받는 scanf() 함수와 화면 출력을 하는 printf() 함수를 제공하며, 각 함수는 매우 다양한 형식을 지원합니다. 이 장에서는 각 함수들이 제공하는 다양한 형식의 의미와 활용 방법에 대하여 학습합니다.

입력과 출력의 기본, scanf()와 printf() 함수

printf( ) 함수를 사용한 출력

화 면에 텍스트를 출력하거나 변수의 값 등을 확인하기 위해 printf() 함수를 사용할 수 있습니다. printf() 함수는 문자열, 정수값, 소수값 등 다양한 값들을 출력할 수 있으며, 이런 형태의 값들을 출력하기 위해 형식 제어 문자열을 제공합니다. 이 레슨에서는 printf() 함수를 사용한 다양한 출력방법을 학습합니다.

1 | printf( ) 함수를 사용한 문자열 출력

printf() 함수는 기본적으로 화면에 출력하는 기능을 제공합니다. 다음 예제는 printf() 함수를 사용해서 여러 형태의 문자열을 출력하는 것입니다. 만약 Dev-C++을 사용하여 예제 코드를 입력한다면, 9번째 줄 다음 줄에 system("PAUSE");를 반드시 추가하십시오.

```
01: /* printf1.c : 문자열 출력 프로그램 */
02:
03: #include <stdio.h>
04:
05: main()
06: {
07:     printf( "안녕하세요! \n" );
08:     printf( "This is a computer. \n" );
09:     printf( "C 언어 길라잡이 - 정보문화사 \n" );
10: }
```

| 출력 결과 |

```
안녕하세요!
This is a computer.
C 언어 길라잡이 - 정보문화사
```

printf() 함수는 전달된 문자열을 화면에 출력해 주는 기본적인 기능을 제공합니다. 전달되는 문자열은 반드시 큰 따옴표(")로 시작해서 큰 따옴표로 끝나야 합니다. 문자열 중에는 다음 줄로 개행하기 위한 특수 제어 문자(escape sequence- '\n')가 있으며, 이 제어 문자로 인해 한 줄씩 출력이 됩니다. 다음의 예제와 같이, 만약 제어문자('\n')를 사용하지 않는다면, 7번째 줄의 출력 끝에서 개행이 되지 않고, 8번째 줄이 연속적으로 출력됩니다.

```
01: /* printf2.c : 문자열 출력 프로그램(2) */
02:
03: #include <stdio.h>
04:
05: main()
06: {
07:     printf( "안녕하세요!" );
08:     printf( "This is a computer." );
09:     printf( "C 언어 길라잡이 – 정보문화사" );
10: }
```

| 출력 결과 |

안녕하세요!This is a computer.C 언어 길라잡이 – 정보문화사

#
반올림

제어 문자(Escape sequence)

제어 문자는 출력의 위치 또는 특수 문자를 표현하기 위해 사용합니다.

제어 문자	설 명
\n	다음 줄의 첫 행으로 이동(개행)합니다.
\r	현재 줄의 맨 앞으로 이동합니다.
\a	내부 스피커를 통해 벨소리가 납니다.
\t	탭(Tab) 키를 누른 것과 같은 효과를 냅니다.
\\	슬래시(\) 문자를 표현합니다.
\'	작은 따옴표(single quotation)를 표현합니다.
\"	큰 따옴표(double quotation)를 표현합니다.

2 printf( ) 함수의 함수 원형과 서식 문자

printf() 함수의 함수 원형은 다음과 같습니다.

```
int printf( const char *format [, argument]... );
```

서식 문자   변수

printf() 함수는 화면에 출력한 문자 수를 정수(int)값으로 리턴합니다. 이 함수의 첫 번째 매개 변수 format은 printf() 함수에서 핵심적인 역할을 담당하는 형식 제어 문자열입니다. 형식 제어 문자열은 여러 개의 서식 문자를 포함할 수 있는데, 큰 따옴표("")로 묶어 표현됩니다. 예를 들어 화면에 정수형 변수의 값을 출력하기 위해서는 서식 문자 %d를 사용해야 하며, 함수의 두 번째 값으로 정수형 변수(argument)를 전달하면 됩니다. 다음은 서식 문자 %d를 사용한 출력 예입니다.

```
int i = 5;
printf( "%d", i );                  /* 5가 출력됩니다. */
```

printf( ) 함수가 제공하는 서식 문자는 % 문자로 시작하는데 변수의 값을 출력하기 위해서 주로 사용합니다. 서식 문자는 다음과 같이 여러 개를 사용할 수도 있습니다.

```
int i = 5, j = 10;
printf( "%d, %d", i, j );            /* 5, 10이 출력됩니다. */
```

또한 서식 문자는 문자열의 어느 곳에 위치하든 관계없습니다. 단 서식 문자의 수와 인수의 수가 일치해야 합니다.

```
int i = 5, j = 10;
printf( "i의 값 : %d, j의 값 : %d", i, j );     /* i의 값 : 5, j의 값 : 10이 출력됩니다. */
```

printf() 함수는 10진수를 16진수로 출력할 수 있으며, 다음과 같이 서식 문자 %x를 사용합니다.

```
int i = 27;
printf( "10진수 %d은 16진수로 %x입니다.", i, i );        /* 10진수 27은 16진수로 1b입니다. */
```

변수 i를 %d를 사용해서 출력하면 27이 출력되고, %x를 사용해서 출력하면 1b가 출력됩니다. %x 대신에 %#x를 사용하면 0x1b라고 출력됩니다.

다음은 printf() 함수가 제공하는 서식 문자입니다.

[표 4-1] 서식 문자

문자	타입	출력 형식
c	char	문자
d, i	short, int	부호 있는 10진수
ld	long	부호 있는 10진수
u	unsigned int	부호 없는 10진수
o	int	8진수
x	int	16진수. 출력 시 0~9, a~f 사용
X	int	16진수. 출력 시 0~9, A~F 사용
f	double	고정 소수점 표기법 사용
e	double	부동 소수점 표기법 사용. 지수문자로 'e' 사용
E	double	부동 소수점 표기법 사용. 지수문자로 'E' 사용
g	double	고정 또는 부동 소수점 표기법 중 길이가 짧은 서식 사용
G	double	'g'와 같으며, 지수 사용 시 'E'를 사용
s	string	문자열

3 정수형 변수의 출력

printf() 함수를 사용해서 정수형 변수를 출력하려면 %d, %u를 주로 사용합니다. %d는 부호 있는 값을 출력할 때 사용하며, %u는 부호 없는 값을 출력할 때 사용합니다. %u에 음수값을 지정하면 아래의 출력 결과와 같이 음수값이 양수값으로 변환되어 엉뚱한 값이 출력됩니다.

```
int x = 5, y = -100;
printf( "%d, %u", x, y ); /* 5, 4294967196이 출력 */
```

4 문자형 변수의 출력

printf() 함수를 사용해서 문자형 변수를 출력하는 방법은 두 가지가 있습니다. 다음은 문자형 변수의 값을 %c를 사용해서 문자로 출력하는 경우입니다.

```
char ch = 'A';
printf( "%c", ch );          /* A가 출력 */
```

문자형 변수의 값은 문자가 아닌 정수형 값으로 출력할 수도 있으며, 다음은 문자형 변수의 값을 %d를 사용해서 정수형으로 출력하는 경우입니다.

```
char ch = 'A';
printf( "%d", ch );          /* 65가 출력 */
```

5 실수값의 출력

printf() 함수를 사용해서 실수값을 출력하려면 %f, %e 등을 사용합니다. 다음은 %f를 사용해서 실수값을 출력하는 경우입니다.

```
printf( "%f", 3.141592 );              /* 3.141592가 출력 */
```

다음은 %e, %E를 사용해서 부동소수점을 출력하는 경우입니다. %e는 실수값을 출력 시 소문자 e를 사용하고, %E는 실수값을 출력 시 대문자 E를 사용합니다.

```
printf( "%e", 55.345 );              /* 5.534500e+001이 출력 */
printf( "%E", 55.345 );              /* 5.534500E+001이 출력 */
```

6 | 문자열의 출력

printf() 함수를 사용해서 문자열을 출력하기 위해서는 %s를 사용합니다. 다음은 문자열을 출력하는 예입니다.

```
printf( "%s", "안녕" );      /* '안녕'이 출력*/
```

#
반올림

printf() 함수를 사용한 삼각형 출력

```
01: /* printf3.c : 삼각형 출력 */
02:
03: #include <stdio.h>
04: #include <conio.h>
05:
06: void main()
07: {
08:     printf( "*      \n" );
09:     printf( "**     \n" );
10:     printf( "***    \n" );
11:     printf( "****   \n" );
12:     printf( "***** \n" );
13:
14:     getch();      // 또는 system("PAUSE");
15: }
```

비법전수 printf( ) 함수의 다양한 형식 제어 문자열 사용하기

출력 결과는 오른쪽에 주석으로 처리되어 있습니다.

```c
01: /* printf_format.c : printf() 함수의 다양한 활용 */
02:
03: #include <stdio.h>
04:
05: void main( void )
06: {
07:     int i;
08:     char *pi;
09:     char *string = "길라잡이";
10:     __int64 i64 = 9223372036854775807;
11:
12:     // 문자, 정수값
13:     printf( "[%c]    \n", 'A' );                  // [A]
14:     printf( "[%d]    \n", 7 );                     // [7]
15:     printf( "[%i]    \n", 7 );                     // [7]
16:     printf( "[%5d]   \n", 7 );                     // [    7]
17:     printf( "[%05d]  \n", 7 );                     // [00007]
18:     printf( "[%+d]   \n", -12345 );                // [-12345]
19:     printf( "[%+d]   \n", 12345 );                 // [+12345]
20:     printf( "[% d]   \n", -12345 );                // [-12345]
21:     printf( "[%u]    \n", 12345 );                 // [12345]
22:     printf( "[%u]    \n", -12345 );                // [4294954951]
23:
24:     // 8진수, 16진수
25:     printf( "[%x]    \n", 0xFF );                  // [ff]
26:     printf( "[%X]    \n", 0xFF );                  // [FF]
27:     printf( "[%#x]   \n", 0xFF );                  // [0xff]
28:     printf( "[%#x]   \n", 12345 );                 // [0x3039]
29:     printf( "[%o]    \n", 0123 );                  // [123]
30:     printf( "[%#o]   \n", 0123 );                  // [0123]
31:
32:     // 고정소수점
33:     printf( "[%f]     \n", 3.141592 );             // [3.141592]
34:     printf( "[%5f]    \n", 3.141592 );             // [3.141592]
35:     printf( "[%.f]    \n", 3.141592 );             // [3]
36:     printf( "[%.2f]   \n", 3.141592 );             // [3.14]
37:     printf( "[%2.2f]  \n", 3.141592 );             // [3.14]
38:     printf( "[%5.5f]  \n", 3.141592 );             // [3.14159]
39:     printf( "[%20.5f] \n", 3.141592 );             // [            3.14159]
40:     printf( "[%-20.5f] \n", 3.141592 );            // [3.14159            ]
41:
42:     // 부동소수점
```

```c
43:     printf( "[%e]        \n", 3.141592 );           // [3.141592e+000]
44:     printf( "[%E]        \n", 3.141592 );           // [3.141592E+000]
45:     printf( "[%5e]       \n", 3.141592 );           // [3.141592e+000]
46:     printf( "[%.e]       \n", 3.141592 );           // [3e+000]
47:     printf( "[%.2e]      \n", 3.141592 );           // [3.14e+000]
48:     printf( "[%2.2e]     \n", 3.141592 );           // [3.14e+000]
49:     printf( "[%5.5e]     \n", 3.141592 );           // [3.14159e+000]
50:     printf( "[%20.5e]    \n", 3.141592 );           // [          3.14159e+000]
51:     printf( "[%20.2E]    \n", 1.2e+10 );            // [              1.20E+010]
52:     printf( "[%-20.2E]   \n", 1.2e+10 );            // [1.20E+010             ]
53:
54:     // 스마트형
55:     printf( "[%g] \n", 3.141592 );                  // [3.14159]
56:
57:     // 문자열형
58:     printf( "[%s]      \n", string );               // [ 길라잡이]
59:     printf( "[%10s]    \n", string );               // [    길라잡이]
60:     printf( "[%-10s]   \n", string );               // [ 길라잡이    ]
61:     printf( "[%2s]     \n", string );               // [ 길라잡이]
62:     printf( "[%2.2s]   \n", string );               // [ 길]
63:     printf( "[%3.2s]   \n", string );               // [  길]
64:     printf( "[%010s]   \n", string );               // [00길라잡이]
65:
66:     // 포인트형
67:     printf( "[%p]   \n", &i );                       // [0012FF7C]
68:     printf( "[%p]   \n", &pi );                      // [0012FF78]
69:
70:     // 64비트 정수값
71:     printf( "[%I64d]   \n", i64 );                   // [9223372036854775807]
72: }
```

scanf( ) 함수를 사용한 입력

C언어로 프로그램을 만들다 보면 키보드로부터 값을 입력 받아야 하는 경우가 종종 있습니다. 키보드로부터 값을 입력 받는 함수는 여러 개 있으며, 이 중 서식화된 값을 입력 받기 위해 scanf() 함수를 사용합니다.

1 scanf( ) 함수를 사용한 정수값 입력

printf() 함수가 출력 기능을 갖고 있다면, scanf() 함수는 입력 기능을 갖는 함수입니다. scanf() 함수를 사용하기 위해서는 printf() 함수에서 사용했던 것과 같은 서식 문자를 사용해야 합니다. 예를 들어 정수형 변수의 값을 입력 받으려면, 서식 문자 %d를 사용합니다. 다음은 %d를 사용하여 정수값을 입력 받는 예제입니다.

```c
01: /* scanf1.c : 정수값 입력 프로그램 */
02:
03: #include <stdio.h>
04:
05: main()
06: {
07:     int value;
08:
09:     scanf( "%d", &value );      /* &의 사용에 주의하세요. */
10:     printf( "%d \n", value );
11: }
```

| 출력 결과 |

```
12345 ↵
12345
```

이 프로그램은 키보드로부터 입력된 정수형 숫자값을 value에 저장하고 출력합니다. scanf() 함수를 사용할 때 변수의 이름 앞에는 반드시 번지 연산자(&)를 사용해야 합니다. &를 깜박 잊고 빠뜨리는 경우 프로그램은 실행이 종료되기도 하며, value에는 올바른 값이 입력되지 않습니다.

2 scanf( ) 함수의 함수 원형과 서식 문자

scanf() 함수의 함수 원형은 다음과 같습니다.

```
int scanf( const char *format [, argument]... );
```
서식 문자   변수

scanf() 함수는 정상적으로 입력 받은 인수의 수를 정수형(int)으로 리턴합니다. 이 함수의 첫 번째 매개변수 format은 scanf() 함수에서 핵심적인 역할을 담당하는 형식 제어 문자열입니다. 형식 제어 문자열은 여러 개의 서식 문자를 포함할 수 있는데, 큰따옴표("")로 묶어 표현됩니다. 예를 들어 실수형 변수의 값을 입력 받기 위해서는 서식 문자 %f를 사용해야 하며, 함수의 두 번째 값으로 실수형 변수(argument)의 주소(&)를 전달하면 됩니다. 다음은 서식 문자 %f를 사용한 입력 예입니다.

```
float value;
scanf( "%f", &value );              /* &의 사용에 주의하세요. */
printf( "%f \n", value );
```

printf() 함수와 마찬가지로 scanf() 함수의 서식 문자도 % 문자로 시작하는데, scanf() 함수를 사용하여 두 개의 값을 입력 받기 위해서는 연속해서 입력 받을 수 있으며, 다음과 같이 사용합니다.

```
int i, j;
scanf( "%d %d", &i, &j );           /* %d, %d처럼 사용하지 마십시오. */
printf( "%d, %d \n", i, j );
```

#
반올림

&와 *의 발음

■ & : 엠퍼센드(ampersand)
■ * : 에스터리스크(asterisk)

099

다음은 scanf() 함수가 제공하는 서식 문자입니다.

[표 4-2] 서식 문자

문자	타입	입력 형식
c	char	문자
d	short, int	부호 있는 10진수
i	int	부호 있는 10진수, 16진수, 8진수
u	unsigned int	부호 없는 10진수
o	int	8진수
x, X	int	16진수. 입력 시 0~9, a~f 또는 A~F 사용
e,E,f,g,G	float	고정 소수점 표기법 사용
lf	double	부동 소수점 표기법 사용
s	string	문자열

3 정수값의 입력

scanf() 함수를 사용해서 정수형 변수를 입력 받기 위해서는 %d, %u를 주로 사용합니다. %d는 부호 있는 값을 입력 받을 때 사용하며, %u는 부호 없는 값을 입력 받을 때 사용합니다. %u를 사용해서 음수값을 입력하면 잘못된 결과가 리턴됩니다.

```
int x;
unsigned int y;
scanf( "%d %u", &x, &y );        /* -345 475899 처럼 입력 */
printf( "%d, %u", x, y );
```

4 문자값의 입력

scanf() 함수를 사용해서 문자형 변수를 입력하는 방법은 두 가지가 있습니다. 다음은 문자형 변수의 값을 %c를 사용해서 문자로 입력하는 경우입니다.

```
char ch;
scanf( "%c", &ch );              /* a 처럼 입력 */
printf( "%c", ch );
```

5 실수값의 입력

scanf() 함수를 사용해서 실수값을 입력 받기 위해서는 %f, %e 등을 사용할 수 있습니다. 다음은 %f를 사용해서 실수값을 입력 받는 경우입니다.

```
float value;
scanf( "%f", &value );          /* 3.14 처럼 입력 */
printf( "%f", value );
```

다음은 %lf를 사용해서 부동 소수점 또는 double값을 입력 받는 경우입니다.

```
double value;
scanf( "%lf", &value );         /* 1.23E10 처럼 입력 */
printf( "%e", value );
```

6 16진수의 입력

scanf() 함수를 사용해서 16진수를 입력 받기 위해서는 %x 또는 %X를 사용합니다.

```
int value;
scanf( "%x", &value );          /* 0x12abcd 처럼 입력 */
printf( "%x \n", value );
```

7 문자열의 입력

scanf() 함수를 사용해서 문자열을 입력 받기 위해서는 %s를 사용합니다. 문자열을 입력 받기 위해서는 9장에서 배우게 될 배열을 사용해야 합니다.

```
char string[100];              /* 배열 선언 */
scanf( "%s", string )          /* 안녕하세요 처럼 입력 */
puts( string );                /* 안녕하세요 가 출력 */
```

101

puts() 함수는 printf() 함수를 대신해서 순수 문자열을 출력할 때만 사용할 수 있으며, 자동으로 개행 문자('\n')를 출력해 줍니다. 즉, 다음 두 문장은 같은 결과를 출력합니다.

```
printf( "%s \n", string );      /* 반드시 '\n'을 사용해야 다음 줄로 개행이 됨 */
puts( string );                 /* 자동으로 '\n'이 출력되면서 다음 줄로 개행이 됨 */
```


gets( ) 함수

scanf( ) 함수를 사용해서 문자열을 입력할 때는 문자열에 공백이 있으면 안 됩니다. 만약 공백을 포함한 문자열을 입력 받고자 한다면 gets( ) 함수를 사용하세요. 입력 값이 다음과 같이 공백을 포함하는 문자열일 때,

```
This is a string![Enter]
```

다음은 scanf( ) 함수를 사용한 예이고

```
char string[100];
scanf( "%s", string );
puts( string );                 /* This만 출력 */
```

다음은 gets( ) 함수를 사용한 예입니다.

```
char string[100];
gets( string );
puts( string );                 /* This is a string! 이 모두 출력 */
```

다음은 scanf() 함수를 사용해서 국어 및 영어 점수를 입력 받고 총합을 출력하는 예입니다.

```
01: /* scanf2.c : 성적 입력 프로그램 */
02:
03: #include <stdio.h>
04:
05: void main( void )
06: {
07:     int kor;
08:     int eng;
09:     int math;
```

```
10:     int total;
11:     double average;
12:
13:     printf( "국어 점수를 입력하세요 : " );
14:     scanf( "%d", &kor );
15:
16:     printf( "영어 점수를 입력하세요 : " );
17:     scanf( "%d", &eng );
18:
19:     printf( "수학 점수를 입력하세요 : " );
20:     scanf( "%d", &math );
21:
22:     total = kor + eng + math;
23:     average = total / 3.;
24:
25:     printf( "합계 점수 : %d \n", total );
26:     printf( "평균 점수 : %f \n", average );
27: }
```

───| 출력 결과 |───────────────────────

```
국어 점수를 입력하세요 : 100 ↵
영어 점수를 입력하세요 : 99 ↵
수학 점수를 입력하세요 : 99↵
합계 점수 : 298
평균 점수 : 99.333333
```

이 프로그램은 국어, 영어 그리고 수학의 점수를 입력 받아 그 합과 평균을 출력합니다. 14, 17, 20번째 줄에서 사용된 번지 연산자(&)를 주의해서 입력하기 바랍니다.

반올림

scanf( ) 함수를 사용하여 3개의 변수값을 한 번에 입력 받기

scanf2.c에서 14, 17, 20번째 줄은 다음과 같이 한 줄에 입력 받을 수도 있습니다.

```
scanf( "%d %d %d", &kor, &eng, &math );
```

비법전수 scanf( ) 함수 사용 시 주의 사항

scanf( ) 함수에서 서식 문자를 사용할 때는 특별히 주의해야 할 사항이 있습니다.

■ scanf( ) 함수의 인자에 사용되는 번지 연산자(&)

scanf( ) 함수의 인수에는 반드시 다음과 같이 번지 연산자(&)를 사용해야 합니다. 번지 연산자는 10장 포인터에서 자세히 배우게 됩니다.

```c
int value;
scanf( "%d", &value );
```

■ scanf( ) 함수에 문자열 사용

scanf( ) 함수는 서식 문자와 공백 문자 '(', '\t', '\n') 외에 다른 문자를 사용할 수 없습니다. 예를 들어 다음과 같이 scanf( ) 함수에 문자열을 사용하면 안 됩니다.

```c
int value;
scanf( "값을 입력하세요: %d", &value );
                Error
```

scanf( ) 함수에 문자열을 사용할 수 없으므로, 다음과 같이 사용해야 합니다.

```c
int value;
printf( "값을 입력하세요: " );
scanf( "%d", &value );
```

■ scanf( ) 함수에서 콤마 사용

scanf( ) 함수에서 콤마를 사용할 수 없습니다. 다음과 같이 사용할 경우 i는 정확한 값이 입력되지만, j는 값이 입력되지 않습니다. 그 이유는 콤마 등 사용할 수 없는 문자를 만나면 scanf( ) 함수는 에러가 발생되며 리턴하기 때문입니다.

```c
int i, j;
scanf( "%d, %d", &i, &j );
            Error
```

01   printf() 함수에서 출력을 다음 줄로 이동하게 하는 형식 제어 문자는 무엇입니까?

02   다음 문장을 puts() 함수를 사용해서 작성하십시오.

```
printf( "반갑습니다. \n" );
```

03   printf() 함수와 scanf() 함수를 사용하기 위해 포함해야 할 헤더 파일은 무엇입니까?

04   문자열을 출력하기 위한 printf() 함수의 형식 제어 문자는 무엇입니까?

05   다음 문장은 어떤 결과가 출력됩니까?

```
printf( "%d", 3.14 );
```

06   05번 문제를 올바르게 출력하기 위해 사용해야 할 제어 문자는 무엇입니까?

07   다음 문장에서 제어 문자를 적절히 수정하여 문자열이 3자리만 출력되게 하십시오.

```
printf( "%s", "abcde" );
```

08   다음 문장에서 잘못된 곳을 모두 찾으십시오.

```
int value;
scanf( "%d, %d", value );
```

09   가족의 모든 나이를 입력 받아 나이의 합을 출력하는 프로그램을 작성하십시오.

10   키보드로부터 소수점이 포함된 2개의 값을 입력 받아 그 합과 평균을 출력하는 프로그램을 작성하십시오.

C - Language

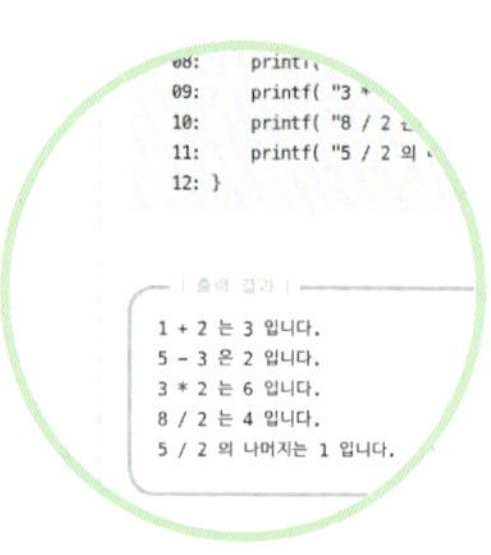
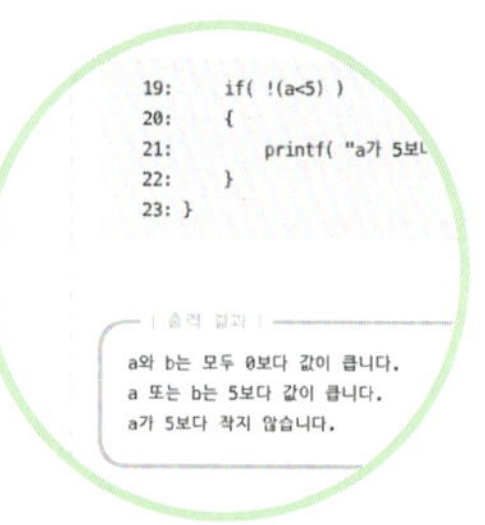
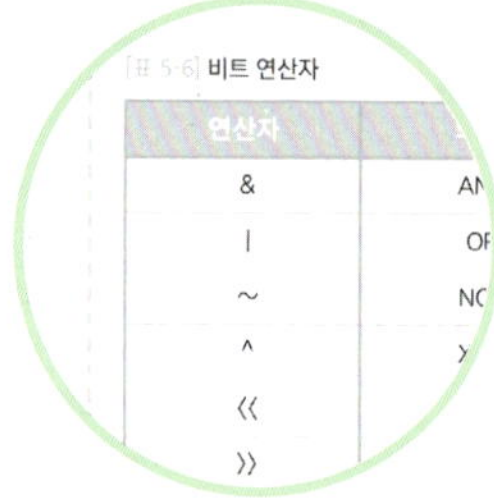

이번 장에서는 C 언어가 제공하는 수많은 연산자에 대하여 학습합니다. 연산자는 산술, 관계, 논리, 비트 연산자 등으로 분류할 수 있습니다. 산술 연산자는 덧셈, 뺄셈, 곱셈, 나눗셈을 하기 위한 것이며, 관계 연산자는 두 수식의 값을 비교하기 위한 것입니다. 논리 연산자는 두 수식이 참 또는 거짓인지 평가하기 위한 것입니다.

연산자

산술 연산자, 대입 연산자

산술 연산이란 덧셈, 뺄셈, 곱셈, 나눗셈 등의 수치 연산을 말합니다. 덧셈을 하기 위해서는 '+'를 사용하고, 뺄셈을 하기 위해서는 '-', 곱셈을 하기 위해서는 '*', 나눗셈을 하기 위해서는 '/'를 사용합니다. 또한 나머지를 구할 수 있는 '%' 연산자도 있습니다.

1 산술 연산자(+, -, *, /, %)

산술 연산이란 더하기, 빼기, 나누기 등을 하는 연산입니다. 다음은 산술 연산의 예입니다.

```c
01: /* op1.c : 산술 연산자 응용 프로그램 */
02:
03: #include <stdio.h>
04:
05: void main( void )
06: {
07:     printf( "1 + 2 는 %d 입니다. \n", 1 + 2 );
08:     printf( "5 - 3 은 %d 입니다. \n", 5 - 3 );
09:     printf( "3 * 2 는 %d 입니다. \n", 3 * 2 );
10:     printf( "8 / 2 는 %d 입니다. \n", 8 / 2 );
11:     printf( "5 / 2 의 나머지는 %d 입니다. \n", 5 % 2 );
12: }
```

| 출력 결과 |

```
1 + 2 는 3 입니다.
5 - 3 은 2 입니다.
3 * 2 는 6 입니다.
8 / 2 는 4 입니다.
5 / 2 의 나머지는 1 입니다.
```

7번째 줄 ~ 11번째 줄은 각각 수치 연산을 표현한 것이며, C 언어에서는 곱셈 기호로 '*'를 사용하고, 나눗셈 기호로 '/'를 사용합니다.

■ **복합 산술 연산자** : 두 개의 연산자를 하나로 묶어서 사용하는 것
(예 : a = a + 1; → a += 1; a = a * 5; → a *= 5; +=, -=, *=, /=, %= 모두
사용 가능)

난이도 ·················· ★☆☆☆☆
활용도 ·················· ★★★★☆
소요시간 ·············· ★☆☆☆☆

2 대입 연산자(=)

대입 연산이란 변수에 값을 대입하는 것을 말합니다. 대입 연산자의 왼쪽에는 반드시 변수가 와야 하며, 오른쪽에는 변수, 수치 또는 함수의 리턴값 등이 올 수 있습니다. 다음 예제는 i에 값을 대입 받는 것을 표현한 것입니다. 변수 i는 오른쪽의 값을 대입 받습니다.

```
01: /* op2.c : 대입 연산자 응용 프로그램 */
02:
03: #include <stdio.h>
04:
05: void main( void )
06: {
07:     int i;
08:
09:     i = 5;          /* 5의 값을 변수 i에 넣습니다. */
10:     printf( "i의 값은 %d 입니다. \n", i );
11:
12:     i = 5 + 3;      /* 5 + 3의 값인 8을 변수 i에 넣습니다. */
13:     printf( "i의 값은 %d 입니다. \n", i );
14: }
```

| 출력 결과 |

```
i의 값은 5 입니다.
i의 값은 8 입니다.
```

3 산술 연산자의 연산 우선순위

산술 연산자는 다음과 같이 연산 시 우선순위가 있습니다.

[표 5-1] 산술 연산자의 우선순위

연산 우선순위	산술 연산자	비고
1	*, /, %	3개 연산자 모두 우선순위는 같습니다.
2	+, −	2개 연산자 모두 연산 우선순위는 같습니다.

관계 연산자

관계 연산이란 두 수식을 비교하여 값이 큰지(〉), 작은지(〈), 크거나 같은지(〉=), 작거나 같은지(〈=), 같은지(==), 같지 않은지(!=)를 평가하기 위해 사용합니다. 관계 연산자는 특히 조건식을 판단하는 if문에서 많이 사용하게 되며, 함수나 문장에서도 자유롭게 사용할 수 있습니다.

1 관계 연산자(〉, 〉=, 〈, 〈=, ==, !=)

관계 연산자는 변수 또는 수식의 값을 비교하기 위해 사용합니다. 관계 연산자는 주어진 수식이 맞으면 1을, 틀리면 0의 결과로 표현됩니다. 다음 예를 보세요.

```
01: /* op3.c : 관계 연산자 응용 프로그램 */
02:
03: #include <stdio.h>
04:
05: void main( void )
06: {
07:     int op;
08:
09:     op = 5 > 3;
10:     printf( "5 > 3  : %d \n", op );
11:     printf( "5 >= 3 : %d \n", 5 >= 3 );
12:     printf( "5 < 3  : %d \n", 5 < 3 );
13:     printf( "5 <= 3 : %d \n", 5 <= 3 );
14:     printf( "5 == 3 : %d \n", 5 == 3 );
15:     printf( "5 != 3 : %d \n", 5 != 3 );
16: }
```

| 출력 결과 |

```
5 > 3  : 1
5 >= 3 : 1
5 < 3  : 0
5 <= 3 : 0
5 == 3 : 0
5 != 3 : 1
```

- **관계 연산자** : 수식의 크고 작음을 판단하기 위한 연산자
- **초기화** : 변수를 선언한 후 특정한 숫자값을 대입하여 변수가 그 값을 갖게 하는 것

난이도 ·················· ★★☆☆☆
활용도 ·················· ★★★☆☆
소요시간 ·············· ★☆☆☆☆

관계 연산자는 변수 및 상수 등 다양한 값을 비교할 수 있습니다. 특히 앞으로 학습하게 될 조건 제어문에서 아주 많이 사용됩니다. 간단하게 조건 제어문의 예를 보겠습니다.

```c
01: /* op4.c : 관계 연산자 응용 프로그램 2 */
02:
03: #include <stdio.h>
04:
05: void main( void )
06: {
07:     int year = 2020;
08:
09:     if( year == 2020 )
10:     {
11:         printf( "2020년도입니다. \n" );
12:     }
13: }
```

| 출력 결과 |

```
2020년도입니다.
```

9번째 줄은 변수와 상수를 비교하는 것이며, if 문은 비교값이 참인 경우에만 블록({ }) 안의 문장을 실행합니다. 만약 7번째 줄에서 year를 2030으로 초기화한다면 11번째 줄은 실행되지 않습니다.

2 관계 연산자의 연산 우선순위

관계 연산자는 다음과 같이 연산 시 우선순위가 있습니다.

[표 5-2] 관계 연산자의 우선순위

연산 우선순위	관계 연산자	비고
1	>, >=, <, <=	4개 연산자 모두 우선순위는 같습니다.
2	==, !=	2개 연산자 모두 연산 우선순위는 같습니다.

03 논리 연산자

논리 연산이란 주어진 조건을 검사하여 참인지 거짓인지를 판단하기 위해 사용합니다. "만약 비가 오면 소풍은 가지 않는다.", "20세 이상이고 C 언어를 할 줄 아는 사람", "컴퓨터가 있는 사람" 등 조건에 따라 실행을 제어할 수 있습니다.

1 논리 연산자(&&, ||, !)

C 언어로 코딩을 하다 보면 주어진 두 식이 모두 참인지, 둘 중 하나만 참인지 등을 판단해야 하는 경우가 있습니다. 이때 사용할 수 있는 것이 논리 연산자입니다.

[표 5-3] 논리 연산자

연산자	의미	사용 예문
&&	AND	영어를 잘하고, 그리고 C 언어도 잘하는 학생
||	OR	영어를 잘하거나, 또는 C 언어를 잘하는 학생
!	NOT	영어를 잘하지 못하는 학생

다음은 논리 연산자를 사용하는 예입니다.

```
01: /* op5.c : 논리 연산자 응용 프로그램 */
02:
03: #include <stdio.h>
04:
05: void main( void )
06: {
07:     int a = 5, b = 7;
08:
09:     if( a>0 && b>0 )
10:     {
11:         printf( "a와 b는 모두 0보다 값이 큽니다.\n" );
12:     }
13:
14:     if( a > 5 || b > 5 )
15:     {
16:         printf( "a 또는 b는 5보다 값이 큽니다.\n" );
17:     }
18:
```

- **참(true)** : 조건이 참인 경우 및 평가되는 값이 0이 아닌 모든 값(5<7, 0을 제외한 모든 값)
- **거짓(false)** : 조건이 참이 아닌 경우 및 평가되는 값이 0인 값(5<4, 0, NULL, '\0')

난이도 ················· ★★☆☆☆
활용도 ················· ★★★☆☆
소요시간 ·············· ★☆☆☆☆

```
19:     if( !(a<5) )
20:     {
21:         printf( "a가 5보다 작지 않습니다.\n" );
22:     }
23: }
```

| 출력 결과 |

```
a와 b는 모두 0보다 값이 큽니다.
a 또는 b는 5보다 값이 큽니다.
a가 5보다 작지 않습니다.
```

9번째 줄은 두 개의 조건을 모두 검사하여 참(true)인 경우 블록문 10~12번째 줄을 실행합니다. 만약 두 가지 조건 중 하나라도 거짓이면 블록문은 실행되지 않습니다. 14번째 줄은 두 가지 조건 중 하나라도 참이면 블록문 15~17번째 줄이 실행됩니다. 두 가지 조건이 모두 거짓이면 블록문은 실행되지 않습니다. 19번째 줄은 a가 5보다 작지 않다면, 즉 a가 5보다 크거나 같다면 블록문 20~22번째 줄을 실행합니다.

2 논리 연산자의 연산 우선순위

논리 연산자는 다음과 같이 연산 시 우선순위가 있습니다.

[표 5-4] 논리 연산자의 우선순위

연산 우선순위	논리 연산자	비고
1	!	참인 수식은 거짓으로, 거짓인 수식은 참으로 바꿉니다.
2	&&	두 개의 수식 모두 참인지 검사할 때 사용합니다.
3	||	둘 중 하나만 참인지 검사할 때 사용합니다.

증가, 감소 연산자

프로그래밍을 하다 보면 가장 많이 사용하게 되는 것이 변수의 값을 1만큼 더하거나 1만큼 빼는 것입니다. C 언어는 변수의 값에 1을 더하기 위해 증가 연산자(++)를, 1을 빼기 위해 감소 연산자(--)를 제공합니다.

1 증가, 감소 연산자(++, --)

변수의 값을 1만큼 더하려면 증가 연산자 ++를 사용하고, 1만큼 빼려면 감소 연산자 --를 사용합니다.

```
01: /* op6.c : 증가/감소 연산자 응용 프로그램 */
02:
03: #include <stdio.h>
04:
05: void main( void )
06: {
07:     int i = 5;
08:
09:     i++; /* i = i + 1 */
10:     printf( "i의 값은 %d \n", i );
11:     i--; /* i = i - 1 */
12:     printf( "i의 값은 %d \n", i );
13: }
```

| 출력 결과 |

```
i의 값은 6
i의 값은 5
```

9번째 줄에서 i++;은 i=i+1;과 같은 표현입니다. 또한 i++은 ++i라고 사용할 수도 있습니다. 11번째 줄에서 i--;는 i=i-1;과 같은 표현이며, i--는 --i라고 사용해도 됩니다.

#
반올림

++, --의 발음

- ++ : 뿔뿔 또는 플러스 플러스(plus plus)
- -- : 마마 또는 마이너스 마이너스(minus minus)

2 전위, 후위 연산자

증가/감소 연산자는 그 사용되는 위치에 따라 전위 연산자 또는 후위 연산자로 구분할 수 있습니다.
다음은 전위 연산자의 예입니다.

```
int i = 5;
++i;    /* i의 값을 1만큼 증가시키는 전위 연산자 */
--i;    /* i의 값을 1만큼 감소시키는 전위 연산자 */
```

다음은 후위 연산자의 예입니다.

```
int i = 5;
i++;    /* i의 값을 1만큼 증가시키는 후위 연산자 */
i--;    /* i의 값을 1만큼 감소시키는 후위 연산자 */
```

수식 또는 함수에서 전위/후위 연산이 갖는 의미

다음 문장에서 j에 사용된 증가 연산자는 후위 연산자입니다. 후위 연산자가 수식에서 사용될 때에는 그 문장이 수행되
고 난 후 1만큼 증가합니다.

```
int i, j = 5;
i = j++;    /* i의 값은 5가 대입됩니다. */
printf( "%d, %d", i, j );    /* 5, 6이 출력 */
```

만약 다음 문장처럼 전위 연산자로 사용된다면, i의 값은 6이 됩니다.

```
int i, j = 5;
i = ++j;    /* i의 값은 6이 대입됩니다. */
printf( "%d, %d", i, j ); /* 6, 6이 출력 */
```

다음과 같이 printf( ) 함수에서 사용될 때도 전위 연산과 후위 연산은 다르게 동작합니다.

```
int i = 5, j = 5;
printf( "%d", ++i );    /* i의 값이 6이 된 후, 6이 출력, */
printf( "%d", j++ );    /* 5가 출력된 후, j의 값이 6으로 변함 */
```

삼 항 조건 연산자는 C 언어에서 사용하는 유일한 삼항 연산자입니다. 앞으로 학습하게 될 if문을 대신해서 사용할 수 있으며, '?:'를 사용합니다. 또한 일반적으로 아무 의미가 없는 것처럼 사용되는 쉼표 연산자(,)가 있습니다.

1 삼항 조건 연산자(? :)

삼항 조건 연산자는 주어진 조건을 비교하여 참인 경우 실행할 부분과 거짓인 경우 실행할 부분으로 나눌 수 있습니다. 다음 예는 최대값을 구하는 것입니다.

```
01: /* op7.c : 삼항 조건 연산자 응용 프로그램 */
02:
03: #include <stdio.h>
04:
05: void main( void )
06: {
07:     int max;
08:     int i = 100, j = 200;
09:
10:     max = (i > j) ? i : j;
11:     printf( "최대값은 %d 입니다. \n", max );
12: }
```

| 출력 결과 |

```
최대값은 200 입니다.
```

삼항 조건 연산은 다음과 같이 동작합니다.

(조건식) ? (참인 경우 실행할 수식) : (거짓인 경우 실행할 수식)

10번째 줄을 자세하게 분석해 보면, 우선 i 〉 j의 수식이 먼저 평가됩니다. i가 j보다 큰지를 평가한 후 참인 경우 i의 값을 max에 대입하고, 거짓인 경우 j의 값을 max에 대입합니다. 이것을 if문을 사용하여 표현하면 다음과 같습니다.

```c
if( i > j )          /* i가 j보다 크면 */
{
    max = i;
}
else                 /* i가 j보다 작거나 같으면 (그렇지 않으면) */
{
    max = j;
}
```

2 쉼표 연산자(,)

쉼표 연산자는 콤마 연산자라고도 하는데, C 언어에서 변수의 선언, 함수의 매개 변수 리스트, 문장
의 구분 실행을 위해 사용합니다. 다음에 간단한 예문이 있습니다.

```c
01: /* op8.c : 쉼표 연산자 응용 프로그램 */
02:
03: #include <stdio.h>
04:
05: void main( void )
06: {
07:     int i=1, j=2, k=3;
08:
09:     printf( "i=%d, j=%d, k=%d \n", i, j, k );
10:     i = j, k = 5;
11: }
```

| 출력 결과 |

```
i=1, j=2, k=3
```

7번째 줄의 변수 선언, 9번째 줄의 매개 변수, 10번째 줄의 연속된 문장 등에서 쉼표 연산자를 사용하
는 예를 볼 수 있으며, 앞으로 학습하게 될 for문에서도 많이 사용됩니다.

Lesson 06 비트 연산자

컴퓨터가 이해할 수 있는 수는 오직 0과 1뿐입니다. 이것은 마치 전등을 켜거나 끄는 것과 같이 두 개의 상태만이 존재하는 것과 같습니다. 0과 1을 사용하는 수의 표현을 2진수라 하며, 이 레슨에서는 2진수를 연산하기 위한 비트 연산자를 학습합니다.

1 비트 연산자(&, |, ~, ^, <<, >>)

비트 연산자를 이해하기 위해서는 우선 컴퓨터가 내부적으로 사용하는 수의 체계에 대해 이해해야 합니다. 컴퓨터는 내부적으로 수의 표현을 2진수로 처리합니다. 2진수란 0과 1을 사용하는 것을 의미합니다. 10진수는 9다음에 10이 됩니다. 2진수는 가장 큰 수가 1이기 때문에 1다음에는 10이 되어 자리 올림이 발생됩니다. 다음 표는 10진수를 2진수로 변환한 것입니다.

[표 5-5] 10진수의 2진 표현

10진수	2진수	10진수	2진수	10진수	2진수
0	0	4	100	8	1000
1	1	5	101	9	1001
2	10	6	110	10	1010
3	11	7	111	11	1011

10진수 0과 2진수 0은 그 값이 같으며, 10진수 1과 2진수 1도 그 값이 같습니다. 하지만 10진수 2는 2진수로 10이 됩니다. 2진수는 가장 큰 수가 1이고 2를 사용할 수 없기 때문에, 10진수의 9에서 자리 올림이 발생하듯 1에서 자리 올림이 발생합니다.

2진수를 좀 더 알아보기 위해 10진수를 2진수로 바꿔 보도록 하겠습니다. 10진수의 값 12345가 있을 때 이 값은 다음과 같이 표현할 수 있습니다.

$$12345는\ 1 * 10^4 + 2 * 10^3 + 3 * 10^2 + 4 * 10^1 + 5 * 10^0$$

12345라는 값은 10진수의 각 자리에 10의 승수를 곱한 후 그 값들을 모두 더한 값입니다. 다음은 2진수 101100에 대하여 10진수와 같은 형식으로 표현해 본 것입니다.

- **2진수** : 0과 1만 사용하는 수의 표현
- **10진수** : 0~9까지의 숫자를 사용하는 수의 표현
- **16진수** : 0~9, A~F를 사용하는 수의 표현. 여기서 A~F는 10진수 10~15까지를 나타냄

난이도 ·················· ★★★☆☆
활용도 ·················· ★★★☆☆
소요시간 ·············· ★★★☆☆

$$101101은\ 1 * 2^5 + 0 * 2^4 + 1 * 2^3 + 1 * 2^2 + 0 * 2^1 + 1 * 2^0$$

이 값을 모두 더하면, 32 + 0 + 8 + 4 + 0 + 1이 되며, 10진수로 표현하면 45가 됩니다. 다음 표는 비트 연산자입니다.

[표 5-6] 비트 연산자

연산자	의미	사용 결과
&	AND	1과 1을 &연산하면 1이 되고, 하나라도 0이면 0이 됩니다.
|	OR	둘 중 하나라도 1이면 1이 되고, 둘 다 0이면 0이 됩니다.
~	NOT	1은 0으로, 0은 1로 바뀝니다.
^	XOR	둘 중 하나만 1이면 1이 되고, 둘 다 1 또는 둘 다 0이면 0이 됩니다.
《	SHIFTL	비트값을 왼쪽으로 이동(쉬프트)합니다.
》	SHIFTR	비트값을 오른쪽으로 이동(쉬프트)합니다.

다음은 두 수를 AND 연산해서 출력하는 예입니다.

```
int i = 5, j = 6;
printf( "%d", i & j );        /* 4가 출력됨 */
```

i의 값 5를 2진수로 표현하면 101이며, j의 값 6을 2진수로 표현하면 110입니다. AND 연산은 다음과 같이 연산됩니다.

```
0000 0000 0000 0000 0000 0000 0000 0101   (i는 정수형이므로 32비트로 표현됩니다.)
0000 0000 0000 0000 0000 0000 0000 0110   (j는 정수형이므로 32비트로 표현됩니다.)
&———————————————————————————————————————  (i와 j의 각 자리에 대해 AND 연산을 합니다.)
0000 0000 0000 0000 0000 0000 0000 0100   (두 수가 모두 1인 값만 1이 됩니다.)
```

변수 i, j는 정수형이며 4바이트 크기를 갖습니다. 1바이트는 8비트이므로 4바이트는 32비트입니다. AND 연산은 각 위치의 값들을 연산하는 것이므로 각 값들을 연산하여 출력하면 결과가 4가 됩니다.

비 법 전 수 연산자 우선순위

이번 장에서 배운 연산자를 한 수식에서 나란히 사용할 때, 각 연산자는 아래와 같은 연산 우선순위에 따라 연산됩니다.

우선순위	연산자	결합 형태
1	() [] -> .	왼쪽 우선
2	! ~ ++ -- *(포인터) &(주소) (형변환) sizeof +(단항) -(단항)	오른쪽 우선
3	*(곱셈) /(나눗셈) %(나머지)	왼쪽 우선
4	+(덧셈) -(뺄셈)	왼쪽 우선
5	<< >>	왼쪽 우선
6	< <= > >=	왼쪽 우선
7	== !=	왼쪽 우선
8	&(비트 AND)	왼쪽 우선
9	^	왼쪽 우선
10	|	왼쪽 우선
11	&&	왼쪽 우선
12	||	왼쪽 우선
13	?:	오른쪽 우선
14	= += -= *= /= %= &= ^= |= <<= >>=	오른쪽 우선
15	,	왼쪽 우선

( )는 함수 호출 시 사용되는 연산자이며, []는 배열에 사용되는 연산자입니다.
만약 다음과 같은 수식이 있다면,

```c
int i;
i = 3 + 4 * 5 / 5;
```

덧셈 연산자의 우선순위는 4이고 곱셈 연산자의 우선순위는 3이므로 곱셈이 먼저 연산됩니다. 곱셈이 먼저 연산되면, 그 값은 20이 되고 다시 덧셈 연산 또는 나눗셈 연산을 해야 합니다. 덧셈 연산보다는 나눗셈 연산자가 우선하므로 20을 5로 먼저 나눕니다. 그러면 결과가 4가 되며, 이 값과 3을 더한 값이 최종적으로 i에 대입됩니다. =는 연산 우선순위가 14이기 때문에 콤마 연산자를 제외하고는 항상 맨 나중에 연산됩니다.

Chapter 05

연습문제

01 다음 수식의 결과는 얼마입니까?

```
1 + 2 - 3 * 4
```

02 다음 수식의 결과는 얼마입니까?

```
1 + (2 - 3) * 4
```

03 다음 수식의 결과는 얼마입니까?

a. 1 < 2　　　b. 1 > 2　　　c. 1 == 1

d. 1 != 1　　　e. 1 <= 1

04 다음 수식의 결과는 얼마입니까?

a. 1 && 2　　　b. 1 && 0　　　c. 3 || 1

d. 3 || 0　　　e. !0

05 다음 문장이 실행되면 i의 값은 얼마가 됩니까?

```
int i=1;
i++;
```

06 다음 문장이 출력하는 값은 얼마입니까?

```
int i=7;
printf( "%d", i++ );
```

07 다음 문장이 수행되고 나면 max의 값은 얼마가 됩니까?

```
max = 1 ? 5 : 7;
```

08 다음 문장이 출력하는 값은 얼마입니까?

```
printf( "%d", 7 & 9);
```

C - Language

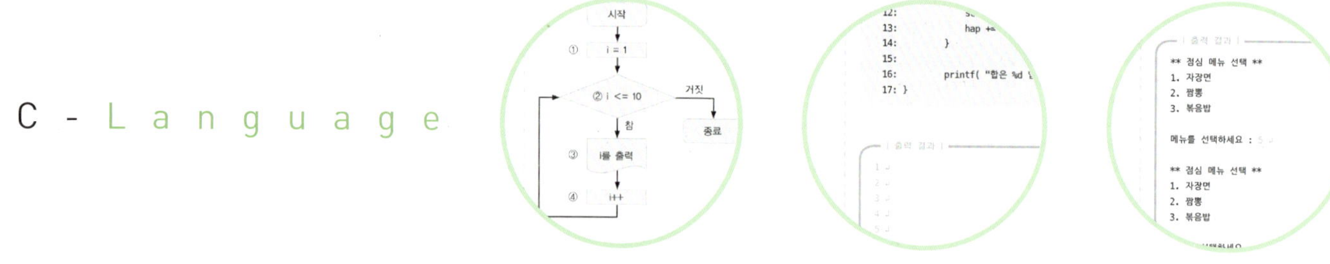

반복문은 컴퓨터를 활용하는 가장 좋은 기능 중의 하나입니다. 예를 들어 숫자 1에서 숫자 10000까지를 더하려면 어떻게 해야 하나요? 컴퓨터는 이를 반복문을 사용하여 쉽게 해결할 수 있습니다. C 언어에서는 동일한 작업을 여러 번 반복해야 할 때 사용할 수 있는 for, while, do~while과 같은 반복문을 제공합니다. 이 장에서는 반복문의 작성 방법에 대하여 학습합니다.

반복문

01

반복문

for문

1 에서 10까지의 수를 더하는 프로그램을 만들어야 한다면 어떻게 해야 할까요? 이를 구현하기 위해서는 1부터 10까지 반복하면서 수를 더하면 됩니다. C 언어는 for문을 사용해서 시작값과 끝값을 지정하여 특정한 문장을 반복할 수 있도록 해줍니다.

1 for문

for문을 사용하면 다양한 형태의 반복을 할 수 있습니다. 1~10까지 출력하는 문장을 반복문을 사용하면 쉽게 해결할 수 있습니다.

```
01: /* for1.c : 1~10까지 출력하는 프로그램 */
02:
03: #include <stdio.h>
04:
05: void main( void )
06: {
07:     int i;
08:
09:     for( i=1; i<=10; i++ )
10:     {
11:         printf( "%d \n", i );
12:     }
13: }
```

| 출력 결과 |

```
1
2
3
4
5
6
7
8
9
10
```

9번째 줄에 사용된 for문은 지금까지 사용했던 것과는 다르게 동작합니다. for문은 다음과 같이 구성되어 있습니다.

> **for(초기값; 조건식; 증감값)**

9번째 줄에서 사용된 for문은 "i는 1로 초기화하며, i의 값이 10보다 작거나 같을 동안, 증감값이 1씩 증가하면서 주어진 블록문 9~12를 반복하라"라는 문장입니다. 초기값은 단 한 번만 실행되며, 조건식이 참인 동안 블록은 반복됩니다. 9~12번째 줄은 다음의 순서대로 실행됩니다.

1. i를 1로 초기화합니다.
2. i가 10보다 큰지 비교하여 10보다 작거나 같은 경우 제어권을 11번으로 넘깁니다.
3. i의 값을 출력합니다.
4. 9번째 줄의 증감값 i++에 의해 i의 값을 1만큼 증가합니다.
5. 다시 2번으로 제어권이 이동하여 i가 10보다 클 때까지 반복을 계속합니다. 만약 i의 값이 10보다 크게 되면 더 이상 블록문이 실행되지 않고 실행은 13번째 줄로 이동합니다.

이를 그림(flow-chart)으로 나타내 보면 다음과 같습니다. 프로그램은 ②③④를 반복하다가 i의 값이 11이 될 때 for문은 반복을 멈추고 13번째 줄로 이동한 후 종료합니다.

다음은 for문을 사용해서 1~10까지 더하는 예제입니다.

```
01: /* for2.c : 1~10까지 더하는 프로그램 */
02:
03: #include <stdio.h>
04:
05: void main( void )
06: {
07:     int i, hap = 0;
08:
09:     for( i=1; i<=10; i++ )
10:     {
11:         hap = hap + i; // hap += i;로도 사용 가능
12:     }
13:     printf( "hap은 %d 입니다. \n", hap );
14: }
```

| 출력 결과 |

hap은 55 입니다.

이 예제는 첫 번째 for문의 순환 예와 비슷하며, i의 값이 1~10까지 순환하면서 각 값을 더하고 있습니다. 예제를 그림으로 표현하면 다음과 같습니다. 프로그램은 ②③④를 반복하다가 i의 값이 11이 될 때 55를 출력하고 종료됩니다.

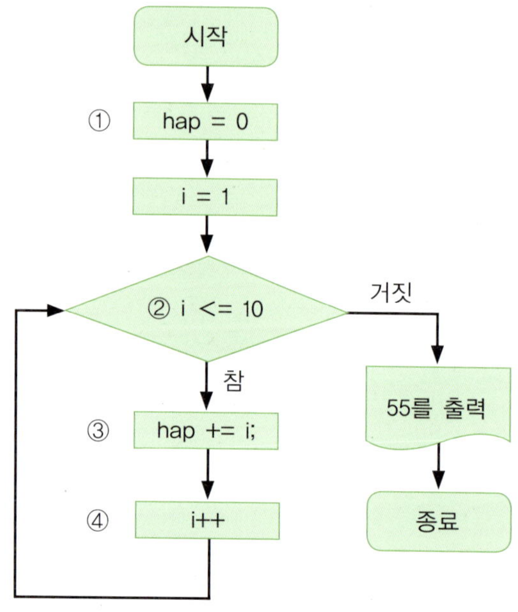

앞 예제에서 사용된 for문의 증가값은 1인데, 경우에 따라 음수값 또는 1보다 큰 값을 사용할 수 있습니다.

```c
for( i=1; i<=10; i+=2 ) /* i는 1, 3, 5, 7, 9 순으로 증가 */
for( i=0; i<=10; i+=3 ) /* i는 0, 3, 6, 9 순으로 증가 */
for( i=10; i>=1; i-- )  /* i는 10, 9, 8, 7, 6, 5, 4, 3, 2, 1 순으로 감소 */
```

다음은 i의 값을 감소시키면서 hap을 구하는 예입니다. for문에서 i는 10으로 초기화되며, i의 값이 1보다 크거나 같은 동안, i의 값을 1씩 감소시키면서 hap을 구합니다. 여기서 주의해야 할 것은 조건식과 감소식인데, i<=10이 아니라 i>=1이며, i++이 아니라 i--라는 것을 꼭 기억하세요.

```c
01: /* for3.c : 10~1까지 더하는 프로그램 */
02:
03: #include <stdio.h>
04:
05: void main( void )
06: {
07:     int i, hap = 0;
08:
09:     for( i=10; i>=1; i-- ) // i는 10, 9, 8, 7, 6, 5, 4, 3, 2, 1 순으로 변화
10:     {
11:         hap = hap + i;
12:     }
13:     printf( "10에서 1까지의 합은 %d 입니다. \n", hap );
14: }
```

| 출력 결과 |

```
hap은 55 입니다.
```


다음 예는 1에서 100까지의 홀수 합을 구하는 예입니다. 홀수의 합을 구하기 위해서는 i를 1로 시작해서 2씩 증가시키면 됩니다.

```c
01: /* for4.c : 1~100까지의 홀수 합을 구하는 프로그램 */
02:
03: #include <stdio.h>
04:
05: void main( void )
06: {
07:     int i, hap = 0;
08:
```

```
09:     for( i=1; i<=100; i+=2 ) // i는 1, 3, 5, 7, 9, ..., 99
10:     {
11:         hap = hap + i;
12:     }
13:     printf( "1에서 100까지의 홀수 합은 %d 입니다. \n", hap );
14: }
```

| 출력 결과 |

1에서 100까지의 홀수 합은 2500 입니다.

for문은 여러 개 중첩될 수 있으며, 다음 예는 for문을 중첩하여 삼각형을 출력하는 예입니다.

```
01: /* for5.c : 삼각형을 출력하는 프로그램 */
02:
03: #include <stdio.h>
04:
05: void main( void )
06: {
07:     int i, j;
08:
09:     for( i=1; i<=5; i++ )
10:     {
11:         for( j=1; j<=i; j++ )
12:         {
13:             printf( "*" );
14:         }
15:         printf( "\n" );
16:     }
17: }
```

| 출력 결과 |

```
*
**
***
****
*****
```

중첩된 for문을 사용한 구구단 프로그램 비 법 전 수

for문은 하나만 사용할 수도 있으며, 이중 또는 삼중으로 사용할 수도 있습니다. 다음은 for문을 중첩하여 구구단을 출력하는 예제입니다. for문을 이중으로 사용할 때는 반드시 첫 번째 for문의 안에 두 번째 for문이 포함되어야 합니다.

```c
01: /* for6.c : 구구단 출력 프로그램 */
02:
03: #include <stdio.h>
04:
05: void main( void )
06: {
07:     int dan, kuku;
08:
09:     for( dan=1; dan<=9; dan++ )
10:     {
11:         for( kuku=1; kuku<=9; kuku++ )
12:         {
13:             printf( "%d * %d는 %d 입니다. \n", dan, kuku, dan*kuku );
14:         }
15:     }
16: }
```

| 출력 결과 |

```
1 * 1는 1 입니다.
1 * 2는 2 입니다.
1 * 3는 3 입니다.
...
9 * 8는 72 입니다.
9 * 9는 81 입니다.
```

프로그램의 실행을 살펴보면 9번째 줄에서 dan이 1~9단까지의 값으로 9~15번째 줄을 반복하고, 각 dan의 값에 대하여 kuku값이 1~9까지 변화하면서 11~14번째 줄을 반복 실행합니다.

02 반복문
while문

for문은 주로 특정 범위의 값을 반복하기 위해 사용하는데, while문은 조건식이 참인 동안 반복하기 위해 많이 사용됩니다.

1 while문

다음 예제는 사용자가 입력한 값을 모두 더해 주는 프로그램입니다. while문은 사용자가 0을 입력할 때까지 반복 실행됩니다.

```c
01: /* while1.c : 입력값을 모두 더해 주는 프로그램 */
02:
03: #include <stdio.h>
04:
05: void main( void )
06: {
07:         int hap = 0;
08:         int value = 1;
09:
10:         while( value ) /* value의 값이 참인 동안(0이 아닌 동안) */
11:         {
12:             scanf( "%d", &value ); /* &를 사용함에 주의 */
13:             hap += value;
14:         }
15:
16:         printf( "합은 %d 입니다. \n", hap );
17: }
```

| 출력 결과 |

```
1 ↵
2 ↵
3 ↵
4 ↵
5 ↵
6 ↵
7 ↵
8 ↵
9 ↵
```

```
10 ↵
0 ↵
합은 55 입니다.
```

10번째 줄에 사용된 while문은 조건을 참, 거짓으로 평가하여 조건이 참인 동안 11~14번째 줄을 반복 실행할 때 사용합니다. 사용자가 0을 입력하기 전까지 while문은 무한 반복되며, 0을 입력하면 while문의 순환은 종료됩니다. 그리고 16번째 줄에서 합을 출력합니다.

#
반올림

while문을 사용한 1~100까지의 합

while문을 사용해도 for문과 같이 1~100까지의 합을 구할 수 있습니다.

```c
01: /* while2.c : 1~100까지의 합을 출력하는 프로그램 */
02:
03: #include <stdio.h>
04:
05: void main( void )
06: {
07:     int hap = 0;
08:     int value = 1;
09:
10:     while( value <= 100 )
11:     {
12:         hap += value;
13:         value++;
14:     }
15:
16:     printf( "1~100까지의 합은 %d 입니다. \n", hap );
17: }
```

10번째 줄에서 while문은 value가 100보다 작거나 같은 동안 11~14번째 줄을 반복 실행합니다.

03 반복문
do~while문

프로그램을 만들다 보면 반드시 한 번은 무조건 실행한 후 조건에 따라 반복해야 할 때가 있습니다. 이럴 경우는 while문 보다는 do~while문을 사용하는 것이 좋습니다.

1 do~while문

다음은 메뉴를 선택하기 위한 예제입니다. 메뉴는 1~3까지 제공되며, 메뉴를 정확하게 선택할 때까지 do~while문은 반복적으로 실행됩니다.

```
01: /* do-while1.c : 메뉴 선택 프로그램 */
02:
03: #include <stdio.h>
04:
05: void main( void )
06: {
07:     int menu;
08:
09:     do
10:     {
11:         printf( "\n" );
12:         printf( "** 점심 메뉴 선택 **\n" );
13:         printf( "1. 자장면 \n" );
14:         printf( "2. 짬뽕 \n" );
15:         printf( "3. 볶음밥 \n" );
16:         printf( "\n" );
17:         printf( "메뉴를 선택하세요 : " );
18:
19:         scanf( "%d", &menu );
20:
21:     } while( menu < 1 || menu > 3 );
22:
23:     printf( "메뉴 %d를 선택했습니다. \n", menu );
24: }
```

■ **do~while문** : 반드시 한 번은 실행된 후 무한 반복할 때 사용. 일반적인 반복문인 for문과 while문은 조건식을 먼저 평가한 후 실행됨

난이도 ················· ★★★☆☆
활용도 ················· ★★★☆☆
소요시간 ·············· ★★☆☆☆

| 출력 결과 |

```
** 점심 메뉴 선택 **
1. 자장면
2. 짬뽕
3. 볶음밥

메뉴를 선택하세요 : 5 ↵

** 점심 메뉴 선택 **
1. 자장면
2. 짬뽕
3. 볶음밥

메뉴를 선택하세요 : 2 ↵
메뉴 2를 선택했습니다.
```

프로그램을 실행하면 점심 메뉴를 선택할 수 있도록 출력이 됩니다. 그러면 해당 메뉴의 번호를 입력한 후 Enter 를 입력합니다. 만약 1~3 사이의 값을 입력하지 않는다면 프로그램은 무한 반복될 것입니다. 1~3의 값이 아닌 다른 값을 입력하여 보기 바랍니다.

9번째 줄의 do문은 10~21번째 줄까지 반복하라는 것입니다. do문에 의해 블록 10~21번째 줄이 실행되며, 21번째 줄에 있는 while문은 do문을 계속 반복할지 여부를 결정하는 조건문입니다. while문에서 menu의 값이 1보다 작거나 또는 3보다 큰 동안이란 조건을 주었기 때문에 사용자가 5를 선택한다면 프로그램은 10~21번째 줄을 다시 반복한 후 21번째 줄에서 다시 조건을 검사하게 됩니다. 만약 menu의 값이 2라면 do~while문은 종료되고, 프로그램의 실행은 22번째 줄로 이동합니다.

\# 반올림

do~while문을 사용해서 10보다 큰값 입력 받기

다음 프로그램은 입력 받은 value의 값이 10보다 클 때까지 무한 반복됩니다.

```c
int value;
do
{
    scanf( "%d", &value );
} while( value <= 10 );
```

04 여러 종류의 반복문 중첩

지금까지 3가지 형태의 반복문을 학습하였습니다. 실제로 프로그래밍을 하다 보면 3가지 형태의 반복문이 중첩되어 사용되는 경우가 종종 있습니다. 가장 많이 나타나는 중첩문의 형태는 for문과 while문의 중첩입니다.

1 for문과 while문 중첩

for문과 while문은 얼마든지 중첩하여 사용할 수 있습니다. 다음은 for문과 while문을 중첩하여 구구단을 출력하는 예입니다.

```c
01: /* for-while1.c : for-while 중첩 프로그램 */
02:
03: #include <stdio.h>
04:
05: void main( void )
06: {
07:     int i, j;
08:
09:     for( i=1; i<=9; i++ )
10:     {
11:         j = 1;
12:         while( j<=9 )
13:         {
14:             printf( "%d * %d : %d \n", i, j, i*j );
15:             j++;
16:         }
17:     }
18: }
```

| 출력 결과 |

```
1 * 1 : 1
1 * 2 : 2
1 * 3 : 3
...
9 * 7 : 63
9 * 8 : 72
9 * 9 : 81
```

■ **중첩** : 반복문에 사용되는 for문, while문, do~while문 등을 필요에 따라 여러 개 사용하는 것(중첩 시, 블록의 사용에 주의)

난이도 ·················· ★★★☆☆
활용도 ·················· ★★★★☆
소요시간 ·············· ★★★☆☆

for문과 while문을 중첩할 때 가장 중요한 것은 반드시 중첩되는 반복문은 안에 포함되어야 한다는 것입니다. 예를 들어 다음 코드 중 왼쪽의 형태는 잘못된 것이므로 오른쪽과 같이 작성해야 합니다.

```
for(초기값;조건값;증감값)
{   /* for문 시작 */
    while(조건값)
    {   /* while문 시작 */
}   /* for문 끝 */
    }   /* while문 끝 */
```

```
for(초기값;조건값;증감값)
{   /* for문 시작 */
    while(조건값)
    {   /* while문 시작 */
    }   /* while문 끝 */
}   /* for문 끝 */
```

#
반올림

무한 반복문 만들기

for문, while문을 사용하면 무한 반복문을 만들 수 있습니다. 무한 반복된다는 것은 조건이 항상 참이라는 뜻이며, for문의 조건을 항상 참으로 하기 위해서는 다음과 같이 사용합니다. 단, 무한 반복문을 사용할 때에는 무한 반복문을 종료하기 위한 조건문이 반드시 존재해야 합니다.

```
for( ;1; )      /* 1은 항상 참 */
{
    /* 무한 반복할 문장들 */
}


for( ;; )       /* 1을 생략해도 항상 참 */
{
    /* 무한 반복할 문장들 */
}
```

while문의 조건을 항상 참으로 하기 위해서는 다음과 같이 사용합니다.

```
while( 1 )      /* 1은 항상 참 */
{
    /* 무한 반복할 문장들 */
}
```

Chapter 06

연습문제

01 for문을 사용해서 다음과 같이 출력되는 프로그램을 작성하십시오.

```
5
4
3
2
1
```

02 for문을 사용해서 1~100까지의 값 중 3의 배수의 값을 더해서 출력하는 프로그램을 작성하십시오.

03 for문을 사용해서 구구단을 9단에서 1단순으로 출력하는 프로그램을 작성하십시오.

04 다음 문장은 for문과 while문을 중첩하여 구구단을 출력하는 프로그램입니다. 잘못된 곳을 찾아 수정하십시오.

```c
01: /* for-while2.c */
02:
03: #include <stdio.h>
04:
05: void main( void )
06: {
07:     int i, j;
08:
09:     for( i=1; i<9; i-- )
10:     {
11:         j = 1;
12:         while( j>9 )
13:         {
14:             printf( "%d * %d : %d \n", i, j, i*j );
15:             ++j;
16:         }
17:     }
18: }
```

05 다음 중 반복문에 사용되는 예약어가 아닌 것은 무엇입니까?

a. for   b. while   c. do~while   d. switch

• for문이 2~100까지 2씩 증가합니다.

06 다음 프로그램을 입력하고 실행하십시오. 그리고 이 프로그램의 기능에 대하여 설명하십시오.

```
01: /* 연습 문제 */
02:
03: #include <stdio.h>
04:
05: void main( void )
06: {
07:     int i, hap = 0;
08:
09:     for( i=2; i<=100; i+=2 )
10:     {
11:         hap = hap + i;
12:     }
13:
14:     printf( "합 : %d \n", hap );
15: }
```

07 do~while문을 사용하여 다음과 같이 메뉴가 출력된 후 올바른 메뉴가 선택될 때까지 계속 반복되게 프로그래밍 하십시오.

• 132페이지의 do~while1.c를 참조하십시오.

```
** 점심 메뉴 선택 **
1. 자장면
2. 짬뽕
3. 볶음밥

메뉴를 선택하세요 : 5[Enter]

** 점심 메뉴 선택 **
1. 자장면
2. 짬뽕
3. 볶음밥

메뉴를 선택하세요 : 2[Enter]
메뉴 2를 선택했습니다.
```

C - Language

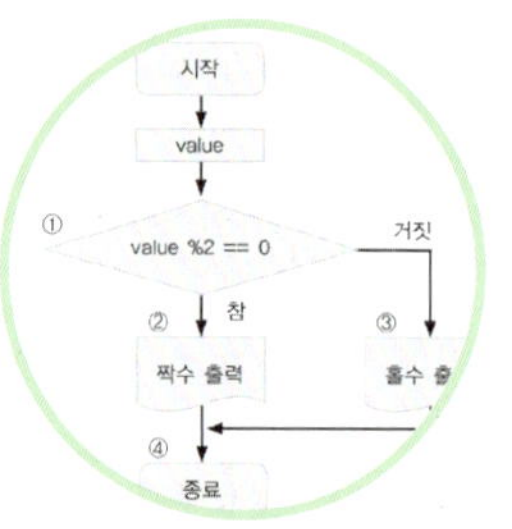

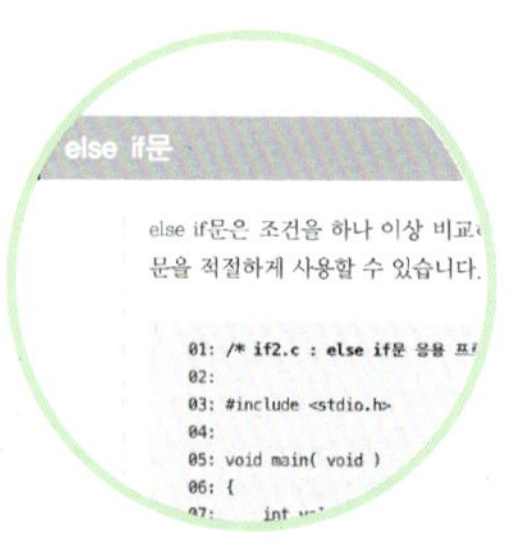

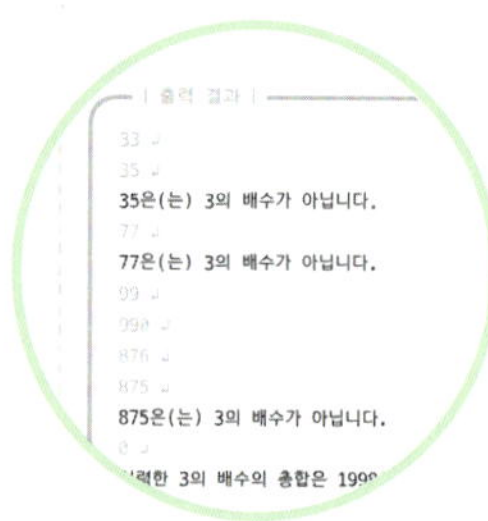

우리는 살다보면 두 가지 조건 중의 하나를 판단해야 할 경우가 있습니다. 예를 들어 "비가 오면 우산을 갖고 간다."는 "비가 오면"이라는 조건이 있습니다. C 언어에서도 이와 같이 조건에 대해 평가할 수 있는 if문이 제공됩니다. 이번 장에서는 if문 및 continue, break, switch문에 대하여 학습합니다.

제어문

C언어에서 가장 많이 사용되는 것은 for문, while문 그리고 if문입니다. 프로그램이라는 것은 항상 특정한 조건이 발생하게 되며, 그 조건을 처리하기 위해 if문을 사용합니다. if문은 문법적인 것보다는 if문에 사용되는 조건 수식이 더 어려우므로 많은 경험을 필요로 합니다.

1 if문, else절

다음은 입력한 값이 홀수인지 짝수인지 구분하기 위해 if문을 사용하는 예입니다.

```c
01: /* if1.c : if문 응용 프로그램 */
02:
03: #include <stdio.h>
04:
05: void main( void )
06: {
07:     int value;
08:
09:     scanf( "%d", &value );      /* &의 사용에 주의 */
10:
11:     if( value % 2 == 0 )        /* 2로 나눈 나머지가 0이면 참 */
12:     {
13:         printf( "%d은(는) 짝수입니다. \n", value );
14:     }
15:     else
16:     {
17:         printf( "%d은(는) 홀수입니다. \n", value );
18:     }
19: }
```

| 출력 결과 |

```
2006 ↵
2006은(는) 짝수입니다.
```

11번째 줄에 사용된 if문은 주어진 수식을 평가하여 참인 경우 12~14번째 줄을 실행하며, 거짓인 경우 else절을 실행합니다. else절이 실행되면 16~18번째 줄이 실행됩니다. 주어진 수가 짝수인지 판단

- **if** : 조건식을 판단할 때 사용
- **else** : 조건식이 거짓일 때 실행할 문장을 넣음
- **else if** : 추가로 조건을 판단할 때 사용

난이도 ·················· ★★☆☆☆
활용도 ·················· ★★★★☆
소요시간 ·············· ★★☆☆☆

하기 위해서는 나머지 연산자(%)를 사용합니다. 어떤 수를 2로 나누었을 때 나머지가 0이라면 그 수는 짝수입니다. 그러므로 11번째 문장은 주어진 수가 짝수인지 판단하게 됩니다. if문과 else절은 다음과 같이 사용됩니다. 단 if문 사용 시 else절은 경우에 따라 생략해도 됩니다.

```
if( 수식 또는 조건식 )
{
    /* 수식 또는 조건식이 참(true)인 경우 실행되어야 할 문장들 */
}
else
{
    /* 수식 또는 조건식이 거짓(false)인 경우 실행되어야 할 문장들 */
}
```

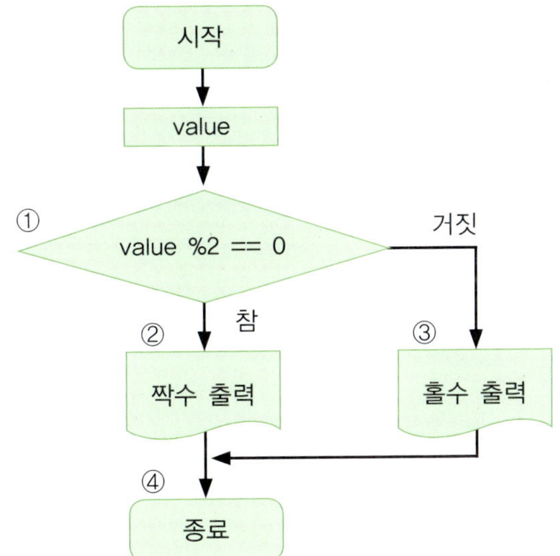

위 그림을 보면 if문에 대해 좀 더 쉽게 이해할 수 있습니다. if문은 둘 중 만족하는 하나의 조건만 실행하며, 두 조건이 동시에 실행될 수 없습니다. 만약 입력한 값이 짝수라면 ②번 문장만 실행되며, 입력한 값이 홀수라면 ③번 문장만 실행됩니다. if문은 주어진 조건이 참인 경우, else절은 주어진 조건이 거짓인 경우 실행됩니다.

2 　else if문

else if문은 조건을 하나 이상 비교해야 할 때 사용합니다. 다음과 같이 메뉴를 선택하는 경우 else if 문을 적절하게 사용할 수 있습니다.

```c
01: /* if2.c : else if문 응용 프로그램 */
02:
03: #include <stdio.h>
04:
05: void main( void )
06: {
07:     int value;
08:
09:     printf( "** 순환문을 선택하세요 ** \n\n" );
10:     printf( "1. for문 \n" );
11:     printf( "2. while문 \n" );
12:     printf( "3. do~while문 \n\n" );
13:     printf( "당신이 가장 좋아하는 순환문은 : " );
14:     scanf( "%d", &value );
15:
16:     if( value == 1 )
17:     {
18:         printf( "for문을 선택 \n" );
19:     }
20:     else if( value == 2 )
21:     {
22:         printf( "while문을 선택 \n" );
23:     }
24:     else if( value == 3 )
25:     {
26:         printf( "do~while문을 선택 \n" );
27:     }
28:     else
29:     {
30:         printf( "잘못 선택 \n" );
31:     }
32: }
```

| 출력 결과 |

```
** 순환문을 선택하세요 **

1. for문
2. while문
3. do~while문

당신이 가장 좋아하는 순환문은 : 1 ↵
for문을 선택
```

앞 예에서 사용자는 1~3까지의 메뉴를 선택할 수 있습니다. 만약 1을 선택했다면, 17~19번째 줄이 실행되며, 2를 선택했다면, 21~23번째 줄이 실행됩니다. 만약 3을 선택했다면, 25~27이 실행되고, 그 이외의 값을 선택하면 else절이 실행되어 29~31번째 줄이 실행됩니다. 이처럼 사용자의 선택 또는 주어진 여러 개의 조건을 판단하기 위해서는 if ~ else 대신에 if ~ else if를 사용할 수 있으며, 마지막에 사용된 else절은 필요에 따라 생략해도 됩니다.

반올림

논리적 if와 산술적 if

if문은 간단한 수식에서부터 복잡한 수식까지 모두 판단할 수 있으며, 그 값이 참 또는 거짓인지 판단하는 논리적인 if와 그 값이 0 또는 0 이외의 값인지 판단하는 산술적인 if가 있습니다. 다음은 논리적인 if문의 형태입니다.

```
int a = 100, b = 200;
if( a < 100 )        /* a가 100보다 작지 않으므로 조건은 거짓 */
if( a > 100 )        /* a가 100보다 크지 않으므로 조건은 거짓 */
if( a == 100 )       /* a가 100과 같으므로 조건은 참 */
if( a < b )          /* a가 b보다 작으므로 조건은 참 */
if( b < a )          /* b가 a보다 작지 않으므로 조건은 거짓 */
```

다음은 산술적인 if문의 형태입니다.

```
int a = 100, b = 200;
if( a )            /* a가 0이 아니므로 참 */
if( !a )           /* a가 0이 아니므로 참이며, 그 값을 부정하므로 거짓 */
if( a - b )        /* a-b는 -100이므로 참 */
if( b - a )        /* b-a는 100이므로 참 */
if( b )            /* b는 0이 아니므로 참 */
if( b % 200 )      /* b % 200은 0이므로 거짓 */
if( b % 200 == 0 ) /* b % 200은 0이며 그 값이 0과 같으므로 참 */
```

02 switch문

switch문

if 문과 else if문이 여러 번 반복될 때 우리는 if~else if문을 switch문으로 대치할 수 있습니다. switch문은 switch ~ case ~ break ~ default를 사용하여 구현합니다.

1 switch문

switch문은 if~else if문을 대신해서 사용할 수 있으며 다음은 남자, 여자를 선택하는 예입니다.

```c
01: /* switch1.c : switch문 응용 프로그램 */
02:
03: #include <stdio.h>
04:
05: void main( void )
06: {
07:     int value;
08:
09:     printf( "남자는 1, 여자는 2를 선택 : " );
10:     scanf( "%d", &value );
11:
12:     switch( value )
13:     {
14:     case 1:
15:         printf( "당신은 남자입니다. \n" );
16:         break;
17:
18:     case 2:
19:         printf( "당신은 여자입니다. \n" );
20:         break;
21:
22:     default:
23:         printf( "잘못 선택 \n" );
24:         break;
25:     }
26: }
```

| 출력 결과 |

```
남자는 1, 여자는 2를 선택 : 2 ↵
당신은 여자입니다.
```

switch문의 기본 형태는 다음과 같습니다. switch문은 비교할 값에 따라 얼마든지 case문을 사용하여 문장을 구성할 수 있습니다.

```
switch( 수식 )
{
case 상수값:
    /* 실행할 문장 */
    break;
default:
    /* 실행할 문장 */
    break;
}
```

switch문은 수식의 값에 따라 case문이 실행됩니다. case문은 일반적으로 상수값 또는 문자값을 사용할 수 있으며, 만약 수식이 100일 때의 문장을 만들려면, **case 100:**처럼 사용하고, 수식이 'a' 일 때의 문장을 만들려면, **case 'a':**처럼 사용합니다.

case문은 항상 break문과 쌍을 이루는데, break문은 switch문의 사용을 종료하고 다음 실행으로 제어를 넘겨주는 역할을 합니다. 만약 위 예제에서 16번째 줄의 break문이 없다면 switch문은 종료되지 않고 다음 case문으로 넘어가게 됩니다. 그럴 경우 다음과 같이

```
당신은 남자입니다.
당신은 여자입니다.
```

가 출력될 것이며, 이것은 switch문을 사용할 때 흔히 할 수 있는 실수이므로 주의해야 합니다. 또한 switch문의 끝에 if~else절의 else절에 해당하는 default문을 사용할 수 있습니다. default문은 반드시 필요한 경우만 사용하고 그렇지 않은 경우 생략 가능합니다.

03

제어 이동

continue, break문

$f$or문을 사용하다 보면 더 이상 아래의 문장을 실행하지 않고 증감식으로 이동하고자 할 경우가 있으며, 주어진 조건이 만족될 때 for문을 탈출하고 싶은 경우도 있습니다. 이럴 때 사용할 수 있는 것이 continue문과 break문입니다. continue문과 break문은 while, do~while문에서도 사용됩니다.

1 continue, break문

다음은 for문을 사용해서 1~100까지의 7의 배수의 합을 구해 보는 예입니다. 7의 배수의 합을 구하기 위해 i를 7로 나누어서 그 몫이 0이 아닌 경우는 continue문을 사용해서 증감식으로 이동하도록 합니다.

```
01: /* continue1.c : continue문 응용 프로그램 */
02:
03: #include <stdio.h>
04:
05: void main( void )
06: {
07:     int i, hap = 0;
08:
09:     for( i=1; i<=100; i++ )
10:     {
11:         if( i%7 != 0 ) continue; /* 7의 배수가 아닌 경우 9번째 줄의 증감식으로 이동 */
12:         hap += i;
13:     }
14:     printf( "1~100까지의 7의 배수의 합은 %d입니다. \n", hap );
15: }
```

| 출력 결과 |

1~100까지의 7의 배수의 합은 735입니다.

11번째 줄에서 i%7을 한 결과가 0이 아니라면, 그 수는 7의 배수가 아닙니다. 그러므로 continue문을 사용해서 9번째 줄의 i++로 프로그램의 실행을 이동시킵니다. 만약 i%7을 한 결과가 0이라면 i가 7의 배수이기 때문에 12번째 줄이 실행되고 hap은 7의 배수의 합을 누적합니다.

다음은 1~100까지의 합을 구하는 중에 누적된 합의 값이 1000보다 클 때 for문을 탈출하여 i의 값을 출력하는 예제입니다. for문을 탈출하기 위해서는 break문을 사용합니다.

- **continue문** : 더 이상 아래의 문장을 실행하지 않고, 증감식 또는 조건식으로 이동할 때 사용
- **break문** : for문, while문 등의 반복을 종료하고자 할 때 사용

난이도 ·················· ★★☆☆☆
활용도 ·················· ★★★☆☆
소요시간 ··············· ★★☆☆☆

```c
01: /* break1.c : break문 응용 프로그램 */
02:
03: #include <stdio.h>
04:
05: void main( void )
06: {
07:     int i, hap = 0;
08:
09:     for( i=1; i<=100; i++ )
10:     {
11:         hap += i;
12:         if( hap > 1000 ) break;
13:     }
14:     printf( "i의 값이 %d일 때 합이 1000을 넘었습니다. \n", i );
15: }
```

| 출력 결과 |

```
i의 값이 45일 때 합이 1000을 넘었습니다.
```

다음은 while문을 사용하여 1~100까지의 짝수의 합만을 구하고, 그 합이 1000을 넘을 때 while문을 탈출하는 예제입니다.

```c
01: /* while_break2.c : break문 응용 프로그램(2) */
02:
03: #include <stdio.h>
04:
05: void main( void )
06: {
07:     int i=0, hap = 0;
08:
09:     while( i <= 100 )
10:     {
11:         i++;
12:         if( i%2 == 1 ) continue; /* 홀수이면 9번째 줄로 이동 */
13:         hap += i;
14:         if( hap > 1000 ) break; /* hap이 1000보다 크면 16번째 줄로 이동 */
15:     }
16:     printf( "i의 값이 %d일 때 합이 1000을 넘었습니다. \n", i );
17: }
```

148

| 출력 결과 |

i의 값이 64일 때 합이 1000을 넘었습니다.

12번째 줄은 i%2의 값이 1인 경우 홀수이므로, continue문을 사용해서 9번째 줄의 while문으로 이동합니다. 14번째 줄은 hap의 값이 1000보다 클 경우 while문을 탈출하여 16번째 줄로 이동하게 합니다.

다음은 do~while문을 사용하여 입력한 값이 3의 배수인 경우 그 값을 더하고, 입력한 값이 0인 경우 do~while문을 탈출하는 예입니다.

```
01: /* do-while_break1.c : break문 응용 프로그램 */
02:
03: #include <stdio.h>
04:
05: void main( void )
06: {
07:     int i=1, hap = 0;
08:
09:     do
10:     {
11:         scanf( "%d", &i );
12:         if( i%3 != 0 )
13:         {
14:             printf( "%d은(는) 3의 배수가 아닙니다. \n", i );
15:             continue;
16:         }
17:         hap += i;
18:     } while(i);
19:     printf( "입력한 3의 배수의 총합은 %d입니다. \n", hap );
20: }
```

| 출력 결과 |

33 ↵
35 ↵
35은(는) 3의 배수가 아닙니다.
77 ↵
77은(는) 3의 배수가 아닙니다.
99 ↵
990 ↵
876 ↵
875 ↵
875은(는) 3의 배수가 아닙니다.
0 ↵
입력한 3의 배수의 총합은 1998입니다.

중첩된 for문을 탈출하기 위한 goto문 비 법 전 수

반복문에서 break문은 현재의 반복문을 하나만 탈출하는 역할을 합니다. 만약 for문 등이 중첩되어 있다면 break문을 두 번 사용해야 중첩된 반복문을 탈출할 수 있습니다. 잘 사용하지는 않지만 여러 번 중첩된 반복문을 한 번에 탈출하려면 goto문을 사용하는 것이 효과적입니다.

다음은 goto문을 사용하는 예이며, i와 j의 값이 모두 5일 때 goto문에 의해 프로그램의 실행은 17번째 줄로 이동됩니다.

```c
01: /* goto.c : goto문 응용 프로그램 */
02:
03: #include <stdio.h>
04:
05: void main( void )
06: {
07:     int i, j;
08:
09:     for( i=0; i<=9; i++ )
10:     {
11:         for( j=0; j<=9; j++ )
12:         {
13:             if( i == 5 && j == 5 ) goto next;
14:         }
15:     }
16:
17: next:
18:     printf( "goto문을 사용해서 한 번에 탈출 \n" );
19: }
```

참고로, goto문을 남용하게 되면 프로그램의 흐름을 파악하기 어려우므로 꼭 필요한 경우가 아니라면 사용하지 마십시오.

01 변수 i, j의 값이 다음과 같을 때 두 값을 비교하여 큰 값을 출력하는 프로그램을 작성하십시오.

```c
int i = 230, j = 590;
```

02 키보드로부터 숫자를 입력 받은 후, 그 수가 9의 배수인지 판단하는 프로그램을 작성하십시오.

03 키보드로부터 숫자를 입력 받은 후, 그 수가 3의 배수인지, 4의 배수인지, 5의 배수인지를 판단하는 프로그램을 작성하십시오.

04 다음 문장이 실행될 때 출력되는 값은 무엇입니까?

```c
int a = 70;
if( !(a % 7) )
{
    printf( "a는 7의 배수임" );
}
else
{
    printf( "a는 7의 배수가 아님" );
}
```

05 다음 문장에서 continue문이 실행되면 그 다음에 어떤 문장이 실행됩니까?

```c
int i;
for( i=0; i<100; i++ )
{
    continue;
}
```

06 다음 문장에서 입력된 값이 100보다 크거나 같은 경우 반복문을 탈출할 수 있도록 if문을 추가하십시오.

```c
int value;
for( ;; )
{
    scanf( "%d", &value );
    /* 이곳에 if문을 추가하세요. */
}
```


07 goto문을 사용해야 하는 경우는 언제입니까?

08 다음의 코드를 입력한 후 실행하십시오. 이 프로그램이 실행되었을 때 출력하는 구구단은 각각 몇 단입니까?

```c
01: /* 연습 문제 */
02:
03: #include <stdio.h>
04:
05: void main( void )
06: {
07:     int dan, kuku;
08:
09:     for( dan=1; dan<=9; dan++ )
10:     {
11:         if( dan % 3 == 0 ) continue;
12:
13:         for( kuku=1; kuku<=9; kuku++ )
14:         {
15:             printf( "%d * %d는 %d 입니다. \n", dan, kuku,
                    dan*kuku );
16:         }
17:
18:         if( dan > 5 ) break;
19:     }
20:
21:     getch(); // 또는 system( "PAUSE" );
22: }
```


09 8번 문제에서 11번째 줄에 대하여 설명하십시오.

10 8번 문제에서 18번째 줄에 대하여 설명하십시오.

C - Language

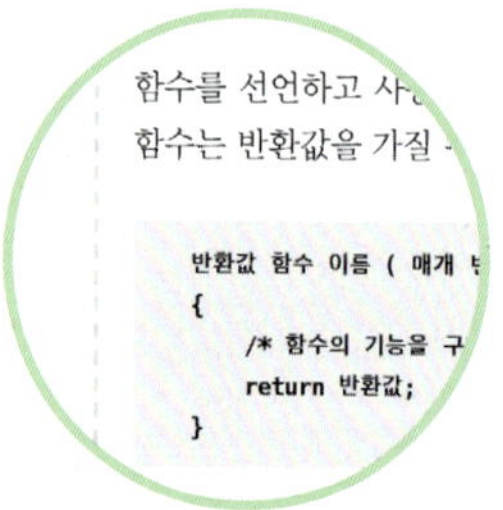

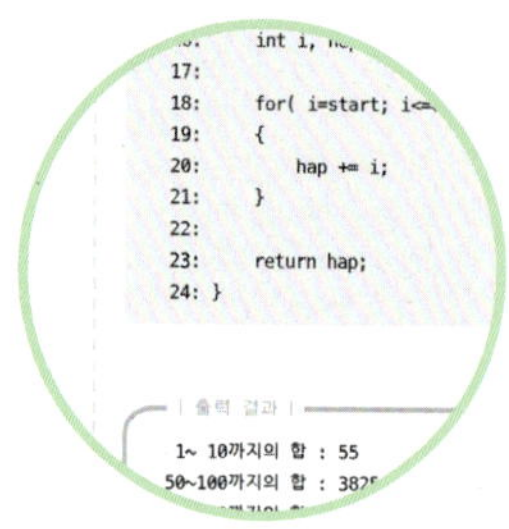

C 언어 프로그램은 대부분 함수로 구성되어 있습니다. C 언어는 main() 함수에서 시작해서 main() 함수에서 종료되며, main() 함수 내에서 또 다른 함수를 호출할 수 있습니다. 함수를 사용하면 구조화된 프로그램을 만들 수 있으며, 이미 우리는 C 언어가 제공하는 printf() 함수, scanf() 함수 등의 표준 함수를 사용해보았습니다. 이 장에서는 함수는 무엇이고 어떻게 작성해야 하는지 학습합니다.

함수 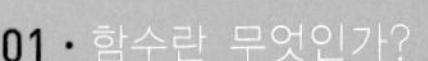

08
chapter

01 함수

함수란 무엇인가?

C 언어는 함수로 이루어져 있다 해도 과언이 아닙니다. C 언어로 만들어진 대부분의 프로그램은 모두 함수를 갖고 있으며, 함수는 C 언어가 제공하는 표준 함수와 프로그램을 만드는 프로그래머가 작성한 사용자 정의 함수로 구분됩니다.

1 함수의 정의

함수는 함수명을 가지며, 매개 변수(parameter)와 반환값(return value)을 갖습니다. 함수는 특정한 동작을 하도록 프로그래머에 의해 작성된 것이며, 대표적으로 printf() 함수는 사용자가 지정한 형식대로 화면에 출력을 하는 함수입니다. 다음 예는 1~100까지 더하는 것을 함수로 구현한 것입니다.

```
01: /* func1.c : 함수를 사용해서 1~100까지 더하는 프로그램 */
02:
03: #include <stdio.h>
04:
05: int hap( int end );                               /* 함수 원형 선언 */
06:
07: void main( void )
08: {
09:     printf( "1~100까지의 합 : %d \n", hap(100) );     /* 함수의 호출 */
10: }
11:
12: int hap( int end )                                /* 함수의 본체 */
13: {
14:     int i, hap = 0;
15:
16:     for( i=1; i<=end; i++ )
17:     {
18:         hap += i;
19:     }
20:
21:     return hap;
22: }
```

| 출력 결과 |

```
1~100까지의 합 : 5050
```

■ **함수** : 특정한 기능을 할 수 있도록 구조화한 코드의 집합
■ **매개 변수** : 함수에서 값을 전달받기 위해 정의하는 변수
■ **인수** : 함수의 매개 변수에 전달하는 실제 값

이 프로그램은 1~100까지 더해서 그 값을 반환해주는 hap()함수를 정의하고 사용하였습니다. 5번째 줄은 함수의 원형(function prototype)에 대한 선언으로 함수를 사용하기 전에 반드시 선언해야 합니다. 9번째 줄은 hap() 함수를 호출하는 것입니다. hap() 함수를 호출할 때 100이라는 값을 넘겨 줄 수 있으며, 이 값을 1000이라고 바꾸면, hap() 함수는 1~1000까지 더해 주는 함수가 됩니다. hap() 함수는 내부적으로 작성된 동작을 완료하고 결과값을 반환합니다. 21번째 줄에서 반환값을 돌려주는 return문이 사용되었으며, 이 return문은 hap() 함수를 호출한 위치에 반환값을 돌려줍니다. 이를 좀 더 쉽게 표현하면, 다음과 같이 hap() 함수를 호출할 때,

```
09: printf( "1~100까지의 합 : %d \n", hap(100) );
```

hap() 함수의 본체인 12~22번째 줄이 실행됩니다. 그리고 나서 hap() 함수의 결과값인 hap을 21번째 줄에서 return문에 의해 반환합니다. 그러면 9번째 줄은 다음과 같이 변경됩니다.

```
09: printf( "1~100까지의 합 : %d \n", 5050 );
```

hap( ) 함수를 호출한 자리에 1~100까지의 합인 5050이 반환되고, printf( ) 함수는 이 값을 화면에 출력합니다.

우리는 앞의 예제에서 보듯 다음과 같은 함수의 특징을 알 수 있습니다.

- **함수는 함수명으로 정의됩니다** – 앞 예에서 사용된 함수의 이름은 hap입니다. 이처럼 함수는 이름을 갖고 있으며, 변수의 이름과 같이 함수의 이름은 중복될 수 없습니다.
- **함수는 독립적으로 실행됩니다** – 앞 예에서 hap()이란 함수는 main() 함수와는 독립적으로 실행됩니다. 전혀 main() 함수의 영향을 받지 않습니다.
- **함수는 고유의 동작을 실행합니다** – 앞 예에서 hap()이란 함수는 1~100까지 더하는 동작만을 합니다. printf() 함수는 문자열을 화면에 출력하는 고유 동작이 있습니다.
- **함수는 매개 변수를 갖습니다** – 앞 예에서 hap()이란 함수에 100을 넘겨주었으며, 이처럼 매개 변수를 사용하여 특정한 값을 함수로 전달할 수 있습니다.
- **함수는 반환값을 갖습니다** – 앞 예에서 hap( )이란 함수는 1~100까지의 합을 return문에 의해 반환하고 있습니다. 단, 필요에 의해 반환값을 가지지 않는 함수도 있습니다.

02 함수의 선언 및 작성

함수 만들기

C는 main() 함수로 시작됩니다. 지금까지는 코드의 길이가 몇 줄 안 되는 프로그래밍을 했기 때문에 별도의 함수를 만들 필요성이 그다지 없었는데, 1,000~300,000줄 정도의 프로그램을 만들 때는 반드시 함수를 사용해서 프로그램을 구조화해야 합니다.

1 함수의 선언 및 작성

함수는 다음과 같은 형식으로 선언하고 작성해야 합니다.

- 함수의 이름을 선언해야 합니다. 함수의 이름은 함수가 어떤 동작을 하느냐에 따라 의미 있는 이름으로 만드는 것이 좋습니다.
- 매개 변수를 선언해야 합니다. 매개 변수는 하나도 없는 경우도 있으며, 콤마를 구분자로 하여 여러 개 정의할 수도 있습니다.
- 반환값을 선언해야 합니다. 반환값은 반환되는 데이터형에 맞게 하나만 지정할 수 있으며, 반환값이 없는 경우 void를 사용해야 합니다.
- 함수는 변수와 같이 반드시 함수 원형을 선언해야 합니다.
- 블록({})을 사용하여 함수를 구현합니다.
- 반환값을 돌려주기 위해서는 return문을 사용합니다.

함수를 선언하고 사용하기 위해서는 위의 순서에 따라 작성해야 합니다. 다음은 함수의 형태입니다. 함수는 반환값을 가질 수 있으며, 함수 이름과 괄호 사이에 매개 변수를 정의할 수 있습니다.

```
반환값 함수 이름 ( 매개 변수1, 매개 변수2, ..., 매개 변수n )
{
    /* 함수의 기능을 구현 */
    return 반환값;
}
```

다음은 함수 선언의 여러 가지 형태입니다. 함수의 이름은 func라고 가정합니다. 함수의 이름은 함수의 기능에 따라 의미 있게 정의하면 됩니다. 예를 들어, 점수를 얻는 함수라면 GetPoint()라고 하면 되고, 시험을 위한 함수라면 Test()라고 하면 됩니다.

첫째, 반환값이 없고, 매개 변수도 없는 함수의 정의는 다음과 같이 void를 사용합니다. void는 반환값이 없고, 매개 변수도 없다는 뜻입니다.

```
void func( void )
{
    /* 문장들 */
}
```

둘째, 반환값이 없고, 매개 변수가 int형일 경우 함수의 정의는 다음과 같습니다. 아래의 매개 변수의 이름 value는 다른 이름으로 사용할 수 있습니다. 예를 들어 int a 또는 int b처럼 아무 이름이나 사용해도 되며, 넘겨주는 매개 변수의 용도에 따라 변수의 이름을 만들듯이 사용하면 됩니다. 만약 넘겨주어야 하는 값이 실수값이라면 double value라고 사용하면 됩니다.

```
void func( int value )
{
    /* 문장들 */
}
```

셋째, 반환값이 없고, 매개 변수가 하나 이상인 경우 함수의 정의는 다음과 같습니다. 아래의 매개 변수는 이름이 value1, value2인데, 이처럼 매개 변수의 이름은 서로 달라야 하며, 이름만 다르다면 어떤 이름이라도 가능합니다. 예를 들어 int v1, int v2도 가능합니다.

```
void func( int value1, int value2 )
{
    /* 문장들 */
}
```

넷째, 반환값이 있고, 매개 변수가 없는 경우입니다. 매개 변수가 없으므로 void를 사용하며, 반환하는 값이 int이므로 정수형을 반환하겠다는 뜻입니다. 만약 실수값을 반환하고자 한다면, double을 사용하면 됩니다.

```
int func( void )
{
    /* 문장들 */
    return 반환값;
}
```

다섯째, 반환값이 있고, 매개 변수도 있는 경우입니다. 반환값이 double이므로 return하는 값도 double형이어야 합니다. 반환값은 반드시 데이터형을 일치시켜야 하며, 그렇지 않은 경우 값이 잘려 나가거나 잘못된 연산이 수행될 수 있습니다.

```
double func( int value )
{
    /* 문장들 */
    return 반환값;
}
```

다음은 함수를 만들 때 주의해야 할 사항들입니다.

- **함수는 반환값으로 한 개만 지정할 수 있습니다** – 처음에 함수를 작성하다 보면 반환값을 두 개를 하고 싶을 때가 있습니다. 하지만 함수는 반환값을 하나만 지정할 수 있다는 사실을 기억하세요.
- **함수는 이름이 중복될 수 없습니다** – 이미 func()라는 함수가 정의되었다면, 같은 이름의 함수를 중복하여 정의할 수 없습니다. 이것은 변수의 이름이 중복되지 않는 것과 같습니다. 또한 표준 함수에서 제공하는 함수들의 이름은 사용할 수 없습니다. 예를 들면 printf() 함수명은 사용할 수 없습니다.
- **매개 변수의 이름은 중복될 수 없습니다** – 매개 변수의 이름을 만들 때는 지역 변수를 선언하듯이 하면 됩니다. 단, 주의해야 할 것은 매개 변수의 이름은 중복될 수 없다는 것입니다.
- **매개 변수의 수는 일치해야 합니다** – 매개 변수와 인수는 서로 그 개수가 같아야 합니다.
- **함수는 반환값이 없을 때도 return문을 사용할 수 있습니다** – 함수는 반환값을 돌려주기 위해 return문을 사용하는데, 반환값이 없는 void형에서 return;문만을 사용하여 함수를 즉시 종료할 수 있습니다.
- **함수의 실행을 멈추고자 하는 곳에서 return문을 사용할 수 있습니다** – 함수의 실행을 종료해야 하는 곳에는 어디에든 return문이 올 수 있습니다. return문은 함수의 끝에만 올 수 있는 것이 아니며, 중간중간에 반환하고자 하는 곳마다 올 수 있습니다.
- **함수는 또 다른 함수를 호출할 수 있습니다** – 함수 내에서 다시 다른 함수를 호출할 수 있습니다. 다른 함수의 호출에서 또 다른 함수를 호출하는 것도 물론 허용됩니다.

다음은 19단 곱셈을 하는 함수를 작성한 것입니다. 여기서 사용된 kuku() 함수는 반환값이 없습니다. 반환값이 없으므로 반환형은 void입니다. 그리고 특별히 리턴해야 할 필요가 없기 때문에 kuku() 함수 return문이 존재하지 않습니다.

```
01: /* func2.c : 함수를 사용한 19단 출력 프로그램 */
02:
03: #include <stdio.h>
04:
05: void kuku( int dan );                    /* 함수 원형 선언 */
06:
07: void main( void )
08: {
09:     int dan;
10:
11:     printf( "곱셈의 단을 입력하세요 : " );
12:     scanf( "%d", &dan );                 /* 함수 호출 */
13:     kuku( dan );
14: }
15:
16: void kuku( int dan )                     /* 함수 정의 */
17: {
18:     int i;
19:
20:     for( i=1; i<=19; i++ )
21:     {
22:         printf( "%2d * %2d = %3d \n", dan, i, dan*i );
23:     }
24: }
```

| 출력 결과 |

```
곱셈의 단을 입력하세요 : 19 ↵
19 * 1 = 19
19 * 2 = 38
19 * 3 = 57
19 * 4 = 76
19 * 5 = 95
19 * 6 = 114
19 * 7 = 133
19 * 8 = 152
19 * 9 = 171
19 * 10 = 190
19 * 11 = 209
19 * 12 = 228
19 * 13 = 247
19 * 14 = 266
19 * 15 = 285
19 * 16 = 304
19 * 17 = 323
19 * 18 = 342
19 * 19 = 361
```

다음은 매개 변수를 여러 개 사용해서 지정된 범위에 있는 수를 더해 주는 함수를 작성하는 예입니다. 아래 예에서 start는 시작값을 end는 끝값을 넘겨받기 위한 매개 변수입니다.

```c
01: /* func3.c : 함수를 사용한 부분합 출력 프로그램 */
02:
03: #include <stdio.h>
04:
05: int hap_range( int start, int end );      /* 함수 원형 선언 */
06:
07: void main( void )
08: {
09:     printf( "  1~ 10까지의 합 : %d \n", hap_range(  1,  10) );
10:     printf( " 50~100까지의 합 : %d \n", hap_range( 50, 100) );
11:     printf( "100~200까지의 합 : %d \n", hap_range(100, 200) );
12: }
13:
14: int hap_range( int start, int end )      /* 함수 정의 */
15: {
16:     int i, hap = 0;
17:
18:     for( i=start; i<=end; i++ )
19:     {
20:         hap += i;
21:     }
22:
23:     return hap;
24: }
```


| 출력 결과 |

```
  1~ 10까지의 합 : 55
 50~100까지의 합 : 3825
100~200까지의 합 : 15150
```

9번째 줄에서 hap_range(1, 10)을 호출함으로써 hap_range() 함수는 호출되고, hap_range() 함수는 start에 1을, end에 10을 넘겨받아 18번째 줄의 for 순환문에 의해 주어진 범위의 합을 구합니다. 18번째 줄의 for문은 start를 1로, end를 10으로 바꿔 보면, 다음과 같이 생각할 수 있습니다.

```c
18:         for( i=1; i<=10; i++ )
```

10번째 줄과 11번째 줄도 각각 hap_range() 함수를 호출하며, 각각 넘겨주는 인수값에 맞는 합을 구하여 리턴하여 줍니다.

함수를 선언하고 정의할 때는 세미콜론(;)의 사용에 주의를 해야 합니다. 앞의 예제에서 5번째 줄의 함수 선언에는 문장 끝에 세미콜론이 아래와 같이 사용되고 있습니다.

```
05: int hap_range( int start, int end );
```

또한 아래와 같이 14번째 줄의 함수 정의에는 문장 끝에 세미콜론이 사용되지 않습니다.

```
14: int hap_range( int start, int end )
```

한 번쯤은 위와 같은 실수를 해 봐야 세미콜론이 있고 없고의 중요함을 더 잘 알게 되겠지만, 그런 실수를 미연에 방지하는 것이 더욱 좋습니다.

반올림

구조화 프로그래밍을 해야 하는 이유

구조화 프로그래밍이란 기능별로 코드를 독립시키는 것을 말합니다. 프로그램을 만들 때 main( ) 함수에 모든 기능을 다 넣을 수도 있지만, 그럴 경우 프로그램은 매우 복잡하여 디버깅하기가 어려워집니다. 구조화 프로그래밍은 마치 종류별로 분리되어 있는 서점의 책장과 같습니다. 서점에 가면 책들은 종류별로 분리되어 있습니다. 만약 책들이 종류별로 분리되어 있지 않다면 우리가 원하는 책을 찾는 것은 쉽지 않을 것입니다. C 언어에서 구조화 프로그래밍의 핵심은 함수이며, 고유한 기능을 갖는 함수를 잘 만들어 사용하는 것이 좋습니다. 고유한 기능을 갖는 함수를 작성해 놓으면 다음에 다른 프로그램을 만들 때 재사용할 수 있으며, 프로그램의 생산성이 좋아지게 됩니다. 만약 화면에 문자열을 출력하는 printf( ) 함수가 존재하지 않는다면 우리는 화면에 문자열 출력을 어떻게 해야 할까요? 그것은 쉽지 않은 일일 것입니다. 이와 같이 특정 기능을 수행하는 함수를 만들고 그 함수를 계속 재사용할 수 있을 때 프로그램은 구조화됩니다. 다만 주의해야 할 것은, 필요 이상으로 함수를 많이 만들어서 프로그램의 구조를 복잡하게 만드는 것은 좋지 않습니다. 함수화의 기본은 기능별로 잘 분리하여 고유의 동작을 실행하도록 하는 것입니다.

03 함수의 호출 및 반환값

함수를 호출하는 것은 별로 어렵지 않습니다. 하지만 아무 곳에서나 함수를 호출할 수 있지는 않습니다. 또한 반환값은 사용할 수도 있고 사용하지 않을 수도 있습니다. 이 장에서는 함수를 호출하기 위한 적절한 곳은 어디이며, 반환값은 어떻게 사용할 수 있는지 학습합니다.

1 함수의 호출 및 반환값

함수는 다양한 형태로 호출될 수 있습니다. 다음과 같이 add() 함수가 정의되어 있을 때,

```c
int add( int a, int b )
{
    return a + b;
}
```

add() 함수를 호출하는 방법은 여러 가지가 있을 수 있습니다. 다음은 함수명과 인수만을 사용해서 호출하는 방법입니다. 다음 add() 함수는 호출 결과로써 3을 반환하지만, 아래와 같이 그 값을 사용하지 않을 수 있습니다.

```c
add( 1, 2 );
```

다음은 결과값을 변수에 대입하는 경우입니다. add() 함수는 3을 반환하고, 그 값을 변수에 대입할 수 있습니다. 그러면 i의 값은 3이 됩니다.

```c
int i;
i = add( 1, 2 );        /* 3을 반환하여 i에 대입됨 */
printf( "%d \n", i );    /* 3이 출력됨 */
```

다음은 함수를 호출하고, 그 결과와 산술 연산을 하는 경우입니다. add() 함수는 3을 반환하고, 그 값과 5를 곱한 후 i에 대입합니다. 이처럼 값을 반환하는 함수는 마치 변수를 사용하듯 산술 연산을 할 수 있습니다.

```
int i;
i = add( 1, 2 ) * 5;      /* 3을 반환하여 5와 곱한 후 i에 대입됨 */
printf( "%d \n", i );     /* 15가 출력됨 */
```

지금까지의 경우를 잘 살펴보면 변수가 값을 제공하기 위해 사용되는 곳에는 함수를 사용할 수 있다는 것을 알 수 있습니다. 다음은 함수를 if문에서 사용하는 경우입니다. add() 함수는 3을 반환하고, 그 값을 if문이 평가하면, if문은 참이 됩니다. 그러므로 if문은 블록 안의 문장을 실행하게 됩니다.

```
if( add(1,2) )     /* 참으로 평가됨, 변수가 올 수 있는 곳에 함수를 사용한 경우 */
{
}
```

다음은 함수를 if문에서 사용하는데 논리 연산자를 사용하는 경우입니다. add() 함수는 3을 반환하고, 그 값은 참이 됩니다. 이 값에 논리적인 부정(NOT)을 취하면 if문은 거짓이 됩니다.

```
if( !add(1,2) )      /* 거짓으로 평가됨, 변수가 올 수 있는 곳에 함수를 사용한 경우 */
{
}
```

다음은 for문에서 사용되는 경우입니다.

```
int i;
for( i=0; i<add(1,2); i++ )
{
}
```

다음은 함수를 printf() 함수에서 사용하는 것입니다. add() 함수는 3을 반환하고, 그 값을 printf() 함수에 넘겨줍니다.

```
printf( "%d", add(1,2) );
```

이처럼 함수는 변수가 올 수 있는 곳에 대부분 사용될 수 있습니다.

163

2 매개 변수와 데이터형

매개 변수의 데이터형과 값을 넘겨주는 데이터형은 가급적 일치되는 것이 좋습니다. 하지만 경우에 따라서는 매개 변수가 포함할 수 있는 데이터형을 사용할 수도 있습니다. 예를 들어 다음과 같은 함수 선언에서 int형 매개 변수가 있을 때,

```c
void putchar( int c );
char ch = 'a';
putchar( ch );        /* int형 매개 변수에 char형 인수를 전달 */
```

위와 같이 char형 인수를 전달하면, 이것은 아래와 같이 int형에 char형을 대입하는 것과 같이 동작하며, int형은 char형의 데이터값을 그대로 받을 수 있기 때문에 'a'의 값은 잘 전달됩니다.

```c
int i;
char ch = 'a';
i = ch;             /* int형에 char형을 대입 */
```


3 반환값과 데이터형

함수는 정수형(int) 외에도 여러 가지 데이터형을 반환할 수 있습니다. 다음과 같이 int형을 반환하는 함수가 있을 때,

```c
int getch( void );
```

이 함수의 리턴값을 다음과 같이 char형으로 받는다면,

```c
char ch;
ch = getch();
```

getch() 함수는 int형을 리턴하고, 그 값이 char형에 대입되기 때문에 int형 리턴값이 잘려나갈 수 있습니다. 만약 값이 잘려나가도 되는 경우라면 그냥 사용해도 되지만, 그렇지 않은 경우는 다음과 같이 사용해야 합니다.

```
int ch;
ch = getch();
```

4 반환값이 없는 void형

만약 함수가 다음과 같이 값을 반환하지 않는 void형을 가진다면, 함수는 반환값이 없기 때문에 값을
비교하는 곳에 사용할 수 없습니다.

```
void display( int a, int b )
{
    printf( "%d, %d \n", a, b );
}
```

display() 함수는 다음과 같이 단독적으로만 사용할 수 있습니다.

```
display( 5, 3 );
```

만약 display( ) 함수에 대하여 다음과 같이 사용한다면, display() 함수가 값을 반환하지 않기 때문에
컴파일 에러가 발생하게 됩니다.

```
int i;
i = display( 5, 3 );        /* 컴파일 에러 발생 */
```

다음과 같은 문장에서도 사용할 수 없습니다. display() 함수는 값을 반환하지 않기 때문에 if문에 의
해 값을 평가할 수 없습니다.

```
if( display(5,3) )          /* 컴파일 에러 발생 */
{
}
```

다음과 같이 함수의 인수로도 사용할 수 없습니다. printf() 함수는 display() 함수가 반환하는 값을
전달 받아 출력해야 하는데, display() 함수는 값을 반환하지 않기 때문에 컴파일 에러가 발생됩니다.

```
printf( "%d", display(5,3) );    /* 컴파일 에러 발생 */
```

연습문제

01 int를 반환하는 함수 get_value()를 선언하십시오.

02 10을 전달하면 1~10까지 출력하고, 20을 전달하면 1~20까지 출력하는 함수를 작성하십시오.

03 다음 함수에서 잘못된 곳을 두 군데 찾아 수정하십시오.

```
void main( void );
{
    return 100;
}
```

04 다음 프로그램의 문제점을 설명하십시오.

```
char get( void )
{
    int value = 300;
    return value;
}
```

05 다음 프로그램에서 에러가 발생하는 이유를 설명하십시오.

```
void get( void )
{
    return;
}
void main( void )
{
    printf( "%d", get() );
}
```

06 리턴값이 없고, 함수의 이름은 compare이며, 첫 번째 매개 변수는 double이고, 두 번째 매개 변수는 int인 함수를 선언하십시오. (매개 변수의 이름은 c1, c2로 하십시오.)

07 두 개의 정수값을 전달 받아 큰 값을 리턴하는 함수를 작성하십시오.

08 다음에 있는 두 개의 소스 코드에서 첫 번째는 5번째 줄에 함수의 원형이 선언되어 있고, 두 번째 소스 코드는 함수의 원형이 선언되어 있지 않습니다. 두 번째 소스 코드에서 함수의 원형이 선언되지 않아도 되는 이유를 설명하십시오.

```
01: /* 첫 번째 : 함수 원형 선언 */
02:
03: #include <stdio.h>
04:
05: void func( void );          /* 함수 원형 선언 */
06:
07: void main( void )
08: {
09:     func();
10: }
11:
12: void func( void )
13: {
14:     printf( "함수 호출 \n" );
15: }
```

```
01: /* 두 번째 : 함수 원형의 선언이 없음 */
02:
03: #include <stdio.h>
04:
05: void func( void )
06: {
07:     printf( "함수 호출 \n" );
08: }
09:
10: void main( void )
11: {
12:     func();
13: }
```

C - Language

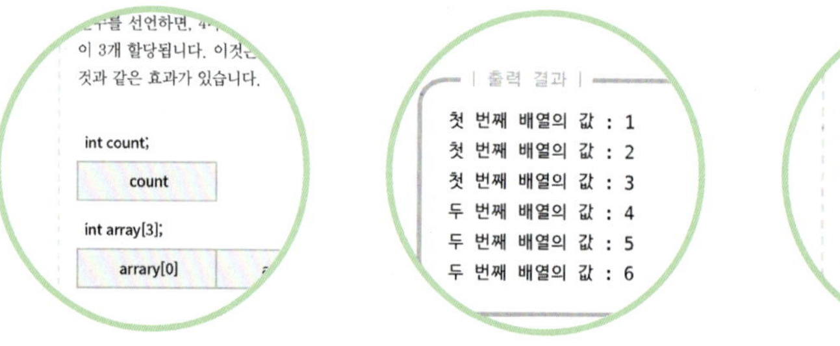

배열은 데이터형이 같은 변수의 집합입니다. 데이터형이 같은 여러 개의 변수가 필요할 때 배열을 사용하면 좀 더 편리하게 변수를 선언하고 사용할 수 있습니다. 배열은 1차원, 2차원, 3차원 등이 주로 사용되며, 정수형, 문자형, 실수형 등 다양한 데이터형을 지원합니다. 이 장에서는 배열 변수의 선언과 사용 방법에 대해 학습합니다.

배열 09 chapter

배열이란 무엇인가?

프로그래밍을 하다 보면 동일한 데이터형의 변수가 수십~수백 개 필요한 경우가 있습니다. 이런 경우에는 변수를 하나씩 선언하고 사용하는 것보다는 동일한 데이터형의 변수를 집단적으로 선언하고 사용할 수 있는 배열을 사용하는 것이 편리합니다.

1 배열의 정의

배열이란 동일한 데이터형 변수의 모임이며, 배열을 사용하면 한 번에 여러 개의 변수를 선언할 수 있습니다. 다음은 배열 변수를 집단적으로 선언하고 사용하는 예입니다. 배열은 일반 변수의 선언과는 달리 배열 요소를 나타내는 대괄호 []가 사용됩니다.

```
01: /* array1.c : 배열을 사용하는 프로그램 */
02:
03: #include <stdio.h>
04:
05: void main( void )
06: {
07:     int array[3];           /* array 배열 변수를 3개 정의 */
08:
09:     array[0] = 100;         /* array의 첫 번째에 100을 대입 */
10:     array[1] = 200;         /* array의 두 번째에 200을 대입 */
11:     array[2] = 300;         /* array의 세 번째에 300을 대입 */
12:
13:     printf( "배열의 첫 번째 값 : %d \n", array[0] );
14:     printf( "배열의 두 번째 값 : %d \n", array[1] );
15:     printf( "배열의 세 번째 값 : %d \n", array[2] );
16: }
```

| 출력 결과 |

```
배열의 첫 번째 값 : 100
배열의 두 번째 값 : 200
배열의 세 번째 값 : 300
```

7번째 줄은 배열 변수의 정의입니다. 배열 변수를 정의하기 위해서는 변수의 이름과 대괄호를 사용하며, 대괄호 안에는 몇 개의 변수를 정의할지 숫자를 기재하면 됩니다. 7번째 줄에서 사용된 숫자 3

- **배열** : 동일한 데이터형을 갖는 집단 변수
- **첨자** : 배열 요소의 수
- **[ ]** : 배열의 선언 시 사용. 각 배열 요소에 접근하기 위한 연산자로 사용됨

난이도 ⋯⋯⋯⋯⋯⋯ ★ ★ ★ ☆ ☆
활용도 ⋯⋯⋯⋯⋯⋯ ★ ★ ★ ☆ ☆
소요시간 ⋯⋯⋯⋯⋯ ★ ★ ☆ ☆ ☆

을 C 언어에서는 첨자라 부릅니다. 앞 선언은 3개의 변수를 정의하는 것입니다. 변수를 10개 정의하고자 한다면, 다음과 같이 대괄호 안에 10이라고 하면 됩니다.

```c
int array[10];
```

9번째 줄은 배열 변수를 사용하는 방법을 보여 줍니다. 배열 변수를 처음 보는 독자들은 왜 array[1]이 아닌 array[0]처럼 사용되었는지 궁금할 것입니다. 이것은 C 언어의 특징 중 하나인데, 배열 변수를 정의할 때 첨자를 3이라고 했으면, array[0], array[1], array[2]를 사용해야 합니다. 처음에는 이런 배열 변수의 특성 때문에 C 언어에 입문하는 분들이 종종 실수를 하곤 합니다. 필자 또한 이런 실수를 100번도 넘게 했을 것입니다. 여러분도 이런 실수는 실력의 밑거름이 된다는 생각으로 편한 마음으로 프로그래밍하기 바랍니다.

10번째 줄은 배열 변수 array[1]에 200을 대입하고, 11번째 줄은 배열 변수 array[2]에 300을 대입합니다. 그리고 13~15번째 줄에서 각 배열 변수의 값이 출력됩니다.

9번째 줄에 선언된 배열 변수를 그림으로 표현해 보면 아래와 같습니다. 그림에서와 같이 count라는 변수를 선언하면, 4바이트 크기의 공간이 할당되고, array[3]과 같이 선언하면, 4바이트 크기의 공간이 3개 할당됩니다. 이것은 마치 정수형으로 array[0], array[1], array[2]라는 이름의 변수를 선언한 것과 같은 효과가 있습니다.

int count;

count

int array[3];

arrary[0]	array[1]	array[2]

array[0], array[1], array[2]는 모두 배열 변수이므로, 각각을 변수처럼 사용할 수 있습니다.

```c
array[0] = array[1];
array[1] = array[2] * 5;
array[2] = array[0] + array[1] / 100;
```

배열은 1, 2, 3차원 배열이 주로 사용되며, 그 중에서 가장 많이 사용되는 것이 1차원 배열입니다. 1차원 문자 배열은 10장에서 학습하게 될 포인터와도 깊은 관계가 있기 때문에 잘 배워 두는 것이 좋습니다.

1 1차원 배열

다음은 1차원 배열을 정의하고 사용하는 예입니다. 배열의 첨자는 10이며, array[0]~array[9]까지 배열 변수로 사용할 수 있습니다.

```
01: /* array2.c : 1차원 배열을 사용하는 프로그램 */
02:
03: #include <stdio.h>
04:
05: void main( void )
06: {
07:     int i;
08:     int array[10];              /* array 배열 변수를 10개 정의 */
09:
10:     for( i=0; i<=9; i++ )
11:     {
12:         array[i] = i + 1000;     /* 배열 첨자로 변수 i를 사용해도 됨 */
13:     }
14:
15:     for( i=0; i<=9; i++ )
16:     {
17:         printf( "배열의 값 : %d \n", array[i] );
18:     }
19: }
```

| 출력 결과 |

```
배열의 값 : 1000
배열의 값 : 1001
배열의 값 : 1002
배열의 값 : 1003
배열의 값 : 1004
배열의 값 : 1005
배열의 값 : 1006
```

```
배열의 값 : 1007
배열의 값 : 1008
배열의 값 : 1009
```

8번째 줄에서는 배열 변수 array를 10개 정의하였으며, 12번째 줄에서는 각 배열 변수에 값을 대입합니다. 이때, 배열의 첨자로 i를 사용하였는데, 배열의 첨자는 상수, 변수, 숫자값을 리턴하는 함수 또는 수식이 사용될 수 있습니다. 대부분의 독자들은 책을 보고 정확하게 입력을 했을 것입니다. 하지만 그 중 몇 분은 10, 15번째 줄에서 다음과 같이 실수를 했을 것입니다. i<=9를 i<9라고 혹시 코딩하지 않았나요? 코딩을 하다 보면 작시 현상이 많이 발생하니 주의하세요.

배열의 첨자는 다른 말로 배열의 요소라고도 하며, 다음과 같이 첨자는 다양하게 표현될 수 있습니다.

```
array[0] = 5;
array[i] = 100;          /* i의 값이 5라면, array[5]와 동일 */
array[i+3] = 200;        /* i의 값이 4라면, array[7]과 동일 */
```

1차원 배열은 다음과 같이 모든 데이터형에 대해 정의할 수 있습니다.

```
char string[1000];       /* 문자형 변수 1,000개 정의 */
short jumsu[100];        /* 정수형 변수 100개 정의 */
int kor[10000];          /* 정수형 변수 10,000개 정의 */
long eng[500];           /* 정수형 변수 500개 정의 */
float rad[200];          /* 실수형 변수 200개 정의 */
double math[300];        /* 실수형 변수 300개 정의 */
```

또한 배열 첨자에 사용되는 첨자의 값은 1~n까지 가능하며, n의 값은 지역 변수인 경우 총 할당 공간이 1MB 정도까지 가능하며, 전역 변수인 경우 더 큰 값도 가능합니다. 예를 들어 정수형 배열이 지역 변수로 정의될 때 최대 첨자의 값은 int array[250000]; 정도입니다. 정수형이 4바이트 공간을 차지하기 때문에 250,000개 정도만 정의할 수 있는 것입니다. 단, 이 값은 운영체제마다 또는 사용하는 컴파일러에 따라 다를 수 있습니다.

173

변수를 정의와 함께 초기화할 수 있듯이 배열 또한 정의되는 곳에서 초기화할 수 있습니다. 배열은 모든 요소를 초기화할 수도 있고, 일부만 초기화할 수도 있습니다. 이번 레슨에서는 1차원 배열을 초기화하는 여러 가지 방법에 대해 학습합니다.

1 배열의 초기화

배열은 일부 또는 전부를 초기화할 수 있습니다. 다음은 배열의 초기화에 대한 간단한 예입니다.

```c
01: /* array3.c : 배열의 초기화 프로그램 */
02:
03: #include <stdio.h>
04:
05: void print_array( int ar[5] );
06:
07: void main( void )
08: {
09:     int ar1[5];                      /* 초기화되지 않음 */
10:     int ar2[5] = { 0 };              /* 모두 0으로 초기화 됨 */
11:     int ar3[5] = { 0,};              /* 모두 0으로 초기화 됨 */
12:     int ar4[5] = { 1, 2, 3 };        /* 1, 2, 3, 0, 0으로 초기화 됨 */
13:     int ar5[5] = { 4, 5, 6, 7, 8 };  /* 4, 5, 6, 7, 8로 초기화 됨 */
14:
15:     print_array( ar1 ); /* ar1을 함수로 전달 */
16:     print_array( ar2 );
17:     print_array( ar3 );
18:     print_array( ar4 );
19:     print_array( ar5 );
20: }
21:
22: void print_array( int ar[5] )
23: {
24:     int i;
25:
26:     for( i=0; i<=4; i++ )
27:     {
28:         printf( "%d ", ar[i] );
29:     }
30:
31:     printf( "\n" );
32: }
```

| 출력 결과 |

```
-858993460 -858993460 -858993460 -858993460 -858993460
0 0 0 0 0
0 0 0 0 0
1 2 3 0 0
4 5 6 7 8
```

배열을 초기화하기 위해서는 중괄호 {}를 사용합니다. 중괄호 안에 초기화할 값을 넣어 주면, 각 배열 요소는 해당 값으로 초기화됩니다. 9번째 줄은 배열을 정의하고 초기화하지 않기 때문에 쓰레기값으로 채워집니다. 10번째 줄과 11번째 줄은 서로 같은 표현이며, 모든 배열 요소가 0으로 초기화됩니다. 12번째 줄은 처음부터 3개의 요소만 초기화되고 남은 2개는 0으로 초기화됩니다. 13번째 줄은 각각의 요소가 4, 5, 6, 7, 8로 초기화됩니다.

배열을 초기화할 때, 일부 배열 요소를 초기화하면, 초기화되지 않은 나머지 요소들은 모두 0으로 초기화됩니다. 그러므로 10, 11, 12번째 줄의 초기화되지 않은 요소들이 모두 0으로 초기화된 것입니다.

#
반올림

배열 요소의 초기화 시 주의 사항

배열을 초기화할 때는 선언되는 배열 요소의 수보다 그 수가 작거나 같아야 합니다. 만약 다음과 같이 초기화 리스트의 수가 선언되는 배열 요소의 수보다 많은 경우 에러가 발생됩니다.

```
int array[5] = { 4, 5, 6, 7, 8, 9 };     /* 에러 발생 */
```

에러의 내용은 다음과 같으며, 배열 요소의 수가 5인데, 실제 배열의 초기화 리스트는 6개이기 때문에 아래와 같은 에러가 발생됩니다.

```
error C2078: too many initializers
```

다차원 배열

다차원 배열은 1차원 배열이 아닌 2차원, 3차원 배열 등을 말합니다. 다차원 배열은 배열의 첨자가 두 개, 세 개 또는 그 이상 사용되는 것이며, 1차원 배열이 여러 개 필요할 때 사용합니다. 이번 레슨에서는 다차원 배열의 정의 및 사용 방법에 대해서 학습합니다.

1 2차원 배열

다음은 2차원 배열을 정의하고 사용하는 예입니다. 2차원 배열을 정의하기 위해서는 첨자를 두 개 사용해야 합니다. 아래의 예는 배열 요소가 3인 1차원 배열을 2개 만들고 사용합니다.

```
01: /* array4.c : 2차원 배열을 사용하는 프로그램 */
02:
03: #include <stdio.h>
04:
05: void main( void )
06: {
07:     int i;
08:     int array[2][3];       /* array 배열 변수를 6개 정의 */
09:
10:     array[0][0] = 1;       /* 첫 번째 1차원 배열 */
11:     array[0][1] = 2;
12:     array[0][2] = 3;
13:
14:     array[1][0] = 4;       /* 두 번째 1차원 배열 */
15:     array[1][1] = 5;
16:     array[1][2] = 6;
17:
18:     for( i=0; i<=2; i++ )
19:     {
20:         printf( "첫 번째 배열의 값 : %d \n", array[0][i] );
21:     }
22:
23:     for( i=0; i<=2; i++ )
24:     {
25:         printf( "두 번째 배열의 값 : %d \n", array[1][i] );
26:     }
27: }
```

- **2차원** : 첨자를 두 개 사용해서 정의
- **3차원** : 첨자를 세 개 사용해서 정의
- **다차원** : 1차원 이상의 2차원, 3차원 배열 등을 의미

난이도 ················ ★★★☆☆
활용도 ················ ★★☆☆☆
소요시간 ············· ★★☆☆☆

| 출력 결과 |

```
첫 번째 배열의 값 : 1
첫 번째 배열의 값 : 2
첫 번째 배열의 값 : 3
두 번째 배열의 값 : 4
두 번째 배열의 값 : 5
두 번째 배열의 값 : 6
```

8번째 줄에서는 2차원 배열을 정의하였는데, 2차원 배열은 1차원 배열을 몇 개 사용할지를 정의하는 것입니다. 2차원 배열을 그림으로 표현하면 다음과 같습니다.

int array[2][3]

array[0]	array[1]	array[2]	첫 번째 2차원 배열
array[0]	array[1]	array[2]	두 번째 2차원 배열

그림에서와 같이 2차원 배열은 1차원 배열을 몇 개 사용할지를 정의하는 것이며, 각각의 요소를 접근하기 위해서는 몇 번째 1차원 배열인지를 첨자를 사용해서 지정해야 합니다. 만약 첫 번째 1차원 배열을 사용하려면, array[0][0], array[0][1], array[0][2]처럼, 첫 번째 대괄호가 모두 [0]이어야 합니다. 그리고 두 번째 1차원 배열을 사용하려면, array[1][0], array[1][1], array[1][2]처럼, 첫 번째 대괄호가 모두 [1]이어야 합니다. 즉, 앞의 첨자는 1차원 배열을 몇 개 정의할 것인지를 나타냅니다. 1차원 배열의 요소가 10인 2차원 배열 5개에 대한 정의는 다음과 같습니다.

```
int array[5][10];
```

1차원 배열은 변수를 여러 개 정의하는 방법이며, 2차원 배열은 1차원 배열을 여러 개 정의하는 방법입니다. 또한 3차원 배열은 2차원 배열을 여러 개 정의하는 방법입니다.

2 | 3차원 배열

다음은 3차원 배열을 정의하고 사용하는 예입니다. 3차원 배열을 정의하기 위해서는 첨자를 세 개 사용해야 합니다. 아래의 예는 배열 요소가 4인 1차원 배열을 3개 가지는 2차원 배열을 2개 정의하는 배열입니다.

```c
01: /* array5.c : 3차원 배열을 사용하는 프로그램 */
02:
03: #include <stdio.h>
04:
05: void main( void )
06: {
07:     int i, j, k, count = 0;
08:     int array[2][3][4];     /* array 배열 변수를 24개 정의 */
09:
10:     for( i=0; i<=1; i++ )
11:     {
12:         for( j=0; j<=2; j++ )
13:         {
14:             for( k=0; k<=3; k++ )
15:             {
16:                 array[i][j][k] = ++count;
17:             }
18:         }
19:     }
20:
21:     for( i=0; i<=1; i++ )
22:     {
23:         for( j=0; j<=2; j++ )
24:         {
25:             for( k=0; k<=3; k++ )
26:             {
27:                 printf( "%d \n", array[i][j][k] );
28:             }
29:         }
30:     }
31: }
```

| 출력 결과 |

```
1
2
3
4
5
6
7
...(중략)
```

```
18
19
20
21
22
23
24
```

array5.c는 3차원 배열의 각 요소에 1~24를 대입한 후, 각각의 배열 요소를 출력합니다. 3차원 배열은 2차원 배열에 대한 배열이며, 8번째 줄에서 2차원 배열 array[3][4]를 2개 정의하고 있습니다. array[3][4]를 10개 정의하려면, array[10][3][4]처럼 하면 됩니다.

3차원 배열을 그림으로 표현하면 다음과 같습니다. 3차원 배열은 2차원 배열을 몇 개 사용할지 정의하고 사용하는 것입니다. 아래의 그림은 2차원 배열을 2개만 사용하는 것입니다.

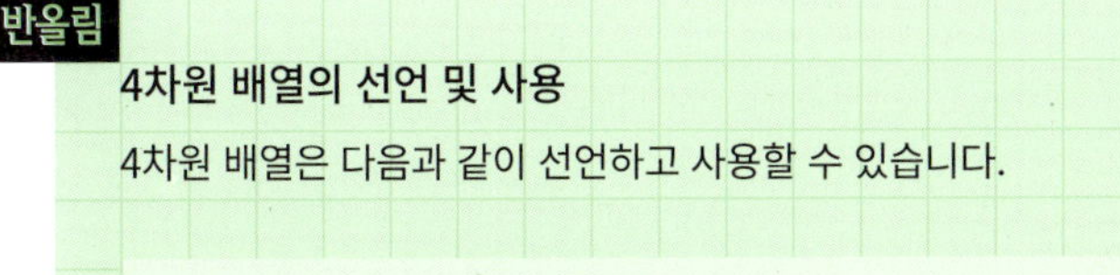

int array[2][3][4]

| array[0] | array[1] | array[2] | array[3] |
| array[0] | array[1] | array[2] | array[3] | 첫 번째 3차원 배열
| array[0] | array[1] | array[2] | array[3] |

| array[0] | array[1] | array[2] | array[3] |
| array[0] | array[1] | array[2] | array[3] | 두 번째 3차원 배열
| array[0] | array[1] | array[2] | array[3] |

맨 앞의 첨자 2는 3차원 배열의 첨자이며, 두 번째 첨자 3은 2차원 배열의 첨자입니다. 그리고 마지막 첨자 4는 1차원 배열의 첨자입니다. 이렇게 첨자가 있는 대괄호를 3개 사용하면 바로 3차원 배열이 됩니다.

 # 반올림

4차원 배열의 선언 및 사용

4차원 배열은 다음과 같이 선언하고 사용할 수 있습니다.

```
int array[2][3][4][5];
array[0][0][0][0] = 5;
```

다차원 배열의 초기화

다차원 배열을 초기화하는 것은 1차원 배열을 초기화하는 것과 조금 다릅니다. 다차원 배열은 주로 2차원과 3차원을 사용하기 때문에 2, 3차원에 대한 초기화만 알면 되며, 그 중에서도 2차원 배열의 초기화를 이해하는 것이 좋습니다.

1 2차원 배열의 초기화

배열은 일부 또는 전부를 초기화할 수 있습니다. 다음은 배열의 초기화에 대한 간단한 예입니다.

```c
01: /* array6.c : 2차원 배열을 초기화하는 프로그램 */
02:
03: #include <stdio.h>
04:
05: void print_array( int ar[2][3] );
06:
07: void main( void )
08: {
09:     int ar1[2][3];                      /* 초기화되지 않음 */
10:     int ar2[2][3] = { 0 };              /* 모두 0 */
11:     int ar3[2][3] = { 1, 2, 3 };        /* 1, 2, 3, 0, 0, 0 */
12:     int ar4[2][3] = { 4, 5, 6, 7, 8, 9 };   /* 4, 5, 6, 7, 8, 9 */
13:     int ar5[2][3] = { {10, 11, 12}, {13}};  /* 10, 11, 12, 13, 0, 0 */
14:
15:     print_array( ar1 ); /* ar1을 함수로 전달 */
16:     print_array( ar2 );
17:     print_array( ar3 );
18:     print_array( ar4 );
19:     print_array( ar5 );
20: }
21:
22: void print_array( int ar[2][3] )
23: {
24:     int i, j;
25:
26:     for( i=0; i<=1; i++ )
27:     {
28:         for( j=0; j<=2; j++ )
29:         {
30:             printf( "%02d ", ar[i][j] );
31:         }
32:     }
```

```
33:
34:     printf( "\n" );
35: }
```

| 출력 결과 |

```
-858993460 -858993460 -858993460 -858993460 -858993460 -858993460
00 00 29 00 29 00
00 00 00 00 00 00
01 02 03 00 00 00
04 05 06 07 08 09
10 11 12 13 00 00
```

2차원 배열을 초기화하는 것도 1차원 배열과 비슷합니다. 10, 11, 12번째 줄처럼 1차원 배열을 초기화하듯 할 수 있으며, 13번째 줄처럼 중괄호를 중첩해서 사용해도 됩니다. 중괄호를 중첩하는 경우에도 반드시 콤마를 사용해야 하며, 중괄호 안에서 일부만 초기화될 경우, 해당 1차원 배열의 남는 요소는 모두 0으로 초기화됩니다. 참고로 3차원 배열의 초기화는 다음과 같이 합니다.

```
int array[2][3][4] = { 1, 2, 3, 4, 5, };
int array[2][3][4] = { {{1,2,3,4}, {5,6,7,8}, {9}}, {{13}, {17}, {21}} };
```

#
반올림

2차원 배열의 잘못된 초기화

2차원 배열을 초기화할 때 다음과 같이 첫 번째 2차원 배열의 수인 2보다 많은 중괄호를 사용하는 것은 에러를 발생시킵니다.

```
int array[2][3] = { {1}, {2}, {3}, }; /* 에러 발생 */
```

에러의 내용은 다음과 같으며, 2차원 배열 요소의 수가 2인데, 실제 배열의 초기화 리스트는 3개이기 때문에 아래와 같은 에러가 발생됩니다.

```
error C2078: too many initializers
```

비 법 전 수 배열의 첨자와 sizeof 연산자

배열의 첨자는 sizeof 연산자를 통해 구할 수 있습니다. 다음은 int형의 크기를 구하는 예입니다.

```c
printf( "%d ", sizeof(int) );        /* int의 크기는 4 */
```

1차원 배열을 다음과 같이 정의할 때,

```c
int array[5];
```

array 배열이 5의 크기를 갖는다는 것은 다음 문장에 의해 구할 수 있습니다.

```c
printf( "%d, %d", sizeof(array), sizeof(array[0]) );  /* 20, 4 */
printf( "%d", sizeof(array) / sizeof(array[0]) );     /* 5 */
```

int형 i가 정의되어 있고, 다음과 같이 코딩을 했을 때,

```c
for( i=0; i<5; i++ )
{
    array[i] = i;
}
```

만약, 배열의 정의가 array[7]로 바뀐다면, for문에서도 i<7로 바뀌어야 합니다. 이런 식의 코딩은 자칫하면 i<7을 바꾸지 않는 실수로 이어지기 쉽습니다. 그러므로 위의 for문을 다음과 같이 사용한다면 잠재적인 버그가 사라지게 됩니다.

```c
int n = sizeof(array) / sizeof(array[0]);
for( i=0; i<n; i++ )
{
    array[i] = i;
}
```

이제는 배열의 첨자가 바뀌어도 위 수식에 의해 바뀐 값이 자동으로 구해집니다.

연습문제

01 int형 변수를 100개 사용하기 위한 배열을 선언하십시오.

02 다음 배열 선언에서 잘못된 것은 무엇입니까?

```c
int array[3] = { 0, 1, 2, 3 };
```

03 1차원 배열을 사용하여 정수값을 5개 입력 받고, 그 합을 출력하는 프로그램을 작성하십시오.

04 다음 프로그램의 출력 결과가 3, 2, 1, 0, 0일 때, array[5]를 알맞게 초기화하십시오.

```c
int i;
int array[5] = {                         };
for( i=0; i<5; i++ )
{
    printf( "%d ", array[i] );
}
```

05 1차원 배열의 요소가 5인 것을 3개 사용하는 2차원 배열을 선언하십시오.

06 2차원 배열을 사용하여 국어 점수를 3개, 영어 점수를 3개, 수학 점수를 3개 입력 받고 각각의 평균을 출력하는 프로그램을 작성하십시오.

07 다음과 같이 배열이 선언되어 있을 때, array[1][1]의 값이 100이 되도록 수정하십시오.

```c
int array[2][3] = { 1, 2, 3, 4, 5, 6 };
```

08 다음에 선언되어 있는 array를 순서대로 출력하면 아래와 같습니다. 각 배열 요소를 알맞게 초기화하십시오.

```
1 2 3 0 4 5 0 0 6 0 0 0 7 0 0 0 8 0 0 0 9 10 0 0

int array[2][3][4] =
{
    { {          }, {          }, {          } },
    { {          }, {          }, {          } },
};
```

C - Language

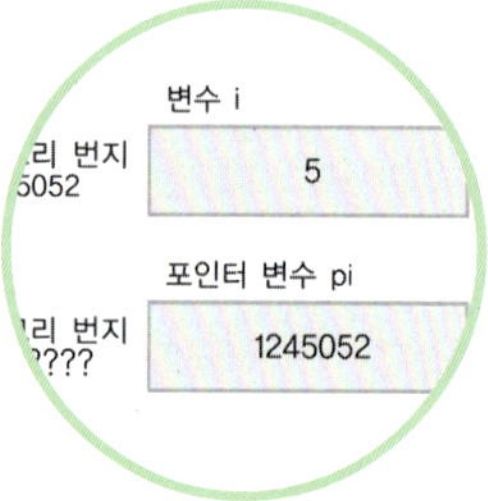

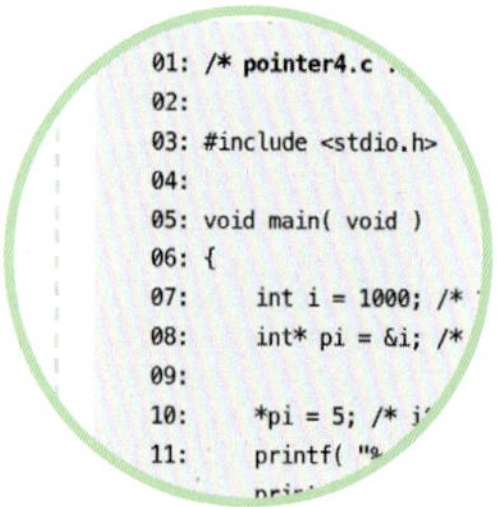

포인터는 지금까지 사용하지 않았던 또 다른 데이터형입니다. 지금까지는 변수를 정의하고 그 변수에 값을 대입하거나 그 변수로부터 값을 읽어서 사용했습니다. C 언어는 Java나 기타 다른 언어와 달리 메모리 번지를 저장하기 위한 데이터형을 제공하는데 그것이 바로 포인터형 변수입니다.

포인터

포인터란 무엇인가?

C언어에서 포인터만큼 다양한 형태를 가진 것은 없습니다. 일반적으로 포인터가 어렵다고 하는데, 그것은 어렵다기보다는 포인터의 다양한 사용법을 이해하는 데 시간이 필요하기 때문입니다. 이번 레슨에서는 포인터는 무엇이고 왜 사용해야 하는지 학습합니다.

1 포인터의 정의

포인터는 다른 변수의 메모리(RAM) 주소를 저장하고 연산하기 위한 특별한 변수입니다. 포인터는 다른 변수의 주소를 그 값으로 가지며, 주소에 대한 간접 연산을 통해 다른 변수에 간접적으로 접근합니다. 다음은 변수의 주소를 출력하는 예입니다.

```
01: /* pointer1.c : 변수의 번지를 출력하는 프로그램 */
02:
03: #include <stdio.h>
04:
05: void main( void )
06: {
07:     int i = 5;
08:
09:     printf( "i의 값 : %d \n", i );
10:     printf( "i의 메모리 번지 : %d \n", &i );      /* i의 메모리 주소 출력 */
11: }
```

| 출력 결과 |

```
i의 값 : 5
i의 메모리 번지 : 1245052
```

pointer1.c는 i의 값과 i의 메모리 주소를 출력합니다. C 언어는 변수의 주소를 알아내는 연산자를 제공하며, 이를 주소 지정 연산자(&)라 합니다. 10번째 줄에서는 이 연산자를 사용해서 변수 i의 메모리 주소를 출력했습니다. &i는 i의 메모리 번지를 구하는 연산이며, i의 번지를 저장하기 위해 포인터 변수를 사용합니다. 변수의 주소값은 다음과 같이 일반 변수에 대입할 수 없습니다.

```
int i, j;
j = &i;  /* 컴파일 에러 발생 */
```

주소값을 저장하기 위한 포인터 변수는 다음과 같이 선언하고 사용할 수 있습니다.

```
int i, j;      /* 정수형 변수 정의 */
int* pi;       /* 정수형 포인터 정의 */
pi = &i;       /* i의 메모리 번지를 pi에 대입 */
pi = &j;       /* j의 메모리 번지를 pi에 대입 */
```

포인터 변수를 선언할 때는 '데이터형 + 별표(*)'가 사용되며, 정수형 포인터 변수를 선언하는 방법은 아래에 있는 2가지 방법 중 하나를 사용하는 것이 좋습니다.

```
int* pi;       /* 별표가 데이터형 바로 뒤에 있는 경우 */
int *pi;       /* 별표가 변수명 바로 앞에 있는 경우 */
```

처음 C 언어를 하는 독자들은 제일 처음 방법인 int* pi;의 사용을 권장합니다. 이런 방법을 사용하지 않고, int *pi;라고 한다면 자칫 변수의 이름이 *pi;가 아닐까 혼동하는 경우가 생길 수 있기 때문입니다. pi는 변수명입니다. pi는 변수이기 때문에 그 값을 출력해 보면 대입 받은 메모리 번지가 출력됩니다. 다음은 pointer1.c를 정수형 포인터 변수 pi를 사용해서 수정한 예제입니다.

```
01: /* pointer2.c : 포인터를 정의하고 사용하는 프로그램 */
02:
03: #include <stdio.h>
04:
05: void main( void )
06: {
07:     int i = 5;
08:     int* pi;       /* 포인터 변수 pi를 선언 */
09:     pi = &i;       /* i의 주소값을 대입 */
10:
11:     printf( "i의 값           : %d \n", i );
12:     printf( "i의 메모리 번지 : %d \n", &i );     /* i의 메모리 번지 출력 */
13:     printf( "pi의 값          : %d \n", pi );     /* pi의 값 출력 */
14: }
```

| 출력 결과 |

```
i의 값          : 5
i의 메모리 번지 : 1245052
pi의 값         : 1245052
```

출력 결과에서 알 수 있듯이, pi는 i의 메모리 주소값을 갖는 포인터 변수입니다. 그리고 포인터 변수도 일반 변수처럼 그 값을 출력할 수 있습니다. 다음은 변수 i가 위치한 메모리 번지를 그림으로 표현한 것이며, i는 5를 pi는 1245052를 저장하고 있습니다.

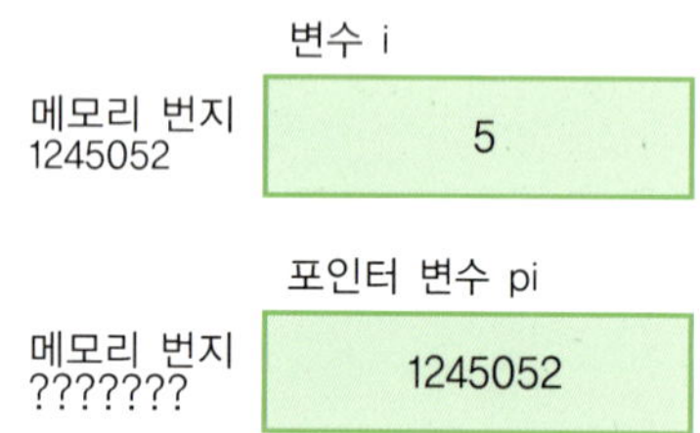

#
반올림

포인터 변수의 대입

변수와 포인터 변수는 서로 다른 데이터형이기 때문에 서로 대입할 수 없습니다. 하지만 같은 데이터형의 포인터끼리는 얼마든지 서로 대입할 수 있습니다.

```
int i;
int* p1;        /* p1 = i;는 불가능 */
int* p2;        /* p2 = i;는 불가능 */
p1 = &i;        /* 대입 가능 */
p1 = i;         /* 대입 불가능 */
p2 = &i;        /* 대입 가능 */
p2 = i;         /* 대입 불가능 */
p2 = p1;        /* 대입 가능 */
p1 = p2;        /* 대입 가능 */
p1 = &p2;       /* 대입 불가능 */
```

마지막의 p1 = &p2;는 불가능하며, 이것은 13장에 나오는 포인터의 포인터를 학습해야 알게 됩니다. 만약 p1이 p2의 주소를 대입 받으려면, int** p1;처럼 선언해야 합니다.

컴퓨터 메모리 비 법 전 수

컴퓨터의 메모리(RAM)는 프로그램의 코드와 변수가 저장되는 연속적인 공간이며, 각각은 메모리 번지에 의해 구분됩니다. 예를 들어 다음과 같은 프로그램이 있을 때,

```c
01: /* pointer3.c : 변수 및 함수의 주소 출력 프로그램 */
02:
03: #include <stdio.h>
04:
05: void main( void )
06: {
07:     int i;
08:     printf( "메모리 번지 출력 : %d \n", &i );
09:     printf( "메모리 번지 출력 : %d \n", main );      // main 대신 &main을 사용해도 됨
10: }
```

— | 출력 결과 | —

```
메모리 번지 출력 : 1245052
메모리 번지 출력 : 4198405
```

이 프로그램은 i가 위치한 메모리 번지와 main() 함수가 위치한 메모리 번지를 출력합니다. 변수와 메모리의 관계를 그림으로 표현하면 다음과 같습니다.

메모리 번지

0	다른 프로그램이 사용하는 번지
1245052	변수 i가 저장된 메모리 번지
4198405	main() 함수가 있는 메모리 번지
268435455	다른 프로그램이 사용하는 번지

위 그림은 256MB의 메모리가 있을 때를 가정한 것이며, 각각의 메모리 번지는 특정 프로그램에 할당된 후 사용됩니다.

포인터 변수의 선언 및 초기화

C언어는 다양한 형태의 포인터를 선언하고 사용할 수 있습니다. 기본적으로 각 데이터형별로 포인터 변수가 제공되며, 배열, 함수, 구조체 등 추가적인 데이터의 형에 따라 각각에 알맞은 포인터 변수를 선언해야 합니다.

1 포인터 변수의 선언

포인터 변수를 선언하기 위해서는 먼저 어느 데이터형의 번지값을 저장할 것인지 알아야 합니다. 정수형 변수의 번지값을 저장하려면 int*를 사용해야 하고, 문자형 변수의 번지값을 저장하려면 char* 형을 사용해야 합니다. 포인터는 일반적으로 다음 규칙에 따라 선언할 수 있습니다.

```
데이터형* 변수명
```

위 규칙에 따라 정수형 및 실수형 변수의 포인터를 선언하려면 다음과 같이 선언하면 됩니다.

```
int* pa;        /* 정수형 변수 포인터 선언 */

double* pb;     /* 실수형 변수 포인터 선언 */
```

포인터 변수를 선언할 때는 관례상 변수명의 앞에 p를 사용하며, p는 pointer를 뜻합니다. 예를 들어 변수명이 a일 때, 이 변수의 포인터 변수는 pa라고 선언하는 것이 좋은 습관입니다. 일반적으로 포인터 변수의 이름에 대한 특별한 규칙은 없으며, 3장에 있는 변수명 생성 규칙을 그대로 따르면 됩니다.

포인터를 선언할 때는 항상 별표(*)가 사용됩니다. 별표는 이 변수가 포인터 변수로 선언되게 하는 것이며, 곱셈 연산을 의미하는 별표(*)와 모양은 같지만, 문법적 의미는 다릅니다. 이렇게 구분해서 같은 문자를 사용해야 하는 이유는 아스키 문자 코드가 한정되어 있기 때문입니다. 이와 같이 같은 문자를 사용해서 다른 의미로 사용되는 문자들이 있는데, 덧셈(+)과 부호(+), 뺄셈(−)과 부호(−), 비트 연산 &와 주소 지정 & 등이 있습니다.

2　포인터 변수의 초기화

함수 내에서 지역 변수를 초기화하지 않으면 다음과 같이 엉뚱한 값이 출력됩니다.

```c
int i;
printf( "%d \n", i );    /* 4223176이 출력. 단, 출력값은 컴퓨터마다 다를 수 있음 */
```

위 코드에서 변수 i를 다음과 같이 5로 초기화한다면, i의 값은 5가 출력됩니다.

```c
int i = 5;
printf( "%d \n", i );    /* 5가 출력 */
```

변수 i를 초기화하지 않았을 때, 엉뚱한 값이 출력되는 이유는 변수 i가 메모리에 생성되기 때문입니다. i는 특정한 메모리 번지를 할당 받아 생성되며, 생성이 될 때 그 번지에 남아 있던 값을 그대로 사용하게 됩니다. 그러므로 변수 i가 생성될 때 초기화를 하지 않았다면, i는 어떤 값을 갖고 있을지 예측할 수 없습니다. 포인터 변수도 일반 변수와 다를 바 없습니다. 다음과 같이 포인터 변수를 초기화하지 않으면,

```c
int* pi;
printf( "%d \n", pi );    /* 4223160이 출력. 단, 출력값은 컴퓨터마다 다를 수 있음 */
```

pi도 i와 같이 특정한 메모리 번지를 할당 받아 생성되며, 생성이 될 때 그 번지에 남아 있던 값을 그대로 사용하게 됩니다. 포인터 변수의 용도는 메모리 번지를 저장하는 것인데, pi는 4223160을 메모리 번지라고 간주합니다. 이처럼 pi가 엉뚱한 메모리 번지값을 가질 때, pi는 "쓰레기 값을 갖고 있다."라고 합니다. 다음은 포인터 변수를 올바르게 초기화하는 것입니다.

```c
int i;
int* pi;       /* 초기화하지 않았음으로 쓰레기 값을 갖게 됨 */
pi = &i;       /* i의 번지로 초기화 */
printf( "%d \n", pi ); /* i의 번지가 출력 */
```

pi의 선언 시는 변수의 값이 초기화되지 않아 쓰레기 값을 가집니다. 그리고 i의 메모리 번지값을 대입하여 pi는 i의 메모리 번지값을 갖게 됩니다. 그러므로 pi가 저장하고 있는 메모리 번지는 변수 i가 생성되어 있는 접근 가능한 메모리 영역이 됩니다.

포인터 변수의 사용

포인터 변수는 메모리 번지를 저장하기 위해 사용합니다. 그렇다면 왜 메모리 번지를 저장해야 할까요? 그것은 다른 변수에 간접적으로 접근해야 할 필요가 있기 때문입니다. 이번 레슨에서는 포인터 변수를 사용해서 다른 변수에 간접적으로 접근하는 방법을 학습합니다.

1 포인터 변수를 사용한 메모리 간접 접근

다음과 같이 변수 i를 선언하고 사용할 때, i는 메모리상의 특정 번지에 할당됩니다. 그리고 i에 5를 대입할 때 i는 내부적으로 i가 할당된 번지에 직접 접근해서 그 번지에 5를 대입시킵니다. 즉, 변수를 사용할 때는 그 변수가 위치한 메모리에 직접 접근하게 됩니다.

```
int i;      /* i는 특정 메모리 번지에 할당됨 */
i = 5;      /* i의 메모리 번지에 직접 접근해서 5를 대입함 */
```

만약 변수 i가 1000번지에 할당되었다면, 우리는 다음과 같이 1000번지에 5를 넣어 주는 코딩을 해야 하며, 그 값을 출력할 때도 1000번지를 사용해야 합니다.

```
[1000] = 5;
printf( "%d \n", [1000] );
```

메모리 번지 하나쯤이야 기억하기가 쉽겠지만, 변수가 많아지면 메모리 번지를 사람이 일일이 기억하고 사용한다는 것은 매우 어렵습니다. 그래서 메모리 번지 대신에 별명을 사용하게 되었는데, 그것이 바로 변수의 이름입니다. 우리는 변수를 선언하고 사용하면 되며, 변수가 생성될 메모리 번지에 대한 처리는 컴파일러 및 운영체제가 알아서 해줍니다. 학교에서도 친구의 이름을 기억하긴 쉽지만, 그 친구의 번호 또는 학번을 기억하기는 어려운 것과 같은 이치입니다.

레슨 1, 2에서 포인터 변수는 변수의 번지값을 저장하는 특성이 있다고 했습니다. 그렇다면 변수의 메모리 번지는 왜 저장해야 할까요? 그것은 그 변수의 메모리 번지에 간접적으로 접근해야 할 필요성이 있기 때문입니다. 메모리 번지에 간접적으로 접근하는 특징은 C 언어가 가지고 있는 가장 멋진 기능 중 하나이며, 이 기능을 사용하면 다른 변수들이 할당되어 있는 메모리에 접근하여 그 값을 간접적으로 읽거나 변경할 수 있습니다.

- **메모리 직접 접근** : 변수를 통해 직접 접근하는 방법
- **메모리 간접 접근** : 포인터 변수를 사용하여 간접적으로 접근하는 방법
- **할당** : 변수가 사용할 메모리 공간을 운영체제로부터 제공받는 것

난이도 ·················· ★★★☆☆
활용도 ·················· ★★★☆☆
소요시간 ·············· ★★★☆☆

다음은 포인터 변수가 다른 변수의 메모리 번지에 간접적으로 접근하여 그 변수의 값을 수정하는 예제입니다. 포인터 변수가 다른 변수의 메모리 번지에 간접적으로 접근할 때는 간접 지정 연산자(*)를 사용합니다.

```c
01: /* pointer4.c : 포인터를 사용해서 다른 변수의 값을 변경하는 프로그램 */
02:
03: #include <stdio.h>
04:
05: void main( void )
06: {
07:     int i = 1000; /* 1000으로 초기화 */
08:     int* pi = &i; /* i의 메모리 번지를 대입 받음 */
09:
10:     *pi = 5; /* i의 메모리 번지에 간접적으로 접근하여 5를 대입 */
11:     printf( "%d \n", i ); /* 5가 출력 */
12:     printf( "%d \n", *pi ); /* 5가 출력 (i == *pi)가 성립 */
13: }
```

| 출력 결과 |

```
5
5
```

7번째 줄에서 i는 1000으로 초기화되었습니다. 그런데, 11번째 줄에서는 1000이 출력되지 않고, 5가 출력되었습니다. 그 이유는 i의 번지를 갖고 있는 포인터 변수 pi와 관련 있습니다. 8번째 줄에서 pi는 i의 번지를 대입 받습니다. 그리고 10번째 줄에서 pi를 통해 i에 간접적으로 접근해서 5를 대입시킵니다. 간접 지정 연산자란, "pi가 저장하고 있는 메모리 번지에 간접적으로 접근해서 그 곳에 ~해라."라는 뜻입니다. 이 말은 줄여서 "pi가 가리키는 곳에 ~해라."라고 합니다. 즉, 10번째 줄은 "pi가 가리키는 i의 번지에 접근해서 그 곳에 5를 대입하라."라는 의미가 되며, 이것은 i = 5;와 같은 의미를 갖는 문장이 됩니다. 그리고 i == *pi라는 식도 성립시킵니다. 참고로 별표(*)는 포인터 변수의 선언, 곱셈 그리고 지금과 같이 메모리 번지의 간접 참조에 사용되었는데, 이전에도 설명한 바와 같이 각각에 사용된 별표(*)는 서로 완전히 다른 의미를 갖기 때문에 혼동하지 마세요.

04 포인터와 1차원 배열

배열에서 사용되는 배열 이름은 그 자체가 포인터입니다. 그 이유는 이 레슨이 끝나면 알게 되겠지만, 배열의 첨자 연산은 실제로 포인터 연산이기 때문입니다. 이번 레슨에서는 1차원 배열의 포인터를 선언하고 사용하는 방법에 대해 학습합니다.

1 1차원 배열의 포인터

1차원 배열의 포인터는 다음과 같이 정수형 변수의 포인터를 선언하는 방법과 같습니다.

```
int array[5];
int* parray;
parray = array;
```

지금까지 사용했던 1차원 배열의 이름은 그 자체가 정수형 포인터입니다. 즉, array는 다음과 같이 상수의 성격을 갖는 변수로 선언된 것과 같습니다.

```
int array[5];
int* const array = &array[0];      /* 예를 든 것임 – 실제로는 사용할 수 없음 */
int* parray = array;               /* 정수형 포인터끼리의 대입 */
```

int* const array에서 사용된 const는 array를 array[0] 번지로 초기화할 수만 있는 상수로써 선언하기 위한 것입니다. 이렇게 변수가 상수로 선언되는 경우, array는 더 이상 다른 변수의 주소를 가질 수 없습니다. 그러므로 다음과 같이 array[1]의 주소를 array에 대입하고자 할 경우, array에 값을 대입할 수 없다는 컴파일 에러가 발생하게 됩니다.

```
array = &array[1];      /* error C2166: l-value specifies const object */
```

array는 더 이상 다른 변수의 주소값을 가질 수 없는 상수이긴 하지만, array를 사용해서 다음과 같이 그 위치의 값을 읽거나 넣을 수 있습니다.

- **배열 상수** : 배열을 선언할 때 배열명은 첫 번째 요소의 번지값을 갖는 포인터 상수임
- **l-value** : 대입 연산자의 왼쪽에 올 수 있는 변수 등

난이도 ··············· ★★★★☆
활용도 ··············· ★★★☆☆
소요시간 ··············· ★★★☆☆

```c
int array[5];
int* parray = array;
*parray = 5;          /* array[0] = 5;와 동일 */
*array = 5;           /* array[0] = 5;와 동일 */
array[1] = *array;    /* array[1] = array[0] */
```

다음은 1차원 배열의 포인터를 사용한 예입니다.

```c
01: /* pointer5.c : 1차원 배열의 포인터를 사용하는 프로그램 */
02:
03: #include <stdio.h>
04:
05: void main( void )
06: {
07:     int array[3] = { 10, 20, 30 };
08:     int* parray;
09:
10:     parray = array; /* parray = &array[0]과 동일 */
11:
12:     printf( "%d \n", parray[0] ); /* array[0]과 동일 */
13:     printf( "%d \n", parray[1] ); /* array[1]과 동일 */
14:     printf( "%d \n", parray[2] ); /* array[2]와 동일 */
15: }
```

| 출력 결과 |

```
10
20
30
```

#
반올림

array에 & 사용

array가 1차원 배열의 포인터이므로 &array는 2차원 배열의 포인터가 됩니다. 그러므로 다음과 같이 사용하면 컴파일 에러가 발생하며, int (*p)[5];와 같은 2차원 배열의 포인터 선언이 필요합니다.

```c
int array[5];
int* p = &array;  /* 'int *' differs in levels of indirection from 'int (*)[5]' */
```

포인터와 다차원 배열

다차원 배열의 포인터는 1차원 배열의 포인터와 선언 방법이 조금 다릅니다. 이 레슨에서는 2차원 배열의 포인터 및 3차원 배열의 포인터를 선언하고 사용하는 방법에 대해 학습합니다.

1 2차원 배열의 포인터

2차원 배열의 포인터는 다음과 같이 선언하고 초기화할 수 있습니다.

```
int array[2][5];
int (*parray)[5];       /* 2차원 배열의 포인터 선언 */
parray = array;         /* 포인터 초기화 */
```

2차원 배열의 포인터는 1차원 배열 포인터의 선언에 괄호를 감싼 후, 1차원 배열 요소의 수를 추가하여 생성합니다. 위에서 array의 1차원 배열 요소는 5이므로 [5]를 선언에 사용합니다. 만약 배열의 요소가 다르다면 다음과 같이 그 요소에 맞게 선언해야 합니다.

```
int array[2][100];
int (*parray)[100];          /* 1차원 배열의 요소를 [100]으로 하는 포인터 선언 */
```

2차원 배열의 포인터를 선언하고 초기화하려면 다음과 같이 2가지 방법만을 사용할 수 있습니다.

```
int array[2][5];
int (*parray)[5];           /* 2차원 배열의 포인터 선언 및 초기화 */
parray = array;             /* 포인터 초기화 방법 1 */
parray = &array[0];         /* 포인터 초기화 방법 2 */
parray = &array[0][0];      /* 서로 데이터형이 다르므로 사용할 수 없음 */
```

2차원 배열의 포인터는 초기화된 후 2차원 배열을 사용하듯이 사용할 수 있습니다.

```
int array[2][5];
int (*parray)[5] = array;
parray[0][0] = 5;                  /* array[0][0] = 5;와 동일 */
array[0][1] = parray[0][2];        /* array[0][1] = array[0][2];와 동일 */
```

2 3차원 배열의 포인터

3차원 배열의 포인터는 다음과 같이 선언하고 초기화할 수 있습니다.

```
int array[2][5][10];
int (*parray)[5][10];          /* 3차원 배열의 포인터 선언 */
parray = array;                /* 포인터 초기화 방법 1 */
parray = &array[0];            /* 포인터 초기화 방법 2 */
```

3차원 배열의 포인터는 2차원 배열 포인터의 선언에 괄호를 감싼 후, 뒤에 있는 2개의 배열 요소를 추가하면 됩니다.

3차원 배열의 포인터는 초기화된 후 3차원 배열을 사용하듯이 사용할 수 있습니다.

```
int array[2][3][4];
int (*parray)[3][4] = array;
parray[0][0][0] = 5;                    /* array[0][0][0] = 5;와 동일 */
array[0][0][1] = parray[0][1][2];       /* array[0][0][1] = array[0][1][2];와 동일 */
```

#
반올림

모든 포인터의 크기는 4바이트

다음은 포인터 변수가 사용하는 메모리의 크기가 몇 바이트인지 sizeof 연산자를 통해 확인해 본 것입니다. 출력 결과를 보면 모든 포인터의 크기는 4인데, 그 이유는 모든 포인터는 다른 변수의 메모리 번지만을 기억하기 때문입니다. 32비트 CPU를 사용하는 컴퓨터는 주소의 값을 32비트로 표현하기 때문에 32비트 이상의 공간은 필요하지 않습니다. 8비트는 1바이트이므로 32비트는 4바이트가 됩니다.

```
printf( "%d \n", sizeof(char) );            /* 1이 출력 */
printf( "%d \n", sizeof(char*) );           /* 4가 출력 – 문자형 포인터 */

printf( "%d \n", sizeof(int) );             /* 4가 출력 */
printf( "%d \n", sizeof(int*) );            /* 4가 출력 – 정수형 포인터 */

printf( "%d \n", sizeof(int(*)[5]) );       /* 4가 출력 – 2차원 배열의 포인터 */
printf( "%d \n", sizeof(int(*)[5][10]) );   /* 4가 출력 – 3차원 배열의 포인터 */
```

포 인터 변수는 다른 변수의 주소값을 갖는 변수입니다. 또한 배열 변수의 번지값을 갖는 변수이기도 합니다. 레슨 4에서 배열의 포인터가 배열 대신 사용되는 것을 배웠으며, 이번 레슨에서는 배열의 포인터를 사용한 포인터 연산에 대해 학습합니다.

1 1차원 배열 포인터 및 연산

1차원 배열의 포인터는 다음과 같이 선언되고 사용됩니다.

```
int array[5];
int *parray = array;
```

parray는 array 배열의 선두 번지값을 갖는 포인터이며, parray를 통한 배열 요소의 접근은 다음과 같이 할 수 있습니다.

```
parray[0] = 5;      /* array[0] = 5;와 동일 */
parray[3] = 7;      /* array[3] = 7;과 동일 */
```

배열의 첨자는 번지에 대한 포인터 연산이며, array[3]은 array의 번지값으로부터 3×(데이터형)만큼 주소가 이동된 곳에 위치해 있는 배열 변수를 뜻합니다. 그러므로 array[3]의 번지는 array로부터 12 번지만큼 이동한 곳이 됩니다.

C 언어는 배열의 첨자 연산과 동일한 포인터 연산을 제공하며, 다음 문장은 배열의 첨자 연산과 동일한 포인터 연산입니다.

```
int array[5];
int *parray = array;
*(parray) = 5;         /* parray[0] = 5; 또는 *array = 5;와 동일 */
*(parray+0) = 5;       /* parray[0] = 5; 또는 *(array+0) = 5;와 동일 */
*(parray+3) = 7;       /* parray[3] = 7; 또는 *(array+3) = 7;과 동일 */
```

이와 같이 포인터 변수에 수치값을 더하는 연산을 포인터 연산이라 합니다. 포인터 연산 시 +1은 그 포인터가 가리키는 데이터형의 크기만큼 연산되기 때문에 일반적인 변수의 덧셈 연산과 혼동하면 안 됩니다. 다음 예는 포인터 연산과 일반 연산의 차이점을 명확하게 구분해 줍니다.

```c
int i = 0;
int array[5];
int *parray = array;
i = i + 3;              /* i의 값을 3만큼 증가시킵니다. */
i = i - 5;              /* i의 값을 5만큼 감소시킵니다. */
i++;                    /* i의 값을 1만큼 증가시킵니다. */
i--;                    /* i의 값을 1만큼 감소시킵니다. */
i += 2;                 /* i의 값을 2만큼 증가시킵니다. */
parray = parray + 3;    /* parray의 값을 12만큼 증가시킵니다.(3×4) */
parray = parray - 5;    /* parray의 값을 20만큼 감소시킵니다.(5×4) */
parray++;               /* parray의 값을 4만큼 증가시킵니다. */
parray--;               /* parray의 값을 4만큼 감소시킵니다. */
parray += 2;            /* parray의 값을 8만큼 증가시킵니다. */
```

#
반올림

포인터 변수끼리의 연산

포인터 변수끼리의 사칙 연산은 뺄셈만 의미가 있으며, 뺄셈(-) 연산은 포인터 연산이 아닌 산술 연산임에 주의해야 합니다. 만약 포인터끼리 더하거나 곱하려고 하면 컴파일 에러가 발생합니다.

```c
int array[5]; /* array는 1000번지에 할당되었다고 가정합니다. */
int *p1 = &array[2]; /* p1의 값은 1008 */
int *p2 = &array[0]; /* p2의 값은 1000 */
int hap = p1 + p2; /* error C2110: cannot add two pointers */
int cha = p1 - p2; /* cha의 값은 8 - 두 포인터가 갖고 있는 주소값의 차이 */
```

포인터가 필요한 이유 중 하나는 다른 함수의 변수를 간접적으로 접근하기 위해서입니다. 포인터는 함수에 변수나 배열을 전달할 때, 또는 함수의 결과값을 반환 받을 때 주로 이용됩니다. 이 레슨에서는 함수에 변수나 배열을 전달하고 사용하는 방법에 대해서 학습합니다.

1 포인터 변수를 함수에서 사용

변수의 주소값을 저장하기 위한 포인터는 다음과 같이 선언되고 사용됩니다.

```
int i, j;
int* pi = &i;      /* pi에 i의 주소값을 대입 받음 */
*pi = 5;           /* i = 5; 와 동일 */
j = *pi;           /* j = i; 와 동일 */
```

포인터의 이런 성질은 다음 예와 같이 함수에서도 동일하게 적용됩니다.

```
01: /* pointer6.c : 함수에서 포인터를 사용하는 프로그램 */
02:
03: #include <stdio.h>
04:
05: void modify( int* pi )
06: {
07:     printf( "modify() 함수 : %d \n", *pi ); /* main() 함수의 i값 출력 */
08:     *pi = 300; /* main() 함수의 i 값을 300으로 변경 */
09: }
10:
11: void main( void )
12: {
13:     int i = 100;
14:
15:     modify( &i ); /* modify() 함수를 호출하면서 i의 번지를 pi에 전달 */
16:     printf( "modify() 함수 호출 후 : %d \n", i );
17: }
```

| 출력 결과 |

```
modify() 함수 : 100
modify() 함수 호출 후 : 300
```

■ **참조에 의한 호출** : 함수에 값을 전달할 때 번지값을 넘겨주는 것
■ **임시 변수** : 특정한 값을 잠시 기억하기 위한 변수
■ **배열의 포인터** : 1, 2, 3차원 배열을 가리킬 수 있는 포인터

난이도 ···················· ★★★☆☆
활용도 ···················· ★★★☆☆
소요시간 ·············· ★★★★☆

main() 함수에 선언된 i는 지역 변수이므로 다른 함수에서는 절대로 값을 참조하거나 변경할 수 없습니다. 하지만 포인터라는 것을 사용하면 i의 번지에 간접적으로 접근할 수 있기 때문에 이것이 가능해집니다. 15번째 줄에서 i의 주소를 modify() 함수의 매개 변수 pi에 전달하며, 이는 다음과 같이 포인터를 선언하고 &i를 대입 받은 것과 같습니다.

```c
int i = 100;
int* pi = &i;        /* modify( &i ); */
```

modify() 함수에서 pi는 i의 주소를 갖고 있고, 포인터 연산을 사용하여 i의 값을 간접적으로 읽거나 수정할 수 있습니다. 7번째 줄은 pi를 사용해서 i의 값을 출력하며, 8번째 줄은 pi를 사용해서 i의 값을 변경시킵니다.

다음은 포인터를 사용해서 두 변수 a, b의 값을 교환하는 Swab 함수 예제입니다.

```c
01: /* swab.c : 두 변수의 값을 포인터를 사용하여 교환하는 프로그램 */
02:
03: #include <stdio.h>
04:
05: void Swab( int* pa, int* pb )
06: {
07:     int tmp;        /* 임시 변수 */
08:
09:     tmp = *pa;      /* tmp = a;   */
10:     *pa = *pb;      /* a = b;     */
11:     *pb = tmp;      /* b = tmp    */
12: }
13:
14: void main( void )
15: {
16:     int a = 3, b = 100;
17:
18:     printf( "%d, %d \n", a, b );
19:     Swab( &a, &b ); /* a와 b의 번지를 매개 변수 pa와 pb에 넘겨 줌 */
20:     printf( "%d, %d \n", a, b );
21: }
```

| 출력 결과 |

```
3, 100
100, 3
```

Swab 예제를 이해하기 위해서는 우선 두 변수의 값을 교환하는 방법을 알아야 합니다. 만약 다음과 같이 두 변수의 값을 바꾼다면,

```
int a = 3, b = 100;
a = b;      /* a에 100이 대입. 3은 사라짐 */
b = a;      /* a가 100이므로 b는 100이 대입 */
```

변수 a와 b는 모두 100의 값을 갖게 됩니다. 그 이유는 a = b;에 의해 a의 값이 3에서 100으로 변했기 때문입니다. a가 원래 갖고 있던 3은 없어져서 그렇습니다. 이것을 해결하기 위해서는 a의 값을 다른 임시 변수에 저장해 놓을 필요성이 있습니다. 다음은 구현 예입니다.

```
int tmp;  /* 임시 변수 */
int a = 3, b = 100;
tmp = a;  /* 임시 변수에 a의 값 3을 저장 */
a = b;      /* a에 100이 대입. 3은 사라짐 */
b = tmp;  /* b에 3이 대입. b = a;가 아님에 주의 */
printf( "%d, %d \n", a, b ); /* 100, 3 이 출력 */
```

19번째 줄에서 Swab() 함수를 호출하며, 매개 변수 pa에 a의 번지를, 매개 변수 pb에 b의 번지를 전달합니다. Swab() 함수의 매개 변수 pa, pb와 main() 함수의 지역 변수 a, b의 관계는 다음과 같이 포인터를 선언하고 각 포인터에 a와 b의 주소를 대입한 것과 같습니다.

```
int a = 3, b = 100;
int* pa = &a;      /* pa에 a의 주소를 대입 */
int* pb = &b;      /* pb에 b의 주소를 대입 */
```

그러므로 Swab() 함수에서는 pa를 통해 main() 함수의 a에 접근할 수 있으며, pb를 통해 main() 함수의 b에 접근할 수 있습니다.

9번째 줄의 다음 문장은

```
tmp = *pa;
```

임시 변수 tmp에, main( ) 함수에 있는 a의 값을 대입하는 것과 같습니다. 10번째 줄의 다음 문장은

```
*pa = *pb;
```

main( ) 함수에 있는 변수 a에, main( ) 함수에 있는 변수 b의 값을 대입하는 것과 같습니다. 11번째 줄의 다음 문장은

```
*pb = tmp;
```

main( ) 함수에 있는 변수 b에, 임시 변수 tmp의 값을 대입하는 것과 같습니다. 9번째 줄에서 임시 변수 tmp는 main( ) 함수에 있는 변수 a의 값을 저장해 놓았기 때문에 결국, main( ) 함수에 있는 지역 변수 a, b의 값이 서로 바뀌게 됩니다.

> **#**
> **반올림**
>
> **꼭 알아두세요!**
> C 표준 함수는 두 변수의 값을 교환하는 swab( ) 함수를 제공하지 않습니다. 그러므로 두 변수의 값을 교환하는 함수
> 는 Swab.c와 같이 직접 작성해서 사용해야 합니다. 단, 두 개의 문자를 교환하는 swab( ) 함수는 존재합니다.

2 1차원 배열을 함수에서 사용

배열을 함수에서 사용하려면 배열의 포인터를 사용하면 됩니다. 1차원 배열을 함수에서 사용하려면, 함수의 선언을 다음과 같이 해야 합니다. p는 다른 변수명을 사용해도 무방합니다.

```
void my_func1( int* p );
```

함수의 본체가 다음과 같을 때,

```
void my_func1( int* p ) { ... }
```

함수의 호출은 1차원 배열의 포인터에 배열명을 대입하듯 합니다.

```
int array[5];
my_func1( array );      /* 또는 my_func1( &array[0] ); */
```

만약 함수에 3번째 배열 요소를 전달하려면 다음과 같이 해야 합니다.

```
my_func1( &array[2] );
```

C 언어는 my_func1() 함수를 선언하는 또 다른 방법을 제공하며, 아래의 선언은 위에서 포인터를 사용한 선언과 바꿔 사용할 수도 있습니다.

```
void my_func1( int p[] );
void my_func1( int p[5] );
```

배열 요소 중 하나의 값을 함수에서 전달 받으려면, 함수를 다음과 같이 선언한 후 사용할 수 있습니다.

```
void my_func1A( int value )
{
    printf( "%d \n", value );
}
...
my_func1A( array[0] );           /* int array[5];일 때, array[0]~array[4]까지 사용 가능 */
```


3   2차원 배열을 함수에서 사용

2차원 배열을 함수에서 사용할 때는, 2차원 배열의 포인터를 함수의 매개 변수로 사용하면 됩니다. 단, 여기서 주의할 것은 2차원 배열을 선언할 때와 마찬가지로 배열에 맞는 크기를 사용해야 합니다. 다음과 같이 array가 선언되어 있을 경우, array를 함수에 전달하기 위해서는,

```
int array[2][5];
```

아래와 같이 2차원 배열의 포인터를 사용해야 합니다.

```
void my_func2( int (*p)[5] );
```

함수의 호출은 2차원 배열의 포인터에 배열명을 대입하듯 합니다.

```
int array[2][5];
my_func2( array );        /* 또는 my_func2( &array[0] ); */
```

my_func2() 함수의 매개 변수도 1차원 배열처럼 다양한 형태로 바꿔서 선언할 수 있습니다.

```
void my_func2( int p[][5] );
void my_func2( int p[2][5] );
```

가끔은 1차원 배열만 넘겨받을 필요가 있는데, 이때는 다음과 같이 함수를 선언한 후, 사용할 수 있습니다. 2차원 배열 array[2][5]에서 array[0], array[1]은 int*형 번지값임에 주의하십시오.

```
void my_func2A( int* p ) /* 또는 void my_func2A( int p[] ); */
{
    int i;
    for( i=0; i<5; i++ ) /* 5는 배열 요소의 수 */
    {
        printf( "%d \n", p[i] );
    }
}
...
int array[2][5] = { 1, 2, 3 };
my_func2A( array[0] ); /* 첫 번째 1차원 배열 전달 */
my_func2A( array[1] ); /* 두 번째 1차원 배열 전달 */
```

4 3차원 배열을 함수에서 사용

3차원 배열을 함수에서 사용할 때는, 3차원 배열의 포인터를 함수의 매개 변수로 사용하면 됩니다. 단, 여기서 주의할 것은 3차원 배열을 선언할 때와 마찬가지로 배열에 맞는 크기를 사용해야 합니다. 다음과 같이 array가 선언되어 있을 경우, array를 함수에 전달하기 위해서는,

```c
int array[2][3][4];
```

아래와 같이 3차원 배열의 포인터를 사용해야 합니다.

```c
void my_func3( int (*p)[3][4] );
```

함수의 호출은 3차원 배열의 포인터에 배열명을 대입하듯 합니다.

```c
int array[2][3][4];
my_func3( array );    /* 또는 my_func3( &array[0] ); */
```

my_func3() 함수도 아래와 같이 다양한 형태로 바꿔서 선언할 수 있습니다.

```c
void my_func3( int p[][3][4] );
void my_func3( int p[2][3][4] );
```

2차원 배열만 넘겨받을 필요가 있는 경우는, 다음과 같이 함수를 선언한 후, 사용할 수 있습니다.

```c
void my_func3A( int (*p)[4] )  /* 또는 void my_func3A( int p[][4] ) */
{
    int i, j;
    for( i=0; i<3; i++ )        /* 3은 2차원 배열 요소의 수 */
    {
        for( j=0; j<4; j++ )    /* 4는 1차원 배열 요소의 수 */
        {
            printf( "%d \n", p[i][j] );
        }
    }
}
...
int array[2][3][4] = { 1, 2, 3 };
my_func3A( array[0] ); /* 첫 번째 2차원 배열 전달 */
my_func3A( array[1] ); /* 두 번째 2차원 배열 전달 */
```

마지막으로 3차원 배열 중 1차원 배열만 함수에 전달하려면, 다음과 같이 사용할 수 있습니다.

```c
void my_func3B( int *p )
{
    int i;
    for( i=0; i<4; i++ ) /* 4는 배열 요소의 수 */
    {
        printf( "%d \n", p[i] );
    }
}
...
int array[2][3][4] = { 1, 2, 3 };
my_func3B( array[0][0] );    /* 첫 번째 1차원 배열 전달 */
my_func3B( array[0][1] );    /* 두 번째 1차원 배열 전달 */
my_func3B( array[0][2] );    /* 세 번째 1차원 배열 전달 */
my_func3B( array[1][0] );    /* 네 번째 1차원 배열 전달 */
my_func3B( array[1][1] );    /* 다섯 번째 1차원 배열 전달 */
my_func3B( array[1][2] );    /* 여섯 번째 1차원 배열 전달 */
```


반올림

2차원 포인터의 연산

다음과 같이 포인터가 선언되고 초기화될 때, 2차원 배열의 포인터 parray를 사용하여 두 가지 형태의 포인터 연산을 할 수 있습니다.

```c
int array[2][3] = { 1, 2, 3, 4, 5, 6 };
int (*parray)[3] = array;

parray[0][0] = array[0][1];      /* 1. array[0][0] = array[0][1] */
array[0][2] = *(*(parray+1)+1);  /* 2. array[0][2] = array[1][1] */

printf( "%d, %d \n", array[0][0], array[0][2] );
```

연습문제

01 포인터를 사용해야 하는 이유는 무엇입니까?

02 포인터 변수가 저장하는 값은 무엇입니까?

03 변수의 주소값을 얻기 위해 사용하는 연산자는 무엇입니까?

04 다음을 출력한 후, 모든 출력 값이 4인 이유에 대하여 설명하십시오.

```c
printf( "%d \n", sizeof(char*) );
printf( "%d \n", sizeof(int*) );
printf( "%d \n", sizeof(double*) );
```

05 다음 예제가 출력하는 값은 무엇입니까?

```c
int i = 100;
int* pi = &i;
*pi = 300;
printf( "%d", i );
```

06 다음과 같이 배열이 선언되어 있을 때, array가 가리키는 것은 어떤 요소의 번지입니까?

```c
int array[100];
```

07 다음과 같이 배열이 선언되어 있을 때, 각 배열의 포인터를 선언하십시오.

```c
char string1[100];
char string2[100][200];
char string3[100][200][300];
```

08 다음과 같이 배열이 선언되어 있을 때, 이 배열을 전달하여 출력하는 함수를 구현하십시오.

```c
int array[5] = { 1, 2, 3, 4, 5 };
```

09 다음과 같이 배열이 선언되어 있을 때, array[3] 대신에 array를 사용한 포인터 연산(*를 사용하는)을 사용하여 3번째 요소를 출력하십시오.

```
int array[5] = { 1, 2, 3, 4, 5 };
printf( "%d", array[3] );
```

10 다음 두 값을 교환하는 Swab( ) 함수를 작성하십시오.

```
int a = 5, b = 100;
```

11 다음 1차원 배열을 매개 변수로 넘겨 받는 함수를 선언하십시오.

```
int array[10];
```

12 다음 2차원 배열을 매개 변수로 넘겨 받는 함수를 선언하십시오.

```
int array[5][7];
```

13 다음 3차원 배열을 매개 변수로 넘겨 받는 함수를 선언하십시오.

```
int array[3][7][8];
```

14 call-by-value란 무엇입니까?

15 call-by-reference란 무엇입니까?

16 다음 문장에서 경고 에러(warning error)가 발생되는데 그 이유는 무엇입니까?

```
int array[2];
int *parray = &array;
```

C - Language

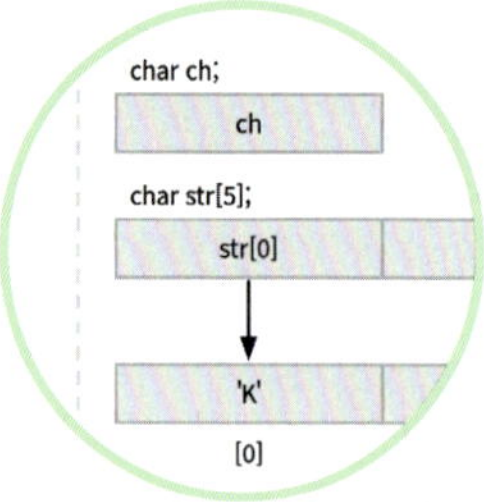

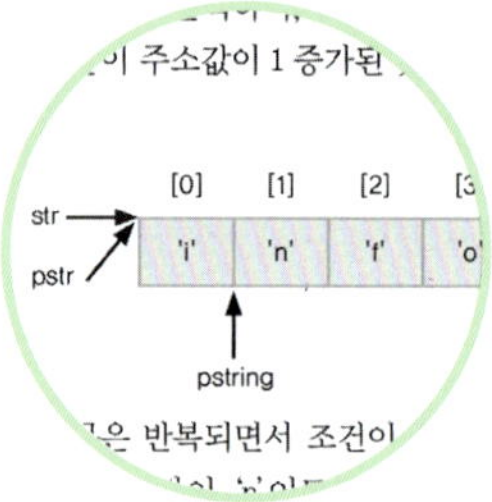

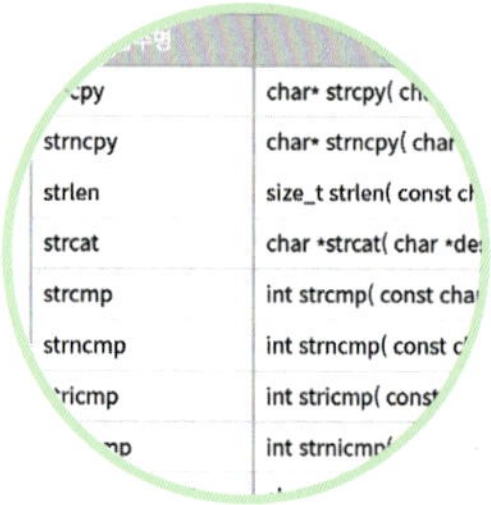

C 언어에서 가장 많이 사용되는 것 중 하나가 문자 및 문자열입니다. A, B, C와 같은 것들을 문자라고 하며, 이런 문자들의 모임을 문자열이라 합니다. 이 장에서는 문자의 개념, 문자열의 구성 방법, 문자열과 배열의 관계, 문자열의 포인터, 문자열 함수의 사용 및 메모리 공간을 동적으로 할당하는 방법에 대해서 학습합니다.

문자와 문자열

문자형 변수

문자형 변수 및 포인터

우리가 사용하고 있는 대문자, 소문자, 숫자, 구두점 및 그 밖의 기호는 모두 0~255 사이의 아스키 코드값을 갖고 있습니다. 이런 ASCII 문자를 저장하기 위해 C 언어는 char형 변수를 사용할 수 있으며, 이번 레슨에서는 이와 같은 문자형 변수와 포인터에 관해 학습합니다.

1 문자를 다루는 char형

우리가 사용하는 숫자, 영문자, 기호 등을 컴퓨터 내부에서는 0~127 범위의 숫자로만 기억합니다. char형 변수는 −128~127까지의 값을 저장할 수 있으며, 이 중 아스키 코드(ASCII code)의 저장을 위해 0~127까지의 숫자를 사용합니다. 다음은 char형 변수에 문자를 저장하고 출력하는 예입니다.

```c
char ch = 'A';
printf( "%c \n", ch );      /* %c를 사용하여 문자 A를 출력 */
printf( "%d \n", ch );      /* %d를 사용하여 숫자 65를 출력 */
```

컴퓨터는 0과 1만 사용하므로 문자를 직접 저장할 수 없으며, 위에서 사용한 'A'를 2진수로 저장합니다. 'A'는 2진수로 0100 0001이며, 10진수로 65의 값을 가집니다. 다음은 0~127까지의 모든 ASCII 문자를 출력하는 예제입니다.

```c
01: /* string1.c : 아스키 코드 출력 프로그램 */
02:
03: #include <stdio.h>
04:
05: void main( void )
06: {
07:     char ch;
08:
09:     for( ch=0; ch>=0 && ch<=127; ch++ )
10:     {
11:         printf( "%c ", ch );
12:     }
13: }
```

- **문자형** : 문자 또는 문자열을 다루기 위해 사용하는 데이터형
- **아스키 코드** : 0~127까지의 값을 가지는 코드 값

난이도 ·················· ★★☆☆☆
활용도 ·················· ★★★☆☆
소요시간 ·············· ★☆☆☆☆

| 출력 결과 |

```
...
! " # $ % & ' ( ) * + , - . / 0 1 2 3 4 5
6 7 8 9 : ; < = > ? @ A B C D E F G H I J K L M N O P Q R S T U V W X Y Z [ \ ]
^ _ ` a b c d e f g h i j k l m n o p q r s t u v w x y z { | } ~
```

char형 변수는 string1.c의 출력 결과에 출력된 모든 문자를 대입할 수 있으며, 다음과 같이 문자형 변수를 선언하고 사용할 수 있습니다.

```
char a1 = 'K', b1 = 'J', c1 = 'Q';
char a2 = 75, b2 = 74, c2 = 81;
```

213

2 문자형 포인터

문자형 변수의 포인터는 다음과 같이 선언하고 사용할 수 있습니다.

```
char ch = 'a';
char* pch = &ch;
printf( "%c \n", ch );     /* a가 출력 */
*pch = 'B';
printf( "%c \n", ch );     /* B가 출력 */
```

#
반올림

문자와 문자열

문자열은 문자들을 모아 놓은 것이며, C 언어에서 문자열은 다음과 같이 겹따옴표(double quotation)로 좌우를 감싸야 합니다. 문자열은 문자와는 다르므로 문자형 변수에 대입할 수 없습니다.

```
"winter", "대한민국"
char string = "winter";     /* 컴파일 에러 */
```

02 문자형 배열

문자형 배열

문자형 변수는 오직 하나의 문자만 저장하므로, 문자열을 저장할 수는 없습니다. C 언어로 문자열을 다루기 위해서는 char*형과 문자형 배열을 사용할 수 있습니다. 이번 레슨에서는 문자형 배열에 대해 학습합니다.

1 문자형 1차원 배열

문자형 1차원 배열은 다음과 같이 char형으로 정의할 수 있습니다. 정의 방법은 int형을 정의할 때와 동일하며, int형이 char형으로만 바뀝니다.

```c
01: /* string2.c : 문자형 배열을 사용하는 프로그램 */
02:
03: #include <stdio.h>
04:
05: void main( void )
06: {
07:     int i;
08:     char str[5];          /* str 배열 변수를 5개 정의 */
09:
10:     str[0] = 'K';
11:     str[1] = 'o';
12:     str[2] = 'r';
13:     str[3] = 'e';
14:     str[4] = 'a';
15:
16:     for( i=0; i<5; i++ )
17:     {
18:         printf( "배열의 값 : %c \n", str[i] );
19:     }
20: }
```

| 출력 결과 |

```
배열의 값 : K
배열의 값 : o
배열의 값 : r
배열의 값 : e
배열의 값 : a
```

이 프로그램은 문자형 배열을 선언한 후, 각 배열 요소에 문자를 대입하고 출력합니다. string2.c를 그림으로 표현하면 다음과 같습니다.

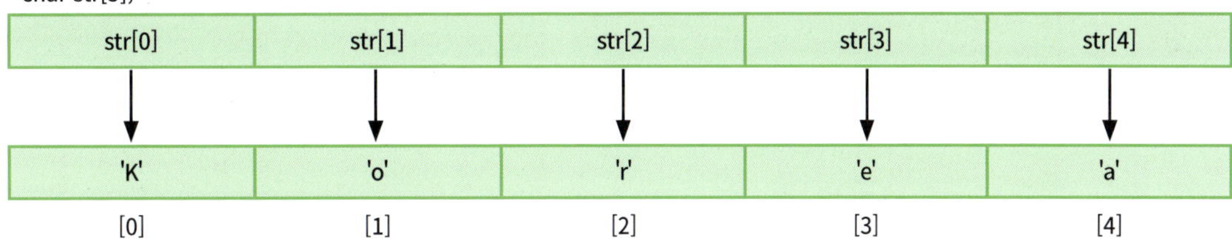

그림에서와 같이 ch라는 변수를 선언하면 1바이트 크기의 공간이 할당되고, str[5]와 같이 선언하면 각 요소는 문자형(char)이므로 5바이트의 공간이 할당됩니다.

반올림

문자형 배열의 초기화

문자형 배열은 다음과 같이 1차원 배열처럼 중괄호를 사용하여 초기화할 수 있습니다.

```
char str[5] = { 'K', 'o', 'r', 'e', 'a' };
```

또한 다음과 같이 배열 크기를 생략하면 자동으로 그 크기가 정해집니다.

```
char str[] = { 'K', 'o', 'r', 'e', 'a' };
```

문자열과 포인터

문 자열은 문자들의 집합이며, 끝이 널문자('\0')로 종결되는 것입니다. C 언어에서 문자열을 저
장하기 위해서는 문자형 배열을 사용해야 하며, 문자형 배열의 포인터를 사용하여 문자열을 좀
더 쉽게 조작할 수 있습니다. 이번 레슨에서는 문자열을 저장하는 배열과 포인터에 대해 학습합니다.

1 문자열과 널문자

문자열이란 문자들의 집합(배열)이며, 그 끝에 널문자가 있습니다. 다음과 같은 문자열이 있다면,

```
"string"
```

이 문자열은 다음과 같이 6개의 문자와 하나의 숨어 있는 널문자로 구성됩니다.

```
's', 't', 'r', 'i', 'n', 'g', '\0'
```

C 언어에서 널문자('\0')는 문자열의 끝을 나타내기 위해 사용합니다. '\0'의 숫자값은 0이므로 0과
널문자는 같으며, 0은 NULL이라고도 표현합니다.

C 언어에서 문자열을 다룰 때 가장 많이 사용되는 것은 문자형 배열인데, 다음과 같이 문자 배열을
선언한 후 바로 문자열로 초기화할 수 있습니다.

```
char str[10] = "winter";
```

이렇게 문자 배열을 선언하고 초기화하면, str의 각 요소는 다음과 같이 초기화됩니다.

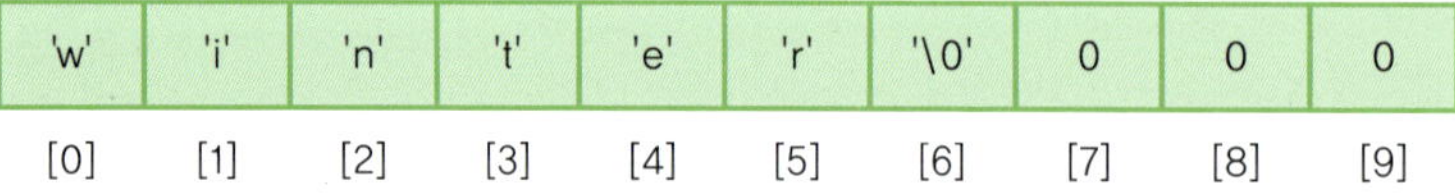

'w'	'i'	'n'	't'	'e'	'r'	'\0'	0	0	0
[0]	[1]	[2]	[3]	[4]	[5]	[6]	[7]	[8]	[9]

문자 배열 str은 6개의 문자와 하나의 널문자로 초기화되며, 남는 3개의 요소는 자동으로 0으로 초기
화됩니다. 6번째 요소의 '\0'은 0이라고 표현해도 됩니다.

str은 배열이므로 다음과 같이 각 요소를 변수처럼 사용할 수 있습니다.

```
str[0] = 'W';
str[1] = str[0];
```

2 문자열과 포인터(char*)

문자열은 문자들로 구성되어 있는 문자형 배열 상수이며, 프로그램이 실행되면 문자열은 그 값을 변경할 수 없는 상수 영역에 저장됩니다. 그러므로 문자열을 참조할 수는 있지만 그 값을 변경할 수는 없습니다. 문자형 배열 str이 선언되어 있을 때 문자형 포인터는 다음과 같이 사용할 수 있습니다.

```
char str[10] = "book";        /* "book"은 문자형 배열 상수 */
char* pstr = str;             /* char* pstr = &str[0];과 동일 */
printf( "%c \n", *pstr );     /* str[0]의 문자 b가 출력됨 */
```

위와 같이 str을 선언하고 초기화하면, 상수 영역에 저장되어 있는 문자열 "book"이 str에 복사되고, 문자열의 끝에 널문자가 추가됩니다. 10장에서 설명했듯이 배열명 str은 첫 번째 배열 요소의 주소값을 가리키는 포인터이며, &str[0] 대신 사용할 수 있습니다.

문자열은 상수 영역에 저장되고 사용되기 때문에, 다음과 같이 문자열을 수정하는 문장이 실행되면, 프로그램은 "접근할 수 없는 메모리 참조 에러"를 발생시키고 즉시 종료됩니다.

```
char* pstr = "book";
pstr[0] = 'B';                /* 프로그램 다운 */
```

pstr은 "book"이 저장되어 있는 영역의 번지값을 갖는 포인터이며, pstr을 통해 그 주소에 접근하는 것은 합법적입니다. 하지만 pstr이 가리키는 주소가 상수 영역이기 때문에 그 주소에 저장되어 있는 값을 바꾸는 것은 허용되지 않으므로 주의해야 합니다.

문자형 포인터의 연산

문자형 포인터 연산은 대괄호를 사용한 배열 요소의 연산 대신 사용됩니다. 문자형 포인터는 문자열을 다루기 위해 사용하며, 이 레슨에서는 포인터를 사용한 문자열 조작에 대해 학습합니다.

1 문자형 포인터의 연산

포인터 연산은 그 포인터가 가리키는(저장하고 있는) 번지값에 대한 연산이며, char*형 포인터인 경우 그 포인터가 가리키는 데이터형의 크기가 1이므로 증감 연산 시 1씩 증감됩니다.

```c
char str[10] = "book";
char* pstr = str;        /* 또는 char* pstr = &str[0] */
pstr++;                  /* pstr의 값이 1 증가, pstr은 str[1]을 가리킴 */
pstr--;                  /* pstr의 값이 1 감소, pstr은 str[0]을 가리킴 */
pstr = pstr + 1;         /* pstr의 값이 1 증가, pstr은 str[1]을 가리킴 */
pstr = pstr + 3;         /* pstr의 값이 3 증가, pstr은 str[4]를 가리킴 */
pstr -= 4;               /* pstr의 값이 4 감소, pstr은 str[0]을 가리킴 */
```

다음은 포인터의 연산을 사용하여 문자열을 출력하는 예입니다.

```c
01: /* string3.c : 포인터 연산을 이용한 문자열 출력 프로그램 */
02:
03: #include <stdio.h>
04:
05: void print_string( char* pstring )
06: {
07:     while( *pstring )  /* while( *pstring != '\0' ) 참인 동안 계속 반복 : 1 참, 0 거짓 */
08:     {
09:         printf( "%c", *pstring );
10:         pstring++;             /* 주소값을 1증가시켜 다음 문자의 주소로 이동 */
11:     }
12:
13:     printf( "\n" );
14: }
15:
16: void main( void )
17: {
```

```
18:     char str[] = "info book";
19:     char* pstr = str;
20:
21:     print_string( str );        /* info book이 출력 */
22:     print_string( pstr );       /* info book이 출력 */
23:     print_string( &str[0] );    /* info book이 출력 */
24:     print_string( &str[5] );    /* book이 출력 */
25:
26:     pstr[4] = 0;                /* 공백의 자리에 널문자 대입 */
27:     print_string( str );        /* info만 출력 */
28: }
```

| 출력 결과 |

```
info book
info book
info book
book
info
```

string3.c는 print_string() 함수를 호출하여 문자열을 출력합니다. 문자형 포인터끼리는 서로 대입할 수 있으므로, 21번째 줄의 함수 호출은 매개 변수 pstring에 str의 시작 주소값을 전달합니다. 그리고 22번째 줄의 pstr은 19번째 줄에서 str로 초기화되었기 때문에 str과 같은 번지값을 가집니다. 23번째 줄은 첫 번째 배열 요소의 번지이므로 21, 22번째 줄과 그 의미가 같습니다. 24번째 줄은 배열의 6번째 요소의 번지를 함수에 넘겨주므로 "book"이 출력됩니다. 26번째 줄에서 문자열의 공백이 있는 자리에 널문자(0)를 대입하였으므로 문자열은 다음과 같이 구성됩니다. print_string() 함수는 널문자까지만 출력하므로 27번째 줄은 "info"만 출력됩니다.

```
'i', 'n', 'f', 'o', '\0', 'b', 'o', 'o', 'k', '\0'
```

print_string() 함수에서 7번째 줄에 사용된 *pstring은 현재 pstring이 가리키는 번지의 문자값을 의미하며, 그 값이 참인 동안 8~11번째 줄이 반복됩니다. 21번째 줄에서 print_string() 함수가 호출되었다면, pstring은 다음 그림과 같이 str의 첫 번째 배열 요소의 번지를 가리키게 됩니다.

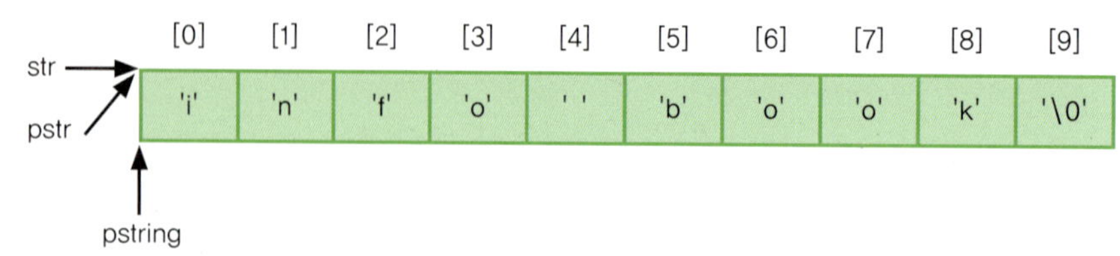

str, pstr, pstring이 가리키는 주소는 모두 배열의 첫 번째 주소이며, 7번째 줄에 사용된 *pstring의
값은 'i'가 됩니다. 'i'는 참이므로 while문은 참이 됩니다. 9번째 줄은 현재 pstring이 가리키는 주소
의 문자값을 출력하며, 10번째 줄은 pstring의 번지를 1만큼 증가시킵니다. 그러면 pstring은 다음 그
림과 같이 주소값이 1 증가된 곳을 가리키게 됩니다.

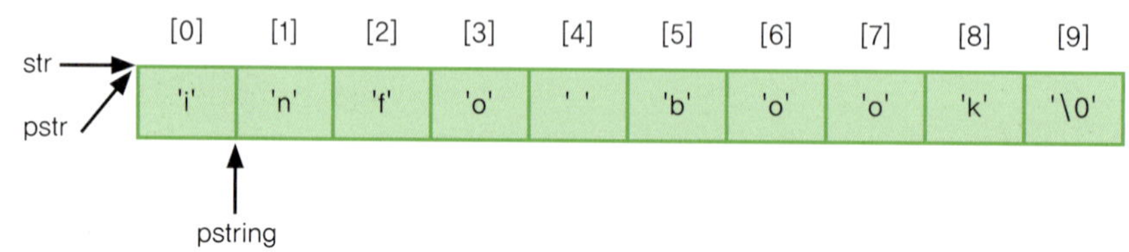

while문은 반복되면서 조건이 계속 평가되기 때문에 프로그램의 실행은 다시 7번째 줄로 이동하며,
*pstring의 값이 'n'이므로 while문은 반복을 계속합니다. 이렇게 반복을 하면서 문자를 출력하고,
pstring이 다음 그림과 같이 널문자를 가리킬 때, *pstring의 값은 0(NULL)이므로 while문의 조건은
거짓이 되고 반복은 종료됩니다.

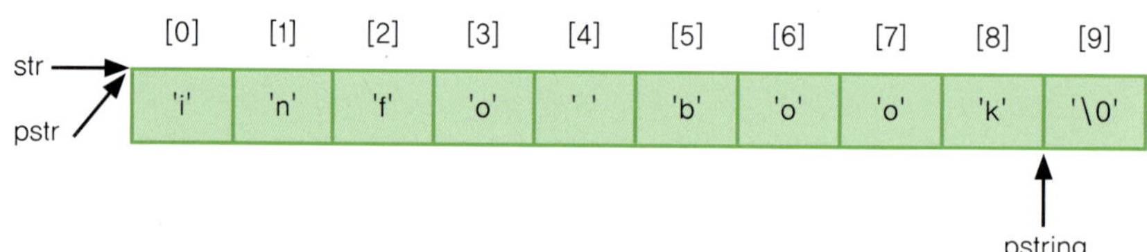

증감 연산자는 다음과 같이 후위 연산자로써 사용될 수 있기 때문에 9~10번째 줄은 다음과 같이
한 줄로 표현할 수 있습니다. 아래 코드의 의미는 "*pstring의 값을 printf() 함수에 먼저 전달한 후,
pstring의 값을 1 증가시켜라"라는 의미입니다. 문자열과 관련된 함수는 대부분 아래와 같은 형태의
문장을 많이 사용하므로 꼭 이해하고 넘어가도록 하십시오.

```
printf( "%c", *pstring++ );
```

string3.c를 조금 응용하면 다음과 같이 문자열의 길이를 구하는 프로그램을 만들 수 있습니다.

```
01: /* string4.c : 포인터 연산을 이용한 문자열 길이를 구하는 프로그램 */
02:
03: #include <stdio.h>
04:
05: int string_length( char* pstr ) /* 반환값은 int형 */
06: {
07:     int len = 0;
08:
09:     while( *pstr++ ) len++;
10:
11:     return len;
12: }
13:
14: void main( void )
15: {
16:     int len;
17:     len = string_length( "info book" ); /* 문자열의 번지를 전달 */
18:     printf( "길이: %d \n", len );
19: }
```


| 출력 결과 |

```
길이 : 9
```

C 언어는 문자열의 길이를 구하는 표준 함수 strlen() 함수를 제공합니다. 5번째 줄의 string_length() 함수는 strlen() 함수와 동일한 기능을 수행합니다. 9번째 줄에 사용된 *pstr++은 두 개의 연산자가 사용되는 경우이며, 연산 우선 순위에 따라 *pstr이 먼저 while문에 의해 평가됩니다. while문은 *pstr의 값을 평가한 후, 조건의 참, 거짓에 관계없이 pstr++을 실행하여 pstr을 1만큼 증가시킵니다. 그러므로 9번째 줄은 다음과 같이 수정할 수 있습니다.

```
while( *pstr )
{
    pstr++;
    len++;
}
```

C 언어는 다양한 종류의 문자열 처리 표준 함수를 제공합니다. 문자열 처리 함수는 문자열 복사, 검색, 변환, 설정 등의 기능을 제공하며, 이 레슨에서는 각 함수에 대한 함수 원형과 간단한 사용 방법을 학습합니다.

1 문자열 함수

C 언어에서 문자열 처리는 문자열 복사, 비교, 검색, 길이, 분리 등 다양하며, 다음은 C 언어가 제공하는 문자열 함수들입니다. size_t는 int형이며, 헤더 파일 string.h를 포함시켜야 합니다.

[표 11-1] 문자열 함수

함수명	함수 원형	함수 기능
strcpy	char* strcpy(char *dest, const char *src);	복사
strncpy	char* strncpy(char *dest, const char *src, size_t n);	n만큼 복사
strlen	size_t strlen(const char *s);	길이 구하기
strcat	char *strcat(char *dest, const char *src);	연결
strcmp	int strcmp(const char *s1, const char *s2);	대소문자 구분하여 비교
strncmp	int strncmp(const char *s1, const char *s2, size_t n);	n만큼 비교
stricmp	int stricmp(const char *s1, const char *s2);	대소문자 구분 없이 비교
strnicmp	int strnicmp(const char *s1, const char *s2, size_t n);	n만큼 구분 없이 비교
strchr	char *strchr(const char *s, int c);	문자 검색
strrchr	char *strrchr(const char *s, int c);	문자를 역으로 검색
strpbrk	char *strpbrk(const char *s, const char *strCharSet);	특정 문자 검색
strcspn	size_t strcspn(const char *s, const char *strCharSet);	특정 문자 검색
strspn	size_t strspn(const char *s, const char *strCharSet);	특정 문자 검색
strstr	char *strstr(const char *s, const char *strCharSet);	문자열 검색
strtok	char *strtok(char *strToken, const char *strDelimit);	특정 문자로 분리
strupr	char *strupr(char *s);	대문자로 변환
strlwr	char *strlwr(char *s);	소문자로 변환
strset	char *strset(char *s, int c);	문자 채움

- **const** : 함수 원형에 const가 있는 것은 함수 안에서 그 값이 바뀌지 않는 상수임을 나타냄
- **메모리 할당** : 프로그램에서 사용할 메모리 공간을 실행 시간에 제공 받는 것

난이도 ················· ★★★★☆
활용도 ················· ★★★★☆
소요시간 ············· ★★★★★

함수명	함수 원형	함수 기능
strnset	char *strnset(char *s, int c, size_t count);	문자를 n만큼 채움
strrev	char *strrev(char *s);	거꾸로 뒤집기
strdup	char *strdup(const char *src);	문자열 메모리 할당
atoi	int atoi(const char *s);	숫자로 변환
strtol	long strtol(const char *nptr, char **endptr, int base);	숫자로 변환
gets	char *gets(char *buffer);	문자열 입력
puts	int puts(const char *s);	문자열 출력
printf	int printf(const char *format, ...);	문자열 출력
sprintf	int sprintf(char *buffer, const char *format, ...);	문자열 형식화

2 문자열 복사(strcpy)

strcpy() 함수는 문자열을 복사하는 함수이며, "src 번지에 있는 문자열을 널문자 포함해서 dest 번지로 복사해 주세요."라고 부탁하는 것과 같습니다. 다음은 함수 원형입니다.

```
char* strcpy( char *dest, const char *src );
```

두 개의 매개 변수 중 dest에는 문자열이 복사될 주소를 전달해야 하며, src는 복사할 문자열의 주소를 전달해야 합니다. 문자열이 복사되면 dest에 전달해 준 번지가 반환됩니다. 다음은 사용 예입니다.

```
char buff[100];
char* pstr = "phone";
strcpy( buff, pstr );    /* buff는 복사될 주소, pstr은 복사할 주소 */
```

#
반올림

strcpy( ) 함수의 잘못된 사용

매개 변수가 모두 char*형을 전달 받는다고 해서 무조건 char*형을 넘겨줄 수 있는 것은 아닙니다. 아래와 같은 문장은 컴파일 에러를 발생시키지는 않지만, 프로그램을 다운되게 합니다. pstr이 가리키는 번지는 상수 영역이기 때문에 이곳에 문자열이 복사될 수는 없습니다. 두 개의 매개 변수에 넘겨주는 주소는 접근 가능한 번지어야 하며, dest에는 상수 주소 영역을 넘겨주지 않도록 합니다.

```c
char buff[100] = "note";
char* pstr = "phone";
strcpy( pstr, buff );      /* pstr이 상수 영역을 가리키고 있으므로 프로그램 다운 */
```

3 문자열 길이(strlen)

strlen() 함수는 문자열의 길이를 구하는 함수이며, "s 번지에 있는 문자열이 널문자 전까지 몇 개인지 세어 주세요."라고 부탁하는 것과 같습니다. 다음은 함수 원형입니다.

```c
size_t strlen( const char *s );
```

모든 문자열 함수를 보면 char*형과 const char*형으로 구분되는데, 이것은 매우 중요한 의미를 갖기 때문에 반드시 숙지해야 합니다. char*형의 매개 변수는

"이 곳의 번지에 있는 값이 수정되어야 하니까 문자 배열의 번지를 넘겨 주세요."

라는 것이며, const char*형 매개 변수는

"이 곳의 번지에 있는 값은 수정하지 않을 것이므로, 문자 배열의 번지든, 상수 영역의 번지든 아무거나 넘겨 주세요."

라는 의미가 됩니다.

다음은 strlen() 함수의 사용 예입니다.

```
char buff[100] = "note";        /* 'n', 'o', 't', 'e', '\0', ... */
char* pstr = buff;
int len;
len = strlen( buff );           /* 문자열의 길이는 4이므로 len은 4 */
len = strlen( pstr );           /* pstr은 문자 배열 buff의 번지, 그러므로 len은 4 */
len = strlen( "A book" );       /* len은 6 */
len = strlen( &buff[2] );       /* len은 2 */
len = strlen( "대한민국" );      /* len은 8 – 한글 한자당 길이는 2 */
```

다음은 잘못 사용한 예입니다. strlen() 함수의 매개 변수로 char*형을 전달받기 때문에 컴파일 에러는 발생하지 않지만, pstr이 쓰레기 번지를 가리키고 있기 때문에 프로그램 실행 시 다운됩니다.

```
char* pstr;                     /* 주소값이 초기화되지 않음 – 쓰레기 번지 */
int len = strlen( pstr );       /* 잘못된 번지에 접근하면서 프로그램 종료 */
```

4 문자열 연결(strcat)

strcat() 함수는 첫 번째 매개 변수와 두 번째 매개 변수의 문자열을 연결하여, 첫 번째 매개 변수에 저장합니다. 이 함수는 "src 번지에 있는 문자열을 dest 번지의 문자열 끝에 추가해 주세요."라고 부탁하는 것과 같습니다. 참고로 dest 문자열의 끝은 널문자가 있는 곳이며, dest의 널문자가 있는 곳부터 추가가 시작됩니다. 다음은 함수 원형입니다.

```
char *strcat( char *dest, const char *src );
```

두 개의 매개 변수 중 dest에는 문자열이 복사되고 연결될 충분한 버퍼가 있는 주소를 넘겨 줘야 하며, src는 추가할 문자열의 주소를 넘겨 줘야 합니다. 문자열이 추가되면 dest에 넘겨 준 번지가 반환됩니다. 다음은 사용 예입니다.

```
char buff[100] = "note ";       /* 남는 요소가 모두 널문자로 채워짐 */
char* pstr = "book";

strcat( buff, pstr );
puts( buff );                   /* note book이 출력 */
strncat( buff, "12345", 3 );    /* strncat() 함수는 문자열의 끝에 널문자를 추가하지 않음 */
puts( buff );                   /* note book123이 출력 */
```

다음은 strcat() 함수의 잘못 사용된 예이며, 프로그램은 실행 즉시 다운됩니다.

```c
char buff[100] = "note ";
char* pstr = "book";
char* p;                      /* p는 초기화되지 않은 쓰레기 번지값을 가짐 */
strcat( pstr, buff );         /* pstr이 가리키는 곳은 접근할 수 없는 상수 영역의 번지 */
strcat( "note", "book" );     /* "note"가 넘겨주는 번지는 접근할 수 없는 상수 영역의 번지 */
strcat( p, buff );            /* p가 가리키는 번지는 쓰레기 번지 */
```

5 문자열 비교(strcmp)

strcmp() 함수는 두 문자열의 문자값을 순서대로 비교하여 그 결과를 −1, 0, 1로 돌려줍니다. 이 함수는 "s1 번지에 있는 문자열의 문자와 s2 번지에 있는 문자열의 문자를 순서대로 하나씩 비교하여, s1이 s2에 비해 작은지/같은지/큰지를 알려 주세요."라고 부탁하는 것과 같습니다. 다음은 함수 원형입니다.

```c
int strcmp( const char *s1, const char *s2 );
```

문자열을 비교하는 함수는 stricmp(), strncmp(), strnicmp() 등이 추가적으로 제공되며, 다음은 각 함수들의 사용 예입니다.

```c
char buff[100] = "note";
char* pstr = "pencil";
int b;

b = strcmp( buff, pstr );        /* b는 −1 (작음)  */
b = strcmp( pstr, buff );        /* b는  1 (큼)    */
b = strcmp( buff, "note1" );     /* b는 −1 (작음)  */
b = strcmp( buff, "NOTE" );      /* b는  1 (큼)    */
b = strncmp( buff, "not", 3 );   /* b는  0 (같음)  */
b = stricmp( buff, "NOTE" );     /* b는  0 (같음)  */
b = stricmp( buff, pstr );       /* b는 −1 (작음)  */
b = strnicmp( buff, "NOTE", 3 ); /* b는  0 (같음)  */
```

아스키코드에서 '0'은 48, 'A'는 65, 'a'는 97입니다. 그러므로 'A'는 'a'보다 작으며, '0'은 'A'보다 작습니다. 또한 '0'은 '\0'보다 크므로 buff가 "note1"보다 작은 것입니다.

6 단일 문자 검색(strchr)

strchr() 함수는 문자열에 특정 문자가 있는지 검색합니다. 이 함수는 "s 번지에 있는 문자열에 문자 c가 있는지 검색하여 그 번지를 알려 주세요."라고 부탁하는 것과 같습니다. 만약 문자 c가 문자열에 없을 경우 반환값은 NULL이 됩니다. 다음은 함수 원형입니다.

```c
char *strchr( const char *s, int c );
```

다음은 strchr() 함수의 사용 예입니다.

```c
char buff[100] = "This is a good book.";
char* pos;

pos = strchr( buff, 'a' );
printf( "%d \n", buff );        /* 1244956 - buff의 주소값 */
printf( "%d \n", pos );         /* 1244964 - 검색된 주소값 */
printf( "%d \n", pos - buff );  /* 8 - buff[8]에 'a'가 있음 */

pos = strrchr( buff, 'o' );     /* 문자열을 뒤에서 앞으로 검색 */
printf( "%d \n", pos );         /* 1244973 - 검색된 주소값 */
printf( "%d \n", pos - buff );  /* 17 - buff[17]에 'o'가 있음 */

pos = strchr( buff, 'A' );      /* 없는 문자 검색 */
printf( "%d \n", pos );         /* 0 - NULL */
```

7 다중 문자 검색(strpbrk)

strchr() 함수는 하나의 문자만 검색할 수 있는데, strpbrk() 함수는 여러 개의 문자를 동시에 검색할 수 있습니다. strpbrk() 함수는 문자열에 특정 문자들이 있는지 검색하며, "s 번지에 있는 문자열에 strCharSet 중에 있는 하나의 문자가 있는지 검색하여 그 번지를 알려 주세요."라고 부탁하는 것과 같습니다. 만약 검색된 문자가 없을 경우 반환값은 NULL이 됩니다. 다음은 함수 원형입니다.

```c
char *strpbrk( const char *s, const char *strCharSet );
```

다음은 strpbrk() 함수의 사용 예입니다.

```
char buff[100] = "This is a good book.";
char* pos;

pos = strpbrk( buff, "opqrstuvwxyz" );
printf( "%d \n", buff );          /* 1244956 - buff의 주소값 */
printf( "%d \n", pos );           /* 1244959 - 검색된 주소값 */
printf( "%d \n", pos - buff );    /* 3 - buff[3]에 's'가 있음 */
```

8 문자가 포함되는지 검색(strcspn)

strpbrk() 함수와 유사한 또 하나의 함수가 strcspn() 함수입니다. strpbrk() 함수는 문자열에서 특정 문자들이 있는지 검색하는 함수이고, strcspn() 함수는 문자열에서 특정 문자 및 NULL 문자가 있는지 검색하는 함수입니다. strpbrk() 함수는 char*형의 주소값을 반환하며, strcspn() 함수는 size_t형의 숫자값을 반환합니다. 이 함수는 "s 번지에 있는 문자열에 대해서 문자열 strCharSet 중 하나의 문자가 있는지 검색하여, 그 위치를 숫자로 알려 주세요."라고 부탁하는 것과 같습니다. 만약 검색된 문자가 없을 경우 s 문자열의 길이(널문자의 위치)가 반환됩니다. 다음은 함수 원형입니다.

```
size_t strcspn( const char *s, const char *strCharSet );
```

다음은 strcspn() 함수의 사용 예입니다.

```
char buff[100] = "This is a good book.";
int i;

i = strcspn( buff, "abcde" );     /* i는 8 -> 'a'가 검색됨 */
i = strcspn( buff, "fghij" );     /* i는 1 -> 'h'가 검색됨 */
i = strcspn( buff, "12345" );     /* i는 20 -> 일치되는 문자 없음 */
i = strlen ( buff );              /* i는 20 -> 문자열의 길이 */
```

9 문자가 포함되지 않는지 검색(strspn)

strspn() 함수는 strcspn() 함수와 더불어 문자 검색 함수 가운데 가장 유용한 함수 중 하나입니다. 이 함수는 문자열에서 특정한 문자가 없는 첫 번째 위치를 검색해 줍니다. 이 함수는 "s 번지에 있는 문자열에 대해서, 문자열 strCharSet의 문자들을 검색하여 일치되지 않는 위치를 숫자로 알려 주세요." 라고 부탁하는 것과 같습니다. 만약 모두 일치할 경우 s 문자열의 길이가 반환됩니다. 다음은 함수 원형입니다.

```
size_t strspn( const char *s, const char *strCharSet );
```

다음은 strcspn() 함수의 사용 예입니다.

```
char buff[100] = "This is a good book.";
int i;

i = strspn( buff, "abcde" );    /* i는 0 - 'T'가 일치 안 됨 */
i = strspn( buff, "This " );    /* i는 8 - 'a'가 일치 안 됨 */
i = strspn( buff, "12345" );    /* i는 0 - 'T'가 일치 안 됨 */
```

10 문자열 검색(strstr)

strstr() 함수는 문자열에 특정 문자열이 있는지 검색합니다. 이 함수는 "s 번지에 있는 문자열에 문자열 strCharSet이 있는지 검색하여 그 번지를 알려 주세요."라고 부탁하는 것과 같습니다. 만약 검색할 문자열이 없을 경우 반환값은 NULL이 됩니다. 다음은 함수 원형입니다.

```
char *strstr( const char *s, const char *strCharSet );
```

다음은 strstr() 함수의 사용 예입니다.

```
char buff[100] = "This is a good book.";
char* pos;

pos = strstr( buff, "good" );
printf( "%d \n", buff );        /* 1244956 - buff의 주소값 */
printf( "%d \n", pos );         /* 1244966 - 검색된 주소값 */
printf( "%d \n", pos - buff );  /* 10 - buff[10]부터 문자열이 있음 */

pos = strstr( buff, "gold" );   /* 없는 문자열 검색 */
printf( "%d \n", pos );         /* 0 - NULL */
```

11 문자열을 구분자로 분리(strtok)

strtok() 함수는 문자열을 토큰(token)으로 분리해 주는 아주 좋은 함수입니다. strpbrk() 함수는 특정한 문자세트를 검색한 후 그 주소값을 반환해 주는 데 비해, strtok() 함수는 특정한 문자세트를 검색한 후, 검색된 위치를 널문자(NULL)로 채운 후 리턴합니다. 다음은 함수 원형입니다.

```
char *strtok( char *strToken, const char *strDelimit );
```

다음은 strtok() 함수의 사용 예입니다.

```
01: /* token.c : strtok() 함수를 이용한 문자열을 분리하는 프로그램 */
02:
03: #include <stdio.h>
04: #include <string.h>
05:
06: void main( void )
07: {
08:     char buff[100] = "[(This)] [(is)] [(a)] [(good)] [(book)].";
09:     char* seps = "[]() ."; /* 구분자 - 대괄호, 소괄호, 공백, 마침표 */
10:     char* token;
11:
12:     token = strtok( buff, seps ); /* 첫 번째 호출 */
13:
14:     while( token ) /* token != NULL */
15:     {
```

```
16:        puts( token );
17:        token = strtok( NULL, seps ); /* 문자열의 끝까지 연속 호출 */
18:    }
19: }
```

| 출력 결과 |

```
This
is
a
good
book
```

이 프로그램은 문자열을 특정한 문사세트로 구분해서 출력합니다. 8번째 줄에 있는 문자열을 위와 같이 분리해 내려면, 쉽지 않은 코딩을 해야 하는데, strtok() 함수가 이런 기능을 대신 해줍니다. 9번째 줄은 어떤 문자들로 구분할지에 대한 구분 문자들입니다. 다른 표현으로는 제거할 문자라고 여겨도 됩니다. 12번째 줄은 strtok() 함수에 대한 첫 번째 호출입니다. strtok() 함수는 보통 연속적으로 호출되며, 17번째 줄에서 연속적으로 호출되는 것을 확인할 수 있습니다. 단, 주의할 것은 17번째 줄에서 첫 번째 매개 변수를 NULL로 해야 합니다. strtok() 함수는 내부적으로 현재 처리되고 있는 문자열의 포인터를 관리하므로, 17번째 줄에 사용된 strtok() 함수의 첫 번째 매개 변수에 buff를 넘겨주면 안 됩니다.

```
token = strtok( NULL, seps );
```

14번째 줄은 token이 참인 동안(값이 NULL이 아닌 동안) while문이 순환됩니다. token의 값은 더 이상 검색할 seps 문자세트가 없고, 문자열의 끝인 경우 NULL이 됩니다.

12 문자열을 대문자로 변환(strupr)

strupr() 함수는 문자열 중에 포함된 소문자를 모두 대문자로 변환합니다. 이 함수는 "s 번지에 있는 문자열 중에 소문자만을 모두 대문자로 변환해 주세요."라고 부탁하는 것과 같습니다. 반환값은 s이며, 다음은 함수 원형입니다.

```
char *strupr( char *s );
```

다음은 strupr() 함수의 사용 예입니다.

```
char buff[100] = "1권의 책은 a book입니다.";
char* p;

p = strupr( buff );          /* 문자 배열 buff의 번지를 리턴 */
puts( p );                   /* 1권의 책은 A BOOK입니다. */
puts( buff );                /* 1권의 책은 A BOOK입니다. */
p = strupr( "bad string" );  /* 상수 영역을 전달하면 프로그램 다운됨 */
```

13 문자열을 소문자로 변환(strlwr)

strlwr() 함수는 문자열 중에 포함된 대문자를 모두 소문자로 변환합니다. 이 함수는 "s 번지에 있는 문자열 중에 대문자만을 모두 소문자로 변환해 주세요."라고 부탁하는 것과 같습니다. 반환값은 s이며, 다음은 함수 원형입니다.

```
char *strlwr( char *s );
```

다음은 strlwr() 함수의 사용 예입니다.

```
char buff[100] = "책은 The book입니다.";
char* p;

p = strlwr( buff );   /* 문자 배열 buff의 번지를 리턴 */
puts( p );            /* 책은 the book입니다. */
puts( buff );         /* 책은 the book입니다. */
```

14 　문자열을 특정 문자로 채움(strset)

strset() 함수는 문자열을 모두 특정 문자로 변환합니다. 이 함수는 "s 번지에 있는 문자열의 모든 문자를 문자 c로 변환해 주세요."라고 부탁하는 것과 같습니다. 반환값은 s이며, 다음은 함수 원형입니다.

```
char *strset( char *s, int c );
```

다음은 strset() 함수의 사용 예입니다.

```
char buff[100] = "Hello, Jane!";

strset( buff, '#' );    /* 문자열의 모든 문자를 #으로 변환 */
puts( buff );           /* ###########이 출력 */
strset( buff, '-' );    /* 문자열의 모든 문자를 -로 변환 */
puts( buff );           /* ------------가 출력 */
```

15 　문자열을 거꾸로 뒤집기(strrev)

strrev() 함수는 문자열을 거꾸로 뒤집어 줍니다. 이 함수는 "s 번지에 있는 문자열의 맨 앞과 맨 뒤를 서로 잡은 후 문자열을 통째로 앞과 뒤를 바꿔 주세요."라고 부탁하는 것과 같습니다. 반환값은 s이며, 다음은 함수 원형입니다.

```
char *strrev( char *s, int c );
```

다음은 strset() 함수의 사용 예입니다.

```
char buff[100] = "evol";

strrev( buff );
puts( buff );     /* love가 출력됨 */
```

16 문자열을 정수로 변환(atoi)

atoi() 함수는 숫자로 구성된 문자열을 정수로 변환해 줍니다. 반환값은 s이며, 다음은 함수 원형입니다. 반환값은 변환된 정수이며, 변환이 불가능한 경우 0이 반환됩니다. 이 함수를 사용하기 위해서는 헤더 파일 stdlib.h를 추가해야 합니다.

```c
int atoi( const char *s );
```

다음은 atoi() 함수의 사용 예입니다. 비슷한 함수로 atol() 함수 등도 있습니다.

```c
int i;

i = atoi( "123" );        /* i는 123 */
i = atoi( "-55" );        /* i는 -55, 음수도 변환 가능 */
i = atoi( "abc" );        /* i는 0, a가 숫자가 아니므로 변환 안 됨 */
i = atoi( "567abc" );     /* i는 567, a 이전까지만 변환됨 */
i = atoi( "abc567" );     /* i는 0, a가 숫자가 아니므로 변환 안 됨 */
```


17 2진~36진 문자열을 정수로 변환(strtol)

가끔은 2진 문자열을 10진수로 변환하거나, 16진 문자열을 10진수로 변환할 필요가 있습니다. strtol() 함수는 이런 경우 적절하게 사용할 수 있습니다. 다음은 함수 원형입니다. 반환값은 변환된 정수이며, 변환이 불가능한 경우 0이 반환됩니다. 이 함수를 사용하기 위해서는 헤더 파일 stdlib.h를 추가해야 합니다.

```c
long strtol( const char *nptr, char **endptr, int base );
```

다음은 strtol() 함수의 사용 예입니다. 비슷한 함수로 strtod() 함수 등도 있습니다.

```
int i;
char* stop; /* 문자열에서 변환이 멈춘 곳의 주소값 */

i = strtol( "1011", &stop, 2 );     /* 11 – 2진 문자열 */
i = strtol( "0123", &stop, 8 );     /* 83 – 8진 문자열 */
i = strtol( "0xff", &stop, 16 );    /* 255 – 16진 문자열 */
i = strtol( "G10" , &stop, 17 );    /* 4641 – 17진 문자열 */
```

strtol() 함수의 첫 번째 인수에서 0으로 시작하는 것은 8진수이며, 0x로 시작하는 것은 16진수입니다. 11~36진수는 영문자 'A' ~ 'Z' (또는 'a' ~ 'z')를 사용합니다.

18 문자열을 printf( ) 함수의 출력 형식으로 생성(sprintf)

sprintf() 함수는 printf() 함수와 사용 방법이 유사합니다. printf() 함수는 형식 문자열에 맞게 화면에 출력하는 기능을 하는 것이며, sprintf() 함수는 화면 대신 문자 배열에 복사하는 기능을 합니다.

```
int sprintf( char *buffer, const char *format [, argument] ... );
```

다음은 sprintf() 함수의 사용 예입니다. sprintf() 함수는 printf() 함수의 사용법을 그대로 따르면 됩니다.

```
int i = 5;
char buff[100];

printf( "i의 값은 %d \n", i );          /* i의 값은 5를 출력 */
sprintf( buff, "i의 값은 %d \n", i );   /* i의 값은 5를 buff에 복사 */
printf( buff );                         /* i의 값은 5가 출력 */
```

비법전수 sscanf( ) 함수

sscanf( ) 함수는 scanf( ) 함수의 확장 함수로, 이 함수를 사용할 경우 문자열을 분리하여 변수에 대입하는 것을 쉽게 구현할 수 있습니다. 다음은 sscanf( ) 함수의 원형입니다.

```
int sscanf( const char *buffer, const char *format [, argument ] ... );
```

다음은 sscanf( ) 함수의 사용 예입니다.

```
char s1[10], s2[10];
char* token = "111 222";              /* 문자열은 공백, 탭(\t), 개행(\n)으로 분리되어야 함 */

sscanf( token, "%s %s", s1, s2 );    /* 형식 문자열을 공백으로 분리 */

printf( "%s \n", token);              /* 111 222가 출력 */
printf( "%s \n", s1 );                /* 111이 출력 */
printf( "%s \n", s2 );                /* 222가 출력 */
```

다음은 잘못된 사용입니다.

```
char s1[10], s2[10];
char* token = "111,222";              /* 문자열의 구분자로 콤마를 사용할 수 없음 */
sscanf( token, "%s,%s", s1, s2 );    /* 형식 문자열의 구분자로 콤마를 사용할 수 없음 */
```

다음은 주어진 문자열에서 두 번째 문자열을 건너뛰는 방법입니다.

```
char s1[10], s2[10];
char* token = "111 333 555";

sscanf( token, "%s%*s%s", s1, s2 );  /* 두 번째에 *를 사용하여 333을 무시 */

printf( "%s \n", token);              /* 111 333 555가 출력 */
printf( "%s \n", s1 );                /* 111이 출력 */
printf( "%s \n", s2 );                /* 555가 출력 */
```

다음은 sscanf() 함수를 활용하여 문자열을 분리하는 프로그램입니다.

```c
01: /* sscanf.c : 문자열을 형식화하여 변수에 대입 */
02:
03: #include <stdio.h>
04: #include <string.h>
05:
06: void main( void )
07: {
08:     char s1[100], s2[100], s3[100];
09:     char token[100];
10:
11:     strcpy( token, "111 222 333" );
12:     sscanf( token, "%s %s %s", s1, s2, s3 );
13:
14:     printf( "%s \n", token);
15:     printf( "%s \n", s1 );          // 111이 출력
16:     printf( "%s \n", s2 );          // 222가 출력
17:     printf( "%s \n", s3 );          // 333이 출력
18:
19:     strcpy( token, "aaa bbb ccc ddd" );
20:     sscanf( token, "%s %s %*s %s", s1, s2, s3 ); // 3번째 ccc를 %*s로 무시
21:
22:     printf( "%s \n", token);
23:     printf( "%s \n", s1 );          // aaa이 출력
24:     printf( "%s \n", s2 );          // bbb가 출력
25:     printf( "%s \n", s3 );          // ddd가 출력
26: }
```

— | 출력 결과 | —

```
111 222 333
111
222
333
aaa bbb ccc ddd
aaa
bbb
ddd
```

237

프로그램을 만들다 보면 데이터를 저장하기 위해 메모리 공간이 추가적으로 필요한 경우가 종종 있습니다. malloc() 함수는 이럴 경우에 사용되는 함수이며, 이번 레슨에서는 malloc() 함수가 어떤 기능을 제공하는지 학습합니다.

1 malloc( ) 함수

C 언어는 메모리를 할당(memory allocation)하는 malloc() 함수를 제공하며, malloc() 함수는 힙 (heap)의 공간에서 메모리를 할당 받습니다. 다음은 함수의 원형이며, 헤더 파일 stdlib.h를 사용합니다. 반환값은 할당된 메모리의 시작 주소이며, 메모리 할당이 실패할 경우 NULL이 리턴됩니다. 매개 변수의 데이터형인 size_t는 int형입니다.

```
void* malloc( size_t size );
```

힙(heap)은 운영체제가 관리하는 메모리 공간이며, malloc() 함수를 사용해서 힙의 공간에 있는 메모리를 할당 받아 사용할 수 있습니다. 참고로 함수 내에서 사용되는 지역 변수는 프로그램이 실행될 때 이미 할당되어 있는 스택(stack) 영역 안에 자동으로 생성되고 소멸됩니다.

2 free( ) 함수

malloc() 함수에 의해 할당된 메모리는 반드시 free() 함수에 의해 해제되어야 합니다. 다음은 free() 함수의 원형입니다. 매개 변수 memblock은 malloc() 함수의 의해 리턴된 주소값을 넘겨주면 됩니다.

```
void free( void *memblock );
```

3 문자를 저장하기 위한 메모리 할당

문자를 저장하기 위해서는 1바이트의 공간이 필요합니다. 다음은 사용 예입니다.

```c
01: /* malloc1.c : malloc() 함수를 사용해서 버퍼를 할당받는 프로그램 */
02:
03: #include <stdio.h>
04: #include <string.h>
05: #include <stdlib.h>
06:
07: void main( void )
08: {
09:     char* p = malloc( 1 );    /* 메모리 할당 */
10:
11:     *p = 'm';
12:     printf( "%c \n", *p );    /* m이 출력 */
13:
14:     free( p );                /* 메모리 해제 */
15: }
```

| 출력 결과 |

```
m
```

malloc() 함수는 할당된 메모리 주소값을 void*형으로 반환합니다. C 언어는 void*형을 char*형에 대입할 수 없기 때문에, 다음과 같이 캐스팅 연산을 통해 대입 받는 포인터형과 맞춰 주는 것이 좋습니다. 컴파일러에 따라 에러가 발생하지 않을 수 있는데, C++(확장자가 cpp인 경우) 프로그램을 만들 때는 컴파일러가 포인터형이 일치하는지 검사하기 때문에 반드시 아래와 같이 캐스팅 연산을 해야 합니다. 그러므로 지금부터 데이터형에 맞도록 형변환(cast)을 해 주는 것이 좋은 습관입니다.

```c
char* pch = (char*) malloc( 1 );
```

malloc( ) 함수와 메모리

malloc( ) 함수가 할당한 메모리 공간은 0으로 초기화되지 않습니다. 만약 100바이트를 할당한 후 이 메모리 공간을 모두 0으로 초기화해야 한다면, 다음과 같이 memset( ) 함수를 사용해야 합니다.

```
char* p = (char*) malloc( 100 );
memset( p, 0, 100 );
```

memset( ) 함수의 원형은 다음과 같습니다. 매개 변수 dest는 주소값이며, c는 초기화값, count는 몇 바이트의 길이만큼 초기화할지를 의미합니다.

```
void *memset( void *dest, int c, size_t count );
```


4 정수를 저장하기 위한 메모리 할당

정수를 저장하기 위해서는 4바이트의 공간이 필요합니다. 다음은 사용 예입니다.

```
int* p = (int*) malloc( sizeof(int) );
*p = 1024;
printf( "%d \n", *p ); /* 1024가 출력 */

free( p );
```

5 문자 배열을 위한 메모리 할당

문자 배열을 위해 메모리를 할당할 때는 '필요한 배열의 크기 * 1(sizeof(char))' 만큼 할당하면 됩니다.

```
char* parray = (char*) malloc( 1024 );       /* 1024바이트 공간을 할당 */

strcpy( parray, "문자 배열 1024 크기 할당" );
puts( parray );

parray[1023] = 'A';
```

```
printf( "%c \n", parray[1023] );      /* A가 출력 */

free( parray );
```

6 정수 배열을 위한 메모리 할당

정수 배열을 위해 메모리를 할당할 때는 '필요한 크기 * 4(sizeof(int))'만큼 할당하면 됩니다.

```
01: /* malloc2.c : malloc() 함수를 사용해서 정수형 배열을 할당받는 프로그램 */
02:
03: #include <stdio.h>
04: #include <stdlib.h>
05:
06: void main( void )
07: {
08:     int i;
09:     int* parray = (int*) malloc( sizeof(int) * 100 ); /* int array[100] */
10:
11:     for( i=0; i<100; i++ )
12:     {
13:         parray[i] = i;
14:     }
15:
16:     for( i=0; i<100; i++ )
17:     {
18:         printf( "%d \n", parray[i] );
19:     }
20:
21:     free( parray );
22: }
```

| 출력 결과 |

```
0
1
2
...(중략)
98
99
```

이 프로그램은 배열의 크기가 100인 정수형 배열을 선언하고 사용하는 것과 같습니다. 9번째 줄은 400바이트 공간(4*100)을 할당하며, 이는 int array[100];을 선언한 것과 같습니다. parray는 할당된 메모리의 선두 번지를 갖고 있기 때문에 일반 배열을 사용하듯 사용하면 됩니다.

7 2차원 배열을 위한 메모리 할당

2차원 배열은 다음과 같이 할당하고 사용합니다. 할당할 메모리 공간은 int형 변수의 크기에 배열의 각 요소를 곱하면 됩니다. 아래 문장은 40바이트가 할당됩니다.

```
int (*p)[5] = (int(*)[5]) malloc( sizeof(int) * 2 * 5 );      /* int array[2][5] */

p[0][0] = 5;
p[1][4] = 7;
printf( "%d \n", p[0][0] + p[1][4] );      /* 12가 출력 */

free( p );
```

8 3차원 배열을 위한 메모리 할당

3차원 배열은 다음과 같이 할당하고 사용합니다. 할당할 메모리 공간은 int형 변수의 크기에 배열의 각 요소를 곱하면 됩니다. 아래 문장은 96바이트가 할당됩니다.

```
01: /* malloc3.c : malloc() 함수를 사용해서 정수형 배열을 할당받는 프로그램 */
02:
03: #include <stdio.h>
04: #include <stdlib.h>
05:
06: void main( void )
07: {
08:     typedef int (*parray)[3][4];
09:
10:     parray p; /* int (*p)[3][4]와 동일 */
11:     p = (parray) malloc( 4 * 2 * 3 * 4 ); /* int array[2][3][4] */
12:
13:     p[0][0][0] = 5;
14:     p[1][2][3] = 7;
15:     printf( "%d \n", p[0][0][0] + p[1][2][3] ); /* 12가 출력 */
16:
17:     free( p );
18: }
```

배열을 함수를 통해 할당 받기 위해서는 다음과 같이 포인터의 포인터를 사용해야 합니다. 포인터의 포인터는 13장을 참조하십시오.

```c
01: /* malloc4.c : 배열을 함수에서 할당 받기 */
02:
03: #include <stdio.h>
04: #include <stdlib.h>
05: #include <malloc.h>
06:
07: void get_memory( int** pmem );
08:
09: void main( void )
10: {
11:     int i;
12:     int* pmem;
13:
14:     get_memory( &pmem );
15:
16:     for( i=0; i<5; i++ )
17:     {
18:         printf( "%d ", pmem[i] ); // 0, 100, 200, 300, 400을 출력
19:     }
20: }
21:
22: void get_memory( int** pmem )
23: {
24:     int i;
25:
26:     *pmem = (int*)malloc( sizeof(int) * 5 );
27:
28:     for( i=0; i<5; i++ )
29:     {
30:         *(*pmem+i) = i * 100; // 각 배열 요소에 0, 100, 200, 300, 400을 대입
31:     }
32: }
```

30번째 줄은 다음과 같이 사용할 수도 있습니다.

```c
(*pmem)[i] = i * 100;
```

01 문자 'a'의 아스키 코드값은 몇입니까?

02 문자열의 끝을 의미하는 문자는 무엇입니까?

03 다음 문자열을 저장하기 위한 가장 크기가 작은 배열을 선언하십시오.

```
"정보문화사"
```

04 다음과 같이 배열을 선언하는 경우 배열의 크기는 얼마로 생성됩니까?

```c
char string[] = "poo";
```

05 다음 프로그램이 출력하는 문자는 무엇입니까?

```c
char* pstr = "campus";
pstr++;
printf( "%c", *(pstr+2) );
```

06 다음 문자열을 한 바이트씩 출력하는 함수를 작성하십시오.

```c
char* pstr = "This is a function.";
```

07 *pstr과 &pstr의 차이점은 무엇입니까?

08 다음 프로그램의 문제점은 무엇입니까?

```c
char *p;
strcpy( p, "프라하의 봄" );
```

09 다음 문장이 실행되고 나면 문자열의 길이는 얼마입니까?

```c
char buff[100] = "book";
strcat( buff, "store" );
```

10 다음 프로그램의 문제점은 무엇입니까?

```c
char buff[100];
strncpy( buff, "spring", 6 );
```

TIP

- 대문자 'A'는 아스키 값이 65입니다.
- 문자열은 항상 널문자로 끝나야 합니다.
- 배열의 크기를 생략하는 경우 자동으로 문자열의 길이만큼 배열이 선언됩니다.
- char*형에서 사용되는 ++은 1씩 증가됩니다.

TIP

- 포인터가 가리키는 번지에 접근하기 위해서는 *를 사용합니다.
- 포인터의 번지값을 구하기 위해서는 &를 사용합니다.
- 포인터는 반드시 초기화한 후에 사용해야 합니다.
- strcat( ) 함수는 문자열을 연결해줍니다.
- 문자열의 끝은 항상 널문자로 끝나야 합니다.

11 다음과 같이 문자열을 비교했을 때 출력 결과는 얼마입니까?

```
printf( "%d \n", strcmp("abc", "abcd") );
```

12 문자열의 끝에서부터 문자를 역으로 검색할 때 사용되는 함수는 무엇입니까?

13 다음 문자열에서 알파벳 문자가 아닌 첫 번째 문자를 찾기 위해 적절한 함수는 무엇입니까?

```
char string[] = "abc123";
```

14 문자열을 검색하는 함수는 무엇입니까?

15 strtok( ) 함수를 사용할 때 다음과 같이 strtok(NULL, seps);를 사용해야 하는 이유는 무엇입니까?

```
char buff[] = "과일, 사과, 배";
char seps[] = ", ";
char *token = strtok( buff, seps );
while( token )
{
    token = strtok( NULL, seps );
}
```

16 문자열에 포함된 대문자를 모두 소문자로 바꾸기 위한 함수는 무엇입니까?

17 아래의 문장 중 atoi( ) 함수가 리턴하는 값은 각각 어떻게 됩니까?

```
int n;
n = atoi( "1234" );
n = atoi( "56.78" );
```

18 다음 3차원 배열을 매개 변수로 넘겨 받는 함수를 선언하십시오.

```
int i;
char* stop;
i = strtol( "1010", &stop, 2 );
```

19 메모리를 1M바이트 할당하고 해제하는 프로그램을 작성하십시오.

C - Language

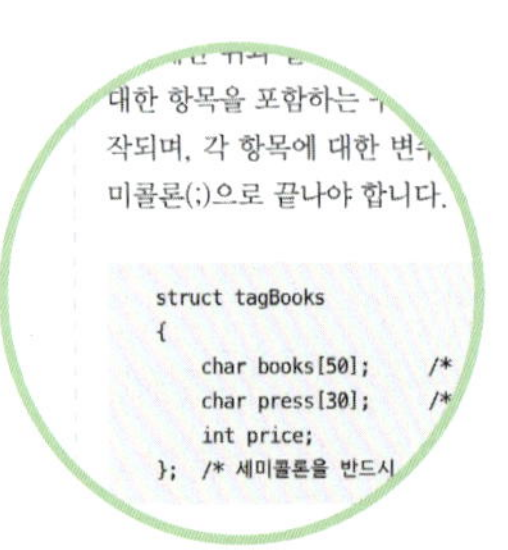

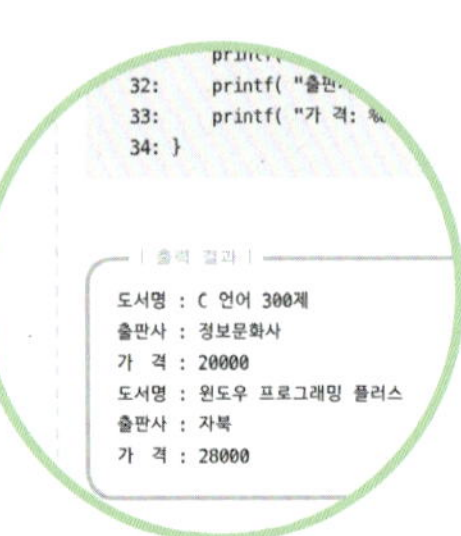

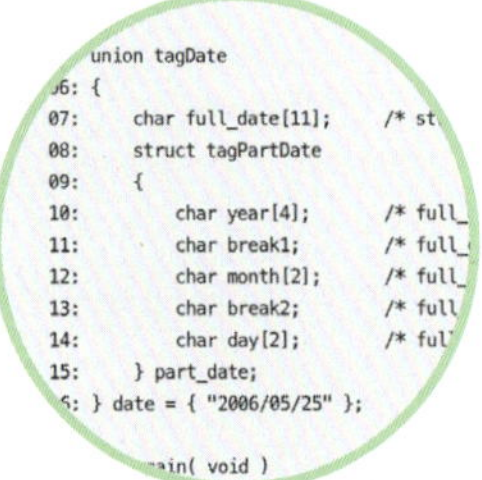

C 언어는 구조화된 프로그래밍을 위해 프로그래머가 필요한 변수들을 한 곳에 묶어서 사용할 수 있는 구조체(structure)를 제공합니다. 구조체는 링크드 리스트와 트리에서 사용되는 기본 자료 구조이기도 하며, 구조체 배열을 통해 좀 더 구조화된 프로그래밍을 할 수 있습니다.

구조체

01

구조체란 무엇인가?

구 조체는 배열과 비슷한 자료 구조입니다. 배열은 같은 데이터형의 집합적인 형태이고, 구조체는 다양한 데이터형의 집합적인 형태입니다. 구조체는 간단한 것에서부터 복잡한 것까지 다양하게 만들고 사용할 수 있습니다. 이 장에서는 구조체는 어떻게 선언하고 사용해야 하는지 학습합니다.

1 구조체의 정의

구조체(struct)는 다양한 종류의 데이터형을 하나의 집합체로 묶어서 사용하는 방법을 제공합니다. 만약 도서 목록에 대해 저장해야 한다면,

```
도서명, 출판사, 판매 가격
```

위와 같은 항목이 있을 수 있으며, 각 항목들을 저장할 변수들은 다음과 같이 선언할 수 있습니다.

```
char books[50];    /* 도서명을 저장할 배열 변수 */
char press[30];    /* 출판사를 저장할 배열 변수 */
int price;         /* 판매 가격을 저장할 변수 */
```

구조체란 위와 같은 여러 항목들을 하나의 틀 안에 선언하고 사용하는 것입니다. 다음은 도서 목록에 대한 항목을 포함하는 구조체의 선언입니다. 구조체의 선언은 struct 키워드와 태그(tag) 이름으로 시작되며, 각 항목에 대한 변수들은 중괄호({}) 안에 선언되어야 합니다. 또한 중괄호의 끝은 반드시 세미콜론(;)으로 끝나야 합니다.

```
struct tagBooks
{
    char books[50];        /* 도서명을 저장할 배열 변수 */
    char press[30];        /* 출판사를 저장할 배열 변수 */
    int price;             /* 판매 가격을 저장할 변수 */
};  /* 세미콜론을 반드시 사용해야 합니다. */
```

구조체에서 사용되는 태그의 이름은 일반적인 변수명의 이름과 같이 유일한 이름으로 사용해야 하며, 변수명은 구조체 안에서만 사용되므로, 구조체 안에서만 유일하면 됩니다.

앞에서와 같이 구조체를 선언한 경우, 각 멤버 변수를 바로 사용할 수는 없습니다. 이것은 단지 구조체의 형태(새로운 데이터형)만 선언한 것이며, 다음과 같이 정의할 때 비로소 사용 가능한 메모리 공간이 할당됩니다. 구조체 변수의 정의는 데이터명 대신 struct 키워드와 태그명을 사용하고, 그 뒤에 변수명을 정의하면 됩니다.

```
struct tagBooks BOOK;      /* 구조체 변수 정의 */
```

BOOK은 구조체에 선언되어 있는 각 멤버를 대표하는 이름이며, BOOK이 갖고 있는 각 멤버 변수는 그 이름을 그대로 사용할 수 없고, 피리오드 연산자(.)를 통해 사용해야 합니다. 그러므로 각 멤버 변수는 BOOK.books, BOOK.press, BOOK.price처럼 사용할 수 있습니다.

구조체는 선언과 동시에 변수명을 정의할 수도 있습니다. 앞에서 설명한 구조체 선언과 정의는 다음과 같이 선언과 동시에 정의할 수 있습니다. 구조체 변수를 정의하기 위해서는 다음과 같이 중괄호의 끝에 사용할 변수명을 정의하면 됩니다.

```
struct tagBooks
{
    char books[50];     /* 도서명을 저장할 배열 변수 */
    char press[30];     /* 출판사를 저장할 배열 변수 */
    int price;          /* 판매 가격을 저장할 변수 */
} BOOK, BOOK2, BOOK3;
```

구조체 멤버 변수는 콤마로 구분해서 여러 개를 정의할 수 있습니다. 위 구조체 정의는 BOOK, BOOK2, BOOK3이라는 구조체 변수를 생성합니다.

#
반올림

구조체 선언 시 태그명의 생략

구조체를 선언과 동시에 변수를 정의하는 경우 태그명은 생략될 수 있습니다.

```
struct          /* 태그명이 생략됨 */
{
    ...
} BOOK, BOOK2, BOOK3;
```

02 구조체의 선언과 사용

이번 레슨에서는 구조체를 선언하고 사용하는 예를 학습하게 됩니다. 구조체는 14장에서 학습하게 될 자료 구조인 링크드 리스트 및 트리에서 사용되므로 확실하게 이해해야 합니다.

1 구조체의 선언과 사용

다음은 레슨 1에서 사용한 도서 목록을 저장하기 위한 구조체를 선언하고 사용하는 예입니다.

```c
01: /* struct1.c : 구조체를 사용하는 프로그램 */
02:
03: #include <stdio.h>
04: #include <string.h>
05:
06: struct tagBooks
07: {
08:     char books[50];    /* 도서명을 저장할 배열 변수 */
09:     char press[30];    /* 출판사를 저장할 배열 변수 */
10:     int price;         /* 판매 가격을 저장할 변수 */
11: };
12:
13: void main( void )
14: {
15:     struct tagBooks BOOK, BOOK2;
16:
17:     strcpy( BOOK.books, "C 언어 길라잡이" );
18:     strcpy( BOOK.press, "정보문화사" );
19:     BOOK.price = 20000;
20:
21:     BOOK2 = BOOK; /* BOOK의 모든 멤버 변수값을 BOOK2로 모두 복사 */
22:
23:     printf( "도서명 : %s \n", BOOK2.books ); /* BOOK2를 사용 */
24:     printf( "출판사 : %s \n", BOOK2.press );
25:     printf( "가 격: %d \n", BOOK2.price );
26: }
```

| 출력 결과 |

```
도서명 : C 언어 길라잡이
출판사 : 정보문화사
가 격 : 20000
```

struct1.c는 구조체를 선언 및 정의하고 각각의 멤버들을 사용하는 예를 보여 줍니다. 6~11번째 줄은 구조체를 선언하는 것이며, 15번째 줄은 구조체 변수를 정의하는 것입니다. 구조체의 멤버 변수를 사용하기 위해서는 피리오드 연산자(.)를 사용해야 하며, 17, 18, 19, 23, 24, 25번째 줄은 구조체 멤버 변수를 사용하는 좋은 예입니다.

17번째 줄은 구조체 멤버 변수 books에 문자열을 복사하는 것입니다. books가 일반 변수라면 다음과 같이 사용할 수 있겠지만,

```
strcpy( books, "C 언어 길라잡이" );
```

books는 구조체 멤버 변수이므로 반드시 구조체 변수명과 피리오드 연산자(.)를 사용해서 BOOK.books라고 사용해야 합니다.

```
strcpy( Book.books, "C 언어 길라잡이" );
```

21번째 줄은 구조체 변수끼리 대입하는 것입니다. 구조체 변수는 서로 대입할 수 있으며, 이럴 경우 BOOK의 멤버 변수들이 갖고 있는 모든 데이터 값이 BOOK2에 전부 복사됩니다. 구조체의 대입은 메모리에 있는 모든 값들을 한 바이트씩 전부 복사하기 때문에, BOOK의 멤버 변수들이 갖고 있는 데이터와 BOOK2의 멤버 변수들이 갖고 있는 데이터는 완벽하게 일치됩니다. 23, 24, 25는 BOOK이 아닌 BOOK2를 사용해서 각 멤버 변수의 데이터 값을 출력합니다.

 # 반올림

구조체의 메모리 크기

구조체의 메모리 크기는 다음과 같이 sizeof 연산자를 사용해서 구할 수 있습니다.

```
printf( "%d \n", sizeof(struct tagBooks) );        /* 방법 1 */
printf( "%d \n", sizeof(BOOK) );                   /* 방법 2 */
printf( "%d \n", sizeof(BOOK2) );                  /* 방법 3 */
```

비 법 전 수 구조체에서 포인터 사용

구조체에는 어떠한 데이터형이라도 선언하고 사용할 수 있습니다. 그러므로 포인터형 또한 사용할 수 있으며, 다음은 구조체에서 포인터를 사용하는 예입니다.

```
01: /* struct2.c : 구조체에서 포인터를 사용하는 프로그램 */
02:
03: #include <stdio.h>
04: #include <string.h>
05: #include <stdlib.h>
06:
07: struct
08: {
09:     char* name;        /* 문자형 포인터 선언 */
10:     int age;
11: } SR;
12:
13: void main( void )
14: {
15:     SR.name = (char*) malloc( 30 );      /* 메모리를 30바이트 할당 */
16:
17:     strcpy( SR.name, "갑돌이" );
18:     SR.age = 16;
19:
20:     printf( "이름 : %s \n", SR.name );
21:     printf( "나이 : %d \n", SR.age );
22:
23:     free( SR.name );                     /* 메모리 해제 */
24: }
```

| 출력 결과 |

```
이름 : 갑돌이
나이 : 16
```

9번째 줄에 선언된 name은 포인터이기 때문에, 초기화되지 않으면 쓰레기 번지값을 갖게 됩니다. 그러므로 15번째 줄과 같이 메모리를 할당한 후, 문자열을 복사할 수 있습니다. 만약 15번째 줄을 생략하고 17번째 줄과 같이 문자열을 복사한다면, 프로그램은 잘못된 쓰레기 번지를 접근하다가 즉시 종료됩니다.

C 언어 다음에 배우게 되는 언어인 C++ 언어는 클래스라는 것을 사용합니다. 클래스라는 것은 구조체의 개념이 발전된 것입니다.

다음과 같이 구조체가 선언되어 있을 때,

```
struct tagAge
{
    int age;
};
```

이것을 클래스로 표현하면 다음과 같습니다. 구조체는 struct 키워드를 사용하는 데 비해 클래스는 class 키워드를 사용합니다.

```
class CAge
{
    int age;
};
```

C++ 언어를 사용하면 구조체 또는 클래스 안에 다음과 같이 함수를 작성할 수 있는 장점 등 좀 더 프로그램을 편리하게 작성할 수 있습니다. 아래의 코드를 실행하기 위해서는 파일의 확장자가 .c가 아닌 .cpp이어야 합니다.

```
class CAge
{
public: /* public은 접근 권한이며, 접근이 허용되도록 설정하는 것입니다. */
    int age;
    void print_age()
    {
        printf( "나이 : %d \n", age );
    }
};

void main( void )
{
    CAge A;
    A.age = 5;
    A.print_age();      /* 나이 : 5가 출력 */
}
```

03 구조체의 배열

일반적인 정수형, 문자형 배열 등을 선언하고 사용할 수 있듯이, 구조체도 배열을 선언하고 사용할 수 있습니다. 이 레슨에서는 구조체에 대한 배열을 선언하고 사용하는 방법을 학습합니다.

1 구조체의 배열

모든 데이터형은 배열을 선언하고 사용할 수 있습니다. 마찬가지로 구조체도 배열을 선언하고 사용할 수 있으며, 아래는 그 예입니다.

```c
01: /* struct3.c : 구조체 배열을 이용하는 프로그램 */
02:
03: #include <stdio.h>
04: #include <string.h>
05:
06: struct tagBooks
07: {
08:     char books[50];      /* 도서명을 저장할 배열 변수 */
09:     char press[30];      /* 출판사를 저장할 배열 변수 */
10:     int price;           /* 판매 가격을 저장할 변수 */
11: };
12:
13: void main( void )
14: {
15:     struct tagBooks BOOK[3];      /* 구조체 배열의 정의 */
16:
17:     strcpy( BOOK[0].books, "C 언어 300제" );
18:     strcpy( BOOK[0].press, "정보문화사" );
19:     BOOK[0].price = 20000;
20:
21:     BOOK[1] = BOOK[0];
22:
23:     printf( "도서명 : %s \n", BOOK[1].books );      /* BOOK[1] 배열을 사용 */
24:     printf( "출판사 : %s \n", BOOK[1].press );
25:     printf( "가 격: %d \n", BOOK[1].price );
26:
27:     strcpy( BOOK[2].books, "윈도우 프로그래밍 플러스" );
28:     strcpy( BOOK[2].press, "자북" );
29:     BOOK[2].price = 28000;
30:
```

```
31:     printf( "도서명 : %s \n", BOOK[2].books );     /* BOOK[2] 배열을 사용 */
32:     printf( "출판사 : %s \n", BOOK[2].press );
33:     printf( "가 격: %d \n", BOOK[2].price );
34: }
```

| 출력 결과 |

```
도서명 : C 언어 300제
출판사 : 정보문화사
가  격 : 20000
도서명 : 윈도우 프로그래밍 플러스
출판사 : 자북
가  격 : 28000
```

struct3.c는 구조체 배열을 사용해서 도서 목록을 출력합니다. 구조체 배열은 일반 배열과 같이 1차원, 2차원, 3차원 등을 모두 사용할 수 있습니다. 15번째 줄은 구조체를 3개 정의하는 것입니다. 이렇게 정의된 구조체 배열은 17번째 줄과 같이 사용하면 됩니다. 21번째 줄은 구조체간의 대입을 하며, 27번째 줄은 마지막 배열 요소의 멤버 변수들을 사용하는 것입니다.

#
반올림

3차원 구조체 배열의 정의

```
struct tagBooks BOOK[3][4][5];
```

3차원 구조체 배열은 다음과 같이 사용할 수 있습니다.

```
BOOK[0][0][0].price = 20000;
```

04 구조체의 초기화

C언어는 다른 변수형과 마찬가지로 구조체를 정의와 동시에 초기화할 수 있습니다. 초기화 방법은 배열을 초기화하는 것과 같으며, 이번 레슨에서는 기본적인 구조체의 초기화와 구조체 배열을 초기화하는 방법에 대해 학습합니다.

1 구조체의 초기화

구조체는 정의와 동시에 멤버 변수들을 초기화할 수 있습니다. 구조체를 초기화하는 방법은 배열을 초기화하는 방법과 비슷합니다. 다음은 좌표값을 저장하기 위해 정수형 변수 x, y를 멤버로 갖는 구조체의 선언이며,

```c
struct tagPoint
{
    int x;
    int y;
};
```

이 구조체는 정의와 동시에 다음과 같이 초기화할 수 있습니다.

```c
struct tagPoint PT1 = { 25, };          /* x를 25, y를 0으로 초기화 */
struct tagPoint PT2 = { 30, 50 };       /* x를 30, y를 50으로 초기화 */

printf( "%d \n", PT1.x );               /* 25가 출력 */
printf( "%d \n", PT1.y );               /* 0이 출력 */

printf( "%d \n", PT2.x );               /* 30이 출력 */
printf( "%d \n", PT2.y );               /* 50이 출력 */
```

구조체를 초기화하는 방법은 배열을 초기화하는 방법과 같으므로, 배열을 초기화하는 방법에 따라 구조체를 초기화하면 됩니다.

■ **구조체 배열의 초기화** : 일반적인 배열의 초기화 방법과 비슷
■ **멤버 변수** : 구조체에 선언되는 변수

2 구조체 배열의 초기화

구조체의 배열을 초기화하는 방법도 일반 배열을 초기화하는 것과 비슷하므로, 배열을 초기화하는 방법을 그대로 사용할 수 있습니다. 단, 다음과 같이 1차원 배열이 정의될 때, 배열과 같은 초기화 방법은 2차원 배열의 초기화 방법을 사용해야 합니다.

```c
struct tagPoint PT1[2] = { 1, 2, 3, 4 };        /* 1, 2차원 배열의 초기화 방법 */
struct tagPoint PT2[2] = { {5,6}, {7,8} };      /* 2차원 배열의 초기화 방법 */

printf( "%d, %d \n", PT1[0].x, PT1[0].y );      /* 1, 2가 출력 */
printf( "%d, %d \n", PT1[1].x, PT1[1].y );      /* 3, 4가 출력 */

printf( "%d, %d \n", PT2[0].x, PT2[0].y );      /* 5, 6이 출력 */
printf( "%d, %d \n", PT2[1].x, PT2[1].y );      /* 7, 8이 출력 */
```


3 구조체의 멤버 변수가 문자 배열인 경우의 초기화

구조체의 멤버 변수가 문자 배열인 경우의 초기화는 배열의 멤버를 초기화하듯이 초기화하면 됩니다. 다음은 struct1.c에서 사용한 구조체의 선언이며,

```c
struct tagBooks
{
    char books[50];
    char press[30];
    int price;
};
```

위 구조체는 다음과 같이 초기화할 수 있습니다.

```c
struct tagBooks BOOK = { "C 언어 300제", "정보문화사", 20000 };

printf( "도서명 : %s \n", BOOK.books );      /* 'C 언어 300제'가 출력 */
printf( "출판사 : %s \n", BOOK.press );      /* '정보문화사'가 출력 */
printf( "가  격 : %d \n", BOOK.price );      /* '20000'이 출력 */
```

구 조체는 함수의 매개 변수 또는 함수의 리턴값으로 사용될 수 있으며, 함수의 매개 변수나 리턴 값으로 사용하려면 구조체의 포인터를 사용하는 것이 효과적입니다. 이 레슨에서는 구조체 포인터의 선언 방법과 화살표 연산자(-〉)를 사용한 멤버 변수의 접근 방법에 대해 학습합니다.

1 구조체 포인터의 선언

구조체를 선언하고 사용하다 보면 구조체를 함수에 전달할 필요가 있습니다. 이럴 경우 구조체의 포인터를 사용해야 하며, 구조체 포인터는 일반 포인터와 같이 4바이트의 크기를 갖습니다. 다음과 같은 구조체가 있을 경우,

```
struct tagBooks
{
    char books[50];
    char press[30];
    int price;
};
```

구조체의 포인터는 다음과 같이 정의할 수 있습니다.

```
struct tagBooks* pBOOK;      /* pBOOK은 구조체의 포인터이며 4바이트입니다. */
```

다음은 struct1.c를 구조체 포인터를 사용해서 새로 작성한 예입니다.

```
01: /* struct4.c : 구조체의 포인터를 이용하는 프로그램 */
02:
03: #include <stdio.h>
04: #include <string.h>
05:
06: struct tagBooks
07: {
08:     char books[50];      /* 도서명을 저장할 배열 변수 */
09:     char press[30];      /* 출판사를 저장할 배열 변수 */
10:     int price;           /* 판매 가격을 저장할 변수 */
11: };
```

- **구조체 포인터의 사용** : 멤버 변수를 접근하기 위해서는 화살표 연산자(->)를 사용
- **화살표 연산자** : 구조체의 포인터에 의해 멤버 변수를 접근하기 위한 연산자

난이도 ················ ★ ★ ★ ★ ☆
활용도 ················ ★ ★ ★ ☆ ☆
소요시간 ··············· ★ ★ ★ ☆ ☆

```
12:
13: void main( void )
14: {
15:     struct tagBooks BOOK;
16:     struct tagBooks* pBOOK;
17:
18:     pBOOK = &BOOK;        /* BOOK의 번지를 대입 */
19:
20:     strcpy( (*pBOOK).books, "C 언어 길라잡이" );
21:     strcpy( (*pBOOK).press, "정보문화사" );
22:     (*pBOOK).price = 20000;
23:
24:     printf( "도서명 : %s \n", (*pBOOK).books );
25:     printf( "출판사 : %s \n", (*pBOOK).press );
26:     printf( "가  격 : %d \n", (*pBOOK).price );
27: }
```

| 출력 결과 |

```
도서명 : C 언어 길라잡이
출판사 : 정보문화사
가  격 : 20000
```

구조체의 포인터는 16번째 줄과 같이 별표(*)를 사용해서 정의할 수 있으며, 구조체의 포인터에 구조체의 변수를 대입할 때는 18번째 줄과 같이 반드시 주소 지정 연산자 &를 사용해야 합니다. 20번째 줄은 구조체 변수에 접근하기 위해 간접 지정 연산자(*)를 사용한 것이며, 피리오드 연산자(.)가 간접 지정 연산자(*)보다 우선순위가 높기 때문에 반드시 괄호를 사용해야 합니다.

#
반올림

구조체의 포인터를 위한 화살표 연산자(->)

struct4.c의 20번째 줄에 사용된 (*pBOOK).books는 일반적으로 잘 사용되지 않으며, 다음과 같이 화살표(arrow) 연산자가 주로 사용됩니다. 위 예제를 화살표 연산자를 사용해서 다시 작성해 보십시오.

```
strcpy( pBOOK->books, "C 언어 길라잡이" );
```

구조체의 배열에 대한 포인터

레슨 3에서 구조체의 배열이 일반 배열과 비슷하다는 것을 학습하였습니다. 구조체의 배열도 일반 배열과 같이 포인터를 선언하고 사용할 수 있습니다. 이 레슨에서는 구조체의 배열에 대한 포인터를 선언하는 방법과 그에 대한 연산에 대해 학습합니다.

1 구조체 배열에 대한 포인터

구조체의 배열은 일반 배열을 선언하고 사용하는 것과 비슷하며, 구조체의 배열에 대한 포인터를 선언하고 사용하는 방법 또한 일반 배열에 대한 포인터와 유사합니다. 다음과 같은 구조체가 있을 때,

```
struct tagBooks
{
    char books[50];
    char press[30];
    int price;
};
```

크기가 100인 1차원 구조체의 배열은 다음과 같이 정의할 수 있습니다.

```
struct tagBooks BOOK[100];
```

일반 배열에서는 1차원 배열에 대한 포인터를 왼쪽과 같이 선언하는데, 구조체에서는 오른쪽과 같이 정의하고 사용할 수 있습니다.

```
int array[100];
int* parray = array;
parray[0] = array[1];
```

```
struct tagBooks BOOK[100];
struct tagBooks* pBOOK = BOOK;
pBOOK[0] = BOOK[1];
```

●● 1차원 배열

●● 구조체

1차원 배열에서도 포인터와 배열명이 같은 형태로 사용할 수 있듯이 구조체의 배열에 대한 포인터도 같은 방법으로 사용됩니다.

- **구조체 포인터의 연산** : ++ 또는 -- 연산 시 구조체 블록의 크기만큼 증감
- **구조체 배열에 대한 포인터** : 일반 배열의 포인터와 선언 및 사용 방법이 유사

난이도 ················· ★★★★☆
활용도 ················· ★☆☆☆☆
소요시간 ··············· ★★★☆☆

2 구조체 배열에 대한 포인터의 연산

배열과 배열에 대한 포인터가 다음과 같이 선언되어 있을 때, 포인터의 증감 연산은 그 포인터가 가리키는 데이터형만큼 증가합니다.

```c
int array[100];
int* parray = array;
parray++;        /* 4가 증가 - sizeof(int) 만큼 증가 */
```

구조체의 1차원 배열에 대한 포인터도 1차원 배열의 연산과 같으며, 다음과 같이 사용될 때,

```c
struct tagBooks BOOK[100];
struct tagBooks* pBOOK = BOOK;
pBOOK++;        /* 84가 증가 - sizeof(struct tagBooks) 만큼 증가 */
printf( "%d \n", sizeof(struct tagBooks) ); /* 84가 출력 */
```

포인터 연산이 일반적인 포인터 연산과 같으므로 다음과 같이 사용하면 168이 증가합니다.

```c
pBOOK += 2; /* 168이 증가 */
```


구조체 배열의 포인터 연산과 배열의 관계

구조체 배열의 포인터를 다음과 같이 1만큼 증가했을 때, 실제로 증가하는 값은 84입니다.

```c
struct tagBooks BOOK[100];
struct tagBooks* pBOOK = BOOK;
pBOOK++;        /* 84가 증가 - 배열 요소 BOOK[1]의 주소로 이동 */
pBOOK += 2;     /* 168이 증가 - 배열 요소 BOOK[3]의 주소로 이동 */
```

구조체의 배열 포인터가 1씩 증감될 때는 해당 구조체의 크기만큼 증감되며, 이는 포인터가 가리키는 배열 요소의 번지를 얼마만큼 증감할지와 관계 있습니다.

구조체와 함수

구조체를 함수에서 사용

구조체는 함수에 전달될 수 있습니다. 구조체를 함수에 전달하는 방법은 2가지가 있으며, 값의 복사에 의한 전달과 구조체의 포인터에 의한 전달입니다. 구조체를 함수에 전달할 때는 포인터를 사용하는 것이 좋으며, 이 레슨에서는 두 가지 방법에 대해 학습합니다.

1 구조체를 값에 의해 전달(call-by-value)

구조체를 값에 의해 함수에 전달하게 되면, 구조체를 저장할 메모리 공간과 구조체를 복사하는 데 약간의 시간이 소요됩니다. 그러므로 특별히 값에 의해 전달해야 될 경우가 아니라면, 구조체는 구조체 포인터를 통해 전달하는 것이 좋습니다. 다음과 같이 구조체가 정의되었을 때,

```c
struct tagBooks
{
    char books[50];
    char press[30];
    int price;
} BOOK;
```

값에 의해 함수를 호출할 경우 함수의 선언 및 호출은 다음과 같이 할 수 있습니다.

```c
void print_struct( struct tagBooks B );      /* 함수의 선언 */
print_struct( BOOK );                         /* 함수의 호출: BOOK 구조체를 매개 변수 B로 복사 */
```

2 구조체를 포인터에 의해 전달(call-by-reference)

구조체를 포인터에 의해 전달할 때는 구조체의 주소만 복사되기 때문에 빠른 속도로 함수를 호출할 수 있습니다. 위에서 사용한 것과 같은 구조체가 정의되었을 때, 포인터를 매개 변수로 하는 함수의 선언은 다음과 같습니다.

```c
void print_struct( struct tagBooks* pBOOK );
```

그리고 함수의 호출은 다음과 같이 할 수 있습니다.

```
print_struct( &BOOK );    /* BOOK 구조체의 주소값을 pBOOK에 전달 */
```

다음 예는 구조체 포인터를 함수에서 사용하는 예제입니다.

```
01: /* struct5.c : 구조체 포인터를 함수에서 사용하는 프로그램 */
02:
03: #include <stdio.h>
04: #include <string.h>
05:
06: struct tagBooks
07: {
08:     char books[50];
09:     char press[30];
10:     int price;
11: };
12:
13: void print_struct( struct tagBooks* pBOOK )
14: {
15:     printf( "도서명 : %s \n", pBOOK->books );
16:     printf( "출판사 : %s \n", pBOOK->press );
17:     printf( "가 격: %d \n", pBOOK->price );
18:
19:     pBOOK->price = 15000; /* 판매 가격을 변경 */
20: }
21:
22: void main( void )
23: {
24:     struct tagBooks BOOK;
25:
26:     strcpy( BOOK.books, "C 언어 길라잡이" );
27:     strcpy( BOOK.press, "정보문화사" );
28:     BOOK.price = 20000;
29:
30:     print_struct( &BOOK );
31:
32:     printf( "도서명 : %s \n", BOOK.books );
33:     printf( "출판사 : %s \n", BOOK.press );
34:     printf( "가 격: %d \n", BOOK.price );
35: }
```

| 출력 결과 |

```
도서명 : C 언어 길라잡이
출판사 : 정보문화사
가 격 : 20000
도서명 : C 언어 길라잡이
출판사 : 정보문화사
가 격 : 15000
```

이 프로그램은 print_struct() 함수에 BOOK 구조체를 전달하여 각 멤버 변수를 출력한 후, price의 값을 15000으로 변경하고 리턴합니다. 13번째 줄은 매개 변수를 구조체의 포인터로 선언한 것이며, 함수 안에서 구조체 포인터의 화살표 연산자를 통해 전달받은 구조체에 접근할 수 있습니다. 19번째 줄은 구조체를 전달 받은 후, 그 값을 변경할 수 있음을 보여 주기 위한 문장이며, 30번째 줄은 BOOK 구조체의 주소값을 print_struct() 함수의 매개 변수 pBOOK에 전달하는 문장입니다. 34번째 줄은 print_struct() 함수에 의해 변경된 price의 가격인 15000을 출력합니다.

#
반올림

구조체의 포인터로 전달 시 값을 변경 못하게 막기

예제 struct5.C는 구조체의 포인터를 함수에 전달해서 그 값을 출력하고, price의 값을 변경합니다. 만약 함수에 구조체의 주소값을 전달하고, 그 함수에서 전달된 구조체의 내용에 접근할 수 없도록 하려면 함수의 선언을 다음과 같이 const를 사용해서 하면 됩니다.

```
void print_struct( const struct tagBooks* pBOOK )
```

3 1차원 구조체의 배열을 함수로 전달하기

1차원 구조체의 배열을 함수에 전달하는 방법은 일반적인 1차원 배열을 전달하는 것과 같습니다. 1차원 배열을 함수에 전달하기 위한 함수 선언은 다음과 같습니다.

```
void print_struct( struct tagBooks* pBOOK );
```

1차원 구조체의 배열을 매개 변수로 하는 함수의 선언은 1차원 배열을 매개 변수로 하는 함수의 선언과 선언 방법이 비슷합니다.

4 2차원 구조체의 배열을 함수로 전달하기

2차원 구조체의 배열을 함수에 전달하는 방법은 일반적인 2차원 배열을 전달하는 것과 같습니다. 다음과 같이 정의되어 있는 2차원 구조체의 배열을 함수에 전달하기 위해서는,

```c
struct tagBooks BOOK[2][3];
```

다음과 같이 3가지 형태로 함수를 선언할 수 있으며, 함수의 호출은 print_struct(BOOK);처럼 합니다.

```c
void print_struct( struct tagBooks (*pBOOK)[3] );
void print_struct( struct tagBooks pBOOK[][3] );
void print_struct( struct tagBooks pBOOK[2][3] );
```

5 3차원 구조체의 배열을 함수로 전달하기

3차원 구조체의 배열을 함수에 전달하는 방법은 일반적인 3차원 배열을 전달하는 것과 같습니다. 다음과 같이 정의되어 있는 3차원 구조체의 배열을 함수에 전달하기 위해서는,

```c
struct tagBooks BOOK[2][3][4];
```

다음과 같이 3가지 형태로 함수를 선언할 수 있으며, 함수의 호출은 print_struct(BOOK);처럼 합니다.

```c
void print_struct( struct tagBooks (*pBOOK)[3][4] );
void print_struct( struct tagBooks pBOOK[][3][4] );
void print_struct( struct tagBooks pBOOK[2][3][4] );
```

공
용체는 서로 다른 데이터형을 갖는 변수들을 하나의 메모리 공간에 중첩해서 사용하기 위한 방법입니다. 공용체는 구조체 등에서 서로 다른 데이터값이 발생할 수 있는 상황에서 주로 사용되며, 이 레슨에서는 공용체의 선언 및 사용에 대해 학습합니다.

1 공용체의 정의

공용체(union)는 서로 다른 데이터형에 대해 메모리 공간을 중첩해서 사용하기 위한 방법이며, 구조체에서 확장된 형태를 띠고 있습니다. 공용체는 다음과 같이 선언할 수 있습니다.

```
union tag          /* 메모리 100번지에 공용체가 할당된다면 */
{
    int i;         /* 100번지 ~ 103번지까지 사용 */
    double d;      /* 100번지 ~ 107번지까지 i의 공간을 중첩해서 사용 */
};
```

위와 같이 공용체가 선언되었을 때, i, d는 모두 같은 메모리 번지에 할당됩니다. 다음 예는 두 멤버 변수의 메모리 번지를 출력해서 그것을 증명합니다.

```
union tag U;
printf( "%d \n", &U.i );   /* 1245052가 출력 */
printf( "%d \n", &U.d );   /* 1245052가 출력 */
```

공용체에 서로 다른 데이터형의 멤버가 있을 때, 공용체의 크기는 가장 큰 데이터형의 크기와 같습니다.

```
printf( "%d \n", sizeof(int) );      /* 4가 출력 */
printf( "%d \n", sizeof(double) );   /* 8이 출력 */
printf( "%d \n", sizeof(U) );        /* 8이 출력 - sizeof(double)과 동일 */
```

다음은 공용체를 사용하는 예입니다.

■ **공용체** : 메모리를 공유하여 사용하는 구조체의 변형된 방법
■ **중첩** : 두 개의 변수가 시작되는 메모리 주소가 같은 경우

난이도 ················· ★ ★ ★ ☆ ☆
활용도 ················· ★ ☆ ☆ ☆ ☆
소요시간 ··············· ★ ★ ★ ☆ ☆

```c
01: /* union.c : 공용체를 사용한 날짜 출력 프로그램 */
02:
03: #include <stdio.h>
04:
05: union tagDate
06: {
07:     char full_date[11];     /* struct tagPartDate의 멤버 변수와 메모리 공유 */
08:     struct tagPartDate
09:     {
10:         char year[4];        /* full_date[0] ~ full_date[3]과 메모리 공유 */
11:         char break1;         /* full_date[4] */
12:         char month[2];       /* full_date[5] ~ full_date[6] */
13:         char break2;         /* full_date[7] */
14:         char day[2];         /* full_date[8] ~ full_date[9] */
15:     } part_date;
16: } date = { "2006/05/25" };
17:
18: void main( void )
19: {
20:     printf( "%d \n", date.full_date );          // 같은 번지 출력
21:     printf( "%d \n", date.part_date.year );     // 같은 번지 출력
22:
23:     puts( date.full_date );
24:     printf( "%-4.4s%c%-2.2s%c%-2.2s \n",
25:         date.part_date.year,
26:         date.part_date.break1,
27:         date.part_date.month,
28:         date.part_date.break2,
29:         date.part_date.day );
30: }
```

267

| 출력 결과 |

```
4354848
4354848
2006/05/25
2006/05/25
```

연습문제

01 구조체와 배열의 차이점은 무엇입니까?

02 다음과 같이 구조체가 선언되어 있을 때, addr의 각 멤버값을 scanf() 함수를 사용하여 입력 받은 후 출력하는 프로그램을 작성하십시오.

```
typedef struct tag     /* struct tag형을 ADDR로 재정의 */
{
    char name[30];
    int age;
} ADDR;

ADDR addr;             /* struct tag addr과 동일 */
```


03 2번에서 작성된 프로그램을 함수를 사용하여 다시 작성하십시오.

04 다음과 같이 구조체의 배열이 선언되어 있을 때, 각 멤버값을 scanf() 함수를 사용하여 입력 받은 후 출력하는 프로그램을 작성하십시오.

```
typedef struct
{
    char name[30];
    int age;
} ADDR;

ADDR addr[5];
```


05 4번에서 작성된 프로그램을 함수를 사용하여 다시 작성하십시오.

06 다음은 인터넷 IP를 저장하기 위한 공용체입니다. 아래와 같이 cIP의 각 요소가 255의 값을 가질 때, IP.nIP의 출력값은 16진수로 얼마입니까?

```
union tagIP
{
    unsigned int nIP;
    unsigned char cIP[4];
} IP;
...
IP.cIP[0] = IP.cIP[1] = IP.cIP[2] = IP.cIP[3] = 255;
printf( "%X", IP.nIP );
```

07 다음 프로그램에서 BOOK을 함수를 통해 출력하도록 수정하십시오.

```c
01: /* 연습 문제 */
02:
03: #include <stdio.h>
04: #include <string.h>
05:
06: struct tagBooks
07: {
08:     char books[50];
09:     char press[30];
10:     int price;
11: };
12:
13: void main( void )
14: {
15:     struct tagBooks BOOK;
16:
17:     strcpy( BOOK.books, "C 언어 길라잡이" );
18:     strcpy( BOOK.press, "정보문화사" );
19:     BOOK.price = 18000;
20:
21:     printf( "도서명 : %s \n", BOOK.books );
22:     printf( "출판사 : %s \n", BOOK.press );
23:     printf( "가 격 : %d \n", BOOK.price );
24: }
```

TIP

- 함수의 매개 변수는 structtagBooks * pBOOK를 사용해야 합니다.

TIP

- 21~23번째 줄을 함수의 호출로 바꿉니다.

C - Language

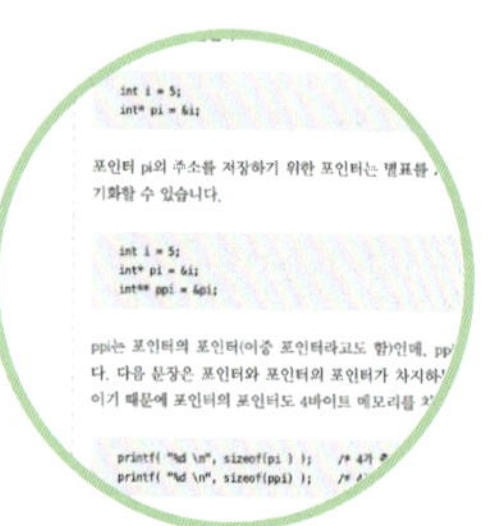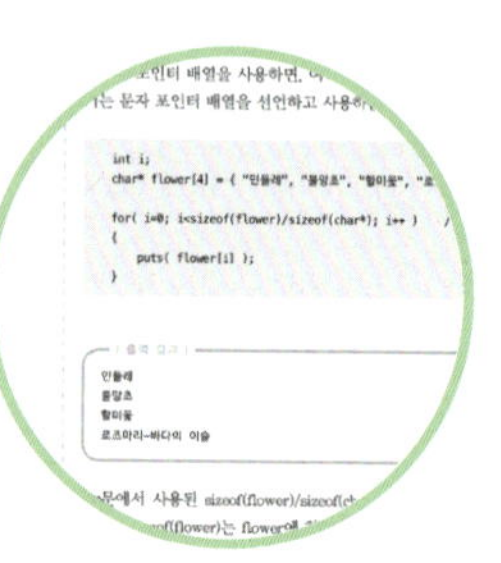

이번 장은 지금까지 학습한 여러 종류의 변수 및 함수에 대한 좀 더 고급 기능의 포인터에 대해 다룹니다. 고급 포인터의 종류는 포인터의 포인터, 포인터 배열, 함수 포인터, 함수 포인터 배열 등 다양하며, 이 장에서 포인터의 깊이를 느껴 보기 바랍니다.

포인터 고급

01 포인터의 포인터

포인터는 다른 변수의 주소를 그 값으로 가지는 변수입니다. 포인터는 변수이기 때문에 주소값을 가지며, 이런 포인터 변수의 번지를 저장하기 위한 포인터를 포인터의 포인터라 합니다. 포인터의 포인터 선언은 별표가 두 개(**)입니다.

1 포인터의 포인터

포인터의 포인터는 포인터 변수의 번지를 수치값으로 저장하기 위한 변수입니다. 다음 문장은 정수형 포인터 pi를 선언하고 초기화하는 것입니다.

```
int i = 5;
int* pi = &i;
```

포인터 pi의 주소를 저장하기 위한 포인터는 별표를 2개(**) 사용하여 다음 문장과 같이 선언하고 초기화할 수 있습니다.

```
int i = 5;
int* pi = &i;
int** ppi = &pi;
```

ppi는 포인터의 포인터(이중 포인터라고도 함)인데, ppi는 pi의 주소값을 숫자로 저장하는 변수입니다. 다음 문장은 포인터와 포인터의 포인터가 차지하는 메모리 크기입니다. 모든 포인터는 4바이트이기 때문에 포인터의 포인터도 4바이트 메모리를 차지합니다.

```
printf( "%d \n", sizeof(pi ) );    /* 4가 출력 */
printf( "%d \n", sizeof(ppi) );    /* 4가 출력 */
```

ppi는 pi를 가리키는 포인터이므로, 다음 문장과 같이 pi의 값을 간접 지정 연산자(*)를 사용해서 구할 수 있습니다.

```
printf( "%d \n", *ppi );    /* pi의 값 출력 */
```

i, pi, ppi의 관계를 종합해 보면 다음과 같은 관계가 성립됩니다.

```c
int i = 5;
int* pi = &i;               /* i의 주소를 값으로 저장 */
int** ppi = &pi;            /* pi의 주소를 값으로 저장 */

printf( "%d \n", i );       /* 5       - i의 값 */
printf( "%d \n", &i );      /* 1245052 - i의 번지 */
printf( "%d \n", pi );      /* 1245052 - pi의 값은 i의 번지 */
printf( "%d \n", &pi );     /* 1245048 - pi의 번지 */
printf( "%d \n", *pi );     /* 5       - pi가 가리키는 값, i의 값 */
printf( "%d \n", ppi );     /* 1245048 - ppi의 값은 pi의 번지 */
printf( "%d \n", &ppi );    /* 1245044 - ppi의 번지 */
printf( "%d \n", *ppi );    /* 1245052 - ppi가 가리키는 값, pi의 값 */
printf( "%d \n", **ppi );   /* 5       - ppi가 가리키는 값인 pi가 가리키는 값, i의 값 */
```

위 문장에서 다음 문장은 성립되지 않습니다.

```c
int** ppi = pi;    /* ppi는 int**형, pi는 int*형 */
int** ppi = &i;    /* ppi는 int**형, &i는 int*형 */
```

포인터의 포인터를 통해 i에 접근하기 위해서는 이중 간접 지정 연산자(**)를 사용하는데, 다음 문장과 같이 사용하면 i의 값을 변경할 수 있습니다.

```c
**ppi = 9;
printf( "%d \n", i );    /* 9가 출력 */
```

**ppi는 *(*ppi)라고 생각할 수 있으며, 연산자 *는 우측에 있는 것이 먼저 연산되므로, 첫 번째 연산(*ppi)은 pi가 저장하고 있는 주소값입니다. pi의 값은 i의 주소값이므로, *(*ppi)는 결국 *(pi)와 같은 형태가 되어, i의 값에 접근할 수 있습니다. 다음 문장은 **ppi를 좀 더 알기 쉽게 표현한 것입니다.

```c
int* p2 = *ppi;
*p2 = 9;    /* i = 9;와 동일 */
( *p2 == **ppi ) ? puts( "참" ) : puts( "거짓" );    /* 참이 출력 */
```

포인터 배열

동일한 형태의 변수가 여러 개 필요할 때 이것을 효율적으로 사용할 수 있게 하는 자료 구조가 배열입니다. 포인터 변수도 여러 개 필요할 경우가 있으며, 이럴 때 포인터 배열을 사용하면 좀 더 깔끔한 프로그램을 만들 수 있습니다.

1 정수형 포인터 배열(int* p[ ])

포인터도 변수이기 때문에 배열로 선언할 수 있습니다. 다음 문장은 정수형 포인터를 10개 선언하는 것입니다.

```
int* parray[10];
```

포인터 배열은 주로 1차원 포인터 배열이 많이 사용되며, 경우에 따라 2차원 포인터 배열을 사용하기도 합니다. 다음 문장은 1차원 포인터 배열과 2차원 포인터 배열을 선언하는 것입니다.

```
int* p1[10];
int* p2[10][20];
```

1차원 포인터 배열의 사용은 일반적인 1차원 배열과 그 사용 방법이 같습니다. 다음 문장은 그 예를 보여 줍니다. 연산자 []가 *보다 연산 우선순위가 높음에 유의하십시오.

```
int i = 1, j = 2, k = 3;
int* p[3] = { &i, &j, &k };

printf( "%d, %d, %d\n", *p[0], *p[1], *p[2] );   /* 1, 2, 3이 출력 */
```

2 문자형 포인터 배열(char* p[ ])

포인터 배열은 정수형보다는 주로 문자형에 사용됩니다. 다음 문장과 같이 문자형 포인터는 문자열을 하나 가리킬 수 있습니다.

```c
char* pstr = "안녕하세요";
```

문자형 포인터 배열을 사용하면, 여러 개의 문자열을 가리킬 수 있으며, 다음 문장은 꽃 이름을 가리키는 문자 포인터 배열을 선언하고 사용하는 예입니다.

```c
int i;
char* flower[4] = { "민들레", "물망초", "할미꽃", "로즈마리-바다의 이슬" };

for( i=0; i<sizeof(flower)/sizeof(char*); i++ )    /* for( i=0; i<16/4; i++ ) */
{
    puts( flower[i] );
}
```

| 출력 결과 |

```
민들레
물망초
할미꽃
로즈마리-바다의 이슬
```

for문에서 사용된 sizeof(flower)/sizeof(char*)는 배열의 크기를 구합니다. flower는 포인터 배열이기 때문에 sizeof(flower)는 flower에 할당된 총 메모리 크기를 구합니다. 배열의 각 요소인 포인터는 4바이트를 차지하기 때문에, sizeof(flower)/4처럼 사용해도 되지만, 32비트 환경이 아닌 64비트 등에서는 포인터의 크기가 8바이트가 되므로, 앞으로의 호환성을 위해 sizeof(char*)를 사용하는 것이 좋습니다.

배열을 선언할 때는 크기를 지정하지 않을 수 있기 때문에, flower는 다음과 같이 배열 요소를 생략하고 선언할 수 있습니다.

```c
char* flower[] = { "민들레", "물망초", "할미꽃", "로즈마리-바다의 이슬" };
```

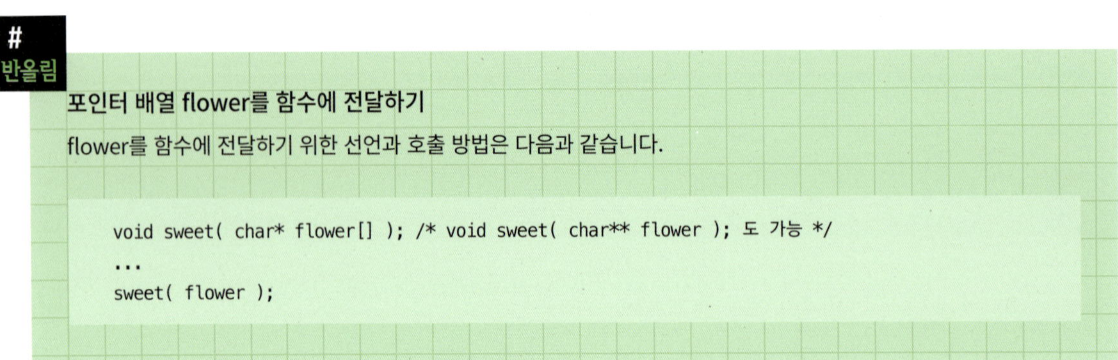

3 문자형 포인터 다차원 배열(char* p[ ][ ])

문자형 포인터 다차원 배열은 일반 배열을 선언하고 사용하는 것과 비슷합니다. 다음은 문자형 포인터 2차원 배열을 선언하고 사용하는 예입니다.

```c
01: /* flower.c : 문자형 포인터 다차원 배열을 이용한 꽃 이름 출력 프로그램 */
02:
03: #include <stdio.h>
04:
05: void sweet( char* (*flower)[3], int cnt )
06: {
07:     int i;
08:
09:     for( i=0; i<cnt; i++ )
10:     {
11:         printf( "%s는 %s입니다. \n", flower[0][i], flower[1][i] );
12:     }
13: }
14:
15: void main( void )
16: {
17:     char* flower[][3] =
18:     {
19:         { "민들레", "물망초", "진달래" },
20:         { "dandelion", "forget-me-not", "azalea"},
21:     };
22:
23:     sweet( flower, sizeof(flower[0])/sizeof(char*) ); /* 12/4 */
24: }
```

| 출력 결과 |

```
민들레는 dandelion입니다.
물망초는 forget-me-not입니다.
진달래는 azalea입니다.
```

이 프로그램은 꽃 이름과 그 꽃에 대한 영문 이름을 출력합니다. 17번째 줄에 정의된 flower를 23번째 줄에서 함수에 전달할 때, flower의 매개 변수는 char* (*flower)[3]처럼 사용합니다. 이 매개 변수는 char* flower[][3]으로 사용할 수도 있습니다. 23번째 줄에서 사용한 sizeof(flower[0])은 2차원 포인터 배열 중 1차원 배열의 크기를 구하며, 그 크기는 12이고, sizeof(flower)의 크기는 24입니다.

반올림

포인터 배열로 메모리 절약하기

다음은 문자열을 처리하기 위해 2차원 문자 배열을 선언하고 초기화한 것입니다.

```c
char dialog[][50] =
{
    "I have a question for you.",
    "What kind of season do you like best?",
    "I like summer best."
};
```

이렇게 선언한 경우 배열의 크기와 각 문자열의 실제 크기를 출력해 보면, 메모리가 비효율적으로 사용되고 있음을 확인할 수 있습니다. 실제로 필요한 메모리 공간은 널문자 3바이트를 포함해서 85바이트인데, 배열의 크기는 150바이트가 할당되어 사용됩니다.

```c
printf( "%d \n", sizeof(dialog) );        /* 150 - 배열의 크기 */
printf( "%d \n", strlen(dialog[0]) );     /* 26 - 문자열의 길이 */
printf( "%d \n", strlen(dialog[1]) );     /* 37 - 문자열의 길이 */
printf( "%d \n", strlen(dialog[2]) );     /* 19 - 문자열의 길이 */
```

일반적으로는 메모리가 넉넉하기 때문에 위와 같이 사용하는 것이 별다른 문제가 되지는 않습니다. 하지만 특정 프로그램에서 메모리를 절약해야 할 경우, 위와 같이 사용하는 것은 좋지 않습니다. 메모리를 한 바이트라도 절약해야 한다면, 다음과 같이 포인터 배열을 사용하는 것이 좋습니다.

```c
char* dialog[] =
{
    "I have a question for you.",
    "What kind of season do you like best?",
    "I like summer best."
};
```

함수 포인터

함수도 변수와 같이 그 함수의 실행 코드가 시작되는 주소가 있습니다. 그러므로 포인터에 함수의 주소를 저장할 수 있으며, 함수의 주소를 저장하는 포인터를 함수 포인터라고 합니다. 이 레슨에서는 함수 포인터의 선언 및 사용 방법에 대해 학습합니다.

1 함수 포인터

프로그램이 실행되면, 함수의 실행 코드는 메모리의 특정 번지에 놓이게 됩니다. 포인터는 주소값을 저장하는 변수이기 때문에 함수의 시작 번지를 저장할 수도 있으며, 함수의 시작 주소를 저장하는 포인터를 함수 포인터라 합니다. 함수 포인터는 다음과 같이 함수의 원형과 비슷한 형태로 선언해야 합니다.

```
반환값 (*함수 포인터 변수명) ( [매개 변수1, 매개 변수2,...] );
```

함수 포인터는 대상이 되는 함수와 유사하게 선언됩니다. 만약 문자열의 길이를 구하는 strlen() 함수의 함수 포인터를 선언하고자 한다면, 다음과 같이 strlen() 함수의 원형을 알아야 하며,

```
size_t strlen( const char* );
```

이 함수에 대한 함수 포인터는 다음처럼 선언할 수 있습니다.

```
size_t (*pfunc)( const char* );
```

함수 포인터를 선언할 때는 별표(*)를 사용하며, 함수의 이름 대신 함수 포인터 변수로 사용할 변수의 이름을 선언합니다. 그리고 좌우를 괄호로 감쌉니다. 위 문장을 보면, strlen이 (*pfunc)로 변경된 것 말고는 반환값 size_t와 매개 변수 const char*는 같음을 알 수 있습니다. pfunc는 변수의 이름이기 때문에 다음과 같이 얼마든지 다른 이름으로 사용할 수 있습니다.

```
size_t (*func_pointer)(const char* );
```

■ **함수 포인터** : 함수를 대신해서 사용할 수 있는 포인터를 의미
■ **함수 포인터의 리턴** : typedef문으로 반드시 재정의한 후 사용할 수 있음

난이도 ················· ★★★★☆
활용도 ················· ★★☆☆☆
소요시간 ············· ★★★☆☆

다음 문장은 strlen() 함수의 함수 포인터를 선언하고 사용하는 예입니다.

```c
size_t (*pfunc)(const char* );    /* 함수 포인터 선언 */
pfunc = strlen;                   /* strlen() 함수의 주소값을 pfunc에 대입 */

printf( "%d \n", strlen("abc") );   /* strlen() 함수를 직접 호출 */
printf( "%d \n", pfunc("abc") );    /* strlen() 함수를 간접 호출 */
```

만약 다음과 같이 리턴값이 char*이고, 매개 변수가 여러 개 있는 함수에 대하여 함수 포인터를 선언하고자 한다면,

```c
char* copy( char* s1, const char* s2, int len );
```

다음 문장과 같이 함수의 리턴값과 매개 변수는 그대로 사용한 채, 함수의 이름만 (*이름) 형태로 변경해 주면 됩니다.

```c
char* (*pcopy)( char* s1, const char* s2, int len );
pcopy = copy;    /* 함수의 주소 대입 */
```


함수 포인터의 리턴

함수의 리턴값으로 함수 포인터를 리턴해야 하는 경우가 있습니다. 함수 포인터를 리턴해야 하는 경우 이와 같은 함수 포인터의 형태를 그대로 사용할 수 없으며, typedef문에 의해 재정의한 후 사용해야 합니다. 앞에서 선언된 copy( ) 함수의 함수 포인터를 리턴해야 한다면, 다음과 같이 함수 포인터형을 pfunc로 재정의한 후, pfunc를 함수의 리턴 데이터형으로 사용할 수 있으며, 다른 함수 포인터를 선언할 때도 사용할 수 있습니다.

```c
typedef char* (*pfunc)( char* s1, const char* s2, int len );
pfunc get_func( void ) { return (pfunc)copy; }    /* copy() 함수 포인터를 리턴 */
pfunc pcopy;                                        /* 함수 포인터 pcopy를 선언 */
pcopy = get_func;                                  /* 함수 포인터 pcopy를 사용 */
pcopy( ... );                                      /* copy() 함수 호출 */
```

279

Lesson 04 함수 포인터 배열

함 수 포인터 배열은 포인터 배열과 비슷합니다. 함수 포인터 배열을 사용하면 조건에 따라 함수를 호출해야 할 때 유용하게 사용할 수 있습니다. 이 레슨에서는 함수 포인터 배열의 선언 및 배열을 함수로 초기화하는 방법과 함수 포인터 배열을 사용한 호출에 대해 학습합니다.

1 함수 포인터 배열의 선언

함수 포인터 배열은 다음과 같이 선언할 수 있습니다. 함수 포인터 배열을 선언하기 위해서는 변수명의 뒤에 대괄호를 사용하여 배열의 크기를 지정하면 됩니다.

```c
int (*calc[5])( int, int );
```

함수 포인터를 사용할 때는 typedef으로 재정의한 후 사용하는 것이 편리합니다. 다음 문장은 위와 같은 형태의 함수 포인터를 정의할 수 있는 CALC라는 데이터형을 재정의하는 것입니다.

```c
typedef int (*CALC)(int, int);
```

그러면, CALC를 사용해서 함수 포인터나 함수 포인터 배열을 선언할 수 있습니다.

```c
CALC calc[5];
```

함수 포인터 배열을 사용하면 좀 더 멋지고 포괄적인(generic) 프로그램을 만들 수 있습니다. 다음은 함수 포인터 배열을 사용하여 계산기를 만드는 예제입니다.

```c
01: /* calc.c : 함수 포인터를 사용한 계산기 프로그램 */
02:
03: #include <stdio.h>
04: #include <string.h>
05: #include <stdlib.h>
06:
07: int Add( int a, int b ) { return a + b; }
08: int Sub( int a, int b ) { return a - b; }
```

```c
09: int Mul( int a, int b ) { return a * b; }
10: int Div( int a, int b ) { return a / b; }
11: int Mok( int a, int b ) { return a % b; }
12:
13: typedef int (*CALC)(int, int);    /* CALC형을 정의 */
14:
15: void PRINT( const char* msg, int a, int b, int op, CALC *calc );
16:
17: void main( void )
18: {
19:     CALC calc[5] = { Add, Sub, Mul, Div, Mok };     /* 함수 포인터 배열의 초기화 */
20:     char* msg[5] =    /* 포인터 배열 */
21:     {
22:         "덧셈 연산 %d + %d = %d 입니다. \n",
23:         "뺄셈 연산 %d - %d = %d 입니다. \n",
24:         "곱셈 연산 %d * %d = %d 입니다. \n",
25:         "나눗셈 연산 %d / %d = %d 입니다. \n",
26:         "몫 연산 %d %% %d = %d 입니다. \n"
27:     };
28:
29:     printf( "1 + 2 처럼 입력한 후 Enter를 치세요. -,*,/,%%도 가능 \n" );
30:
31:     while( 1 )
32:     {
33:         char string[100];
34:         char *token = "+-*/%";
35:         unsigned int pos;
36:         int op;
37:
38:         gets( string );
39:         pos = strcspn( string, token );
40:
41:         if( pos == strlen(string) )
42:         {
43:             printf( "+, -, *, /, %% 중의 하나가 없습니다. \n" );
44:             continue;
45:         }
46:
47:         // 연산자 검색
48:
49:         for( op=0; op<5; op++ )
50:         {
51:             if( strchr(string, token[op]) ) break;     /* 연산자 위치를 op가 기억 */
52:         }
53:
54:         string[pos] = '\0';    /* 연산자를 기준으로 문자열 분리. 생략 가능 */
```

281

```
55:
56:            {    // 지역 변수를 사용하기 위해서 블록({}) 사용
57:                 int a, b;
58:
59:                 a = atoi( string );            /* 첫 번째 값 */
60:                 b = atoi( &string[pos+1] );    /* 두 번째 값*/
61:
62:                 PRINT( msg[op], a, b, op, calc );
63:            }
64:        }
65: }
66:
67: void PRINT( const char* msg, int a, int b, int op, CALC *calc )
68: {
69:      // op가 0이면 Add함수, 1(Sub), 2(Mul), 3(Div), 4(Mok) 함수 호출
70:      printf( msg, a, b, (calc[op])( a, b ) );
71: }
```

| 출력 결과 |

```
1 + 2 처럼 입력한 후 Enter를 치세요. -,*,/,%도 가능
3 * 5 ↵
곱셈 연산 3 * 5 = 15 입니다.
50/10 ↵
나눗셈 연산 50 / 10 = 5 입니다.
23%5 ↵
몫 연산 23 % 5 = 3 입니다.
```


C 언어를 처음 배우는 분들이 이 프로그램을 분석하고 이해하는 것은 쉽지 않을 것입니다. 앞으로 프로그래머를 꿈꾸는 분들이라면 시간이 조금 걸리더라도 calc.c를 반드시 이해하도록 노력해야 합니다. 13번째 줄은 CALC형을 선언하는 것입니다. CALC형은 Add, Sub, Mul, Div, Mok의 함수 포인터를 정의할 수 있는 데이터형으로 사용할 수 있습니다. 19번째 줄은 CALC형을 사용해서 함수 포인터 배열을 선언하는 것입니다. 배열은 선언과 동시에 초기화할 수 있으므로 각 배열 요소의 함수 포인터를 함수명으로 초기화합니다. 20~27번째 줄은 포인터 배열을 사용하여 각 함수들이 사용될 때 사용할 문자열을 선언하는 것입니다. 39번째 줄은 입력한 문자열 안에 산술 연산자(+-*/%)가 있는지 검색합니다. 만약 산술 연산자가 없다면, pos의 값은 입력한 문자열의 길이와 같게 됩니다(41번째 줄). 49~52번째 줄은 사용된 산술 연산자를 검색하며 op에 검색된 위치를 기억합니다. 54번째 줄은 연산자가 있는 위치에 널문자를 넣어서 문자열을 두 개로 만드는 것입니다. 예를 들어 다음과 같이 문자열을 입력한 경우,

```
1 + 2[Enter]
```

string 버퍼에는 아래와 같이 채워집니다. 연산을 하기 위해서는 산술 연산자를 기준으로 왼쪽과 오른쪽 값을 분리해야 합니다.

```
'1', ' ', '+', ' ', '2', '\0'
```

54번째 줄은 다음과 같이 연산자가 있는 위치의 값을 널문자로 바꿔 주는 기능을 합니다.

```
'1', ' ', '\0', ' ', '2', '\0'
```

59~60번째 줄은 첫 번째와 두 번째 연산값을 추출하며, 62번째 줄에서 연산자의 위치 및 값을 함수에 전달합니다. 70번째 줄은 전달된 op의 값에 해당하는 calc() 함수를 호출하여 두 값의 결과를 리턴합니다.

메모하세요

01　다음과 같은 정수형 포인터의 번지를 저장하기 위한 포인터를 선언하십시오.

```
int *pi;
```

02　다음과 같은 문장이 있을 때, ppi를 사용해서 i의 값을 바꾸는 문장을 작성하십시오.

```
int i = 100;
int *pi = &i;
int **ppi = &pi;
```

03　다음과 같이 정수형 변수가 2개 있을 때, 각 변수를 저장할 수 있는 포인터 배열을 선언하십시오.

```
int i, j;
```

04　다음과 같이 배열을 사용하면 메모리가 낭비될 수 있습니다. player를 포인터 배열을 사용하여 선언하십시오.

```
char player[][30] =
{
    "박지성", "이영표", "설기현", "안정환"
};
```

05　4번에서 정의된 player를 출력하는 Printf() 함수를 작성하십시오.

06　다음은 C 언어에서 사용되는 표준 함수들입니다. 각 함수의 함수 포인터를 선언하십시오.

```
char* strcpy( char *dest, const char *src );
char *strcat( char *dest, const char *src );
char *strchr( const char *s, int c );
int printf( const char *format, ... );
int atoi( const char *s );
```

07　6번에서 선언된 함수 포인터를 사용하는 예를 작성하십시오.

TIP

- 포인터의 포인터는 별이 두 개입니다.
- 포인터의 포인터가 가리키는 포인터가 가리키는 값에 접근하려면 별을 두 개 사용해야 합니다.
- 포인터 배열은 일반 배열과 비슷합니다.

TIP

- 포인터 배열은 char* p[];의 형태로 선언합니다.
- 포인터 배열에 대한 함수의 매개 변수는 char* p[];의 형태로 선언됩니다.
- 특정 함수의 함수 포인터는 반환값과 매개 변수가 같으며, 반환값 (*p)(매개 변수);의 형태로 선언됩니다.

08 다음의 코드를 참조하여 덧셈과 뺄셈이 되는 계산기 예제를 작성하십시오.

- 연산자를 기준으로 문자열을 분리해야 합니다.
- atoi() 함수를 사용하여 두 개의 숫자값을 구해야 합니다.
- 연산자에 알맞은 함수를 호출해야 합니다.

```
01: #include <stdio.h>
02: #include <string.h>
03: #include <stdlib.h>
04:
05: int Add( int a, int b ) { return a + b; }
06: int Sub( int a, int b ) { return a - b; }
07:
08: typedef int (*CALC)(int, int);
09:
10: void PRINT( const char* msg, int a, int b, int op,
CALC *calc );
11:
12: void main( void )
13: {
14:     CALC calc[2] = { Add, Sub };
15:     char* msg[2] =
16:     {
17:         "덧셈 연산 %d + %d = %d 입니다. \n",
18:         "뺄셈 연산 %d - %d = %d 입니다. \n"
19:     };
20:
21:     printf( "1+2 또는 3-2처럼 입력한 후 Enter를 치세요.\n" );
22:
23:     while( 1 )
24:     {
25:         char string[100];
26:         char *token = "+-";
27:         unsigned int pos;
28:         int op;
29:
30:         gets( string );
31:         pos = strcspn( string, token );
32:
33:         if( pos == strlen(string) )
34:         {
35:             printf( "+, - 중의 하나가 없습니다. \n" );
36:             continue;
37:         }
38:
39:         for( op=0; op<2; op++ )
40:         {
41:             if( strchr(string, token[op]) ) break;
42:         }
43:     }
44: }
```

285

C - Language

알고리즘이란 주어진 문제를 해결하는 방법입니다. 만약 "채팅 프로그램을 만들어 주세요."라고 한다면, 그것은 주어진 문제이고, 채팅 프로그램을 만들기 위한 방법을 알고리즘이라 할 수 있습니다. 주어진 문제를 해결하기 위해서는 변수, 포인터 등 문법적인 요소 외에 데이터를 효율적으로 관리하기 위한 자료 구조를 알아야 합니다. 이 장에서는 재귀 호출 및 선택 정렬 그리고 자료를 저장하는 링크드 리스트와 트리에 대해 학습하게 됩니다.

생각하는 프로그램, 알고리즘

01

재귀 호출 알고리즘

재귀 호출

코딩을 하다 보면, 같은 기능을 하는 함수를 여러 번 반복해서 호출해야 하는 경우가 있습니다. C 언어에서는 특정한 기능을 함수로 작성할 수 있으며, 자기 함수를 여러 번 반복해서 호출하는 재귀 호출(recursion)이란 개념을 사용할 수 있습니다.

1 재귀 호출

재귀 호출(recursion)은 함수 내에서 자기 함수를 반복해서 호출하는 알고리즘이며, 재귀적으로 호출되는 함수를 재귀 함수라 합니다. 코딩을 하다 보면 재귀 호출을 사용해야만 해결할 수 있는 문제들이 많이 발생하므로 잘 알아두어야 합니다. 다음은 숫자의 값이 1이 될 때까지 자기 자신을 계속 호출하는 재귀 호출을 사용한 예입니다. 재귀 호출은 반드시 종료 조건이 있어야 하며, 다음 예는 count의 값이 1이 될 때 더 이상 재귀 함수를 호출하지 않게 됩니다.

```
01: /* recursion.c : 재귀 호출을 통해 3~1까지 출력하는 프로그램 */
02:
03: #include <stdio.h>
04:
05: void print_count( int count )
06: {
07:     printf( "%d \n", count );
08:     if( count == 1 ) return;    /* 재귀 함수 종료 조건 */
09:     print_count( --count );     /* count를 1씩 감소시키면서 재귀 호출 */
10: }
11:
12: void main( void )
13: {
14:     print_count( 3 );           /* 재귀 함수 호출 */
15: }
```

| 출력 결과 |

```
3
2
1
```

- **재귀 호출** : 함수 내에서 자기 함수를 반복해서 호출하는 호출
- **재귀 함수** : 재귀 호출이 되는 함수
- **알고리즘** : 문제를 해결하는 방법

프로그램이 실행되면 3, 2, 1이 순서대로 출력되고 프로그램은 종료됩니다. 어째서 그렇게 동작하는지 아래의 내용을 읽기 전에 스스로 분석해 보기 바랍니다.

다음 그림은 재귀 함수가 호출되는 순서입니다. 재귀 함수는 ①②③④⑤⑥의 순서대로 실행됩니다. ③이 호출되면, count의 값은 1이므로 더 이상 재귀 호출을 하지 않습니다.

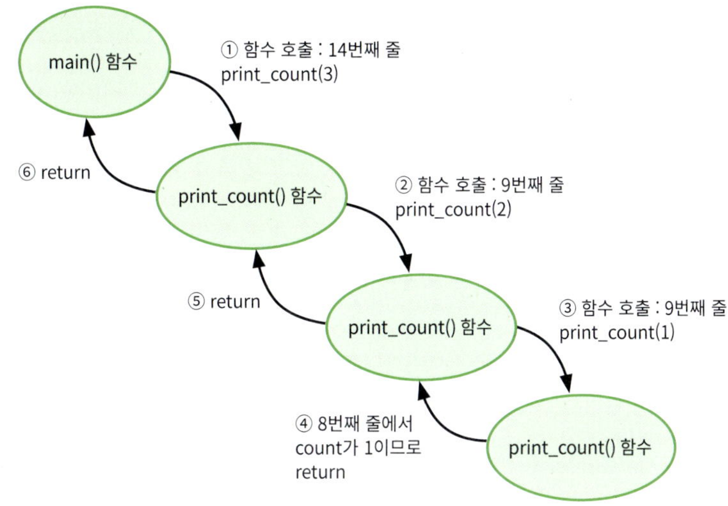

 # 반올림

재귀 호출을 사용한 계승(factorial) 계산

재귀 호출을 사용하면 1~n까지의 계승을 구하는 프로그램을 쉽게 구현할 수 있습니다. 예를 들어 1~10까지의 계승을 구한다면, 다음과 같은 식이 성립됩니다. 아래 코드는 계승을 계산하는 재귀 호출 함수를 작성한 것입니다. n값이 0이 될 때 재귀 호출은 종료됩니다.

```
10! = 1 * 2 * 3 * 4 * 5 * 6 * 7 * 8 * 9 * 10
```

```
int factorial( int n )
{
    return ( n ? n * factorial(n-1) : 1 );   /* n이 0일 때 1을 리턴 */
}
```

선택 정렬 알고리즘
선택 정렬

여러 개의 숫자들이 값의 크기에 관계없이 저장되어 있을 때, 이 숫자들을 작은 값에서 큰 값 순으로 정렬해야 할 경우가 있습니다. 이때 사용할 수 있는 것이 정렬 알고리즘이며, 정렬 알고리즘은 선택 정렬, 삽입 정렬, 퀵 정렬, 힙 정렬 등이 있는데, 이 레슨에서는 선택 정렬에 대해 학습합니다.

1 선택 정렬

선택 정렬(selection sort)은 정렬 알고리즘 중에서 가장 일반적인 알고리즘입니다. 선택 정렬이란 주어진 값들을 정렬하기 위해 앞에서 뒤로 이동하면서 정렬하는 방식을 사용합니다. 다음과 같이 숫자들이 나열되어 있을 때,

> 5 3 2 8 7   ······   (1)

선택 정렬을 사용하면 위 값들을 다음과 같이 오름차순으로 정렬할 수 있습니다.

> 2 3 5 7 8

(1)을 선택 정렬을 사용해서 정렬하려면, 맨 앞의 5와 나머지 4개를 비교하여 가장 작은 값을 5의 자리와 교환하고, 3과 나머지 3개를 비교하여 가장 작은 값을 3의 자리와 교환합니다. 이 두 과정이 끝나면 맨 앞에는 2가 두 번째는 3이 들어가게 됩니다. 이런 방법으로 끝까지 비교하여 모든 값들을 오름차순으로 정렬합니다.

2 첫 번째 값 구하기

(1)에서 첫 번째 5와 두 번째 3을 비교하면 5가 3보다 크므로 5와 3을 서로 교환합니다.

> [3] 5 2 8 7   ······   (2)

(2)에서 첫 번째 3과 세 번째 2를 비교하면 3이 2보다 크므로 3과 2를 서로 교환합니다.

[2] 5 3 8 7　　　　　　　　　　······	(3)

(3)에서 첫 번째 2와 네 번째 8을 비교하면 2가 8보다 작으므로 두 값을 그대로 둡니다.

[2] 5 3 8 7　　　　　　　　　　······	(4)

(4)에서 첫 번째 2와 다섯 번째 7을 비교하면 2가 7보다 작으므로 두 값을 그대로 둡니다. 이렇게 첫 번째에 있는 값과 나머지 모든 값을 비교하여 가장 작은 값을 첫 번째에 넣으면 가장 작은 값이 첫 번째로 들어오게 됩니다.

[2] 5 3 8 7　　　　　　　　　　······	(5)

3　두 번째 값 구하기

(5)에서 두 번째로 작은 값을 찾기 위해 두 번째 값인 5와 세 번째 값인 3을 비교합니다. 첫 번째 값은 이미 가장 작은 값으로 정렬되었으므로, 더 이상 비교할 필요가 없습니다. 5와 3을 비교하면 5가 크므로 5와 3을 서로 교환합니다.

2 **[3]** 5 8 7　　　　　　　　　　······	(6)

(6)에서 두 번째 3과 네 번째 8을 비교하면 3이 8보다 작으므로 두 값을 그대로 둡니다.

2 **[3]** 5 8 7　　　　　　　　　　······	(7)

(7)에서 두 번째 3과 다섯 번째 7을 비교하면 3이 7보다 작으므로 두 값을 그대로 둡니다. 이렇게 두 번째에 있는 값과 나머지 모든 값을 비교하여, 두 번째로 작은 값을 구하면, 첫 번째는 2로 두 번째는 3으로 정렬되게 됩니다.

```
2 [3] 5 8 7                        ......                              (8)
```

4 세 번째 값 구하기

(8)에서 세 번째로 작은 값을 찾기 위해 세 번째 값인 5와 네 번째 값인 8을 비교합니다. 첫 번째와 두 번째 값은 이미 가장 작은 값으로 정렬되었으므로, 더 이상 비교할 필요가 없습니다. 5와 8을 비교하면 5가 8보다 작으므로 두 값을 그대로 둡니다.

```
2 3 [5] 8 7                        ......                              (9)
```

(9)에서 세 번째 5와 다섯 번째 7을 비교하면 5가 7보다 작으므로 두 값을 그대로 둡니다. 이렇게 세 번째에 있는 값과 나머지 모든 값을 비교하여, 세 번째로 작은 값을 구하면, 첫 번째는 2로, 두 번째는 3으로, 세 번째는 5로 정렬되게 됩니다.

```
2 3 [5] 8 7                        ......                             (10)
```

5 네 번째 값 구하기

(10)에서 네 번째로 작은 값을 찾기 위해 네 번째 값인 8과 다섯 번째 값인 7을 비교합니다. 첫 번째, 두 번째, 세 번째 값은 이미 가장 작은 값으로 정렬되었으므로, 더 이상 비교할 필요가 없습니다. 8과 7을 비교하면 8이 7보다 크므로 8과 7을 서로 교환합니다.

```
2 3 5 [7] 8                        ......                             (11)
```

이렇게 하면 네 번째로 작은 값이 정렬됩니다. 정렬할 총 개수가 5개이므로 더 이상 정렬을 할 필요가 없으며, 모든 값은 (11)과 같이 오름차순으로 정렬되게 됩니다.

다음은 선택 정렬을 사용해서, 배열의 각 요소들의 값을 오름차순으로 정렬하는 예입니다.

```c
01: /* selection.c : 선택 정렬 프로그램 */
02:
03: #include <stdio.h>
04:
05: void main( void )
06: {
07:     int n[5] = { 5, 3, 2, 8, 7 };
08:     int i, j, c = 1;
09:
10:     printf( "%d %d %d %d %d (%d) \n", n[0], n[1], n[2], n[3], n[4], c );
11:
12:     for( i=0; i<5-1; i++ )          /* 5-1을 주의하세요. */
13:     {
14:         for( j=i+1; j<5; j++ )     /* j=i+1을 주의하세요. */
15:         {
16:             if( n[j] < n[i] )      /* n[j] > n[i]로 바꾸면 내림차순 정렬이 됨 */
17:             {
18:                 int tmp;
19:                 tmp = n[j];        /* tmp에 작은 값 복사 */
20:                 n[j] = n[i];       /* 큰 값을 n[j]로 이동 */
21:                 n[i] = tmp;        /* 작은 값을 n[i]에 이동 */
22:             }
23:
24:             printf( "%d %d %d %d %d (%d) \n", n[0], n[1], n[2], n[3], n[4], ++c );
25:         }
26:     }
27: }
```

| 출력 결과 |

```
5 3 2 8 7 (1)
3 5 2 8 7 (2)
2 5 3 8 7 (3)
2 5 3 8 7 (4)
2 5 3 8 7 (5)  <- 첫 번째 값 정렬
2 3 5 8 7 (6)
2 3 5 8 7 (7)
2 3 5 8 7 (8)  <- 두 번째 값 정렬
2 3 5 8 7 (9)
2 3 5 8 7 (10) <- 세 번째 값 정렬
2 3 5 7 8 (11) <- 네 번째, 다섯 번째 값 정렬
```

이 프로그램은 5개의 정렬되지 않은 데이터 값을 선택 정렬을 통해 오름차순으로 정렬합니다. 7번째 줄은 정렬할 데이터입니다. 12번째 줄은 첫 번째 요소부터 마지막 요소를 제외한 요소까지 반복하기 위한 for문입니다. for문에서 주의해야 할 것은 "i<5"가 아니라 "i<5−1"이라는 것입니다. "i<5−1"은 "i<4"로 수정해서 사용해도 되며, 선택 정렬을 처음 보는 독자들께 주의하라는 뜻으로 "i<5−1"을 사용했습니다. 14번째 줄은 i가 지정하는 값과 그 이후의 값을 비교하기 위해 j의 초기값은 항상 "j=i+1"이 됩니다. "j=1" 또는 "j=i"라고 사용하지 않도록 주의하십시오.

16번째 줄은 두 값 중 어느 값이 작은지를 비교하여, 만약 n[j]의 값이 작다면, n[j]와 n[i]의 값을 서로 교환합니다. 만약 오름차순이 아닌 내림차순으로 정렬하려면, 16번째 줄을 다음과 같이 변경하면 됩니다.

```
if( n[j] > n[i]) /* 내림차순 정렬 */
```

18~21번째 줄은 10장의 레슨 7에 소개한 swab.c에서의 두 수의 값을 바꾸는 코드와 같습니다. C 언어에는 두 변수의 값을 교환해 주는 표준 함수가 없기 때문에 이와 같이 만들어서 사용해야 합니다.

#
반올림

가장 빠른 정렬 알고리즘

선택 정렬보다 더욱 성능이 뛰어난 알고리즘으로는 퀵 정렬(quick sort, 퀵 소트)이 있습니다. C 언어는 퀵 정렬을 하기 위해서 qsort( ) 함수를 제공합니다.

다음은 qsort( ) 함수를 사용한 예입니다.

```
01: /* qsort.c : 퀵 정렬 */
02:
03: #include <stdio.h>
04: #include <stdlib.h>
05:
06: int intcmp( const void* v1, const void* v2 )
07: {
08:     return *(int*)v1 − *(int*)v2;
09: }
10:
11: void main( void )
12: {
13:     int count;
14:     int array[] = { 4, 3, 5, 1, 2 };
15:
16:     count = sizeof(array) / sizeof(array[0]);
17:     qsort( array, count, sizeof(array[0]), intcmp );
18: }
```

버블 정렬은 서로 인접한 값들끼리 비교한 후, 자리 교환을 통해 정렬해 나가는 방법입니다. 예를 들어 7, 3, 5, 9, 2를 정렬한다면, 아래와 같이 정렬됩니다.

첫 번째 정렬 : 3 5 7 2 9
두 번째 정렬 : 3 5 2 7 9
세 번째 정렬 : 3 2 5 7 9
네 번째 정렬 : 2 3 5 7 9

다음은 버블 정렬을 구현한 코드입니다.

```c
01: /* bubble_sort.c : 버블 정렬 프로그램*/
02:
03: #include <stdio.h>
04:
05: void main( void )
06: {
07:     int n[5] = { 7, 3, 5, 9, 2 };
08:     int i, j, c = 1;
09:
10:     printf( "%d %d %d %d %d (%d) \n", n[0], n[1], n[2], n[3], n[4], c );
11:
12:     for( i=0; i<5-1; i++ )
13:     {
14:         for( j=1; j<5-i; j++ )
15:         {
16:             if( n[j-1] > n[j] ) /* n[j-1] < n[j]로 바꾸면 내림차순 정렬이 됨 */
17:             {
18:                 int tmp;
19:                 tmp = n[j-1];    /* tmp에 작은 값 복사 */
20:                 n[j-1] = n[j];   /* 큰 값을 n[j]로이동 */
21:                 n[j] = tmp;      /* 작은 값을 n[i]에 이동 */
22:             }
23:
24:             printf( "%d %d %d %d %d (%d) \n", n[0], n[1], n[2], n[3], n[4], ++c );
25:         }
26:     }
27: }
```

03 단일 링크드 리스트 알고리즘
단일 링크드 리스트

링크드 리스트는 자료를 저장하기 위한 방법이며, C 언어의 구조체와 포인터를 이해한 독자들도 처음에는 링크드 리스트를 이해하는 데 꽤 오랜 시간이 걸리곤 합니다. 그러므로 한 번에 이해하겠다는 생각보다는 몇 번이고 반복해서 이해가 될 때까지 하겠다는 생각으로 학습해야 합니다.

1 링크드 리스트

링크드 리스트(linked list)는 구조체를 통해 구현되는 자료 구조입니다. 링크드 리스트를 이해하기 위해서는 다음 사항에 대해 확실하게 이해해야 합니다. 만약 아래의 사항이 확실하게 이해되지 않았다면, 다시 한 번 12장의 구조체를 학습하기 바랍니다.

- 구조체의 선언 및 사용 방법
- 구조체 포인터의 선언 및 화살표 연산자(->)의 사용 방법
- malloc() 함수를 사용한 동적 메모리 할당

링크드 리스트는 다음 그림과 같이 여러 개의 구조체 블록으로 구성되며, 첫 번째 블록에 있는 포인터가 두 번째 블록의 주소값을 갖고 있으며, 두 번째 블록에 있는 포인터가 세 번째 블록의 주소값을 갖고 있는 자료 구조입니다. 그리고 마지막 블록은 포인터의 값이 NULL이 됩니다. 링크드 리스트에서 포인터의 값이 NULL이면 링크드 리스트의 마지막 블록을 의미합니다.

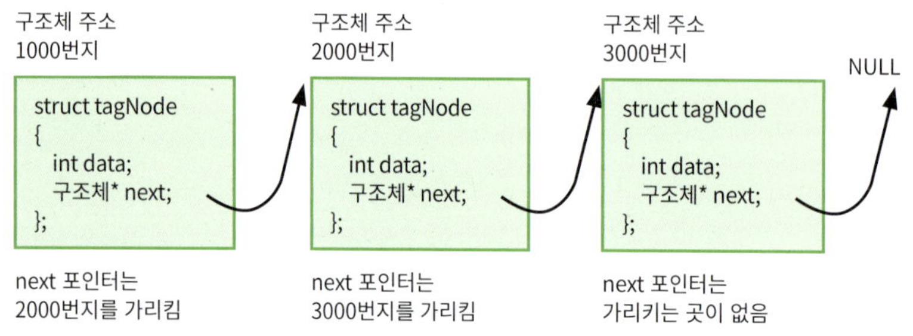

위 그림에서 각각의 구조체 블록을 노드(node)라고 하며, next 포인터는 링크(link)라고 합니다. 즉 링크드 리스트는 노드와 링크로 구성된다고 할 수 있으며, 첫 번째 블록의 주소값만 있으면, 맨 뒤에 있는 블록까지 구조체 포인터를 통해 찾아갈 수 있도록 되어 있습니다.

첫 번째 블록의 주소값을 가리키는 포인터를 헤드(head) 포인터라고 하며, 맨 마지막의 주소값을 가리키는 포인터를 테일(tail) 포인터라고 합니다. 앞의 그림에서 맨 처음의 주소값이 1000이기 때문에 head 포인터의 값은 1000이 되어야 하며, head 포인터가 가리키는 곳은 항상 첫 번째 구조체가 됩니다.

head 포인터를 통해서 첫 번째 구조체에 접근하면, 그 구조체 안에는 다음 구조체의 주소값을 갖고 있는 next 포인터가 존재하고, 이 next 포인터를 통해 두 번째 구조체에 접근할 수 있습니다. 이렇게 두 번째 구조체에 접근하면, 그 구조체 안에는 역시 next 포인터가 있으며, 이 next 포인터를 통해 세 번째 구조체에 접근할 수 있습니다. 또한 세 번째 구조체에도 next 포인터가 있으며, 이 next 포인터를 통해 네 번째 구조체에 접근할 수 있습니다. 앞 그림에서는 세 번째 구조체의 next 포인터가 더 이상 다음 구조체를 가리키지 않기 때문에, 링크드 리스트의 끝이라는 의미로 NULL 값을 갖게 됩니다.

링크드 리스트란 이렇게 구조체 블록을 next 포인터를 통해서 묶어 놓은 후, 맨 앞에 있는 구조체의 주소를 head 포인터에 저장하고 사용하는 자료 구조입니다. 원하는 자료를 찾기 위해서는 항상 맨 앞의 구조체부터 검색을 시작해야 하며, next 포인터를 통해 맨 뒤의 구조체까지 검색할 수 있습니다.

2 링크드 리스트 구조체 선언

링크드 리스트용 구조체는 다음과 같이 선언할 수 있습니다. 링크드 리스트용 구조체는 반드시 다음 구조체를 가리키기 위한 구조체 포인터가 존재해야 하며, 구조체 포인터의 데이터형은 자기 자신이 속한 구조체의 태그명과 항상 일치해야 합니다.

```
struct tagNode
{
    int data;
    struct tagNode* next;    /* 자기 참조 포인터 */
};
```

위와 같이 자기가 속한 구조체를 가리키는 포인터를 자기 참조 포인터라 합니다. 링크드 리스트를 선언하고 사용할 때 struct tagNode를 일일이 사용하는 것은 매우 귀찮으므로 다음과 같이 typedef문을 이용해서 데이터형을 재정의해서 사용하는 것이 일반적입니다.

```
typedef struct tagNode
{
    int data;
    struct tagNode* next;    /* 이 곳은 Node*로 바꿀 수 없습니다. */
} Node;
```

이렇게 Node라는 데이터형을 선언하면 struct tagNode* 대신에 Node*를 사용해도 됩니다.

3 첫 번째 노드 생성

첫 번째 노드를 생성하기 위해서는 다음 문장과 같이 메모리를 할당해야 합니다. 참고로 malloc() 함수는 void*를 리턴하기 때문에 (Node*)로 캐스팅해 주는 것이 좋은 습관이며, C++ 언어에서는 반드시 (Node*)로 캐스팅해 줘야 합니다.

```
Node *pNode, *pHead = NULL, *pTail = NULL;
pNode = (Node*) malloc( sizeof(Node) );
```

pNode는 메모리에 할당된 첫 번째 구조체의 주소값을 가리키는 포인터입니다. pHead는 맨 앞의 구조체를 가리키기 위한 포인터이며, pTail은 맨 뒤의 구조체를 가리키기 위한 포인터입니다. pNode는 첫 번째 구조체를 가리키는 포인터이므로, pNode 포인터를 사용해서 멤버 변수에 접근할 수 있습니다. 다음 문장은 pNode 포인터를 사용해서 첫 번째 노드의 멤버 변수에 접근하는 방법을 보여 줍니다.

```
pNode->data = 100;          /* (*pNode).data = 100;과 동일 */
pNode->next = NULL;         /* 다음 구조체가 없기 때문에 NULL로 초기화합니다. */
pHead = pTail = pNode;      /* 헤드와 테일 포인터를 첫 번째 노드로 초기화합니다. */
```

4 두 번째 노드 생성

두 번째 노드를 생성하는 방법은 첫 번째 노드를 생성하는 것과 같습니다.

```
pNode = (Node*) malloc( sizeof(Node) );
```

pNode는 새로 메모리에 할당된 두 번째 구조체의 주소값을 가리키는 포인터입니다. pNode가 두 번째 구조체를 가리키는 포인터이므로, pNode 포인터를 사용해서 멤버 변수에 접근할 수 있습니다.

```c
pNode->data = 200;        /* (*pNode).data = 200;과 동일 */
pNode->next = NULL;       /* 다음 구조체가 없기 때문에 NULL로 초기화합니다. */

pTail->next = pNode;      /* pTail이 가리키는 첫 번째 노드의 next에 두 번째 노드의 주소값 대입 */
pTail = pNode;            /* 테일 포인터가 두 번째 노드를 가리키도록 설정 */
```

5 세 번째 노드 생성

세 번째 노드를 생성하는 방법은 첫 번째나 두 번째 노드를 생성하는 것과 같습니다.

```c
pNode = (Node*) malloc( sizeof(Node) );
```

pNode는 새로 메모리에 할당된 세 번째 구조체의 주소값을 가리키는 포인터입니다. pNode가 세 번째 구조체를 가리키는 포인터이므로, pNode 포인터를 사용해서 멤버 변수에 접근할 수 있습니다.

```c
pNode->data = 300;        /* (*pNode).data = 300;과 동일 */
pNode->next = NULL;       /* 다음 구조체가 없기 때문에 NULL로 초기화합니다. */

pTail->next = pNode;      /* pTail이 가리키는 두 번째 노드의 next에 세 번째 노드의 주소값 대입 */
pTail = pNode;            /* 테일 포인터가 세 번째 노드를 가리키도록 설정 */
```

이렇게 하면 세 개의 노드가 생성되며, 세 개의 노드는 각 노드의 next 포인터를 통해 연결되어 있습니다. 세 개의 노드가 연결되어 있기 때문에 헤드 포인터를 사용해서 각 노드의 data값을 출력해 볼 수 있습니다.

6 각 노드의 data값 출력

각 노드의 data값을 출력하기 위해서는 맨 처음에 위치한 노드의 주소를 알아야 하며, 그 주소값은 pHead 포인터가 갖고 있습니다. 그러므로 다음의 문장은 pNode가 첫 번째 노드를 가리키게 합니다.

```c
pNode = pHead;    /* 첫 번째 노드를 가리키도록 설정 */
```

첫 번째 노드의 값을 다음과 같이 출력합니다.

```
    printf( "%d \n", pNode->data );    /* 첫 번째 노드의 data값 출력 */
```

두 번째 노드의 값을 다음과 같이 출력합니다.

```
    pNode = pNode->next;               /* 두 번째 노드를 가리키도록 설정 */
    printf( "%d \n", pNode->data );    /* 두 번째 노드의 data값 출력 */
```

세 번째 노드의 값을 다음과 같이 출력합니다.

```
    pNode = pNode->next;               /* 세 번째 노드를 가리키도록 설정 */
    printf( "%d \n", pNode->data );    /* 세 번째 노드의 data값 출력 */
```

이와 같이 모든 노드의 data값을 출력할 수 있는데, 만약 노드가 100개 정도 된다면 이런 방법으로 각 노드의 data값을 출력하는 것은 무리가 있습니다. 그래서 각 노드의 데이터를 출력하기 위해 while문을 사용하여 노드를 순회하는 방법이 주로 사용됩니다.

7 노드의 순회

노드의 순회란 맨 앞의 헤드 노드부터 맨 뒤의 테일 노드까지 모든 노드를 하나씩 거쳐 가는 것을 의미합니다. 맨 앞의 노드에 대한 포인터는 헤드 포인터가 갖고 있습니다. 노드를 순회하기 위해서는 먼저 맨 앞의 노드가 어디인지 알아야 되며, 헤드 포인터를 참조하여 맨 앞에 위치한 노드의 주소를 구할 수 있습니다.

```
    pNode = pHead;                     /* 첫 번째 노드를 가리키도록 설정 */
```

다음 문장은 맨 앞의 노드의 data값부터 맨 뒤의 노드의 data값을 출력하는 문장입니다.

```
while( pNode != NULL )      /* while( pNode )와 동일 */
{
    printf( "%d \n", pNode->data );    /* 첫 번째, 두 번째, 세 번째 data값 출력 */

    pNode = pNode->next;    /* pNode에 다음 노드의 주소를 대입 */
}
```

while문은 pNode가 참인 동안, 중괄호 블록 안의 문장을 반복하게 되며, 마지막에 있는 문장

```
pNode = pNode->next;
```

에 의해서 pNode가 가리키는 주소값은 pNode가 현재 가리키는 노드의 다음 노드의 값으로 교체됩니다. while문이 처음 시작될 때는 pNode의 값은 첫 번째 노드를 가리키고, 한 번 반복되었을 때는 pNode의 값이 두 번째 노드를 가리키게 됩니다. 그리고 두 번 반복되었을 때는 pNode의 값은 세 번째 노드를 가리키게 됩니다. 마지막으로 pNode가 NULL이 되면 while문은 반복을 멈추게 됩니다.

8 메모리의 해제

노드를 생성하기 위해 사용했던 메모리는 반드시 해제되어야 합니다. 메모리를 해제하기 위해서는 free() 함수를 사용하며, 다음 문장은 모든 메모리를 해제하는 예입니다.

```
pNode = pHead;                    /* 첫 번째 노드를 가리키도록 설정 */

while( pNode )
{
    Node* next = pNode->next;    /* 다음 노드를 미리 구함 */
    free( pNode );               /* 첫 번째, 두 번째, 세 번째 노드의 메모리 해제 */
    pNode = next;                /* 다음 노드로 설정 */
}
```

free() 함수에 의해 pNode가 가리키는 메모리가 해제되면, pNode->next에 접근할 수 없게 됩니다. 그러므로 pNode가 해제되기 전에 pNode->next값을 next에 보관해 두었다가 사용하는 것입니다.

앞에서 설명한 모든 과정을 하나의 소스 코드로 정리하면 다음과 같습니다.

```
01: /* single_linkedlist.c : 싱글 링크드 리스트의 활용 프로그램 */
02:
03: #include <stdio.h>
04: #include <stdlib.h>
05:
06: typedef struct tagNode
07: {
08:     int data;
09:     struct tagNode* next;    /* 이곳은 Node*로 바꿀 수 없습니다. */
10: } Node;
11:
12: void main( void )
13: {
14:     Node *pNode, *pHead = NULL, *pTail = NULL;
15:
16:     //.// 첫 번째 노드의 생성
17:
18:     pNode = malloc( sizeof(Node) );
19:
20:     pNode->data = 100;      /* (*pNode).data = 100;과 동일 */
21:     pNode->next = NULL;      /* 다음 구조체가 없기 때문에 NULL로 초기화합니다. */
22:
23:     pHead = pTail = pNode; /* 헤드와 테일 포인터를 첫 번째 노드로 초기화합니다. */
24:
25:     //.// 두 번째 노드의 생성
26:
27:     pNode = (Node*) malloc( sizeof(Node) );
28:
29:     pNode->data = 200;       /* (*pNode).data = 200;과 동일 */
30:     pNode->next = NULL;      /* 다음 구조체가 없기 때문에 NULL로 초기화합니다. */
31:
32:     pTail->next = pNode;    /* 첫 번째 노드의 next에 두 번째 노드의 주소값 대입 */
33:     pTail = pNode;          /* 테일 포인터가 두 번째 노드를 가리키도록 설정 */
34:
35:     //.// 세 번째 노드의 생성
36:
37:     pNode = (Node*) malloc( sizeof(Node) );
38:
39:     pNode->data = 300;       /* (*pNode).data = 300;과 동일 */
40:     pNode->next = NULL;      /* 다음 구조체가 없기 때문에 NULL로 초기화합니다. */
41:
42:     pTail->next = pNode;    /* 두 번째 노드의 next에 세 번째 노드의 주소값 대입 */
43:     pTail = pNode;          /* 테일 포인터가 세 번째 노드를 가리키도록 설정 */
44:
45:     //.// 각 노드의 data값 출력
46:
47:     pNode = pHead;
48:     printf( "%d \n", pNode->data );    /* 첫 번째 노드의 data값 출력 */
49:
50:     pNode = pNode->next;               /* 두 번째 노드를 가리키도록 설정 */
```

```
51:     printf( "%d \n", pNode->data );    /* 두 번째 노드의 data값 출력 */
52:
53:     pNode = pNode->next;               /* 세 번째 노드를 가리키도록 설정 */
54:     printf( "%d \n", pNode->data );    /* 세 번째 노드의 data값 출력 */
55:
56:     //.// 노드의 순회
57:
58:     pNode = pHead;                 /* 첫 번째 노드를 가리키도록 설정 */
59:
60:     while( pNode != NULL )     /* while( pNode )와 동일 */
61:     {
62:         printf( "%d \n", pNode->data );    /* 첫 번째, 두 번째, 세 번째 data값 출력 */
63:
64:         pNode = pNode->next;     /* pNode에 다음 노드의 주소를 대입 */
65:     }
66:
67:     //.// 메모리 해제
68:
69:     pNode = pHead;                 /* 첫 번째 노드를 가리키도록 설정 */
70:
71:     while( pNode )
72:     {
73:         // free() 함수에 의해 pNode가 가리키는 메모리가 해제되면
74:         // pNode->next에 접근할 수 없습니다.
75:         // 그러므로 pNode가 해제되기 전에 pNode->next값을 next에 보관해 둡니다.
76:         Node* next = pNode->next;
77:         free( pNode );  /* 첫 번째, 두 번째, 세 번째 노드의 메모리 해제 */
78:         pNode = next;    /* 다음 노드로 설정 */
79:     }
80: }
```

| 출력 결과 |

```
100
200
300
100
200
300
```

이 레슨에서는 링크드 리스트의 의미와 구조체를 사용해서 어떻게 링크드 리스트를 구현할 수 있는 지를 살펴보았습니다. 다음 레슨에서는 이중 링크드 리스트를 학습하게 되며, 이중 링크드 리스트는 자기 참조 포인터를 두 개 사용합니다. 단일 링크드 리스트는 next 포인터를 가지고 현재 노드의 다음 노드를 가리키도록 하는데, 이중 링크드 리스트는 단일 링크드 리스트의 next와 현재 노드의 이전 노드를 가리키기 위한 prev 포인터를 추가적으로 사용합니다.

이중 링크드 리스트

이 중 링크드 리스트는 현재 대부분의 프로그래머에 의해 사용되고 있는 자료 구조입니다. 단일 링크드 리스트는 한쪽 방향으로만 이동하는데, 이중 링크드 리스트는 양쪽 방향으로 이동할 수 있습니다. 이 레슨에서는 이중 링크드 리스트의 선언 및 사용 방법에 대해 학습합니다.

1 이중 링크드 리스트

이중 링크드 리스트는 더블 링크드 리스트라고도 합니다. 이중 링크드 리스트는 단일 링크드 리스트의 단점을 보완하기 위해 사용하는 것이며, 단일 링크드 리스트보다 자기 참조 포인터가 하나 더 있습니다. 다음 그림은 이중 링크드 리스트를 표현한 것입니다.

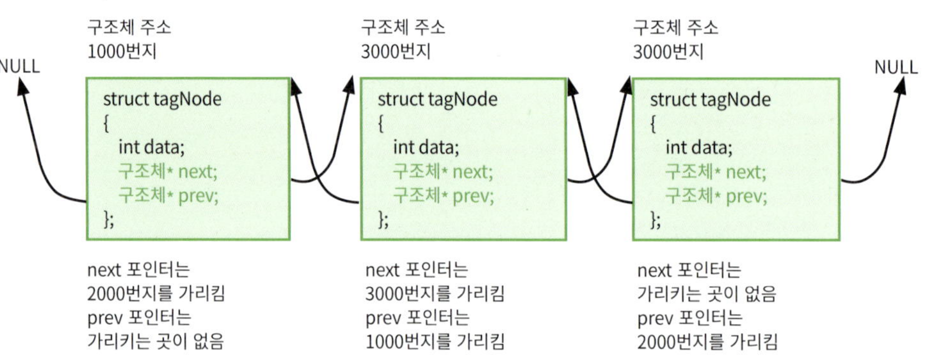

이중 링크드 리스트도 첫 번째 블록의 주소값을 가리키는 포인터를 헤드(head) 포인터라고 하며, 맨 마지막의 주소값을 가리키는 포인터를 테일(tail) 포인터라고 합니다. 위 그림에서 맨 처음의 주소값이 1000이기 때문에 head 포인터의 값은 1000이 되어야 하며, head 포인터가 가리키는 곳에는 첫 번째 구조체가 존재하게 됩니다.

이중 링크드 리스트는 단일 링크드 리스트의 구조에 prev라는 포인터가 하나 더 있습니다. next 포인터의 용도가 다음에 위치한 노드의 주소를 저장하는 것이라면, prev의 용도는 이전에 위치한 노드의 주소를 저장하는 것입니다. 이중 링크드 리스트에서 원하는 자료를 찾기 위해서는 맨 앞 또는 맨 뒤의 구조체로부터 검색을 시작할 수 있으며, next나 prev 포인터를 통해 모든 구조체를 검색할 수 있습니다.

2　이중 링크드 리스트 구조체 선언

이중 링크드 리스트용 구조체는 다음과 같이 선언할 수 있습니다. 이중 링크드 리스트용 구조체는 반
드시 다음 구조체를 가리키기 위한 next 구조체 포인터와, 이전 구조체를 가리키기 위한 prev 구조체
포인터가 존재해야 합니다. 또한 구조체 포인터의 데이터형은 자기 자신이 속한 구조체의 태그명과
항상 일치해야 합니다.

```c
typedef struct tagNode
{
    int data;
    struct tagNode* next;     /* 자기 참조 포인터 */
    struct tagNode* prev;     /* 자기 참조 포인터 */
} Node;
```

3　첫 번째 노드 생성

첫 번째 노드를 생성하기 위해서는 다음 문장과 같이 메모리를 할당해야 합니다.

```c
Node *pNode, *pHead = NULL, *pTail = NULL;
pNode = (Node*) malloc( sizeof(Node) );
```

pNode는 첫 번째로 할당된 구조체의 주소를 받으며, pNode 포인터를 사용해서 구조체의 멤버 변수
에 접근할 수 있습니다. 다음 문장은 pNode 포인터를 사용해서 첫 번째 노드의 data에 100을 대입하
고, 각각의 포인터를 NULL로 초기화하는 것입니다.

```c
pNode->data = 100;          /* (*pNode).data = 100;과 동일 */
pNode->next = NULL;         /* 다음 구조체가 없기 때문에 NULL로 초기화합니다. */
pNode->prev = NULL;         /* 이전 구조체도 없기 때문에 NULL로 초기화합니다. */
pHead = pTail = pNode;      /* 헤드와 테일 포인터를 첫 번째 노드로 초기화합니다. */
```

첫 번째 노드를 추가하면, 다음과 같이 pHead와 pTail이 1000번지를 가리키도록 설정됩니다.

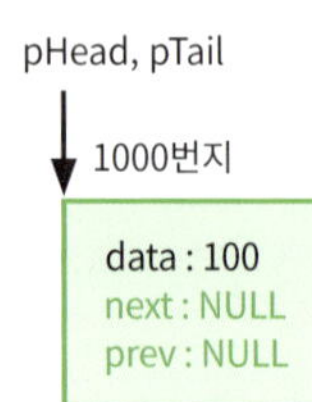

4 두 번째 노드 생성

두 번째 노드를 생성하는 방법은 첫 번째 노드를 생성하는 것과 같습니다.

```c
pNode = (Node*) malloc( sizeof(Node) );
```

pNode는 두 번째로 할당된 구조체의 주소를 받으며, pNode 포인터를 사용해서 구조체의 멤버 변수에 접근할 수 있습니다.

```c
pNode->data = 200;      /* (*pNode).data = 200;과 동일 */
pNode->next = NULL;     /* 다음 구조체가 없기 때문에 NULL로 초기화합니다. */
pNode->prev = pTail;    /* 첫 번째 구조체로 초기화합니다. */

pTail->next = pNode;    /* 첫 번째 노드의 next에 두 번째 노드의 주소값 대입 */
pTail = pNode;          /* 테일 포인터가 두 번째 노드를 가리키도록 설정 */
```

두 번째 노드를 추가하면, 다음과 같이 pHead가 1000번지, pTail이 2000번지를 가리키며, 첫 번째 노드의 next는 2000번지를 가리키고, 두 번째 노드의 prev는 1000번지를 가리킵니다.

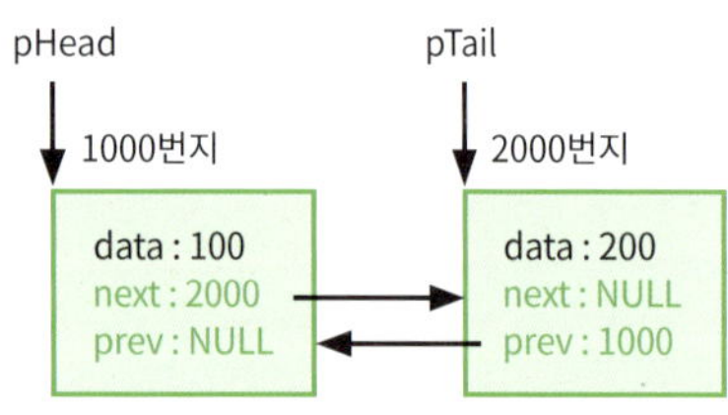

5 세 번째 노드 생성

세 번째 노드를 생성하는 방법은 첫 번째나 두 번째 노드를 생성하는 것과 같습니다.

```
pNode = (Node*) malloc( sizeof(Node) );
```

pNode는 세 번째로 할당된 구조체의 주소를 받으며, pNode 포인터를 사용해서 구조체의 멤버 변수에 접근할 수 있습니다.

```
pNode->data = 300;        /* (*pNode).data = 300;과 동일 */
pNode->next = NULL;       /* 다음 구조체가 없기 때문에 NULL로 초기화합니다. */
pNode->prev = pTail;      /* 두 번째 구조체로 초기화합니다. */

pTail->next = pNode;      /* 두 번째 노드의 next에 세 번째 노드의 주소값 대입 */
pTail = pNode;            /* 테일 포인터가 세 번째 노드를 가리키도록 설정 */
```

이렇게 하면 세 개의 노드가 생성되며, 세 개의 노드는 각 노드의 next 포인터와 prev 포인터를 통해 앞뒤로 연결되어 있습니다. 세 개의 노드가 연결되어 있기 때문에 헤드 포인터나 테일 포인터를 사용해서 각 노드의 data값에 접근할 수 있습니다.

세 번째 노드를 추가하면, 다음과 같이 pHead가 1000번지, pTail이 3000번지를 가리키며, 첫 번째 노드의 next는 2000번지를 가리키고, 두 번째 노드의 next는 3000번지를 가리킵니다. 그리고 세 번째 노드의 prev는 2000번지를 가리키고, 두 번째 노드의 prev는 1000번지를 가리킵니다.

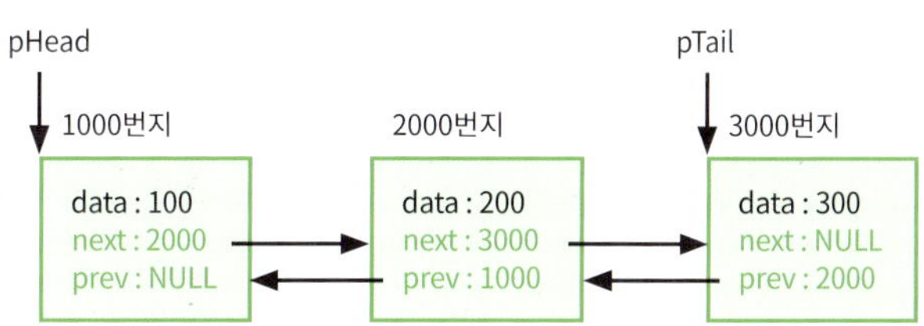

6 노드의 순회

노드의 순회는 단일 링크드 리스트와 같이 헤드에서 테일 방향으로 순회하는 방법과 테일에서 헤드 방향으로 순회하는 방법이 있습니다. 다음 문장은 헤드에서 테일 방향으로 순회하는 방법입니다.

```c
pNode = pHead;          /* 첫 번째 노드를 가리키도록 설정 */

while( pNode )
{
    printf( "%d \n", pNode->data );    /* 첫 번째, 두 번째, 세 번째 data값 출력 */
    pNode = pNode->next;               /* pNode에 다음 노드의 주소를 대입 */
}
```

다음 문장은 테일에서 헤드 방향으로 순회하는 방법입니다.

```c
pNode = pTail;          /* 세 번째 노드를 가리키도록 설정 */

while( pNode )
{
    printf( "%d \n", pNode->data );    /* 세 번째, 두 번째, 첫 번째 data값 출력 */
    pNode = pNode->prev;               /* pNode에 이전 노드의 주소를 대입 */
}
```

7 노드의 추가

노드를 추가하는 방법은 세 가지가 있습니다. 헤드에 추가하는 방법, 테일에 추가하는 방법 그리고 노드의 중간에 추가하는 방법으로 구분됩니다. 지금까지 노드를 추가하는 방법은 모두 테일에 추가하는 방법이었으므로 테일에 추가하는 방법은 따로 설명하지 않겠습니다.

●● 노드를 헤드에 추가

노드를 헤드에 추가하기 위해서는 다음과 같이 우선 노드를 생성해야 합니다.

```c
pNode = (Node*) malloc( sizeof(Node) );
```

pNode는 메모리에 할당된 새로운 노드이며, 이 노드를 헤드 노드로 사용해야 하기 때문에 헤드 포인터인 pHead가 변경되어야 합니다. 다음 그림은 노드가 추가되기 전의 모습입니다. 새로운 노드는 4000번지에 추가되었으며, 아직 링크가 설정되지 않았습니다.

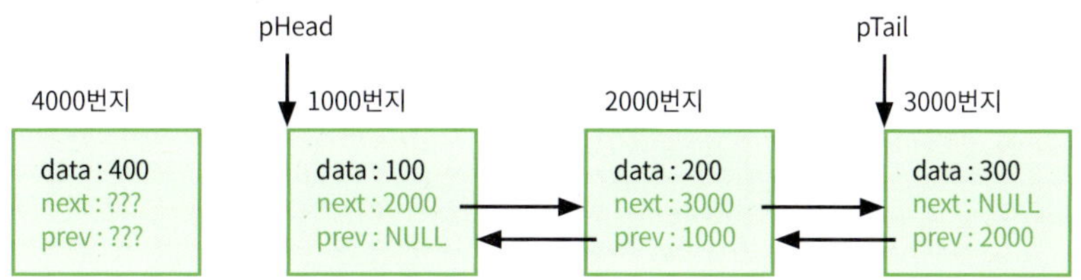


```c
pNode->data = 400;       /* (*pNode).data = 400;과 동일 */
pNode->next = pHead;     /* 현재 노드의 다음 노드로 pHead 노드를 대입 */
pNode->prev = NULL;      /* 헤드 노드로 사용할 것이므로 이전 노드를 NULL로 설정 */

pHead->prev = pNode;     /* 현재 헤드 노드의 이전 노드로 pNode를 설정 */
pHead = pNode;           /* 헤드 포인터가 새로 생성한 노드를 가리키도록 설정 */
```

모든 관계를 설정하면 노드는 다음과 같이 링크가 형성됩니다.

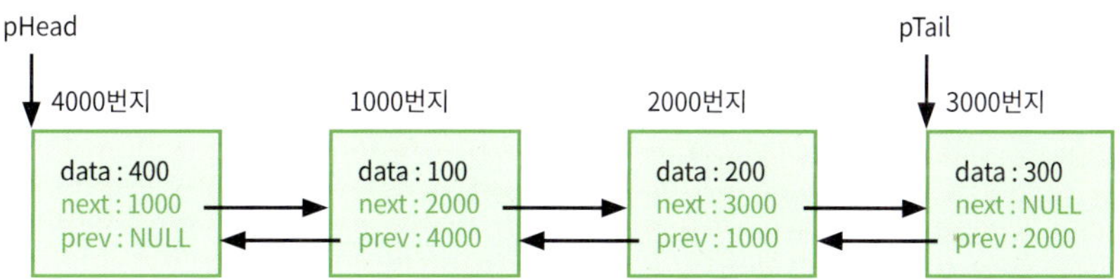

●● 노드를 중간에 추가

노드를 중간에 추가하기 위해서는 다음과 같이 우선 노드를 생성해야 합니다. 노드를 중간에 추가하는 것은 특수한 경우가 아니면 잘 사용되지 않습니다.

```c
pNode = (Node*) malloc( sizeof(Node) );
```

pNode는 메모리에 할당된 새로운 노드이며, 이 노드를 중간에 추가하기 위해서는 어느 노드 뒤에 삽입될지 알아야 합니다. 만약 그 노드의 포인터를 pn이라 가정하고, pn 노드가 2000번지를 가리키는 포인터라면, 2000번지의 노드와 3000번지의 노드 사이에 5000번지의 노드가 추가되어야 합니다.

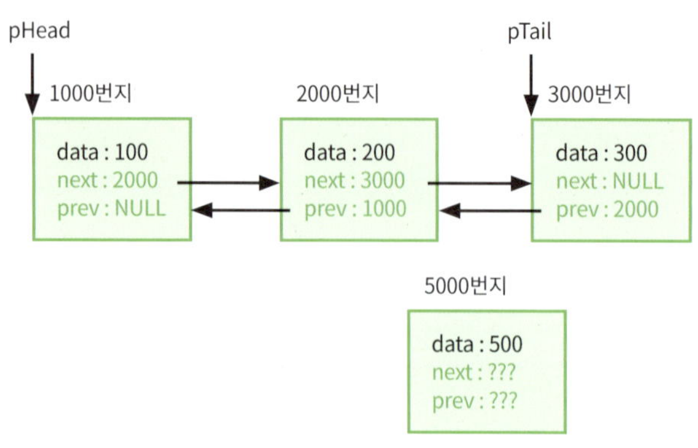

```
pNode->data = 500;          /* (*pNode).data = 500;과 동일 */
pNode->next = pn->next;     /* pNode의 다음 노드로 pn의 다음 노드를 설정 */
pNode->prev = pn;           /* pNode의 이전 노드로 pn을 설정 */

pn->next->prev = pNode;     /* pn의 다음 노드의 prev를 pNode로 설정 */
pn->next = pNode;           /* pn의 다음 노드를 pNode로 설정 */
```

다음 그림은 노드가 중간에 추가된 모습입니다. 2000번지의 next와 3000번지의 prev가 5000번지로 변경되었습니다. 5000번지의 next는 3000번지이며, prev는 2000번지로 설정되었습니다.

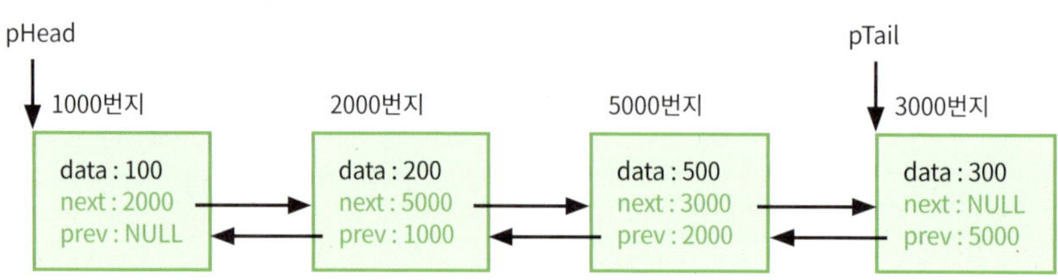

8 노드의 삭제

노드가 삭제되는 경우는 세 가지가 있습니다. 헤드 노드가 삭제될 때, 테일 노드가 삭제될 때 그리고 중간 노드가 삭제될 때입니다.

●● 헤드 노드를 삭제

헤드 노드가 삭제되면 pHead의 포인터는 그 다음 노드를 가리키도록 수정되어야 하며, 그 다음 노드의 prev는 NULL이 되어야 합니다. 또한 헤드 노드가 제거되었을 때, 더 이상 노드가 없는 경우도 있으로, pHead가 NULL인 경우 pTail도 NULL로 설정해야 합니다. 아래의 예는 노드가 여러 개 존재한다고 가정한 것이며, 만약 노드가 하나 또는 없는 경우라면, pHead->prev 또는 pHead->next 사용 시 프로그램은 다운될 수 있으므로 주의하세요.

```
pNode = pHead;
pHead = pHead->next;    /* pHead를 다음 노드를 가리키도록 설정 */
pHead->prev = NULL;     /* 이전 노드가 제거되기 때문에 NULL로 설정, 주의 */

if( !pHead ) pTail = NULL;    /* pHead가 NULL인 경우 pTail도 NULL로 설정 */

free( pNode );                /* 제거된(링크가 끊긴) 노드의 메모리 해제 */
```

●● 테일 노드를 삭제

테일 노드가 삭제되면 pTail의 포인터는 그 이전 노드를 가리키도록 수정되어야 하며, 그 이전 노드의 next는 NULL이 되어야 합니다. 또한 테일 노드가 제거되었을 때, 더 이상 노드가 없는 경우도 있으므로, pTail이 NULL인 경우 pHead도 같이 NULL로 설정해야 합니다.

```
pNode = pTail;
pTail = pTail->prev;  /* pTail을 이전 노드를 가리키도록 설정 */
pTail->next = NULL;   /* 다음 노드가 제거되기 때문에 NULL로 설정, 주의 */

if( !pTail ) pHead = NULL;    /* pTail이 NULL인 경우 pHead도 NULL로 설정 */

free( pNode );                /* 제거된(링크가 끊긴) 노드의 메모리 해제 */
```

●● 중간 노드를 삭제

중간에서 삭제되는 노드를 pn이라 할 때, pn 이전 노드의 next는 pn의 다음 노드를 가리키도록 설정해야 하며, pn 다음 노드의 prev는 pn의 이전 노드를 가리켜야 합니다.

```
pNode = pn->prev;        /* pNode는 pn의 이전 노드를 가리킴 */
pNode->next = pn->next;  /* pn 이전 노드의 next가 pn의 다음 노드를 가리키도록 설정*/
pNode = pn->next;        /* pNode는 pn의 다음 노드를 가리킴 */
pNode->prev = pn->prev;  /* pn 다음 노드의 prev가 pn의 이전 노드를 가리키도록 설정 */

free( pn );              /* 제거된(링크가 끊긴) 노드의 메모리 해제 */
```

311

9 메모리의 해제

이중 링크드 리스트의 메모리를 해제하는 방법은 단일 링크드 리스트와 같습니다. 다음 문장은 메모리를 해제하는 예입니다.

```c
pNode = pHead;              /* 첫 번째 노드를 가리키도록 설정 */

while( pNode )
{
    Node* next = pNode->next;
    free( pNode );      /* 첫 번째, 두 번째, 세 번째 노드의 메모리 해제 */
    pNode = next;       /* 다음 노드로 설정 */
}
```

free() 함수에 의해 pNode가 가리키는 메모리가 해제되면, pNode->next에 접근할 수 없게 됩니다. 그러므로 pNode가 해제되기 전에 pNode->next값을 next에 보관해 두었다가 사용해야 합니다.

지금까지의 모든 과정을 하나의 소스 코드로 정리하면 다음과 같습니다.

```c
01: /* double_linkedlist.c : 이중 링크드 리스트의 활용 프로그램 */
02:
03: #include <stdio.h>
04: #include <stdlib.h>
05:
06: typedef struct tagNode
07: {
08:     int data;
09:     struct tagNode* next;   /* 자기 참조 포인터 */
10:     struct tagNode* prev;   /* 자기 참조 포인터 */
11: } Node;
12:
13: Node* AddTail( int data );
14: Node* AddHead( int data );
15:
16: Node *Head = NULL, *Tail = NULL;
17:
18: void main( void )
19: {
20:     Node *pNode;
21:
22:     //.// 첫 번째 노드의 생성
23:
24:     AddTail( 2006 );
25:
26:     //.// 두 번째 노드의 생성
```

```
27:
28:     AddTail( 12 );
29:
30:     //.// 세 번째 노드의 생성
31:
32:     AddTail( 25 );
33:
34:     //.// 노드의 순회 (헤드->테일)
35:
36:     pNode = Head;                /* 첫 번째 노드를 가리키도록 설정 */
37:
38:     while( pNode )
39:     {
40:         printf( "%d \n", pNode->data );    /* 첫 번째, 두 번째, 세 번째 data값 출력 */
41:         pNode = pNode->next;   /* pNode에 다음 노드의 주소를 대입 */
42:     }
43:
44:     //.// 노드의 추가 (헤드 앞에 추가)
45:
46:     AddHead( 4339 );
47:
48:     //.// 노드의 순회 (테일 -> 헤드)
49:
50:     pNode = Tail;                /* 세 번째 노드를 가리키도록 설정 */
51:
52:     while( pNode )
53:     {
54:         printf( "%d \n", pNode->data );    /* 세 번째, 두 번째, 첫 번째 data값 출력 */
55:         pNode = pNode->prev;   /* pNode에 이전 노드의 주소를 대입 */
56:     }
57: }
58:
59: Node* AddTail( int data )
60: {
61:     Node* pNode;
62:     pNode = (Node*) malloc( sizeof(Node) );
63:
64:     pNode->data = data;           /* (*pNode).data = data;와 동일 */
65:
66:     if( !Head )              /* Head Node가 초기화되지 않았으면 */
67:     {
68:         pNode->next = NULL;    /* 다음 노드가 없기 때문에 NULL로 설정 */
69:         pNode->prev = NULL;    /* 이전 노드가 없기 때문에 NULL로 설정 */
70:
71:         Head = Tail = pNode;   /* 헤드와 테일 포인터를 첫 번째 노드로 초기화 */
72:     }
73:     else
74:     {
75:         pNode->next = NULL;    /* 다음 노드를 NULL로 설정 */
76:         pNode->prev = Tail;    /* 이전 노드를 Tail로 설정 */
```

```
77:
78:        Tail->next = pNode;      /* 테일의 다음 노드를 pNode로 설정 */
79:        Tail = pNode;            /* 테일 노드를 pNode로 설정 */
80:    }
81:
82:    return pNode;
83: }
84:
85: Node* AddHead( int data )
86: {
87:     Node* pNode;
88:     pNode = (Node*) malloc( sizeof(Node) );
89:
90:     pNode->data = data;        /* (*pNode).data = data;와 동일 */
91:     pNode->next = Head;        /* 현재 노드의 다음 노드로 Head 노드를 설정 */
92:     pNode->prev = NULL;        /* 헤드 노드로 사용할 것이므로 이전 노드를 NULL로 설정 */
93:
94:     Head->prev = pNode;        /* 현재 헤드 노드의 이전 노드로 pNode를 설정 */
95:     Head = pNode;              /* 헤드 포인터가 새로 생성한 노드를 가리키도록 설정 */
96:
97:     return pNode;
98: }
```


#
반올림

널 포인터(NULL pointer)

널 포인터는 그 값을 0으로 갖고 있는 포인터입니다. 그 값이 0이라는 것은 0번지를 가리키는 포인터를 뜻하며, 일반 적으로 0번지는 운영체제에 의해 접근이 거부되는 번지입니다. 만약 0번지에 접근하려고 시도한다면, 운영체제는 즉 시 프로그램을 강제 종료시킵니다. 링크드 리스트에서 Head 포인터가 다음과 같이 널 포인터로 설정되어 있는 경우, Head->next를 접근하고자 한다면,

```
Head = NULL;
Head->next = NULL;     /* 0번지에 접근하면서 프로그램은 강제 종료됨 */
```

Head가 0번지를 가리키고 있기 때문에, Head->next는 잘못된 사용이 됩니다.

배열을 이용한 단일 링크드 리스트 비법전수

링크드 리스트는 자료를 쉽게 추가하고 삭제할 수 있는 장점이 있는 반면에, 빈번한 자료의 추가 및 삭제로 인해 메모리가 자주 할당되고 해제되는 단점도 있습니다. 이 단점을 해결하기 위해서는 메모리의 할당 및 해제를 최소화해야 하며, 이것에 대한 해결책으로 배열을 이용한 링크드 리스트를 사용할 수 있습니다. 다음 코드는 배열을 100개 할당하여 미리 링크드 리스트에 사용될 노드를 확보하는 것이며, 실무에서 이 코드를 응용하여 개선된 링크드 리스트를 구현할 수 있습니다.

```c
01: /* array_linkedlist.c : 배열을 이용한 단일 링크드 리스트 */
02:
03: #include <stdio.h>
04: #include <stdlib.h>
05: #include <string.h>
06:
07: typedef struct tagNode
08: {
09:     int data;
10:     struct tagNode* next; /* 자기 참조 포인터 */
11: } Node;
12:
13: Node *Head = NULL, *Tail = NULL, *pFreeNode = NULL;
14:
15: Node* NewNode( int blocks );
16:
17: void main( void )
18: {
19:     NewNode( 100 );
20: }
21:
22: Node* NewNode( int blocks )
23: {
24:     int i;
25:     Node* pNode;
26:
27:     pNode = (Node*) malloc( sizeof(Node) * blocks );
28:     memset( pNode, 0, sizeof(Node) * blocks );
29:
30:     pNode += blocks - 1;
31:     for( i=blocks-1; i>=0; i--, pNode-- )
32:     {
33:         pNode->next = pFreeNode;
34:         pFreeNode = pNode;
35:     }
36:
37:     return pFreeNode;
38: }
```

트리란 링크드 리스트와 같은 자료 구조이며, 그 형태가 나무(tree)처럼 생겼다고 해서 붙여진 이름입니다. 트리를 생성하는 방법은 링크드 리스트와 비슷하며, 이 레슨에서는 트리 구조체의 선언 방법 및 데이터의 추가 및 검색에 대해 학습합니다.

1 트리

트리는 데이터베이스나 데이터의 분석에 주로 이용되는 자료 구조입니다. 다음 그림은 트리를 표현한 것입니다.

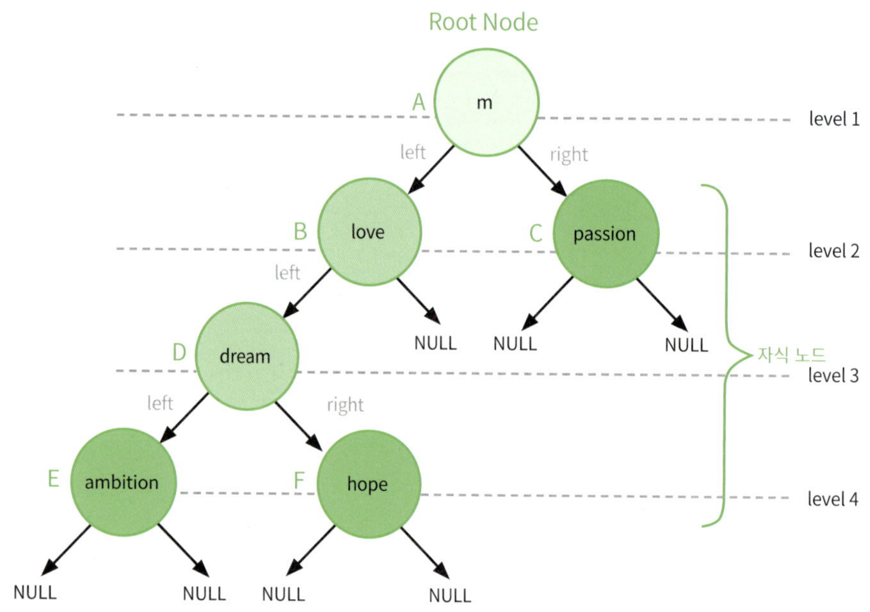

링크드 리스트에 헤드 노드가 있듯이, 트리는 루트 노드(root node)가 있습니다. 루트 노드는 데이터의 값을 구분하는 기준점이 되며, 위 그림에서 루트 노드는 문자열 "m"을 갖습니다. 자료를 저장할 때는 루트 노드를 기준으로 작은 값은 왼쪽 노드(left node)에 큰 값은 오른쪽 노드(right node)에 저장합니다. "love"는 "m"보다 작으므로 왼쪽 노드에 연결되며, "passion"은 "m"보다 크므로 오른쪽 노드에 연결됩니다.

루트 노드의 밑으로 연결되어 있는 모든 노드를 자식 노드(child node)라 합니다. 자식 노드는 다른 노드의 부모 노드(parent node)가 될 수 있으며, 그 부모의 값과 비교하여 작으면 왼쪽에 연결하고, 크면 오른쪽에 연결합니다. 이런 방법으로 계속 연결해 나가는 것이 트리입니다.

트리는 각각의 노드에 대해서 다음과 같은 용어를 사용합니다.

● 자료를 담고 있는 구조체를 노드(node)라 합니다.
● 기준이 되는 맨 처음의 노드를 루트(root) 노드라 합니다. 루트는 링크드 리스트의 Head와 같은 역할을 합니다.
● 각 노드는 부모(parent) – 자식(child) 관계를 갖습니다. 앞 그림에서 love, passion의 부모는 m이고, dream의 부모는 love, ambition 및 hope의 부모는 dream입니다.
● 수평선 상에 있는 노드들을 형제(sibling) 노드라 합니다. 앞 그림에서 love는 passion과 형제 관계에 있습니다.
● 자식(child)이 하나도 없는 노드를 잎(leaf) 노드라 합니다. 앞 그림에서 잎 노드는 passion, ambition, hope 노드입니다.
● 루트에서 특정한 자식 노드를 찾기 위해 지나가는 모든 노드를 경로(path)라 합니다. hope를 찾기 위해서는 m → love → dream → hope처럼 경로가 형성됩니다.

2 트리의 구조체 선언

트리에 사용되는 구조체는 다음과 같이 선언할 수 있습니다. 구조체에는 자기 참조 포인터가 2개 선언되어 있는데, left는 현재 노드의 값보다 작은 값을 저장할 노드를 연결할 포인터이며, right는 현재 노드의 값보다 큰 값을 저장할 노드의 포인터입니다.

```
typedef struct tagTree
{
    int data;
    struct tagTree* left;      /* 왼쪽 노드값을 가리키는 포인터 */
    struct tagTree* right;     /* 오른쪽 노드값을 가리키는 포인터 */
} Tree, *PTREE;
```

3 　루트 노드의 생성

트리는 루트 노드가 기준이 되므로 루트 노드를 다음과 같이 생성할 필요가 있습니다.

```c
Tree* RootNode;
RootNode = (Tree*) malloc( sizeof(Tree) );
memset( RootNode, 0, sizeof(Tree) );    /* 버퍼를 NULL로 초기화 */
strcpy( RootNode->data, 100 );          /* 100을 root의 기준값으로 사용 */
```

4 　단순한 노드의 추가

노드를 추가하려면 루트 노드를 기준으로 그 값이 큰지 작은지를 비교해서, 작으면 왼쪽 노드로, 크면 오른쪽 노드로 연결합니다. 예를 들어 20을 추가한다면, 20은 루트 노드보다 작기 때문에 왼쪽으로 추가됩니다.

```c
Tree* pNode;
pNode = (Tree*) malloc( sizeof(Tree) );

pNode->left = NULL;     /* left 노드가 없기 때문에 NULL로 설정 */
pNode->right = NULL;    /* right 노드가 없기 때문에 NULL로 설정 */

pNode->data = 20;

if( pNode->data < RootNode->data )
{
    RootNode->left = pNode;
}
else if( pNode->data > RootNode->data )
{
    RootNode->right = pNode;
}
```

5 　재귀 호출을 사용한 노드의 추가

노드를 처음 추가할 때는 루트 노드의 왼쪽 또는 오른쪽에 추가하면 됩니다. 하지만 그 다음 노드를 추가할 때는 그 다음 노드보다 큰지 작은지에 따라 그 다음 노드의 왼쪽 또는 오른쪽에 추가해야 합니다.

만약 노드가 수십 개라면, 각각의 노드를 순회하는 것은 쉽지 않으며, 각 노드를 순회하기 위한 가장 좋은 방법은 재귀 호출을 사용하는 것입니다. 다음은 재귀 호출을 사용하여 노드를 추가하는 InsertNode() 함수의 구현입니다.

```c
01: Tree* InsertNode( Tree* pnode, const int data)
02: {
03:     Tree** fNode = NULL;
04:
05:     if( data < pnode->data )          /* 값이 작으면 트리의 왼쪽으로 이동 */
06:     {
07:         fNode = &(pnode->left);       /* left의 주소를 fNode에 저장, 괄호 생략 가능 */
08:         if( *fNode )                  /* 왼쪽에 노드가 존재하는지 검사 */
09:         {
10:             InsertNode( pnode->left, data );    /* left 노드를 기준으로 재귀 호출 */
11:         }
12:     }
13:     else if( data > pnode->data )     /* 값이 크면 트리의 오른쪽으로 이동 */
14:     {
15:         fNode = &(pnode->right);      /* right의 주소를 fNode에 저장, 괄호 생략 가능 */
16:         if( *fNode )                  /* 왼쪽에 노드가 존재하는지 검사 */
17:         {
18:             InsertNode( pnode->right, data );    /* right노드를 기준으로 재귀 호출 */
19:         }
20:     }
21:
22:     if( fNode && *fNode == NULL )     /* left 또는 right가 비어 있는 노드인지 검사 */
23:     {
24:         Tree* newNode;
25:
26:         newNode = (Tree*) malloc( sizeof(Tree) );
27:         memset( newNode, 0, sizeof(Tree) );         /* 모든 멤버를 NULL로 초기화 */
28:
29:         newNode->data = data;
30:         *fNode = newNode;             /* left 또는 right 노드에 새로운 노드를 추가 */
31:
32:         return newNode;
33:     }
34:
35:     return NULL;
36: }
```

노드를 추가하기 위해서는 재귀 호출이 필수적으로 사용되며, 재귀 함수는 노드가 NULL일 때 호출이 종료됩니다. 3번째 줄은 left 또는 right의 주소값을 저장하기 위한 포인터의 포인터입니다.

5번째 줄은 데이터의 값이 부모 노드의 값보다 작은 경우인지 비교하는 문장이며, 7번째 줄은 노드를 연결할 포인터 변수를 기억했다가 22, 30번째 줄에서 사용하기 위한 문장입니다. 8번째 줄은 왼쪽

(left) 노드에 자식 노드가 있는지 검사하기 위한 문장이며, 10번째 줄은 left를 부모 노드로 하여 자식 노드를 비교하기 위해 재귀 함수를 호출합니다.

13번째 줄은 데이터의 값이 부모 노드의 값보다 큰 경우인지 비교하는 문장이며, 15번째 줄은 노드를 연결할 포인터 변수를 기억했다가 22, 30번째 줄에서 사용하기 위한 문장입니다. 16번째 줄은 오른쪽(right) 노드에 자식 노드가 있는지 검사하기 위한 문장이며, 18번째 줄은 right를 부모 노드로 하여 자식 노드를 비교하기 위해 재귀 함수를 호출합니다.

22번째 줄은 fNode가 가리키는 주소가 있고, 그 값이 NULL인 경우, 30번째 줄에서 그 포인터에 새로운 노드를 추가합니다.

6 재귀 호출을 사용한 노드의 검색

노드를 추가하기 위해 재귀 호출을 사용하듯이 노드를 검색할 때도 재귀 호출을 사용해야 합니다. 다음은 재귀 호출을 사용하여 노드를 검색하는 SearchNode() 함수의 구현입니다.

```
01: void SearchNode( PTREE pnode, const int data ) /* PTREE는 Tree* */
02: {
03:     if( data < pnode->data )
04:     {
05:         printf( "%d->(left)", pnode->data );
06:         if( pnode->left )
07:         {
08:             SearchNode( pnode->left, data );
09:         }
10:         else
11:         {
12:             printf( "[데이터 없음] \n" );
13:         }
14:     }
15:     else if( data > pnode->data )
16:     {
17:         printf( "%d->(right)", pnode->data );
18:         if( pnode->right )
19:         {
20:             SearchNode( pnode->right, data );
21:         }
22:         else
23:         {
24:             printf( "[데이터 없음] \n" );
```

```
25:         }
26:     }
27:     else
28:     {
29:         printf( "[검색됨 %d] \n", pnode->data );
30:     }
31: }
```

노드를 검색하기 위해서는 재귀 호출을 사용하는 것이 효율적이며, 재귀 함수는 노드가 NULL일 때 호출이 종료됩니다.

3번째 줄은 데이터의 값이 부모 노드의 값보다 작은 경우인지 비교하는 문장이며, 6번째 줄은 왼쪽 (left) 노드에 자식 노드가 있는지 검사하기 위한 문장이며, 8번째 줄은 left를 부모 노드로 하여 자식 노드를 검색하기 위해 재귀 함수를 호출합니다.

15번째 줄은 데이터의 값이 부모 노드의 값보다 큰 경우인지 비교하는 문장이며, 18번째 줄은 오른쪽 (right) 노드에 자식 노드가 있는지 검사하기 위한 문장이며, 20번째 줄은 right를 부모 노드로 하여 자식 노드를 검색하기 위해 재귀 함수를 호출합니다. 29번째 줄은 검색된 데이터의 값을 출력합니다.

앞의 모든 과정을 하나의 소스 코드로 정리하면 다음과 같습니다.

```
01: /* tree.c : 트리를 활용한 영한 사전 프로그램 */
02:
03: #include <stdio.h>
04: #include <stdlib.h>
05: #include <malloc.h>
06: #include <memory.h>
07: #include <string.h>
08:
09: typedef struct tagTree
10: {
11:     int data;
12:     struct tagTree* left;
13:     struct tagTree* right;
14: } Tree, TREE, *PTREE;
15:
16: PTREE RootNode;
17:
18: Tree* InsertNode( Tree* pnode, const int data );
19: void SearchNode( Tree* pnode, const int data );
20:
21: void main( void )
22: {
```

```
23:      Tree* pNode;
24:      pNode = (Tree*) malloc( sizeof(Tree) );
25:      memset( pNode, 0, sizeof(Tree) );
26:
27:      pNode->data = 20;
28:      RootNode = pNode;
29:
30:      InsertNode( pNode, 5 );
31:      InsertNode( pNode, 10 );
32:      InsertNode( pNode, 7 );
33:
34:      SearchNode( RootNode, 5 );          // [검색됨 5]
35:      SearchNode( RootNode, 30 );         // [데이터 없음]
36:      SearchNode( RootNode, 7 );          // [검색됨 7]
37: }
38:
39: Tree* InsertNode( Tree* pnode, const int data)
40: {
41:      Tree** fNode = NULL;
42:
43:      if( data < pnode->data )
44:      {
45:          fNode = &pnode->left;
46:          if( *fNode )
47:          {
48:              InsertNode( pnode->left, data );
49:          }
50:      }
51:      else if( data > pnode->data )
52:      {
53:          fNode = &pnode->right;
54:          if( *fNode )
55:          {
56:              InsertNode( pnode->right, data );
57:          }
58:      }
59:
60:      if( fNode && *fNode == NULL )
61:      {
62:          Tree* newNode;
63:
64:          newNode = (Tree*) malloc( sizeof(Tree) );
65:          memset( newNode, 0, sizeof(Tree) );
66:
67:          newNode->data = data;
68:          *fNode = newNode;
69:
70:          return newNode;
71:      }
72:
```

```
73:     return NULL;
74: }
75:
76: void SearchNode( PTREE pnode, const int data )
77: {
78:     if( data < pnode->data )
79:     {
80:         printf( "%d->(left)", pnode->data );
81:         if( pnode->left )
82:             SearchNode( pnode->left, data );
83:         else
84:             printf( "[데이터 없음] \n" );
85:     }
86:     else if( data > pnode->data )
87:     {
88:         printf( "%d->(right)", pnode->data );
89:         if( pnode->right )
90:             SearchNode( pnode->right, data );
91:         else
92:             printf( "[데이터 없음] \n" );
93:     }
94:     else
95:     {
96:         printf( "[검색됨 %d] \n", pnode->data );
97:     }
98: }
```

#
반올림

트리의 자료 순회

트리는 링크드 리스트와 달리 노드(자료)를 순회하는 방법이 약간 복잡합니다. 이는 부모 노드를 언제 검사하는가에 따라 세 가지 유형으로 나눠 볼 수 있습니다.

■ **전위 순회(preorder)**   A → B → D → E → F → C

전위 순회 방법이란 **부모 - 왼쪽 자식 - 오른쪽 자식** 순으로 검색하는 방법입니다. 316쪽의 트리를 전위 순회 방법으로 표현하면 이와 같습니다. 단 반드시 루트 노드를 기준으로 순회를 시작합니다.

■ **중위 순회(inorder)**   E → D → F → B → A → C

중위 순회 방법이란 **왼쪽 자식 - 부모 - 오른쪽 자식** 순으로 검색하는 방법입니다. 316쪽의 트리를 중위 순회 방법으로 표현하면 이와 같습니다. 단 반드시 루트 노드를 기준으로 순회를 시작합니다.

■ **후위 순회(postorder)**   E → F → D → B → C → A

후위 순회 방법이란 **왼쪽 자식 - 오른쪽 자식 - 부모** 순으로 검색하는 방법입니다. 316쪽 트리를 후위 순회 방법으로 표현하면 이와 같습니다. 단, 반드시 루트 노드를 기준으로 순회를 시작합니다. 후위 순회는 루트 노드를 맨 나중에 검색하게 됩니다.

01 재귀 호출이란 무엇입니까?

02 재귀 함수란 무엇입니까?

03 1~10까지의 계승을 구하는 프로그램을 작성하십시오.

04 다음 항목 중 정렬 알고리즘이 아닌 것은 무엇입니까?
a. 선택 정렬　　　　b. 퀵 정렬　　　　c. 힙 정렬　　　　d. 링크드 리스트

05 다음과 같이 배열에 10개의 값이 있을 때, 모든 값들을 내림차순으로 정렬하는 프로그램을 작성하십시오.

```
int n[10] = { 9, 3, 1, 2, 5, 4, 8, 7, 6, 0 };
```

06 5번의 데이터를 qsort() 함수를 사용해서 오름차순으로 정렬하는 프로그램을 작성하십시오.

07 아래와 같이 단일 링크드 리스트의 구조체가 선언되어 있을 때,

```
typedef struct tagNode
{
    int data;
    struct tagNode* next;
} Node;
```

다음과 같은 정수형 데이터를 순서대로 갖는 단일(single) 링크드 리스트 프로그램을 작성하십시오.

```
5, 3, 2, 4, 1
```

08 7번 문제의 프로그램을 작성한 후, 헤드 노드에 7을 추가하는 프로그램을 작성하십시오.

09 7번 문제의 프로그램을 작성한 후, 2가 들어 있는 노드를 제거하는 프로그램을 작성하십시오.

TIP
- 함수에서 자기 함수를 계속 호출할 수 있습니다.
- 재귀 호출을 사용하면 계승 등을 쉽게 구할 수 있습니다.
- 자료 구조는 배열, 스택, 큐, 링크드 리스트, 맵, 트리 등이 있습니다.
- 순서가 없는 자료를 정렬하기 위해서는 선택 정렬 등을 사용할 수 있습니다.

TIP
- 구조체를 할당하기 위해서는 malloc() 함수를 사용합니다.
- 헤드 노드에 새로운 노드를 추가하면, 헤드 노드가 새로운 노드로 이동되어야 합니다.
- 중간에 위치한 노드가 삭제되면, 삭제된 노드의 이전 노드와 다음 노드가 연결되어야 합니다.

10 아래와 같이 이중 링크드 리스트의 구조체가 선언되어 있을 때,

```
typedef struct tagNode
{
    int data;
    struct tagNode* next;
    struct tagNode* prev;
} Node;
```

다음과 같은 정수형 데이터를 순서대로 갖는 다중(double) 링크드 리스트 프로그램을 작성하십시오.

```
10, 30, 50, 70, 90
```


11 10번 문제에서 노드를 추가하는 함수를 구현하십시오.

12 10번 문제에서 70이 들어있는 노드를 제거하십시오.

13 10번 문제에서 100을 헤드 노드에 추가하십시오.

14 트리에서 루트 노드의 값을 100으로 할 때, 20, 200, 500, 10, 30, 300을 추가하고 검색하는 프로그램을 작성하십시오.

15 315페이지의 array_linkedlist.c를 수정하여 AddTail() 함수 호출 시 NewNode() 함수가 올바르게 동작하도록 수정하십시오. 코드는 다음을 참조하십시오.

```
Node* NewNode( int blocks )
{
    if( pFreeNode == NULL )  /* pFreeNode가 NULL인 경우만
                                배열을 생성하도록 수정 */
    {
        /* 309페이지의 NewNode() 함수에 사용된 코드 */
    }
    /* 적절한 코드를 이 곳에 추가하세요. */
    return pNode;
}


Node* AddTail( int data )
{
    Node* = NewNode();          /* NewNode() 함수를 호출하여 노드를 얻어 옴 */
    /* 기타 설정 코드 */
}
```

C - Language

C 언어를 공부할 때 가장 중요한 것은 손가락이 코드를 이해해야 합니다. 머리는 생각하고 있지 않은데 손은 이미 코드를 입력하고 있다면 그것이 바로 최고의 경지에 도달한 것입니다. 이 장에서는 100개의 예제를 통해 지금까지 배우고 익힌 문법적인 실력을 실무적인 실력으로 바꿔봅니다.

100개의 예제로 마무리하는 C 프로그래밍

15 chapter

01

홀수/짝수 판단하기

프로그램을 짜다 보면 주어진 수가 홀수인지 또는 짝수인지 판단해야 하는 경우가 있습니다. 이런 경우는 나머지 연산자(%)를 사용하는 것이 편리합니다.

```
01: /* 예제 1 : 홀수/짝수 판단하기 */
02:
03: #include <stdio.h>
04:
05: void main( void )
06: {
07:     int value = 1;
08:
09:     while( value != 0 )
10:     {
11:         printf( "숫자를 입력하고 [Enter]를 치세요 : " );
12:
13:         scanf( "%d", &value );
14:
15:         if( (value % 2) == 1 )
16:         {
17:             printf( "%d은(는) 홀수입니다. \n", value );
18:         }
19:         else
20:         {
21:             printf( "%d은(는) 짝수입니다. \n", value );
22:         }
23:     }
24: }
```

7번째 줄 value의 값을 1로 초기화하여 9번째 줄의 while문이 실행되도록 합니다.

9번째 줄 value의 값이 0이 아닌 동안 while 순환문을 반복합니다.

13번째 줄 키보드로부터 정수값을 입력 받습니다. value 변수에 번지 연산자(&)를 사용하는 것에 주의하십시오.

15번째 줄 나머지 연산자(%)를 이용해서 value의 값이 홀수인지 확인합니다. value의 값이 홀수이면 나머지는 1이며, 짝수이면 나머지는 0입니다.

17번째 줄 value의 값이 홀수인 경우 실행됩니다.

21번째 줄 ● value의 값이 짝수인 경우 실행됩니다.

[Dev-C++을 사용하는 경우]

만약 예제를 Dev-C++로 컴파일하고 실행한다면, 23번째 줄 다음에 다음의 코드를 추가하십시오.

```
system("PAUSE");
```

출력 결과

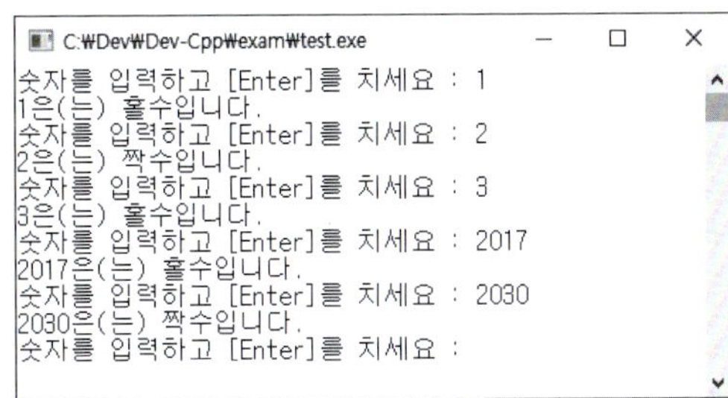

●● 홀수/짝수 판단하기

13번째 줄에서 다음과 같이 value의 변수명 앞에 번지 연산자(&)를 사용하지 않고,

```
scanf( "%d", value );
```

프로그램 실행 시 정수값을 입력하고 Enter 키를 입력하면, 다음과 같은 화면이 뜨면서 프로그램은 멈춥니다. scanf() 함수를 호출할 때는 반드시 번지를 넘겨주어야 하는 점을 잊지 말기 바랍니다.

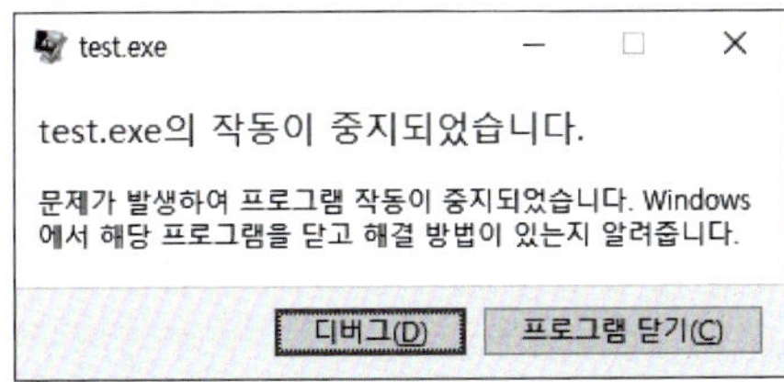

응용해 보세요!

✓ 3의 배수를 구해 보세요.

1~100 범위의 7의 배수 더하기

주어진 범위 안에서 7의 배수를 구하기 위해서는 for문을 사용하여 순환하는 것이 좋습니다. for문을 사용하면 7의 배수뿐만 아니라 다양한 값을 정해진 조건으로 순환시킬 수 있습니다.

```
01: /* 예제 2 : 1~100 범위의 7의 배수 더하기 */
02:
03: #include <stdio.h>
04:
05: void main( void )
06: {
07:     int i;
08:     int hap = 0;
09:
10:     for( i=7; i<=100; i += 7 )
11:     {
12:         hap += i;
13:         printf( "[%2d] -> [%3d] \n", i, hap );
14:     }
15:
16:     printf( "합계 : %d \n", hap );
17: }
```

7번째 줄 ● 정수형 변수 i를 정의합니다.

8번째 줄 ● 합계를 구하는 데 사용할 hap의 값을 0으로 초기화합니다.

10번째 줄 ● for문을 사용하여 i의 값이 7~100까지 순환되게 합니다. i는 7씩 증가합니다.

12번째 줄 ● 현재 hap의 값에 i의 값을 더합니다. hap은 누적된 합계를 계속 유지합니다.

13번째 줄 ● i의 값과 hap의 값을 출력합니다. %2d는 i의 값을 출력 시 차지하는 크기를 2칸으로 하며, 오른쪽으로 정렬하기 위한 형식 지정입니다. %3d는 hap의 값을 출력 시 차지하는 크기를 3칸으로 하며, 오른쪽으로 정렬하기 위한 형식 지정입니다.

16번째 줄 ● 합계를 출력합니다.

출력 결과

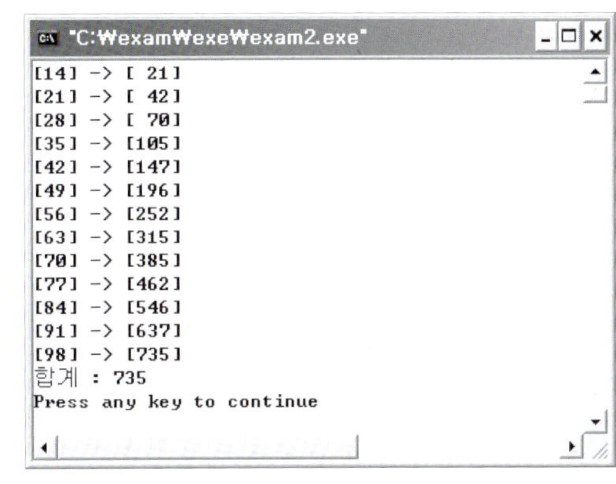

●● 1~100 범위의 7의 배수 더하기

응용해 보세요! ···

✓ 1~100 범위의 6의 배수를 더해 보세요.

📖 메모하세요

역삼각형 출력하기

for문을 사용하면 다양한 종류의 순환을 할 수 있으며, 경우에 따라서는 for문을 중첩해야 합니다. '*'을 사용하여 역삼각형을 출력하려면 for문을 중첩하는 방법을 사용하는 것이 좋습니다.

```
01: /* 예제 3 : 역삼각형 출력하기 */
02:
03: #include <stdio.h>
04: #include <conio.h>
05:
06: void main( void )
07: {
08:     int i, j;
09:
10:     for( i=10; i>=0; i-- )
11:     {
12:         for( j=0; j<i; j++ )
13:         {
14:             putch( '*' );
15:         }
16:         putch( '\n' );
17:     }
18: }
```

4번째 줄 putch() 함수를 사용하기 위해서 헤더 파일 conio.h를 포함합니다.

8번째 줄 for문에 사용될 정수형 변수 i와 j를 정의합니다.

10번째 줄 i의 값을 10으로 초기화하며, i의 값이 0보다 크거나 같은 동안, i의 값을 1씩 감소하는 for 순환문을 사용합니다.

12번째 줄 j의 값을 0으로 초기화하며, j의 값이 i의 값보다 작은 동안, j의 값을 1씩 증가하는 for 순환문을 사용합니다.

14번째 줄 화면에 '*'을 출력합니다. putch() 함수는 문자를 하나 출력하는 함수이며, 다음은 함수 원형입니다.

```
int putch( int c );
```

putch() 함수는 한 개의 문자만 출력하는 기능이 있으며, 출력 후 자동 개행 등을 하지는 않습니다.

16번째 줄 ● 다음 줄로 개행합니다.

출력 결과

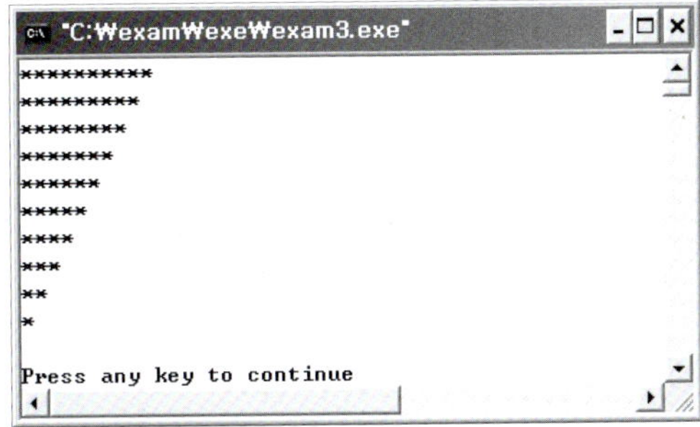

●● 역삼각형 출력하기

응용해 보세요!

✓ 10번째 줄의 i=10을 수정해서 역삼각형을 출력해 보세요.
✓ putch( ) 함수를 printf( ) 함수로 바꿔보세요.

333

📖 메모하세요

for문 중복 응용

마름모 출력하기

역삼각형을 출력하는 예제에 이어 마름모를 출력해 봅니다. 마름모를 출력하기 위해서는 for문을 여러 번 사용해야 하며, 삼각형을 두 번에 나눠서 출력해야 합니다.

```c
01: /* 예제 4 : 마름모 출력하기 */
02:
03: #include <stdio.h>
04: #include <conio.h>
05:
06: void main( void )
07: {
08:     int i, j, k, m = 1;
09:
10:     for( i=5; i>=0; i--, m += 2 )
11:     {
12:         for( j=0; j<i; j++ )
13:         {
14:             putch( ' ' );   // 공백 출력
15:         }
16:
17:         for( k=0; k<m; k++ )
18:         {
19:             putch( '*' );
20:         }
21:
22:         putch( '\n' );
23:     }
24:
25:     m -= 4;
26:
27:     for( i=1; i<=5; i++, m -= 2 )
28:     {
29:         for( j=0; j<i; j++ )
30:         {
31:             putch( ' ' );
32:         }
33:
34:         for( k=0; k<m; k++ )
35:         {
36:             putch( '*' );
37:         }
38:
39:         putch( '\n' );
40:     }
41: }
```

10번째 줄 ● for 순환문에서 i의 값이 1씩 감소하며, m의 값이 2씩 증가합니다. i는 출력할 공백('')의 개수이며, m은 별('*')의 개수입니다.

12-15번째 줄 ● i의 값에 따라 공백('')을 출력합니다.

17-20번째 줄 ● 공백에 이어 별('*')을 m의 값만큼 출력합니다.

25번째 줄 ● m의 값을 4만큼 빼서 별의 개수를 줄입니다. 10번째 줄에서 m이 2만큼 증가한 후 for문이 종료되기 때문에 반드시 4만큼 빼야 합니다.

27번째 줄 ● for 순환문에서 i의 값이 1씩 증가하며, m의 값이 2씩 감소합니다. i는 출력할 공백('')의 개수이며, m은 별('*')의 개수입니다.

29-32번째 줄 ● i의 값에 따라 공백('')을 출력합니다.

34-37번째 줄 ● 공백에 이어 별('*')을 m의 값만큼 출력합니다.

39번째 줄 ● 다음 줄로 개행합니다.

출력 결과

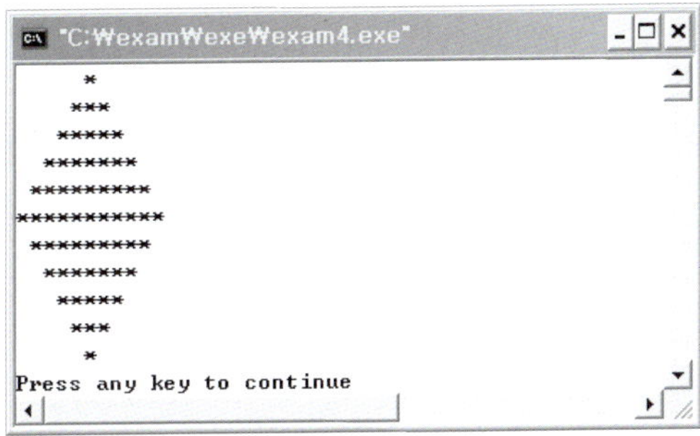

●● 마름모 출력하기

응용해 보세요!

✓ 더 큰 마름모를 출력해 보세요.

05

19단 출력하기

초등학교 시절 누구나 구구단을 외워서 시험 본 기억이 있을 것입니다. 요즘 초등학생들은 구구단은 기본이며 19단을 외운다고 합니다. 19단은 세계에서 유일하게 인도에서 채택하고 있으며, 2005년부터 한국에 보급되기 시작했습니다.

```c
01: /* 예제 5 : 19단 출력하기 */
02:
03: #include <stdio.h>
04: #include <conio.h>
05:
06: void main( void )
07: {
08:     int i, j;
09:
10:     for( i=1; i<=19; i++ )
11:     {
12:         printf( " [%d단 출력] \n", i );
13:
14:         for( j=1; j<=19; j++ )
15:         {
16:             printf( "%2d * %2d = %3d \n", i, j, i*j );
17:         }
18:
19:         printf( "\nEnter 키를 누르세요.\n\n" );
20:
21:         getch();
22:     }
23: }
```

10번째 줄 ● i가 1~19까지 순환됩니다. i는 1단~19단을 의미하는 피승수입니다.

14번째 줄 ● j는 1~19까지 순환됩니다. j는 i에 대한 승수입니다.

16번째 줄 ● 19단표를 출력합니다.

19, 21번째 줄 ● 출력되는 19단표가 많기 때문에 각 단을 출력할 때마다 멈추게 합니다.

출력 결과

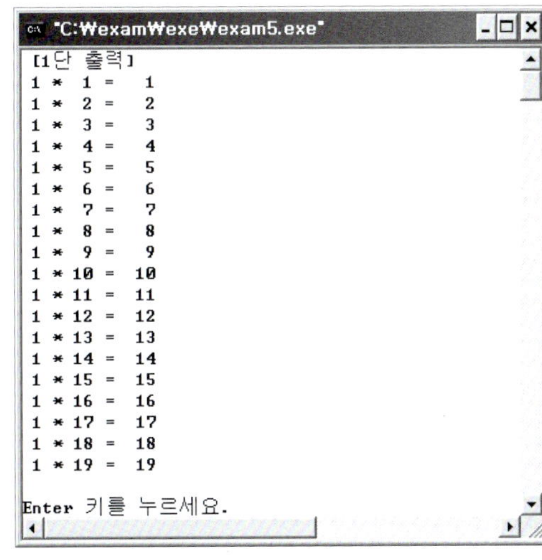

●● 19단 중 1단 출력

●● 19단 중 19단 출력

응용해 보세요!

✓ 29단을 출력해 보세요.

 메모하세요

06 달팽이 우물 탈출하기

while문 응용

달팽이 우물 탈출하기는 필자가 컴퓨터 프로그래밍을 처음 배울 때 아주 재미있게 풀던 문제입니다. 이 문제를 통해 프로그래밍이란 것이 매우 재미있다는 것을 느꼈으며, 그때는 이 문제를 풀기 위해 적지 않게 고민을 했던 기억이 있습니다.

```c
01: /* 예제 6 : 달팽이 우물 탈출하기 */
02:
03: #include <stdio.h>
04: #include <conio.h>
05:
06: void main( void )
07: {
08:     int height = 100;
09:     int snail = 0;
10:     int count = 0;
11:
12:     while( 1 )
13:     {
14:         snail += 5;
15:         snail -= (snail>=50) ? 2 : 1;
16:         count++;
17:
18:         printf( "[%2d]달팽이가 이동한 높이 %2d \n", count, snail );
19:
20:         if( snail >= height )
21:         {
22:             printf( "%d회 만에 우물을 탈출하였습니다.\n", count );
23:             break;
24:         }
25:     }
26: }
```

8번째 줄 ● 우물의 높이를 100미터로 설정합니다.

9번째 줄 ● 달팽이가 이동한 거리를 기억하는 변수입니다.

10번째 줄 ● 몇 회 만에 탈출하는지를 기억하는 변수입니다.

12번째 줄 ● while문을 사용해서 12~25번째 줄을 무한 반복합니다.

14번째 줄 ● 달팽이가 한 번에 이동하는 거리는 5미터입니다.

15번째 줄 ● 달팽이는 50미터 전까지는 5미터를 이동한 후 1미터를 밑으로 미끄러지며, 50미터부터는 5미터를 이동 후 2미터씩 아래로 미끄러집니다.

16번째 줄 ● 달팽이가 총 시도한 횟수입니다.

18번째 줄 ● 달팽이가 이동한 횟수 및 거리를 출력합니다.

20번째 줄 ● 달팽이가 100미터를 다 올라왔는지 비교합니다.

22번째 줄 ● 몇 회 만에 우물을 탈출하였는지 출력합니다.

23번째 줄 ● while(1)에 의해 무한 반복되고 있는 것을 중단(break)합니다.

출력 결과

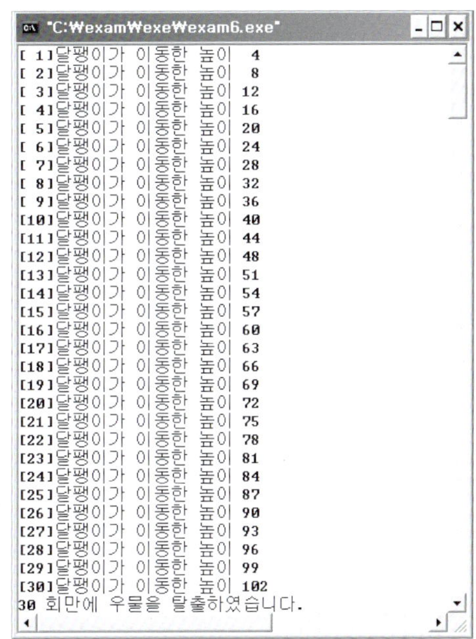

●● 달팽이 우물 탈출하기

응용해 보세요! ....

✓ 달팽이가 7m를 이동한 후 3m씩 밑으로 미끌어질 때, 몇 회만에 탈출하는지 코딩해 보세요.

for문, scanf( ) 함수 응용

정수를 입력 받아 합계 구하기

정수를 입력 받기 위해서는 scanf() 함수를 사용하는 것이 편리합니다. scanf() 함수를 사용하지 않으면 gets() 함수 등을 통해 문자열로 입력 받은 후 atoi() 함수 등을 사용해서 문자열을 정수값으로 변환해야 하는 번거로움이 있습니다.

```
01: /* 예제 7 : 정수를 10개 입력 받아서 합계 구하기 */
02:
03: #include <stdio.h>
04:
05: void main( void )
06: {
07:     int hap = 0;
08:     int i;
09:     int value;
10:
11:     for( i=0; i<10; i++ )
12:     {
13:         scanf( "%d", &value );
14:
15:         hap += value;
16:     }
17:
18:     printf( "합계는 %d 입니다. \n", hap );
19: }
```

7번째 줄 ● 합계를 누적할 변수 hap을 0으로 초기화합니다.

11번째 줄 ● for 순환문을 사용해서 i의 값이 0부터 9까지 1씩 증가하면서 11~16번째 줄을 10회 반복하도록 합니다.

13번째 줄 ● 정수값을 value로 입력 받습니다. value의 앞에 사용된 번지 연산자(&)의 사용에 주의하십시오.

15번째 줄 ● hap 변수에 합계를 누적합니다. 이 문장은 다음과 같이 풀어서 사용할 수도 있습니다.

```
hap = hap + value;
```

18번째 줄 ● 합계를 출력합니다.

출력 결과

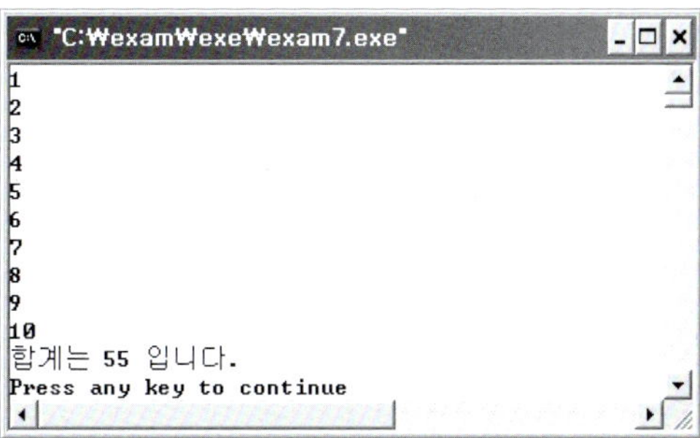

●● 정수를 10개 입력 받아서 합계 구하기

scanf() 함수를 사용하여 문자열을 입력하려면 다음과 같이 해야 합니다.

```c
char string[100];
scanf( "%s", string );
```

string은 배열 상수이기 때문에 번지 지정 연산자(&)가 필요하지 않습니다.

341

응용하게 보세요!

✓ 정수를 20개 입력 받아 보세요.
✓ 실수를 입력 받도록 수정해 보세요.
✓ 평균을 구해서 출력해 보세요.

 메모하세요

주어진 범위의 난수 발생시키기

일정한 값이 아닌 예측할 수 없는 수를 발생시키려면 C 언어가 제공하는 srand() 함수와 rand() 함수를 사용해야 합니다. 난수는 보통 게임 프로그래밍 시 많이 사용됩니다.

```
01: /* 예제 8 : 주어진 범위의 난수 발생시키기 */
02:
03: #include <stdio.h>
04: #include <stdlib.h>
05: #include <time.h>
06:
07: void main( void )
08: {
09:     int begin, end;
10:     int i, num;
11:
12:     srand( time(NULL) );
13:
14:     while( 1 )
15:     {
16:         printf( "시작값을 입력하세요 : " );
17:         scanf( "%d", &begin );
18:
19:         printf( "종료값을 입력하세요 : " );
20:         scanf( "%d", &end );
21:
22:         for( i=0; i<20; i++ )
23:         {
24:             num = rand() % (end-begin+1) + begin;
25:             printf( "%d \n", num );
26:         }
27:
28:         printf( "\n" );
29:     }
30: }
```

4번째 줄 ● srand(), rand() 함수가 선언되어 있는 헤더 파일을 포함합니다.

5번째 줄 ● time() 함수가 선언되어 있는 헤더 파일을 포함합니다.

12번째 줄 ● srand() 함수는 난수의 시작값을 설정하며, 이 함수를 호출하지 않고 rand() 함수를 호출하면 항상 일정한 결과값만 출력되므로 주의해야 합니다. 또한 srand() 함수 호출 시 time() 함수를 사용해서 현재 시간으로 초기화해 주는 것이 좋습니다. 만약 srand(100)처럼 항상 일정한 값으로 초기화한다면, rand() 함수의 결과도 항상 같을 것입니다.

16-20번째 줄 ● 범위 시작값과 범위 종료값을 입력 받습니다.

22-26번째 줄 ● 주어진 범위의 난수를 20개 발생시킵니다.

24번째 줄 ● 주어진 범위의 난수를 발생시킵니다. 다음은 주어진 범위의 난수를 발생시키기 위한 공식입니다. 난수 발생 함수 rand()는 rand(10)인 경우 0~9까지의 값을 발생시키므로 시작값에 1을 더하고 있습니다.

```
난수 = rand() % (종료값 - 시작값 + 1) + 시작값
```

출력 결과

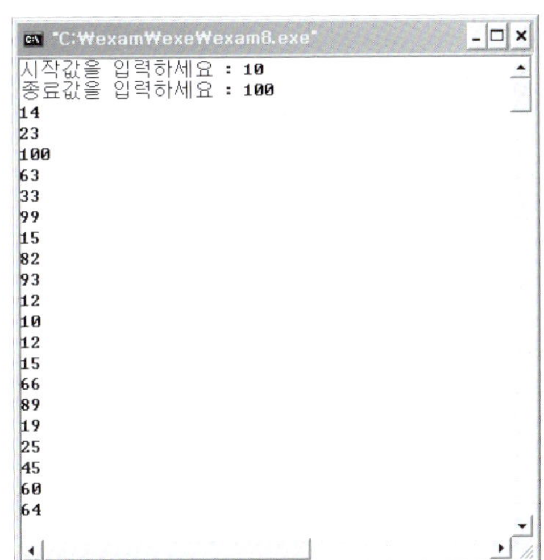

●● 주어진 범위의 난수 발생시키기

응용해 보세요! ···

✓ rand( ) 함수가 발생시키는 최소값과 최대값을 구해 보세요.

09 switch문
입력된 값에 따라 학점 출력하기

누구나 C 언어를 배우다 보면 성적 처리 프로그래밍을 한 번쯤 하기 마련입니다. 이미 C 언어를 잘하는 독자들은 이런 예제들에 식상해 있겠지만, 초보자에게는 한 번쯤 거쳐야 하는 예제 중 하나입니다. 특히 switch문을 사용할 때는 break문을 빠뜨리는 경우가 종종 있으므로 주의해야 합니다.

```c
01: /* 예제 9 : 입력된 값에 따라 학점 출력하기 */
02:
03: #include <stdio.h>
04:
05: void main( void )
06: {
07:     int point;
08:
09:     while( 1 )
10:     {
11:         scanf( "%d", &point );
12:
13:         switch( point / 10 )
14:         {
15:         case 10:
16:         case 9 :
17:             printf( "A \n" );
18:             break;
19:
20:         case 8 :
21:             printf( "B \n" );
22:             break;
23:
24:         case 7 :
25:             printf( "C \n" );
26:             break;
27:
28:         case 6 :
29:             printf( "D \n" );
30:             break;
31:
32:         case 5 :
33:         case 4 :
34:         case 3 :
35:         case 2 :
36:         case 1 :
37:         case 0 :
38:             printf( "F \n" );
39:             break;
```

```
40:
41:        default:
42:            printf( "잘못된 입력 값입니다. \n" );
43:        }
44:    }
45: }
```

9번째 줄 ● while 순환문을 사용하여 10~44번째 줄까지 무한 반복합니다.

11번째 줄 ● 점수를 입력 받습니다.

13번째 줄 ● 점수를 10으로 나눈 몫(정수값)을 switch 문에 사용합니다.

15-18번째 줄 ● 점수를 10으로 나눈 값이 10 또는 9인 경우 A학점을 출력합니다.

20-39번째 줄 ● 점수를 10으로 나눈 값에 따라 각각의 학점을 출력합니다.

41번째 줄 ● 100점 이상 또는 0점 이하인 경우 default문이 실행됩니다.

출력 결과

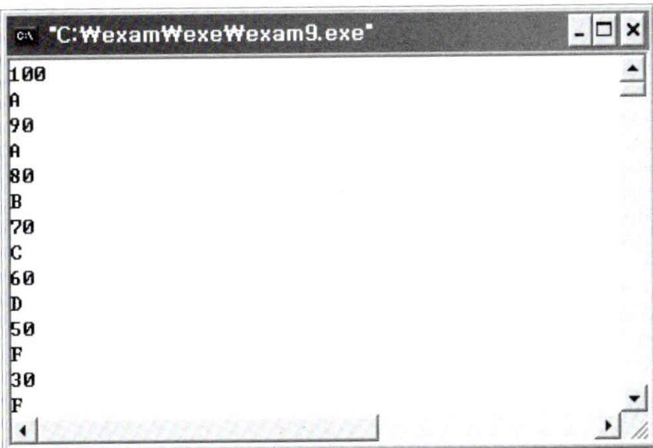

●● 입력된 값에 따라 학점 출력하기

응용해 보세요!

✓ 90~100점은 수, 80~89는 우, 70~79는 미, 60~69는 양, 0~59는 가를 출력해 보세요.

10

정수형 1차원 배열

10개의 값을 배열에 입력 받아 합계 구하기

배열을 사용하는 것은 일반적인 변수를 사용하는 것보다 어렵습니다. 이번 예제에서는 정수형 배열을 10개 선언하고 차례대로 값을 입력 받은 후, 각각의 값을 더해서 출력해 봅니다.

```c
01: /* 예제 10 : 10개의 값을 배열에 입력 받아 합계 구하기 */
02:
03: #include <stdio.h>
04:
05: void main( void )
06: {
07:     int array[10];
08:     int hap = 0;
09:     int i = 0;
10:
11:     while( i < 10 )
12:     {
13:         printf( "%d번째 값을 입력하세요 : ", i+1 );
14:         scanf( "%d", &array[i++] );
15:     }
16:
17:     for( i=0; i<10; i++ )
18:     {
19:         hap += array[i];
20:     }
21:
22:     printf( "합계 : %d \n", hap );
23: }
```

7번째 줄 ● 정수형 배열 10개를 정의합니다. 일반적으로 메모리가 생성되는 것을 정의라고 하고, 메모리가 생성되지 않는 것을 선언한다고 하는데, 앞으로는 정의와 선언을 구분하지 않고 사용할 것입니다. 예를 들어 '정수형 배열 10개를 선언합니다.'처럼 사용한다는 것입니다.

8번째 줄 ● 합계를 누적할 hap을 0으로 초기화합니다. 0으로 초기화하지 않는 경우 쓰레기 값으로 초기화되기 때문에 주의해야 합니다.

11번째 줄 ● i의 값이 10보다 작은 동안 11~15번째 줄을 반복합니다.

13번째 줄 ● 몇 번째 값을 입력하는지를 출력합니다. i가 0부터 시작되기 때문에 i+1을 합니다.

14번째 줄 ● 배열 array의 i번째 요소에 정수값을 입력 받습니다. i++에 사용된 증가 연산자는 후위 연산자이기 때문에 scanf() 함수에 의해 값을 입력 받은 후 증가합니다. 이 문장은 다음과 같이 수정할 수 있습니다.

```
scanf( "%d", &array[i] );
i++;
```

배열을 scanf() 함수에 사용할 때는 주의해야 하는 것이 있습니다. 배열명은 배열을 대표하는 배열 상수이므로 배열명 자체를 사용할 때는 주소 연산자(&)를 사용하면 안 됩니다. 그리고 각각의 요소를 사용할 때는 각 배열 요소에 주소 연산자(&)를 위와 같이 각각 사용해야 합니다.

17-20번째 줄 ● array[0]~array[9]까지의 값을 hap에 모두 더합니다.

22번째 줄 ● 합계를 출력합니다.

출력 결과

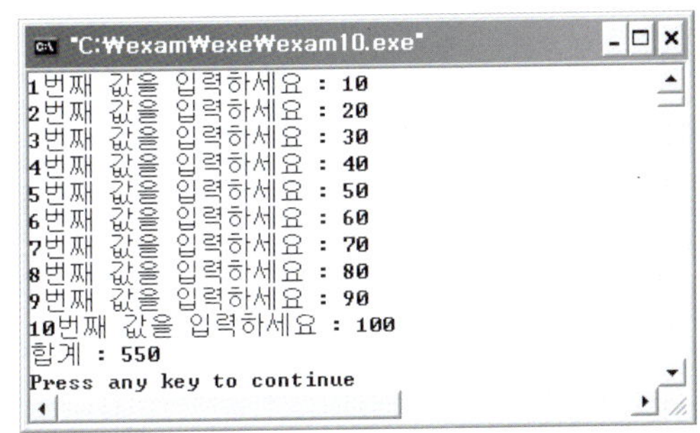

●● 10개의 값을 배열에 입력 받아 합계 구하기

응용해 보세요! ···

✓ 실수값을 입력받도록 수정해 보세요.
✓ 평균을 구해 보세요.

 메모하세요

문자열 복사 함수 만들기

문자열은 C 언어에서 가장 어려운 개념 중 하나입니다. 문자열을 자유자재로 사용하려면 포인터에 대한 완벽한 이해와 함께 많은 경험을 필요로 합니다. 그래서 이번 예제를 통해 문자열을 복사하는 내부 원리에 대해 연습해 봄으로써, 좀 더 문자열 처리에 자신감을 가질 수 있을 것입니다.

```c
01: /* 예제 11 : 문자열 복사 함수 만들기 */
02:
03: #include <stdio.h>
04: #include <string.h>
05:
06: char* StrCpy( char* dest, const char* src );
07:
08: void main( void )
09: {
10:     char string[100];
11:
12:     strcpy( string, "C 언어 길라잡이" );
13:     puts( string );
14:
15:     StrCpy( string, "정보문화사" );
16:     puts( string );
17: }
18:
19: char* StrCpy( char* dest, const char* src )
20: {
21:     char* pdest = dest;
22:
23:     while( *src )
24:     {
25:         *dest++ = *src++;
26:     }
27:
28:     *dest = '\0';
29:
30:     return pdest;
31: }
```

4번째 줄 ● strcpy() 함수를 사용하기 위해 헤더 파일 string.h를 포함합니다.

6번째 줄 ● 사용자 정의 함수인 StrCpy() 함수의 원형을 선언합니다.

10번째 줄 ● 문자열을 복사하기 위한 문자형 배열을 선언합니다.

12번째 줄 ● string에 문자열 "C 언어 길라잡이"를 복사합니다.

13번째 줄 ● "C 언어 길라잡이"를 출력합니다.

15번째 줄 ● string에 문자열 "정보문화사"를 복사합니다.

16번째 줄 ● "정보문화사"를 출력합니다.

19~31번째 줄 ● StrCpy() 함수의 구현부입니다.

21번째 줄 ● dest의 번지값을 리턴하기 위해 임시 저장합니다.

23번째 줄 ● 문자열은 널문자('\0')로 종결되기 때문에 while문을 사용해서 src가 가리키는 문자가 널문자가 아닌 경우 23~26번째 줄을 반복 실행합니다. *src는 src가 가리키는 값을 의미합니다.

25번째 줄 ● src가 가리키는 값을 dest가 가리키는 곳에 저장합니다. 그리고 나서 src와 dest가 가리키는 번지를 각각 1만큼씩 증가시킵니다.

28번째 줄 ● 문자열의 끝인 널문자를 dest가 현재 가리키는 곳에 대입합니다.

30번째 줄 ● dest의 시작 주소값을 갖고 있는 pdest를 리턴합니다.

출력 결과

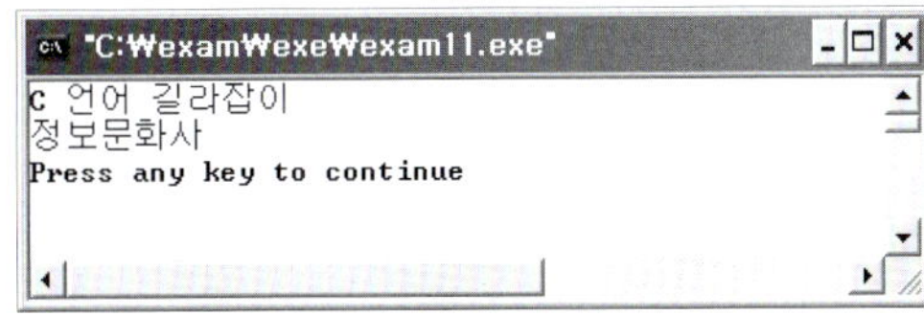

●● 문자열 복사 함수 만들기

응용해 보세요!

✓ strcpy( ) 함수를 다른 방법으로 구현해 보세요.

12

strcmp( ) 함수

문자열 비교 함수 만들기

문자열을 복사하는 함수에 이어 문자열을 비교하는 함수의 원리를 배워봅니다. 문자열을 비교하는 것은 기본적으로 대소문자를 구분하며, 비교 시 각각의 ASCII 값에 따라 크고 작음이 판단됩니다. 예를 들어 대문자 'A'는 아스키값이 65이므로 아스키값이 97인 소문자 'a'보다 작습니다.

```c
01: /* 예제 12 : 문자열 비교 함수 만들기 */
02:
03: #include <stdio.h>
04: #include <string.h>
05:
06: int StrCmp( const char* str1, const char* str2 );
07:
08: void main( void )
09: {
10:     int result;
11:
12:     result = strcmp( "abc", "ABC" );
13:     printf( "%d \n", result );
14:
15:     result = StrCmp( "abc", "abcde" );
16:     printf( "%d \n", result );
17:
18:     result = StrCmp( "World Cup", "world cup" );
19:     printf( "%d \n", result );
20: }
21:
22: int StrCmp( const char* str1, const char* str2 )
23: {
24:     while( *str1 && *str2 )
25:     {
26:         if( *str1 != *str2 )
27:         {
28:             return (*str1 < *str2 ) ? -1 : 1;
29:         }
30:
31:         str1++, str2++;
32:     }
33:
34:     if( *str1 != *str2 )
35:     {
36:         return (*str1 < *str2 ) ? -1 : 1;
37:     }
38:
39:     return 0;
40: }
```

4번째 줄 ● strcmp() 함수를 사용하기 위해 헤더 파일 string.h를 포함합니다.

6번째 줄 ● 사용자 정의 함수인 StrCmp() 함수의 원형을 선언합니다.

10번째 줄 ● 문자열을 비교한 결과를 저장하기 위한 정수형 변수를 선언합니다.

12번째 줄 ● C 언어 표준 함수인 strcmp() 함수를 사용해서 문자열을 비교합니다. "abc"는 "ABC"보다 크므로, result는 1이 됩니다.

15번째 줄 ● 문자열 "abc"는 널문자를 포함해서 "abcde"보다 작으므로, result는 −1이 됩니다.

18번째 줄 ● 문자열 "World Cup"은 "world cup"보다 작으므로, result는 −1이 됩니다. 'W'는 'w'보다 아스키 값이 작습니다.

22-40번째 줄 ● StrCmp() 함수의 구현부입니다.

24번째 줄 ● 두 개의 포인터가 가리키는 값이 널문자가 아닌 동안 24~32번째 줄을 반복합니다.

26-29번째 줄 ● 두 개의 포인터가 가리키는 값이 같지 않으면, 아스키값의 크기에 따라 −1 또는 1을 리턴합니다.

31번째 줄 ● 두 개의 포인터를 1만큼 증가시켜 다음 문자를 가리키도록 합니다.

34-37번째 줄 ● 두 개의 포인터가 가리키는 값이 같지 않은 경우, 둘 중의 하나가 널문자로 인해 종료된 경우이므로, 각각이 가리키는 아스키값을 비교하여 −1 또는 1을 리턴합니다.

39번째 줄 ● 두 개의 문자열이 같다는 의미로 0을 리턴합니다.

출력 결과

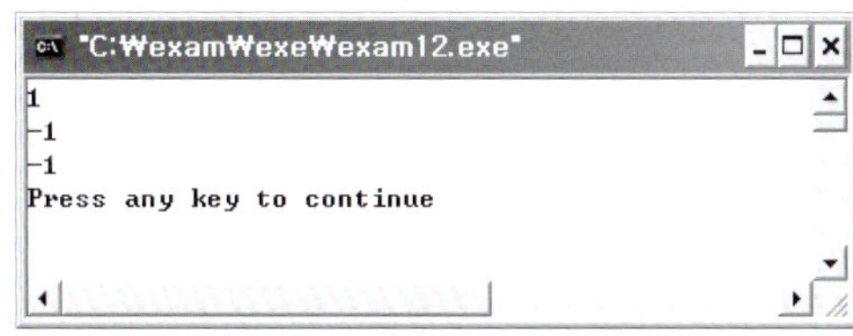

●● 문자열 비교 함수 만들기

문자열 연결 함수 만들기

문자열 연결 함수는 두 개의 문자열을 연결하여 하나의 문자열로 만들고자 할 때 사용합니다. 이번 예제를 통해 strcat() 함수의 내부 원리에 대해 배울 수 있습니다.

```
01: /* 예제 13 : 문자열 연결 함수 만들기 */
02:
03: #include <stdio.h>
04: #include <string.h>
05:
06: char* StrCat( char* dest, const char* src );
07:
08: void main( void )
09: {
10:     char string[100];
11:
12:     strcpy( string, "나는 " );
13:     strcat( string, "프로그래머입니다." );
14:     puts( string );
15:
16:     strcpy( string, "나는 " );
17:     StrCat( string, "프로그래머입니다." );
18:     puts( string );
19: }
20:
21: char* StrCat( char* dest, const char* src )
22: {
23:     char* pdest = dest;
24:
25:     dest += strlen(dest);
26:
27:     while( *src )
28:     {
29:         *dest++ = *src++;
30:     }
31:
32:     *dest = '\0';
33:
34:     return pdest;
35: }
```

4번째 줄 ● strcat() 함수를 사용하기 위해 헤더 파일 string.h를 포함합니다.

6번째 줄 ● 사용자 정의 함수인 StrCat() 함수의 원형을 선언합니다.

10번째 줄 ● 문자열을 복사하기 위한 문자형 배열을 선언합니다.

12-14번째 줄 ● string에 "나는"을 복사한 후, C 언어 표준 함수인 strcat() 함수를 사용해서 두 개의 문자열을 연결한 후 출력합니다.

16-18번째 줄 ● 사용자 정의 함수인 StrCat() 함수를 사용해서 두 개의 문자열을 연결한 후 출력합니다.

21-35번째 줄 ● StrCat() 함수의 구현부입니다.

23번째 줄 ● dest의 번지값을 리턴하기 위해 임시 저장합니다.

25번째 줄 ● dest의 번지를 dest 문자열의 길이만큼 뒤로 이동합니다.

27번째 줄 ● src가 가리키는 값이 널문자가 아닌 동안 27~30번째 줄을 반복합니다.

29번째 줄 ● src가 가리키는 값을 dest가 가리키는 곳에 복사한 후, src와 dest가 가리키는 값을 각각 1씩 증가시킵니다.

32번째 줄 ● 문자열 dest의 끝에 널문자를 추가합니다.

34번째 줄 ● dest의 시작 주소값을 갖고 있는 pdest를 리턴합니다.

출력 결과

●● 문자열 연결 함수 만들기

응용해 보세요!

✓ 27번째 줄의 while문을 for문으로 바꿔보세요.

14

strchr( ) 함수

문자 검색 함수 만들기

문자열에서 문자를 검색하기 위해서는 strchr() 함수를 사용해야 합니다. 이번 예제에서는 strchr() 함수를 직접 구현해 봄으로써, 문자열에서 문자를 검색하는 원리를 배울 수 있습니다.

```
01: /* 예제 14 : 문자 검색 함수 만들기 */
02:
03: #include <stdio.h>
04: #include <string.h>
05:
06: char* StrChr( const char* pstring, char ch );
07:
08: void main( void )
09: {
10:     char string[100];
11:     char* pos;
12:
13:     strcpy( string, "This is a book." );
14:     pos = strchr( string, 'a' );
15:     printf( "%d 위치에 a가 있음 \n", pos - string );
16:
17:     strcpy( string, "This is a book." );
18:     pos = StrChr( string, 'a' );
19:     printf( "%d 위치에 a가 있음 \n", pos - string );
20: }
21:
22: char* StrChr( const char* pstring, char ch )
23: {
24:     while( *pstring && *pstring != ch )
25:     {
26:         pstring++;
27:     }
28:
29:     if( *pstring == ch )
30:     {
31:         return (char*)pstring;
32:     }
33:
34:     return (char*)0;
35: }
```

4번째 줄 ● strchr( ) 함수를 사용하기 위해 헤더 파일 string.h를 포함합니다.

6번째 줄 ● 사용자 정의 함수인 StrChr() 함수의 원형을 선언합니다.

10번째 줄 ● 문자열을 복사하기 위한 문자형 배열을 선언합니다.

11번째 줄 ● 문자가 검색된 위치에 대한 번지값을 저장할 포인터를 선언합니다.

14번째 줄 ● string에서 문자 'a'를 검색합니다. strchr() 함수는 문자 'a'가 검색되면 검색된 번지값을 리턴하며, 그렇지 않은 경우 NULL(0)을 리턴합니다.

15번째 줄 ● 문자 'a'가 검색된 경우 pos는 string 배열 중의 하나의 번지값을 나타내므로 pos에서 string을 뺀 값이 인덱스가 됩니다. 단 pos가 NULL인 예외 처리는 하지 않았습니다.

18번째 줄 ● 사용자 정의 함수인 StrChr() 함수로 string에서 문자 'a'를 검색합니다. StrChr() 함수의 사용법은 strchr() 함수와 같습니다.

19번째 줄 ● 문자 'a'가 검색된 경우 pos는 string 배열 중의 하나의 번지값을 나타내므로 pos에서 string을 뺀 값이 인덱스가 됩니다. 단 pos가 NULL인 예외 처리는 하지 않았습니다.

22-35번째 줄 ● StrChr() 함수의 구현부입니다.

24번째 줄 ● pstring이 가리키는 값이 참(NULL이 아닌 값)이고, *pstring의 값이 ch와 같지 않은 경우 24~27번째 줄을 반복 실행합니다.

26번째 줄 ● pstring이 가리키는 번지값을 1만큼 증가합니다.

29-32번째 줄 ● *pstring의 값이 ch와 같은 경우, pstring의 번지값을 리턴합니다.

34번째 줄 ● 문자를 검색하지 못한 경우 NULL(0)을 리턴합니다.

출력 결과

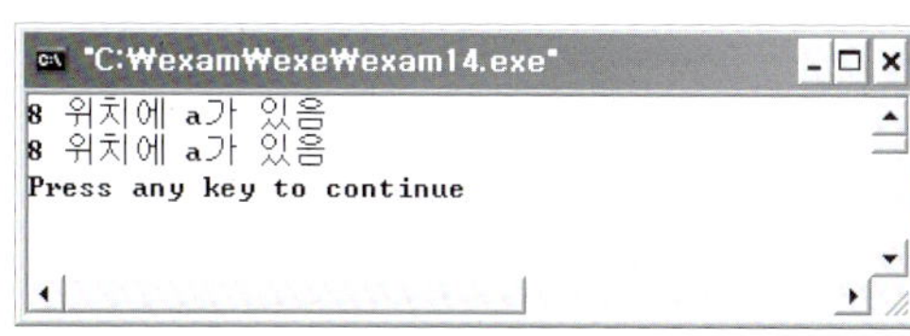

●● 문자 검색 함수 만들기

strset( ) 함수

문자 채움 함수 만들기

문자열을 특정 문자로 채우기 위해서는 strset() 함수를 사용해야 합니다. strset() 함수는 비밀번호 등을 '****'로 출력할 때 사용하면 편리합니다. 이번 예제에서는 strset() 함수를 직접 구현해 봄으로써, 문자열을 특정 문자로 채우는 원리를 배울 수 있습니다.

```
01: /* 예제 15 : 문자 채움 함수 만들기 */
02:
03: #include <stdio.h>
04: #include <string.h>
05:
06: char* StrSet( char* pstring, char ch );
07:
08: void main( void )
09: {
10:     char string[100];
11:
12:     strcpy( string, "This is a book." );
13:     strset( string, '*');
14:     puts( string );
15:
16:     strcpy( string, "This is a book." );
17:     StrSet( string, '$' );
18:     puts( string );
19: }
20:
21: char* StrSet( char* pstring, char ch )
22: {
23:     char *start = pstring;
24:
25:     while( *pstring )
26:     {
27:         *pstring++ = ch;
28:     }
29:
30:     return start;
31: }
```

4번째 줄 ● strset() 함수를 사용하기 위해 헤더 파일 string.h를 포함합니다.

6번째 줄 ● 사용자 정의 함수인 StrSet() 함수의 원형을 선언합니다.

10번째 줄 ● 문자열을 복사하기 위한 문자형 배열을 선언합니다.

12번째 줄 string에 "This is a book."을 복사합니다.

13번째 줄 string의 모든 문자열을 '*'로 채웁니다.

16번째 줄 string에 "This is a book."을 복사합니다.

17번째 줄 사용자 정의 함수인 StrSet() 함수로 string의 모든 문자열을 '$'로 채웁니다.

21~31번째 줄 StrSet() 함수의 구현부입니다.

23번째 줄 pstring의 번지값을 리턴하기 위해 임시 저장합니다.

25번째 줄 *pstring의 값이 참인 동안 25~28번째 줄을 반복 실행합니다.

27번째 줄 *pstring에 ch 문자를 대입한 후, pstring이 가리키는 값을 1만큼 증가시킵니다.

30번째 줄 pstring의 맨 처음 주소를 담고 있는 start를 리턴합니다.

출력 결과

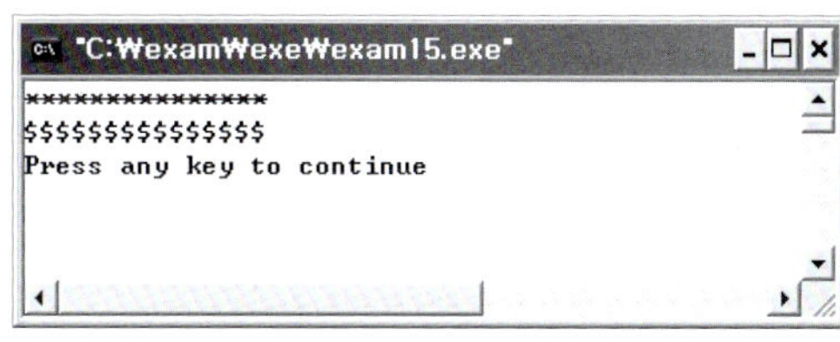

●● 문자 채움 함수 만들기

응용해 보세요!

✓ 문자열을 '-'로 채워보세요.
✓ strnset() 함수를 대신할 수 있는 StrNSet() 함수를 구현해 보세요.

16

문자열 뒤집는 함수 만들기

문자열을 거꾸로 뒤집기 위해서는 strrev() 함수를 사용해야 합니다. 예를 들어 "abc" 문자열을 거꾸로 뒤집으면 "cba"가 되는데, 이번 예제에서는 strrev() 함수를 직접 구현해 봄으로써, 문자열을 거꾸로 뒤집는 원리를 배울 수 있습니다.

```c
01: /* 예제 16 : 문자열 뒤집는 함수 만들기 */
02:
03: #include <stdio.h>
04: #include <string.h>
05:
06: char* StrRev( char* pstring );
07:
08: void main( void )
09: {
10:     char string[100];
11:     char* pos;
12:
13:     strcpy( string, "abcde 12345" );
14:     pos = strrev( string );
15:     puts( string );
16:
17:     strcpy( string, "12345 abcde" );
18:     pos = StrRev( string );
19:     puts( string );
20: }
21:
22: char* StrRev( char* pstring )
23: {
24:     char *start = pstring;
25:     char *left = pstring;
26:     char ch;
27:
28:     while( *pstring++ );
29:
30:     pstring -= 2;
31:
32:     while( left < pstring )
33:     {
34:         ch = *left;
35:         *left++ = *pstring;
36:         *pstring-- = ch;
37:     }
38:
39:     return start;
40: }
```

13, 17번째 줄 ● string에 "abcde 12345"를 복사합니다.

14, 15
18-19번째 줄 ● string의 문자열을 strrev(), StrRev() 함수를 사용해서 거꾸로 뒤집은 후 출력합니다. 출력은 원래의 문자열이 거꾸로 뒤집힌 "54321 edcba"입니다.

28번째 줄 ● pstring의 값을 문자열의 맨 뒤로 이동합니다. pstring은 널문자 다음으로 이동됩니다.

30번째 줄 ● pstring이 널문자 다음을 가리키므로, 맨 뒤의 문자를 가리키도록 2를 뺍니다.

32-37번째 줄 ● left는 왼쪽에서 오른쪽으로 1만큼 증가하며, pstring은 오른쪽에서 왼쪽으로 1만큼 감소하면서 왼쪽과 오른쪽의 값을 서로 바꿉니다.

34번째 줄 ● *left의 값을 ch에 임시로 저장합니다.

35번째 줄 ● *left에 *pstring의 값을 넣습니다. left는 값이 복사된 후 1만큼 증가합니다.

36번째 줄 ● *pstring에 ch의 값을 넣어서 문자열의 앞과 뒤를 하나씩 바꿉니다. pstring은 값이 복사된 후 1만큼 감소합니다.

39번째 줄 ● pstring의 맨 처음 주소를 갖고 있는 start를 리턴합니다.

출력 결과

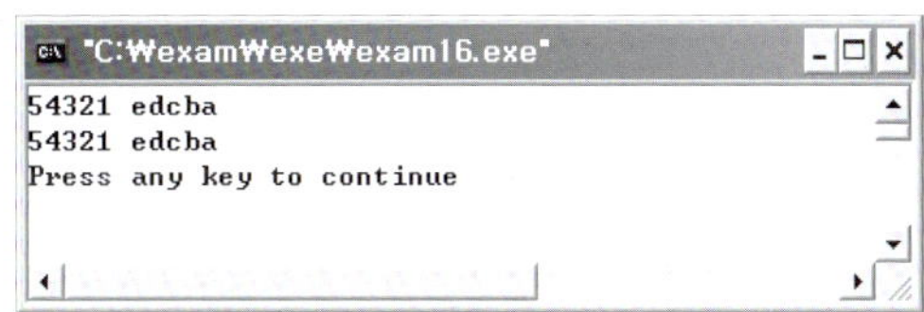

●● 문자열 뒤집는 함수 만들기

응용해 보세요! ···

✓ StrRev( ) 함수에서 사용되는 while문 대신 for문을 사용해 보세요.

17

문자열을 대문자로 변환하는 함수 만들기

문자열을 대문자로 변환하기 위해서는 strupr() 함수를 사용해야 합니다. 예를 들어 "korea" 문자열을 대문자로 변환하면 "KOREA"가 되는데, 이번 예제에서는 strupr() 함수를 직접 구현해 봄으로써, 문자열을 대문자로 변환하는 원리를 배울 수 있습니다.

```c
01: /* 예제 17 : 문자열을 대문자로 변환하는 함수 만들기 */
02:
03: #include <stdio.h>
04: #include <string.h>
05:
06: char* StrUpr( char* pstring );
07:
08: void main( void )
09: {
10:     char string[100];
11:
12:     strcpy( string, "beautiful girl." );
13:     strupr( string );
14:     puts( string );
15:
16:     strcpy( string, "beautiful girl." );
17:     StrUpr( string );
18:     puts( string );
19: }
20:
21: char* StrUpr( char* pstring )
22: {
23:     char *cp;
24:
25:     for( cp = pstring; *cp; ++cp )
26:     {
27:         if( 'a' <= *cp && *cp <= 'z' )
28:         {
29:             *cp += 'A' - 'a';
30:         }
31:     }
32:
33:     return pstring;
34: }
```

12, 16번째 줄 ● string에 "beautiful girl."을 복사합니다.

13~14, 17~18번째 줄 ● string의 문자열을 strupr(), StrUpr() 함수를 사용해서 소문자를 대문자로 변환한 후 출력합니다. 출력은 "BEAUTIFUL GIRL."입니다. 알파벳이 아닌 다른 문자들은 그 값이 바뀌지 않는다는 것에 주의해야 합니다.

25번째 줄 ● cp는 pstring을 초기값으로 하여 *cp의 값이 참인 동안(NULL을 만나는 문자열의 끝까지) 25~31번째 줄을 반복 실행합니다.

27번째 줄 ● *cp의 값이 'a' ~ 'z' 사이에 있는 소문자인지 검사합니다.

29번째 줄 ● *cp의 값에 'A' – 'a'의 값을 더해줍니다. 'A'는 65이고 'a'는 97이므로 두 값의 차이는 –32입니다. 그러므로 *cp += (–32)라고 해도 동일한 결과를 얻을 수 있습니다.

33번째 줄 ● 대문자로 변환된 문자열을 리턴합니다.

출력 결과

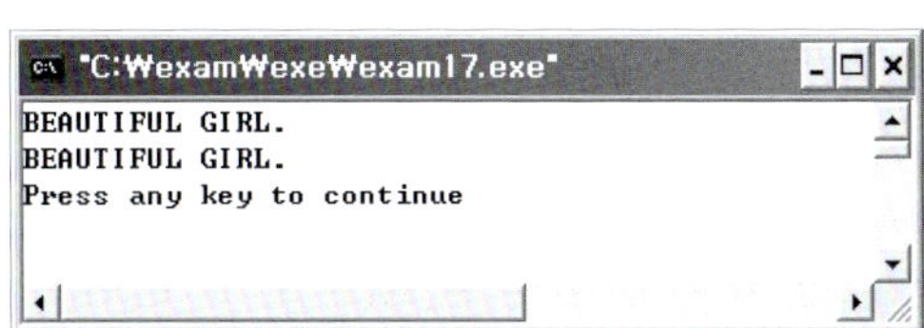

●● 문자열을 대문자로 변환하는 함수 만들기

응용해 보세요!

✓ 한글 문자열 "한국"을 대문자로 변환하면 어떻게 되는지 확인해 보세요.
✓ 대문자 "GIRL"을 strupr( ) 함수로 변환해 보세요.
✓ 숫자 "12345"를 strupr( ) 함수로 변환해 보세요.

 메모하세요

18 strlwr( ) 함수
문자열을 소문자로 변환하는 함수 만들기

문자열을 소문자로 변환하기 위해서는 strlwr() 함수를 사용해야 합니다. 예를 들어 "SOCCER" 문자열을 소문자로 변환하면 "soccer"가 되는데, 이번 예제에서는 strlwr() 함수를 직접 구현해 봄으로써, 문자열을 소문자로 변환하는 원리를 배울 수 있습니다.

```c
01: /* 예제 18 : 문자열을 소문자로 변환하는 함수 만들기 */
02:
03: #include <stdio.h>
04: #include <string.h>
05:
06: char* StrLwr( char* pstring );
07:
08: void main( void )
09: {
10:     char string[100];
11:
12:     strcpy( string, "BEAUTIFUL GIRL." );
13:     strlwr( string );
14:     puts( string );
15:
16:     strcpy( string, "BEAUTIFUL GIRL." );
17:     StrLwr( string );
18:     puts( string );
19: }
20:
21: char* StrLwr( char* pstring )
22: {
23:     char *cp;
24:
25:     for( cp = pstring; *cp; ++cp )
26:     {
27:         if( 'A' <= *cp && *cp <= 'Z' )
28:         {
29:             *cp += 'a' - 'A';
30:         }
31:     }
32:
33:     return pstring;
34: }
```

12, 16번째 줄 ● string에 "BEAUTIFUL GIRL."을 복사합니다.

**13-14
17-18번째 줄**

string의 문자열을 strlwr(), StrLwr() 함수를 사용해서 대문자를 소문자로 변환한 후 출력합니다. 출력은 "beautiful girl."입니다. 이 함수 또한 strupr() 함수처럼 알파벳이 아닌 다른 문자들은 그 값이 바뀌지 않는다는 것에 주의해야 합니다.

25번째 줄

cp는 pstring을 초기값으로 하여 *cp의 값이 참인 동안(NULL을 만나는 문자열의 끝까지) 25~31번째 줄을 반복 실행합니다.

27번째 줄

*cp의 값이 'A'~'Z' 사이에 있는 대문자인지 검사합니다.

29번째 줄

*cp의 값에 'a' – 'A'의 값을 더해줍니다. 'a'는 97이고 'A'는 65이므로 두 값의 차이는 32입니다. 그러므로 *cp += 32라고 해도 동일한 결과를 얻을 수 있습니다.

33번째 줄

소문자로 변환된 문자열을 리턴합니다.

출력 결과

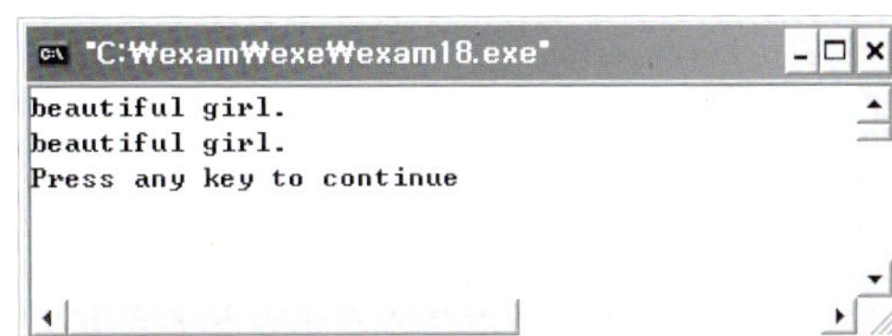

●● 문자열을 소문자로 변환하는 함수 만들기

응용해 보세요! ··

✓ 한글 문자열 "한국"을 소문자로 변환하면 어떻게 되는지 확인해 보세요.
✓ 소문자 "girl"을 strlwr( ) 함수로 변환해 보세요.
✓ 숫자 "12345"를 strlwr( ) 함수로 변환해 보세요.

 메모하세요

Lesson 19

문자열 왼쪽 공백 제거 함수 만들기

문자열에 관련된 프로그래밍을 하다 보면 문자열의 왼쪽 또는 오른쪽에 있는 공백 등을 제거해야 하는 경우가 종종 있습니다. C 언어는 이를 위한 별도의 함수를 제공하지 않으므로 공백을 제거하는 함수를 만들어서 사용해야 합니다. C 언어에서는 공백, 탭, 개행 문자들을 모두 공백 문자(white-space)처럼 취급하며, 특정 문자가 white-space인지 판단하기 위한 isspace() 함수가 제공됩니다.

```c
01: /* 예제 19 : 문자열 왼쪽 공백 제거 함수 만들기 */
02:
03: #include <stdio.h>
04: #include <string.h>
05: #include <ctype.h>
06:
07: char* StrLTrim( char* pstring );
08:
09: void main( void )
10: {
11:     char string[100];
12:     char* pstr;
13:
14:     strcpy( string, "\n\t   abcde" );
15:     pstr = StrLTrim( string );
16:     puts( pstr );
17: }
18:
19: char* StrLTrim( char* pstring )
20: {
21:     while( *pstring )
22:     {
23:         if( !isspace(*pstring) )
24:         {
25:             return pstring;
26:         }
27:
28:         pstring++;
29:     }
30:
31:     return (char*)"";
32: }
```

14번째 줄 ● string에 "\n\t   abcde"를 복사합니다.

15-16번째 줄 ● string에서 왼쪽에 있는 공백 문자를 제거한 후 출력합니다. 공백 문자는 개행, 탭, 공백이 모두 포함되며, 이를 C 언어에서 white-space라고 표현합니다.

23번째 줄 ● C 언어가 제공하는 isspace() 함수를 사용해서 *pstring의 값이 공백 문자인지 검사합니다. 부정 연산자(!)가 사용되었기 때문에 *pstring의 값이 공백 문자가 아닌 경우 참이 됩니다.

25번째 줄 ● 공백 문자가 아닌 경우 pstring을 리턴합니다.

28번째 줄 ● pstring이 가리키는 번지를 1만큼 증가시킵니다.

31번째 줄 ● 모든 문자가 공백 문자에 해당하는 경우 널문자열을 리턴합니다. " "는 널문자열입니다. 널문자열은 문자가 하나도 없으며, 첫 문자에 NULL(0)이 존재하는 문자열입니다.

출력 결과

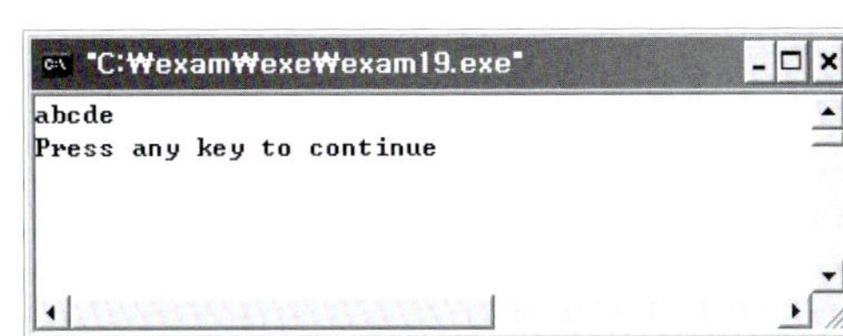

●● 문자열 왼쪽 공백 제거 함수 만들기

응용해 보세요! ···

✓ 특정한 문자 세트를 제거하는 함수를 작성해 보세요!
예를 들어, StrLTrim(string, "a12"); 라고 함수를 호출하면 string의 왼쪽에 있는 모든 'a', '1', '2' 문자가 제거되어야 합니다.

 메모하세요

Lesson 20 문자열 오른쪽 공백 제거 함수 만들기

[예제 19]에서는 문자열에 있는 왼쪽의 공백 문자를 제거하는 방법을 배웠습니다. 이번 예제에서는 문자열의 오른쪽에 있는 공백 문자를 제거하는 방법을 배우게 됩니다. 문자열의 오른쪽에 있는 공백을 제거하는 방법은 [예제 19]와 유사하며, [예제 19]와 [예제 20]을 응용하여 왼쪽 및 오른쪽에 존재하는 모든 공백 문자를 제거하는 함수를 만드는 것은 어렵지 않습니다.

```c
01: /* 예제 20 : 문자열 오른쪽 공백 제거 함수 만들기 */
02:
03: #include <stdio.h>
04: #include <string.h>
05: #include <ctype.h>
06:
07: char* StrRTrim( char* pstring );
08:
09: void main( void )
10: {
11:     char string[100];
12:     char* pstr;
13:
14:     strcpy( string, "abcde \t\n " );
15:     pstr = StrRTrim( string );
16:     printf( "[%s] \n", pstr );
17: }
18:
19: char* StrRTrim( char* pstring )
20: {
21:     char* start = pstring;
22:     while( *pstring )
23:     {
24:         pstring++;
25:     }
26:
27:     pstring--;
28:
29:     while( start <= pstring )
30:     {
31:         if( !isspace(*pstring) )
32:         {
33:             *++pstring = '\0';
34:             return start;
35:         }
36:
37:         pstring--;
38:     }
39:
```

```
40:     return (char*)"";
41: }
```

14번째 줄 string에 "abcde \t\n"을 복사합니다.

15-16번째 줄 string에서 오른쪽에 있는 공백 문자를 제거한 후 출력합니다. 공백 문자는 개행, 탭, 공백이 모두 포함됩니다.

21번째 줄 문자열의 시작 번지를 리턴하기 위해 임시로 기억합니다.

22-25번째 줄 pstring을 문자열의 맨 끝인 널문자로 이동합니다.

27번째 줄 pstring을 1만큼 감소하여 문자열의 맨 뒤에 있는 문자를 가리키도록 합니다.

29번째 줄 pstring이 start보다 크거나 같은 동안 29~38까지 반복 실행합니다.

31-35번째 줄 *pstring이 공백 문자가 아닌 경우, 33번째 줄에서 pstring을 1만큼 증가한 위치에 널문자를 대입하고 시작 주소값인 start를 리턴합니다.

37번째 줄 pstring이 가리키는 번지를 1만큼 감소시킵니다.

출력 결과

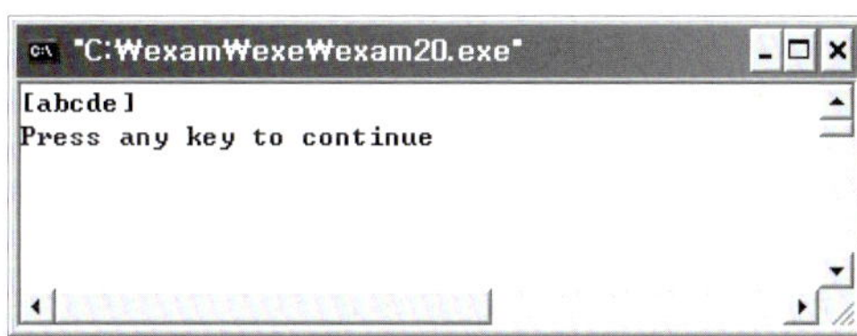

●● 문자열 오른쪽 공백 제거 함수 만들기

응용해 보세요!

✓ [예제 19]와 같이 특정한 문자 세트를 오른쪽에서 제거하는 함수를 작성해 보세요!

문자열을 숫자로 변환하기

C 언어에서 문자열은 매우 자주 사용됩니다. 그러므로 문자열을 숫자로 변환할 필요성 또한 자주 발생합니다. C 언어는 문자열을 숫자로 변환하기 위한 여러 개의 함수를 제공하고 있으며, 대표적으로 문자열을 정수값으로 변환하는 atoi() 함수와 64비트 정수값으로 변환하는 _atoi64() 함수, 그리고 소수점이 포함된 문자열을 실수로 변환하는 atof() 함수 등을 제공합니다.

```
01: /* 예제 21 : 문자열을 숫자로 변환하기 */
02:
03: #include <stdio.h>
04: #include <stdlib.h>
05:
06: void main( void )
07: {
08:     char *str1 = "2006";
09:     char *str2 = "31234539980012345678";
10:     char *str3 = "2006년도";
11:     char *str4 = "1.23e+10";
12:
13:     int     n1;
14:     __int64 n2;
15:     int     n3;
16:     double  n4;
17:
18:     n1 = atoi( str1 );
19:     printf( "%d \n", n1 );
20:
21:     n2 = _atoi64( str2 );
22:     printf( "%I64d \n", n2 );
23:
24:     n3 = atoi( str3 );
25:     printf( "%d \n", n3 );
26:
27:     n4 = atof( str4 );
28:     printf( "%.2e \n", n4 );
29: }
```

4번째 줄 ● atoi(), _atoi64(), atof() 함수 등을 사용하기 위한 헤더 파일 stdlib.h를 포함합니다.

18-19번째 줄 ● 문자열 str1을 정수값으로 변환하여 출력합니다.

21-22번째 줄 ● 문자열 str2를 64비트 정수값으로 변환하여 출력합니다. 64비트 정수값을 출력하기 위해서는 "%I64d" 형식을 사용해야 합니다.

24~25번째 줄 ● 문자열에 정수값과 한글 등이 포함되어 있는 것을 정수값으로 변환합니다. atoi() 함수는 2006만 정수 값으로 변환하고 한글 또는 숫자가 아닌 알파벳 등이 있으면 더 이상 변환하지 않고 그 이전까지의 값만 변환하여 리턴합니다.

27~28번째 줄 ● 문자열에 소수점이 있는 경우 등을 변환하여 출력합니다.

출력 결과

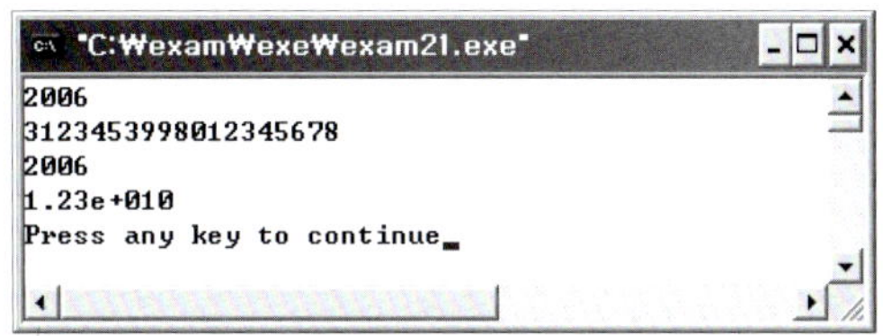

●● 문자열을 숫자로 변환하기

응용해 보세요!

✓ 문자열이 "a123"일 때 atoi( ) 함수는 몇을 반환하는지 확인해 보세요.

📖 메모하세요

22

2진/16진 문자열을 숫자로 변환
2진/16진 문자열을 숫자로 변환하기

일반적으로는 2진수와 16진수가 프로그래밍에 자주 사용되지는 않습니다. 그러므로 2진수나 16진수에 대해 다루는 책이 많지 않으며, 독자들은 이런 함수를 만드느라 며칠을 고생하곤 합니다. C 언어는 2진 또는 16진 문자열을 숫자로 변환하기 위한 여러 개의 함수를 제공하고 있으며, 대표적으로 strtol() 함수가 사용됩니다.

```
01: /* 예제 22 : 2진/16진 문자열을 숫자로 변환하기 */
02:
03: #include <stdio.h>
04: #include <stdlib.h>
05: #include <string.h>
06:
07: void main( void )
08: {
09:     char string[100];
10:     char *stop;
11:     unsigned n;
12:
13:     strcpy( string, "11111111" );
14:     n = strtol( string, &stop, 2 );
15:     printf( "%d \n", n );
16:
17:     strcpy( string, "1111111111111111" );
18:     n = strtol( string, &stop, 2 );
19:     printf( "%d \n", n );
20:
21:     strcpy( string, "ff" );
22:     n = strtol( string, &stop, 16 );
23:     printf( "%d \n", n );
24:
25:     strcpy( string, "ffff" );
26:     n = strtol( string, &stop, 16 );
27:     printf( "%d \n", n );
28: }
```

4번째 줄 ● strtol() 함수를 사용하기 위한 헤더 파일 stdlib.h를 포함합니다. strtol() 함수의 함수 원형은 다음과 같습니다. nptr은 변환될 문자열의 버퍼이며, stop은 변환이 멈추어진 번지를 돌려받을 포인터입니다. base는 변환될 기수로써 2,8,10,16 등을 사용할 수 있습니다.

```
long strtol( const char *nptr, char **endptr, int base );
```

10번째 줄 ● 문자열의 몇 번째까지 변환되었는지를 저장하기 위한 변수를 선언합니다. strtol() 함수는 변환이 멈춘 위치에 대한 포인터 값을 stop에 저장시켜 줍니다.

13번째 줄 ● string에 문자열 "11111111"을 복사합니다. 이 값은 2진수이며 정수로 255에 해당합니다.

14번째 줄 ● 2진수로 이루어진 문자열을 정수로 변환합니다. strtol() 함수에 사용된 3번째 인수의 값이 2인 것에 유의해야 하며, 이 값은 변환되는 문자열이 2진수임을 나타내는 값입니다.

17~19번째 줄 ● 2진수 문자열 "1111111111111111"을 정수로 변환한 정수값 65535를 출력합니다.

21~23번째 줄 ● 16진 문자열 "ff"를 숫자로 변환하여 출력합니다. 출력값은 255입니다. strtol() 함수의 3번째 인수가 16임에 주의하십시오.

25~27번째 줄 ● 16진 문자열 "ffff"를 숫자로 변환하여 출력합니다. 출력값은 65535입니다.

출력 결과

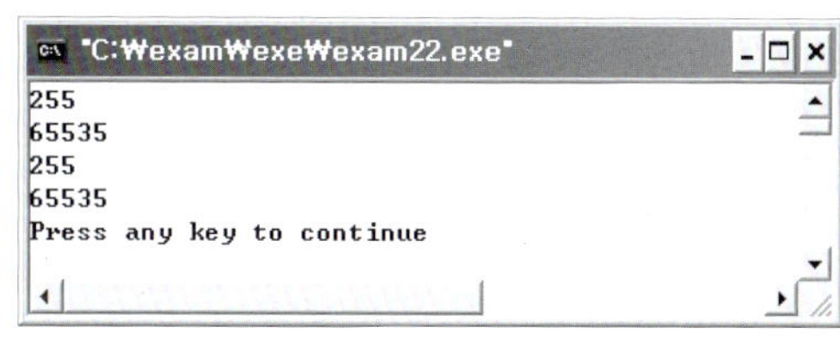

●● 2진/16진 문자열을 숫자로 변환하기

응용해 보세요! ∙∙

✓ strtol( ) 함수는 2진수와 16진수 뿐만 아니라 8진수 등도 10진수로 변환할 수 있습니다. 문자열 "0153"을 10진수를 변환해 보세요.

 메모하세요

숫자를 2/10/16진 문자열로 변환하기

[예제 22]와 마찬가지로 숫자를 2진수 또는 16진수로 변환하는 것은 흔하지 않습니다. 그러므로 대부분의 프로그래머가 이런 함수를 잘 알지 못하며, 실무에서 필요한 경우 많은 시간을 소비하곤 합니다. C 언어는 숫자를 2진/10진/16진 문자열 등으로 변환하는 itoa() 함수를 제공합니다.

```
01: /* 예제 23 : 숫자를 2/10/16진 문자열로 변환하기 */
02:
03: #include <stdio.h>
04: #include <stdlib.h>
05:
06: void main( void )
07: {
08:     char string[100];
09:
10:     itoa( 255, string, 2 );
11:     puts( string );
12:
13:     itoa( 255, string, 10 );
14:     puts( string );
15:
16:     itoa( 255, string, 16 );
17:     puts( string );
18:
19:     itoa( 65535, string, 2 );
20:     puts( string );
21:
22:     itoa( 65535, string, 10 );
23:     puts( string );
24:
25:     itoa( 65535, string, 16 );
26:     puts( string );
27: }
```

4번째 줄 ● itoa() 함수를 사용하기 위한 헤더 파일 stdlib.h를 포함합니다. itoa() 함수의 함수 원형은 다음과 같습니다. value는 변환할 정수값이며, string은 문자열 버퍼입니다. radix는 변환될 기수로써 2,8,10,16 등을 사용할 수 있습니다.

```
char *itoa( int value, char *string, int radix );
```

10번째 줄 ● 정수값 255를 2진 문자열로 변환합니다. itoa() 함수의 첫 번째 인수 255는 변환할 정수값이며, 두 번째 인수 string은 변환 후 저장될 문자열 버퍼입니다. 세 번째 인수 2는 2진수로 변환됨을 의미합니다.

255는 2진 문자열로 "11111111" 입니다.

13번째 줄 ● 정수값 255를 10진 문자열로 변환합니다. 255는 10진 문자열로 "255" 입니다.

16번째 줄 ● 정수값 255를 16진 문자열로 변환합니다. 255는 16진 문자열로 "ff" 입니다.

19번째 줄 ● 정수값 65535를 2진 문자열로 변환합니다. 65535는 2진 문자열로 "1111111111111111" 입니다.

22번째 줄 ● 정수값 65535를 10진 문자열로 변환합니다. 65535는 10진 문자열로 "65535" 입니다.

25번째 줄 ● 65535를 16진 문자열로 변환합니다. 65535는 16진 문자열로 "ffff" 입니다.

출력 결과

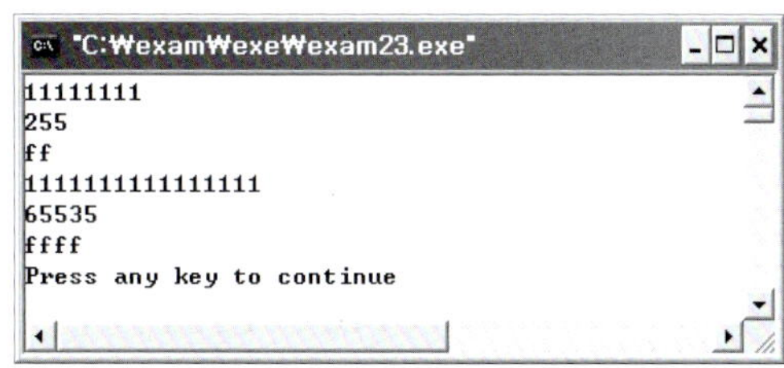

●● 숫자를 2/10/16진 문자열로 변환하기

응용해 보세요! ···

✓ 정수값 65535를 sprintf( ) 함수를 사용하여 문자열로 변환해 보세요.
✓ 정수값 65535를 sprintf( ) 함수를 사용하여 16진 문자열로 변환해 보세요.

 메모하세요

24

문자열에서 숫자 추출

문자열에서 숫자만 추출하기

C 언어는 문자가 숫자인지 검사하는 isdigit() 함수를 제공해 줍니다. 이번 예제에서는 isdigit() 함수를 응용하여 문자열에서 숫자만을 추출하는 방법을 배워 봅니다.

```c
01: /* 예제 24 : 문자열에서 숫자만 추출하기 */
02:
03: #include <stdio.h>
04: #include <string.h>
05: #include <ctype.h>
06:
07: void main( void )
08: {
09:     char str1[100];
10:     char str2[100];
11:     char *pstr1 = str1;
12:     char *pstr2 = str2;
13:
14:     strcpy( str1, "a1b2c3d4e5" );
15:     memset( str2, 0, sizeof str2 );
16:
17:     while( *pstr1 )
18:     {
19:         if( isdigit(*pstr1) )
20:         {
21:             *pstr2++ = *pstr1;
22:         }
23:
24:         pstr1++;
25:     }
26:
27:     puts( str2 );
28: }
```

5번째 줄 ● isdigit() 함수를 사용하기 위한 헤더 파일 ctype.h를 포함합니다.

12번째 줄 ● 숫자를 저장할 버퍼의 포인터 pstr2를 선언합니다.

14번째 줄 ● str1에 "a1b2c3d4e5"를 복사합니다.

15번째 줄 ● memset() 함수는 주어진 버퍼를 초기화할 때 자주 사용되는 C 언어의 표준 함수입니다. 다음은 memset() 함수의 원형입니다. dest는 버퍼의 주소이며, c는 초기화할 값입니다. count는 초기화할 버퍼의 크기입니다. 일반적으로 c는 0을 사용합니다.

```
void *memset( void *dest, int c, size_t count )
```

17번째 줄 ● *pstr1의 값이 널문자가 아닌 동안 17~25번째 줄이 반복됩니다.

19번째 줄 ● *pstr1의 값이 숫자인지 아닌지 isdigit() 함수를 사용해서 판단합니다.

21번째 줄 ● *pstr1의 값이 숫자인 경우 *pstr2로 그 값을 복사합니다. 복사 후 pstr2는 1만큼 증가합니다.

24번째 줄 ● pstr1이 가리키는 번지값을 1만큼 증가시킵니다.

출력 결과

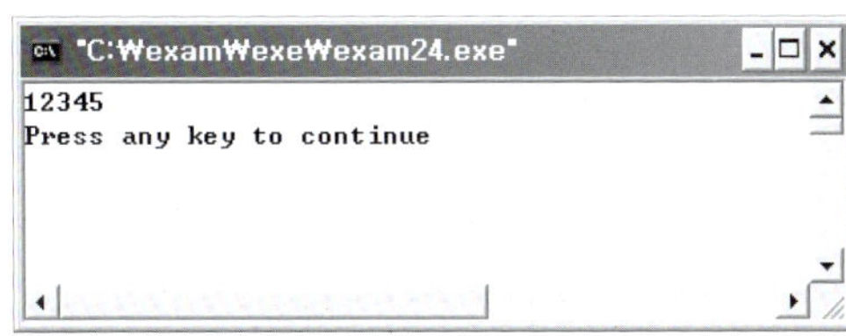

●● 문자열에서 숫자만 추출하기

응용해 보세요! ··

✓ 문자열에서 숫자를 제외한 문자만 추출해 보세요.
✓ 문자열을 "A1b2c3d4E5"로 설정한 후, 대문자만 추출해 보세요.

 메모하세요

문자열에서 특정 문자 변경하기

C 언어가 아닌 좀 더 고급 언어들(예를 들면, C++ 또는 MFC 클래스)은 특정 문자를 변경하기 위한 함수들이 존재합니다. C 언어는 그런 함수를 제공해 주지 않으므로 직접 만들어서 사용해야 합니다. 이번 예제에서는 C 언어에서 특정 문자를 변경하는 방법을 직접 구현하여 그 원리를 배워 봅니다.

```
01: /* 예제 25 : 문자열에서 특정 문자 변경하기 */
02:
03: #include <stdio.h>
04: #include <string.h>
05:
06: char* StrReplace( char* pstring, char oldChar, char newChar );
07:
08: void main( void )
09: {
10:     char string[100];
11:
12:     strcpy( string, "It is a good time!" );
13:     StrReplace( string, 'i', 'I' );
14:     puts( string );
15: }
16:
17: char* StrReplace( char* pstring, char oldChar, char newChar )
18: {
19:     while( *pstring )
20:     {
21:         if( *pstring == oldChar )
22:         {
23:             *pstring = newChar;
24:         }
25:
26:         pstring++;
27:     }
28:
29:     return pstring;
30: }
```

12번째 줄 ● 문자열 "It is a good time!"을 string에 복사합니다.

13번째 줄 ● string에 있는 문자열 중 소문자 'i'를 대문자 'I'로 모두 변경합니다.

19번째 줄 ● *pstring의 값이 참인 동안 19~27번째 줄을 반복 실행합니다.

21번째 줄 ● *pstring의 값이 변경될 문자인지 검사합니다.

23번째 줄 ● *pstring의 값을 새로운 값으로 변경합니다.

26번째 줄 ● pstring이 가리키는 번지값을 1만큼 증가시킵니다.

29번째 줄 ● 변경된 pstring을 리턴합니다.

출력 결과

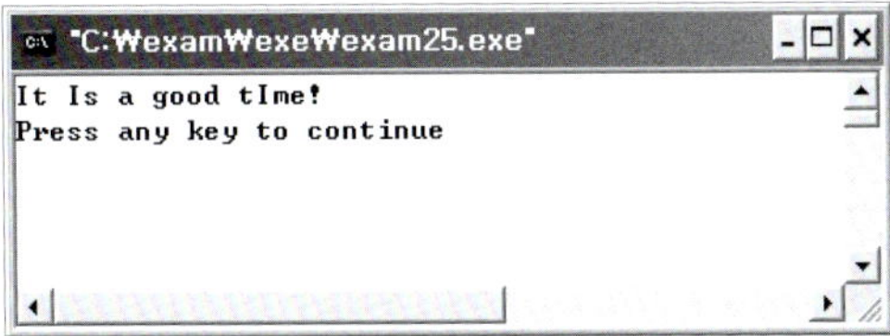

●● 문자열에서 특정 문자 변경하기

377

응용해 보세요! ··

√ 'o'를 'O'로 바꿔보세요.

메모하세요

26

문자열로 저장된 수를 연산

문자열의 두 수 연산하기

문자열을 특정 기호(token)에 맞게 분리한 후 연산하는 것은 실무에서 종종 사용되는 기법입니다. 문자열을 특정한 기호로 분리하기 위해 C 언어는 strtok(), strcspn(), strspn() 함수 등을 제공하며, 이번 예제에서는 strcspn() 함수를 활용하여 문자열을 특정 기호로 분리하는 방법을 배워 봅니다.

```
01: /* 예제 26 : 문자열의 두 수 연산하기 */
02:
03: #include <stdio.h>
04: #include <string.h>
05: #include <stdlib.h>
06:
07: int StrCalc( char* string );
08:
09: void main( void )
10: {
11:     char string[100];
12:     int n;
13:
14:     strcpy( string, "20 / 5" );
15:     n = StrCalc( string );
16:     printf( "%s = %d \n", string, n );
17: }
18:
19: int StrCalc( char* pstring )
20: {
21:     char *op = "+-*/";
22:     int pos;
23:     int n1, n2;
24:
25:     pos = strcspn( pstring, op );
26:     n1 = atoi( pstring );
27:     n2 = atoi( pstring+pos+1 );
28:
29:     if( *(pstring+pos) == '+' )
30:         return n1 + n2;
31:     else if( *(pstring+pos) == '-' )
32:         return n1 - n2;
33:     else if( *(pstring+pos) == '*' )
34:         return n1 * n2;
35:     else if( *(pstring+pos) == '/' )
36:         return n1 / n2;
37:
38:     return 0;
39: }
```

14번째 줄 ● string에 "20 / 5"를 복사합니다. 이 문자열을 "5 * 7"등의 다른 연산자를 사용하여 추가적인 테스트도 해보기 바랍니다.

15번째 줄 ● 문자열을 분석하여 두 값을 연산하기 위한 StrCalc() 함수를 호출합니다.

25번째 줄 ● strcspn() 함수는 문자열에서 처음으로 일치되는 위치를 검색합니다. 예제에서는 pstring이 가리키는 문자열이 "20 / 5"이므로 '/'가 첫 번째로 일치되는 문자가 됩니다. 만약 문자열이 "20 * 5"였다면, 첫 번째로 일치되는 문자는 '*'가 될 것입니다. strcspn() 함수는 이와 같이 여러 개의 문자 중 하나가 일치되는지 검사할 때 유용합니다.

26번째 줄 ● 첫 번째 값을 숫자로 변경합니다. atoi() 함수는 숫자가 아닌 값에서 변환을 멈추므로 "20"까지만 변환을 합니다.

27번째 줄 ● 검색된 문자의 위치(pos)에 1만큼 더한 위치의 값을 숫자로 변환합니다.

29-36번째 줄 ● 검색된 연산 기호값에 따라 덧셈, 뺄셈, 곱셈, 나눗셈을 연산하여 리턴합니다.

38번째 줄 ● 일치되는 연산 기호가 없는 경우 0을 리턴합니다.

출력 결과

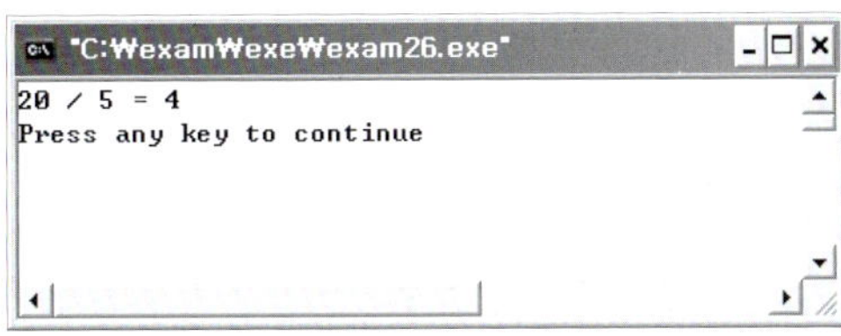

●● 문자열의 두 수 연산하기

응용해 보세요!

✓ "20 * 3 / 10"을 연산할 수 있도록 수정해 보세요.
✓ strcspn( ) 함수를 사용하지 않고 StrCalc( ) 함수를 구현해 보세요.

문자열이 파일 경로를 포함하고 있을 때, C 언어가 제공하는 표준 함수인 _splitpath() 함수를 사용하면 드라이브, 경로, 파일명을 쉽게 분리할 수 있습니다. 이번 예제에서는 _splitpath() 함수와 비슷한 기능을 하는 함수를 직접 구현해 봄으로써 문자열을 분리하는 능력을 키워 봅니다.

```
01: /* 예제 27 : 문자열에서 파일 경로/이름 추출하기 */
02:
03: #include <stdio.h>
04: #include <string.h>
05:
06: void main( void )
07: {
08:     char string[100];
09:     char fname[100];
10:     char title[100];
11:     char ext[100];
12:     char *pos;
13:
14:     strcpy( string, "C:\\study\\exam\\test.c" );
15:     pos = strrchr( string, '\\' );
16:     *pos = '\0';
17:     printf( "파일 경로 : %s \n", string );
18:
19:     strcpy( string, "C:\\study\\exam\\test.c" );
20:     pos = strrchr( string, '\\' );
21:     strcpy( fname, pos+1 );
22:     printf( "파일 이름 : %s \n", fname );
23:
24:     strcpy( title, fname );
25:     pos = strchr( title, '.' );
26:     *pos = '\0';
27:     printf( "파일 제목 : %s \n", title );
28:
29:     pos = strchr( fname, '.' );
30:     strcpy( ext, pos+1 );
31:     printf( "파일 확장자 : %s \n", ext );
32: }
```

8번째 줄 ● 파일 경로를 저장할 버퍼를 선언합니다.

9번째 줄 ● 파일 이름을 저장할 버퍼를 선언합니다.

10번째 줄 파일의 확장자를 제외한 파일 이름을 저장할 버퍼를 선언합니다.

11번째 줄 파일의 확장자를 저장할 버퍼를 선언합니다.

14, 19번째 줄 string에 파일 경로 "C:\\study\\exam\\test.c"를 복사합니다.

15, 20번째 줄 strchr() 함수를 사용하여 문자열의 뒤에서 앞으로 이동하면서 문자 '\'를 검색합니다. 문자 '\'를 검색하기 위해서는 '\'가 이스케이프 시퀀스 문자이기 때문에 반드시 연속해서 두 개('\\')를 사용해야 합니다.

16번째 줄 검색된 위치에 널문자를 대입하여 string을 파일의 경로 문자열로 만듭니다.

21번째 줄 pos는 문자 '\'가 검색된 위치이므로 그 다음 위치의 문자열을 fname에 복사합니다.

25-27번째 줄 title에서 '.'을 검색한 위치에 널문자를 대입하여, 그 앞의 문자열을 title이 되게 합니다.

29-31번째 줄 fname에서 '.'을 검색하여 그 다음 위치에 있는 문자열을 ext에 복사합니다.

출력 결과

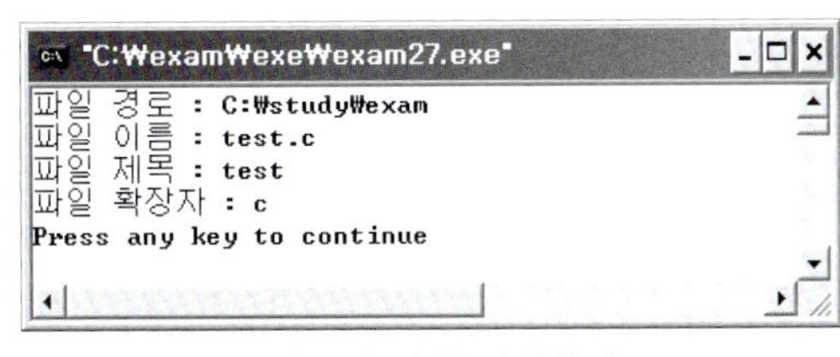

●● 문자열에서 파일 경로/이름 추출하기

응용해 보세요!

✓ _splitpath( ) 함수를 사용해서 구현해 보세요.

문자열에서 특정 문자열을 변환하기

C 언어는 문자열을 변환하기 위한 특별한 함수를 제공하지 않습니다. 그러므로 문자열 중에 있는 특정 문자열을 변환하기 위해서는 일일이 문자열 변환 함수를 작성해야 합니다. 이번 예제는 문자열 중에 있는 특정한 문자열을 변환하는 함수를 작성함으로써 문자열을 처리하는 보다 고급 기법을 배워 봅니다.

```
01: /* 예제 28 : 문자열에서 특정 문자열을 변환하기 */
02:
03: #include <stdio.h>
04: #include <string.h>
05: #include <stdlib.h>
06:
07: void Replace( char* string, char* oldStr, char* newStr );
08:
09: void main( void )
10: {
11:     char string[100];
12:
13:     strcpy( string, "They is good friends." );
14:     Replace( string, "is", "are" );
15:     puts( string );
16: }
17:
18: void Replace( char* string, char* oldStr, char* newStr )
19: {
20:     char* pstr = string;
21:     char* pstrOld = strdup( string ); // 문자열 복제
22:     char* pstrNew;                    // 검색된 위치
23:     char* pstrOldFree = pstrOld;       // free() 함수에서 사용
24:
25:     pstrNew = strstr( pstrOld, oldStr );
26:
27:     while( pstrNew )
28:     {
29:         strncpy( pstr, pstrOld, pstrNew-pstrOld );
30:         *(pstr+(pstrNew-pstrOld)) = 0;
31:
32:         strcat ( pstr, newStr );
33:         pstr = pstr + (pstrNew-pstrOld) + strlen(newStr);
34:
35:         pstrOld = pstrNew + strlen(oldStr);
36:         pstrNew = strstr ( pstrOld, oldStr );
37:
38:         if( pstrNew == NULL )
39:             strcat( pstr, pstrOld );
40:     }
```

```
41:
42:     free( pstrOldFree );
43: }
```

14번째 줄 ● 문자열 중에 있는 "is"를 모두 "are"로 변환합니다.

21번째 줄 ● strdup() 함수를 사용하여 문자열을 복제합니다. strdup() 함수는 내부적으로 malloc() 함수를 사용하므로, 반드시 42번째 줄과 같이 free() 함수에 의해 해제되어야 합니다.

25, 36번째 줄 ● strstr() 함수를 사용해서 문자열 "is"를 검색합니다.

29번째 줄 ● 검색된 문자열 이전까지를 pstr에 strncpy() 함수를 사용하여 복사합니다.

30번째 줄 ● pstr 문자열의 끝에 널문자를 대입합니다.

32번째 줄 ● pstr 문자열에 새로 대체될 문자열을 연결합니다.

33번째 줄 ● pstr을 추가된 문자열의 길이만큼 증가시킵니다.

35번째 줄 ● 다음으로 일치하는 문자열 "is"를 검색하기 위해 pstrOld의 위치를 설정합니다.

38-39번째 줄 ● 더 이상 검색된 문자열 "is"가 없는 경우 pstr에 남은 문자열을 추가합니다.

출력 결과

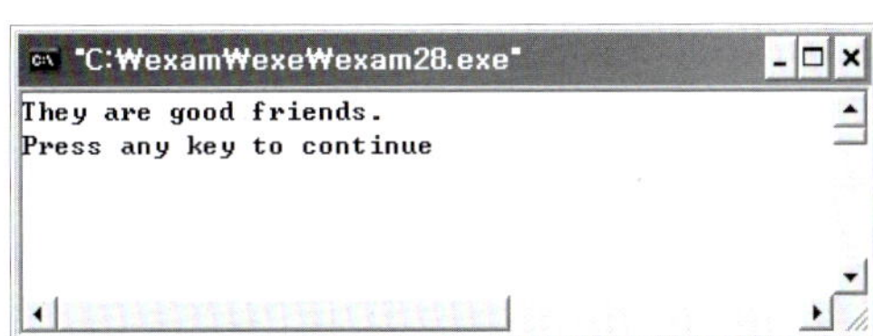

●● 문자열에서 특정 문자열을 변환하기

29

문자열에서 특정 문자를 제거하기

C 언어가 문자열에서 특정 문자를 제거하는 함수를 제공하지 않기 때문에 그런 기능을 하는 함수를 만들어서 사용할 필요가 있습니다. 이번 예제 또한 문자열을 처리하는 좀 더 고급 기법에 대해 다룹니다.

```c
01: /* 예제 29 : 문자열에서 특정 문자를 제거하기 */
02:
03: #include <stdio.h>
04: #include <string.h>
05: #include <stdlib.h>
06:
07: void Remove( char* string, char ch );
08:
09: void main( void )
10: {
11:     char string[100];
12:
13:     strcpy( string, "010-xxxx-xxxx" );
14:     Remove( string, '-' );
15:     puts( string );
16: }
17:
18: void Remove( char* string, char ch )
19: {
20:     char* pstr = string;
21:     char* pstrOld = strdup( string );    // 문자열 복제
22:     char* pstrNew;                       // 검색된 위치
23:     char* pstrOldFree = pstrOld;         // free() 함수에서 사용
24:
25:     pstrNew = strchr( pstrOld, ch );
26:
27:     while( pstrNew )
28:     {
29:         strncpy( pstr, pstrOld, pstrNew-pstrOld );
30:         *(pstr+(pstrNew-pstrOld)) = 0;
31:
32:         pstr += (pstrNew-pstrOld);
33:
34:         pstrOld = pstrNew + 1;
35:         pstrNew = strchr( pstrOld, ch );
36:
37:         if( pstrNew == NULL )
38:             strcat( pstr, pstrOld );
39:     }
40:
41:     free( pstrOldFree );
42: }
```

13-15번째 줄 ● 문자열 "010-xxxx-xxxx"에서 문자 '-'를 제거한 후 출력합니다.

21번째 줄 ● string 문자열을 strdup() 함수를 사용하여 복사합니다. strdup() 함수에 의해 할당된 문자열은 41번째 줄과 같이 반드시 free() 함수에 의해 해제되어야 합니다.

25, 35번째 줄 ● strchr() 함수를 사용하여 문자 '-'를 검색합니다.

27-39번째 줄 ● 문자열에서 문자 '-'를 검색하여 제거하는 방법은 [예제 28]과 비슷합니다.

29-30번째 줄 ● 문자 '-'가 검색된 위치에 널문자를 추가합니다.

32번째 줄 ● pstr을 검색된 위치만큼 증가시킵니다.

34번째 줄 ● 다음 검색할 위치로 pstrOld를 이동시킵니다.

37-38번째 줄 ● 더 이상 검색된 문자 '-'가 없는 경우 pstr에 남은 문자열을 추가합니다.

출력 결과

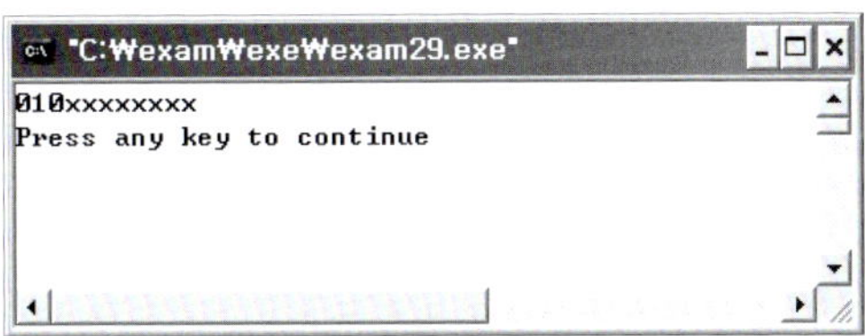

●● 문자열에서 특정 문자를 제거하기

응용해 보세요! ···

✓ 특정 문자열을 제거하도록 수정해 보세요.

 메모하세요

문자열을 특정 위치에 삽입하기

[예제 28, 29]는 문자열에서 특정 문자열을 더하거나 빼는 함수를 구현한 것입니다. 이번에는 특정 위치에 문자열을 삽입하는 예제를 작성해 봅니다. 3개의 예제가 약간 어려운 감은 있지만 연습장에 문자열의 구조를 그려 가면서 꼭 학습하기 바랍니다.

```c
01: /* 예제 30 : 문자열을 특정 위치에 삽입하기 */
02:
03: #include <stdio.h>
04: #include <string.h>
05: #include <stdlib.h>
06:
07: void Insert( char* string, int pos, char* newStr );
08:
09: void main( void )
10: {
11:     char string[100];
12:
13:     strcpy( string, "[] void main( void )" );
14:     Insert( string, 1, "MAIN" );
15:     puts( string );
16: }
17:
18: void Insert( char* string, int pos, char* newStr )
19: {
20:     char* pstr = strdup( string ); // 문자열 복제
21:
22:     strncpy( string, pstr, pos );
23:     string[pos] = '\0';
24:
25:     strcat( string, newStr );
26:     strcat( string, pstr+pos );
27:
28:     free( pstr );
29: }
```

13-15번째 줄 ● 문자열 "[] void main(void)"에 "MAIN"을 삽입하여 출력합니다. 출력되는 문자열은 "[MAIN] void main(void)"입니다.

20, 28번째 줄 ● strdup() 함수에 의해 문자열이 복제되고, free() 함수에 의해 할당된 메모리가 해제됩니다.

22번째 줄 ● 문자열을 삽입할 위치 전까지의 문자열을 string에 복사합니다.

23번째 줄 ● string을 문자열로 만들기 위해 그 끝에 널문자를 추가합니다.

25번째 줄 ● 문자열이 삽입될 위치에 추가될 문자열을 연결합니다.

26번째 줄 ● 새로 삽입된 문자열 뒤에 원래의 문자열을 추가합니다.

출력 결과

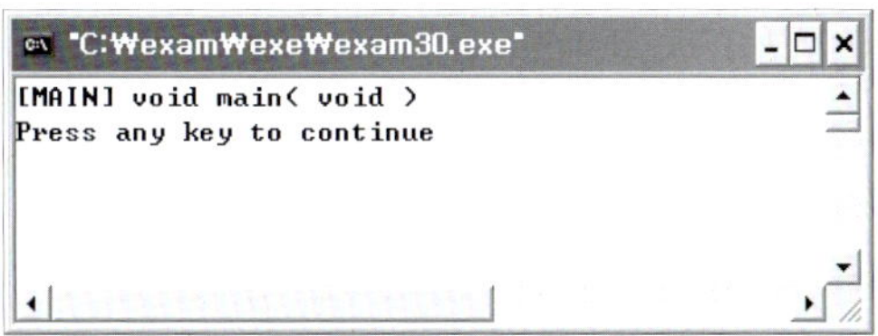

●● 문자열을 특정 위치에 삽입하기

응용해 보세요! ···

√ Insert( ) 함수를 보지 않고 직접 구현해 보세요.

387

📖 메모하세요

31

문자열을 좌우에서 추출하기

문자열을 좌우에서 추출하는 기술은 이미 고급 언어에서는 널리 사용되고 있습니다. C 언어는 이런 종류의 함수를 제공하지 않음으로 모두 직접 만들어서 사용해야 합니다.

```c
01: /* 예제 31 : 문자열을 좌우에서 추출하기 */
02:
03: #include <stdio.h>
04: #include <string.h>
05: #include <stdlib.h>
06:
07: char* StrLeft ( char* string, int len );
08: char* StrMid ( char* string, int pos );
09: char* StrRight( char* string, int len );
10:
11: void main( void )
12: {
13:     char string[100];
14:     char* p;
15:
16:     strcpy( string, "abcde" );
17:     p = StrLeft( string, 2 );
18:     puts( p ); free( p );
19:
20:     strcpy( string, "abcde" );
21:     p = StrRight( string, 2 );
22:     puts( p ); free( p );
23: }
24:
25: char* StrLeft ( char* string, int len )
26: {
27:     char* p = strdup( string );
28:     p[len] = 0;
29:     return p;
30: }
31:
32: char* StrMid( char* string, int pos )
33: {
34:     return strdup( &string[pos] );
35: }
36:
37: char* StrRight( char* string, int len )
38: {
39:     int n = strlen(string);
40:     return strdup( &string[n-len] );
41: }
```

16-18번째 줄 ● 문자열을 왼쪽에서 2바이트만큼 추출합니다. 출력되는 문자열은 "ab"입니다. StrLeft() 함수 내부에서 strdup() 함수가 사용되었으므로, free() 함수를 사용해서 메모리를 해제하여야 합니다.

20-22번째 줄 ● 문자열의 오른쪽에서 2바이트만큼 추출합니다. 출력되는 문자열은 "de"입니다. StrRight() 함수 내부에서 strdup() 함수가 사용되었으므로, free() 함수를 사용해서 메모리를 해제하여야 합니다.

25-30번째 줄 ● StrLeft() 함수는 문자열을 왼쪽에서부터 일정한 수만큼 추출할 때 사용합니다. 27번째 줄에서 문자열에 필요한 버퍼를 할당한 후, 28번째 줄에서 len의 위치에 NULL 문자를 넣은 후 리턴합니다.

32-35번째 줄 ● StrMid() 함수는 문자열을 중간에서부터 끝까지 추출할 때 사용합니다. 34번째 줄은 문자열 string의 pos 위치에 해당하는 곳부터 문자열을 복제한 후 리턴합니다.

37-41번째 줄 ● StrRight() 함수는 문자열을 오른쪽에서부터 일정한 수만큼 추출할 때 사용합니다. 39번째 줄은 문자열의 길이를 구하는 것이고, 40번째 줄은 문자열의 오른쪽에서 len에 해당하는 만큼의 문자열을 복제한 후 리턴합니다.

출력 결과

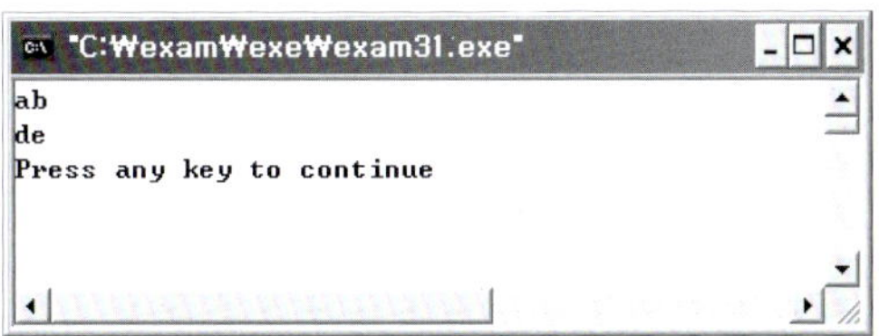

●● 문자열을 좌우에서 추출하기

응용해 보세요! ··

✓ StrMid( ) 함수를 수정하여 문자열의 중간에서부터 지정한 길이만큼만 추출하도록 구현해 보세요. StrMid2( ) 함수의 원형은 다음과 같다고 가정합니다.

```
char* StrMid2( char* string, int pos, int len );
```

이번 예제에서는 문자열 중에 한글이 있을 때 이를 찾아 제거하는 방법에 대해 연구해 봅니다. 한글은 일반적인 아스키 코드값을 사용하지 않으므로 특별한 처리를 할 필요성이 있습니다. 이번 예제를 통해 한글의 코드값이 어떻게 구성되는지도 함께 생각해 보도록 합니다.

```c
01: /* 예제 32 : 이메일 주소에서 한글 제거하기 */
02:
03: #include <stdio.h>
04: #include <string.h>
05: #include <stdlib.h>
06:
07: char* RemoveHangul( char* pstring );
08:
09: void main( void )
10: {
11:     char string[100];
12:
13:     strcpy( string, "김은철ceo@k2apps.kr" );
14:     RemoveHangul( string );
15:     puts( string );
16: }
17:
18: char* RemoveHangul( char* pstring )
19: {
20:     int pos;
21:     char* charSet = "abcdefghijklmnopqrstuvwxyz1234567890@.-_";
22:     char* p = strdup( pstring );
23:
24:     strlwr( p );
25:     pos = strcspn( p, charSet );
26:
27:     strcpy( p, pstring );
28:     strcpy( pstring, p+pos );
29:     free( p );
30:
31:     return pstring;
32: }
```

13번째 줄 ● string에 한글을 포함한 "김은철ceo@k2apps.kr" 문자열을 복사합니다.

14−15번째 줄 ● 한글을 제거한 후 출력합니다. 출력되는 문자열은 "ceo@k2apps.kr" 입니다.

21번째 줄 ● 이메일 주소에 사용될 문자 세트를 정의합니다.

22번째 줄 ● strdup() 함수를 사용하여 문자열을 복제합니다.

24번째 줄 ● strlwr() 함수를 사용하여 문자열을 모두 소문자로 변경합니다.

25번째 줄 ● 문자열 중에서 charSet이 처음 나타나는 위치를 검색합니다. 한글은 두 개의 문자값의 조합으로 구성되며, 각각의 문자 값은 127 이상입니다. 그러므로 한글 문자를 구분하기 위해서는 127보다 큰 값을 갖는 문자를 검색해서 응용할 수도 있습니다.

27번째 줄 ● p에 원본 문자열을 복사합니다.

28번째 줄 ● 원본 문자열에 한글이 아닌 문자열이 검색된 위치부터 문자열 복사를 합니다.

출력 결과

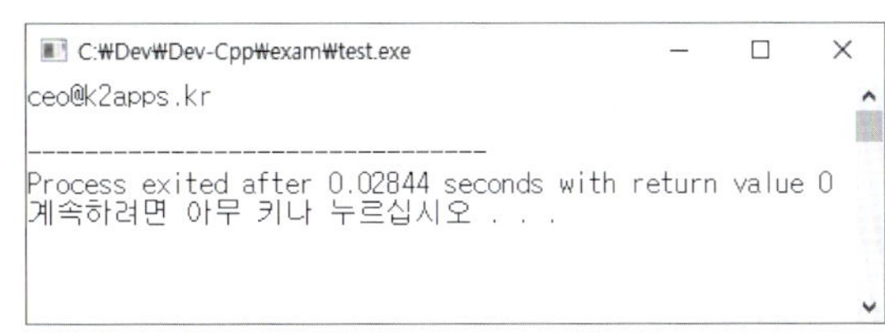

●● 이메일 주소에서 한글 제거하기

응용해 보세요! ••

✓ 13번째 줄의 문자열에서 이름만 추출해 보세요.
✓ RemoveHangul( ) 함수에서 strcspn( ) 함수를 사용하지 않고 구현해 보세요.

 메모하세요

33

문자열을 토큰으로 분리

이메일 주소를 세미콜론으로 분리하기

여러 개의 이메일 주소가 세미콜론을 구분 기호로 연결되어 있는 경우가 있을 때, 이를 독립된 이메일 주소로 분리할 필요성이 있습니다. 이런 경우 C 언어가 제공하는 strtok() 함수를 사용하여 문자열을 분리합니다. 이번 예제에서는 strtok() 함수를 사용해서 문자열을 토큰(세미콜론 같은)으로 분리하는 것을 배워 봅니다.

```c
01: /* 예제 33 : 이메일 주소를 세미콜론으로 분리하기 */
02:
03: #include <stdio.h>
04: #include <string.h>
05:
06: void main( void )
07: {
08:     char* token;
09:     char string[100];
10:
11:     strcpy( string, "ceo@k2apps.kr;k2apps.kr@gmail.com" );
12:
13:     token = strtok( string, ";" );
14:
15:     while( token )
16:     {
17:         puts( token );
18:
19:         token = strtok( NULL, ";" );
20:     }
21: }
```

8번째 줄 ● 분리된 문자열의 포인터를 저장할 포인터 변수를 선언합니다.

9번째 줄 ● 문자열을 저장할 문자형 배열을 선언합니다.

11번째 줄 ● string에 분리할 문자열 "ceo@k2apps.kr;k2apps.kr@gmail.com"을 복사합니다.

13번째 줄 ● 문자열에서 세미콜론 문자(';')를 검색하여 분리합니다. 만약 세미콜론이 있는 경우 strtok() 함수는 그 위치에 널문자를 넣은 후 검색을 시작한 string의 번지를 반환합니다. 만약 세미콜론이 없는 경우 strtok() 함수는 string의 번지를 반환합니다.

15번째 줄 ● 검색된 토큰이 있는 경우 15~20번째 줄을 계속 반복 실행합니다.

17번째 줄 ● 검색된 토큰을 출력합니다. 출력은 차례대로 'ceo@k2apps.kr', 'k2apps.kr@gmail.com'이 됩니다.

19번째 줄 ● strtok() 함수는 내부적으로 어느 위치까지 검색했는지를 static 변수를 사용해서 저장해 둡니다. 그러므로 strtok() 함수의 첫 번째 매개 변수를 NULL로 주면, 자동으로 조금 전에 세미콜론을 검색한 다음 번지부터 검색을 시작합니다. strtok() 함수는 세미콜론을 찾은 경우 그 위치에 널문자를 넣은 후 새로 검색을 시작한 번지를 반환합니다. 만약 세미콜론을 검색하지 못한 경우, 새로 검색을 시작한 문자열의 위치를 그대로 반환합니다.

출력 결과

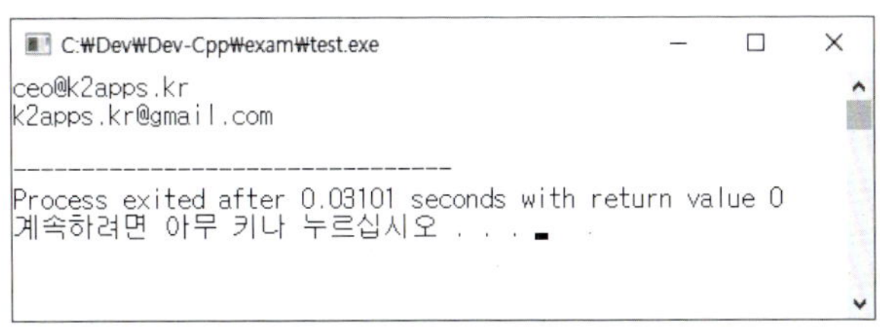

●● 이메일 주소를 세미콜론으로 분리하기

응용해 보세요!

✓ 문자열이 "ceo@k2apps.kr, k2apps.kr@gmail.com"일 때 이 문자열을 쉼표로 분리해 보세요.

📖 메모하세요

[예제 33]은 문자열을 세미콜론으로 분리하는 간단한 예입니다. [예제 34]는 괄호 문자 '(', ')'와 데시 문자 '–'를 포함하고 있는 문자열에서 순수한 숫자만을 추출하는 예입니다. 이번 예제를 통해 strtok() 함수에 대해 완벽하게 이해할 수 있을 것입니다.

```
01: /* 예제 34 : 전화번호에서 숫자만 추출하기 */
02:
03: #include <stdio.h>
04: #include <string.h>
05:
06: void main( void )
07: {
08:     char* token;
09:     char string[100];
10:     char strnum[100] = {0};
11:
12:     strcpy( string, "(111)-(222)-(333)" );
13:
14:     token = strtok( string, "()-" );
15:
16:     while( token )
17:     {
18:         puts( token );
19:         strcat( strnum, token );
20:
21:         token = strtok( NULL, "()-" );
22:     }
23:
24:     puts( strnum );
25: }
```

10번째 줄 ● 숫자를 저장하기 위한 문자열 버퍼를 선언한 후 모든 값을 0으로 초기화합니다. 배열은 한 개 이상의 값이 초기화되는 경우 자동으로 모든 값이 0으로 초기화됩니다.

12번째 줄 ● string에 괄호와 데시를 포함한 문자열 "(111)–(222)–(333)"을 복사합니다.

14번째 줄 ● string 문자열에서 "()–"를 검색합니다. strtok() 함수는 "(111)–(222)–(333)" 문자열에서 처음에 나타나는 '(' 문자를 무시하며, token은 string에서 "111"이 있는 포인터 값을 반환받습니다. "111" 다음에 있는 ")–("문자열은 자동으로 널문자로 처리됩니다. 그러므로 14번째 줄이 실행된 후 token을 출력하면 "111"이 출력됩니다.

16번째 줄 ● token이 있는 동안 16~22번째 줄이 반복 실행됩니다.

18번째 줄 ● token을 출력합니다. 출력값은 차례대로 "111", "222", "333"이 됩니다.

19번째 줄 ● strnum에 토큰 문자열을 추가합니다.

21번째 줄 ● strtok() 함수의 첫 번째 인수가 NULL이므로, [예제 33]과 사용법이 동일하며, 14번째 줄에서 검색했던 바로 다음 위치부터 검색을 시작합니다. token은 string에서 "222", " 333"의 포인터값을 반환 받습니다.

24번째 줄 ● 숫자만으로 이루어진 문자열을 출력합니다. 출력값은 "111222333"입니다.

출력 결과

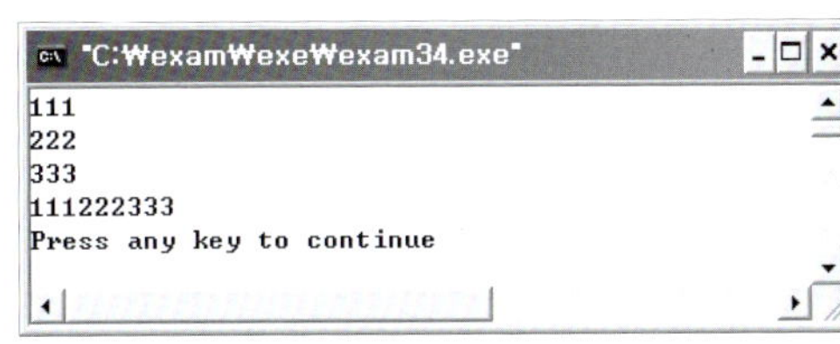

●● 전화번호에서 숫자만 추출하기

응용해 보세요! ··

✓ 문자열 "(abc)(def)(ghi)"를 분리하여 "abc", "def ", "ghi"를 출력해 보세요.

 메모하세요

35

명령어를 토큰별로 추출하기

우리가 작성한 C 언어 코드는 컴파일러를 통해 올바른 문법이 사용되었는지 검사를 합니다. 문법 검사를 하기 위해서는 코드를 미리 정한 기준에 따라 분리해야 하며, 컴파일러는 이런 역할을 훌륭하게 해줍니다. 실제로 문자열을 특정한 기준에 따라 분리해야 하는 경우는 빈번하게 발생하므로 이번 예제를 통해 명령어를 분리하는 방법을 이해하기 바랍니다.

```
01: /* 예제 35 : 명령어를 토큰별로 추출하기 */
02:
03: #include <stdio.h>
04: #include <string.h>
05:
06: void main( void )
07: {
08:     char* token;
09:     char string[100];
10:
11:     strcpy( string, "LINE (100,100-200,200)" );
12:
13:     token = strtok( string, " (,-)" );
14:
15:     while( token )
16:     {
17:         puts( token );
18:
19:         token = strtok( NULL, " (,-)" );
20:     }
21: }
```

8번째 줄 ● 분리된 문자열의 포인터를 저장할 포인터 변수를 선언합니다.

9번째 줄 ● 문자열을 저장할 문자형 배열을 선언합니다.

11번째 줄 ● string에 "LINE (100,100-200,200)" 문자열을 복사합니다.

13번째 줄 ● 문자열을 "(, -)"중의 하나의 문자로 구분하여 분리합니다. 문자열 "LINE" 뒤에 공백이 있으므로, 첫 번째로 분리되는 문자열은 "LINE"입니다. token은 string에서 "LINE"이 위치한 시작 번지를 가리키게 됩니다.

15번째 줄 ● token으로 분리되는 문자열이 있는 동안 15~20번째 줄이 반복 실행됩니다.

17번째 줄 ● 분리된 문자열을 출력합니다. 분리된 문자열은 다음과 같습니다.

```
LINE
100
100
200
200
```

이렇게 문자열을 분리하면, 예전에 사용하던 QBasic 같은 프로그램의 명령어를 모두 분리할 수 있습니다.

19번째 줄 ● strtok() 함수의 첫 번째 인수로 NULL을 사용했으므로, 13번째 줄에서 검색된 바로 다음 위치부터 검색을 시작합니다. strtok() 함수는 "LINE (100,100-200,200)" 문자열을 분리하여 "LINE", "100", "100", "200", "200"으로 분리해 내는 가장 좋은 방법을 제공합니다.

출력 결과

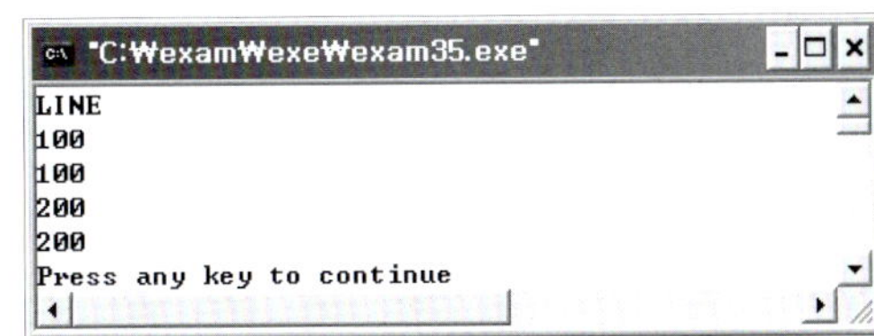

●● 명령어를 토큰별로 추출하기

응용해 보세요! ···

✓ 이 프로그램을 응용하면 나중에 그래픽 관련 프로그램을 할 때, 또는 명령어 처리 프로그램을 할 때 유용하게 사용할 수 있습니다.

📖 메모하세요

36

문자열을 회전하여 출력하기

이번 예제에서는 배열에 저장되어 있는 문자열을 회전시키는 것입니다. 문자열을 회전시킨다는 것은 첫 번째 문자가 두 번째로 이동하며, 두 번째 문자가 세 번째로 이동하는 등 모든 문자가 한 칸씩 오른쪽으로 이동하는 것을 말합니다. 그리고 맨 마지막 문자는 항상 맨 처음으로 이동되어야 합니다. 문자열을 회전시키는 예제를 통해 배열에 저장되어 있는 문자열을 조작하는 방법에 대해 좀 더 이해할 수 있을 것입니다.

```c
01: /* 예제 36 : 문자열을 회전하여 출력하기 */
02:
03: #include <stdio.h>
04: #include <string.h>
05:
06: void main( void )
07: {
08:     int i, j, len;
09:     char ch;
10:     char string[100];
11:
12:     strcpy( string, "String." );
13:     len = strlen( string );
14:
15:     for( i=0; i<len; i++ )
16:     {
17:         ch = string[len-1];
18:
19:         for( j=len-1; j>0; j-- )
20:         {
21:             string[j] = string[j-1];
22:         }
23:
24:         string[0] = ch;
25:
26:         printf( "[%d] %s \n", i, string );
27:     }
28: }
```

12번째 줄 ● string에 문자열 "String."을 복사합니다.

13번째 줄 ● 회전할 문자열의 길이를 구합니다.

15번째 줄 ● for문을 사용하여 회전할 문자열의 길이만큼 15~27번째 줄까지 순환시킵니다.

17번째 줄 ● 맨 뒤에 있는 문자를 ch에 임시로 저장시킵니다.

19번째 줄 ● 문자열의 길이에서 1을 뺀 길이만큼 순환합니다.

21번째 줄 ● 문자열을 한 칸씩 오른쪽으로 이동시킵니다.

24번째 줄 ● 문자열의 맨 앞에 ch에 임시로 저장해 놓은 값을 대입시킵니다.

26번째 줄 ● 회전시킨 문자열을 출력합니다.

출력 결과

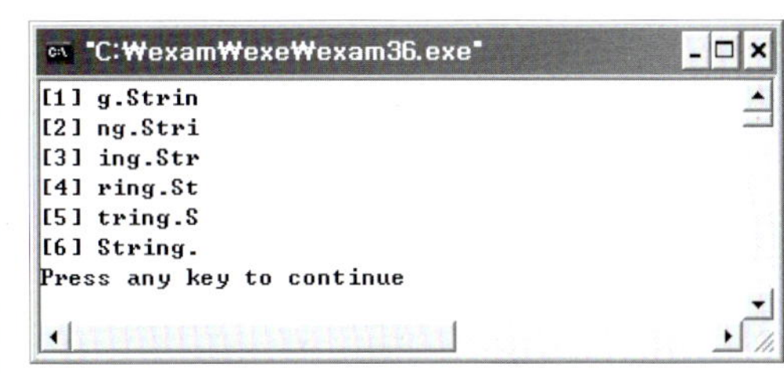

●● 문자열을 회전하여 출력하기

응용해 보세요!

✓ 문자열을 왼쪽으로 회전시켜 보세요.

 메모하세요

37 시간 읽기
문자열에 저장된 시간을 읽어오기 1

날짜와 시간이 문자열로 저장되어 있을 때, 이것을 시간 형식에 맞게 변환해야 할 필요성이 있습니다. 문자열로 된 날짜 및 시간을 시간 형식에 맞게 변환하기 위해서는 strtok(), atoi(), mktime() 함수 등을 사용해야 합니다.

```c
01: /* 예제 37 : 문자열에 저장된 시간을 읽어오기 1 */
02:
03: #include <stdio.h>
04: #include <string.h>
05: #include <stdlib.h>
06: #include <time.h>
07:
08: void main( void )
09: {
10:     char strTime[] = "2020/05/23 17:04:00";
11:
12:     char* token;
13:     struct tm t;
14:     time_t time;
15:
16:     token = strtok( strTime, "/ :" );
17:     t.tm_year = atoi( token ) - 1900;
18:
19:     token = strtok( NULL, "/ :" );
20:     t.tm_mon = atoi( token ) - 1;
21:
22:     token = strtok( NULL, "/ :" );
23:     t.tm_mday = atoi( token );
24:
25:     token = strtok( NULL, "/ :" );
26:     t.tm_hour = atoi( token );
27:
28:     token = strtok( NULL, "/ :" );
29:     t.tm_min = atoi( token );
30:
31:     token = strtok( NULL, "/ :" );
32:     t.tm_sec = atoi( token );
33:
34:     time = mktime( &t );
35:
36:     printf( "%s", ctime(&time) ); // Sat May 23 17:04:00 2020
37:
38:     printf( "%4d/%02d/%02d %02d:%02d:%02d \n",
39:         t.tm_year+1900, t.tm_mon+1, t.tm_mday,
40:         t.tm_hour, t.tm_min, t.tm_sec );
41: }
```

10번째 줄 ● 배열 strTime을 "2020/05/23 17:04:00"로 초기화합니다.

13번째 줄 ● 시간 형식의 struct tm 구조체에 대한 변수를 선언합니다.

16번째 줄 ● 문자열을 "/:" 중의 하나의 문자로 구분하여 분리합니다. 문자열 "2020" 바로 뒤에 '/'가 있으므로, 첫 번째로 분리되는 문자열은 "2020"입니다.

17번째 줄 ● 구해진 2020을 tm 형식에 맞게 설정하기 위해서 1900을 빼 줍니다. 즉, 2020에서 1900을 뺀 값 120은 2020년과 같은 의미가 됩니다.

19-20번째 줄 ● strtok() 함수의 첫 번째 인수로 NULL을 사용했으므로, 16번째 줄에서 검색된 바로 다음 위치부터 검색을 시작합니다. 두 번째로 분리되는 값은 "05"이고, 이 값을 숫자로 변환하여 tm 형식에 맞게 1을 빼줍니다. 1을 빼 주는 이유는 tm 구조체가 월을 0~11로 표현하기 때문입니다.

22-32번째 줄 ● strtok() 함수를 계속 사용하여 모든 값을 분리한 후 tm 구조체에 대입해 줍니다.

34번째 줄 ● struct tm 구조체의 값을 time_t 형태의 값으로 변환합니다.

36번째 줄 ● time 값을 ctime() 함수를 사용하여 문자열로 출력합니다.

38번째 줄 ● struct tm 구조체의 값을 모두 출력합니다. 출력 시 tm_year은 1900을 더해야 하며, tm_mon은 1을 더해야 합니다.

출력 결과

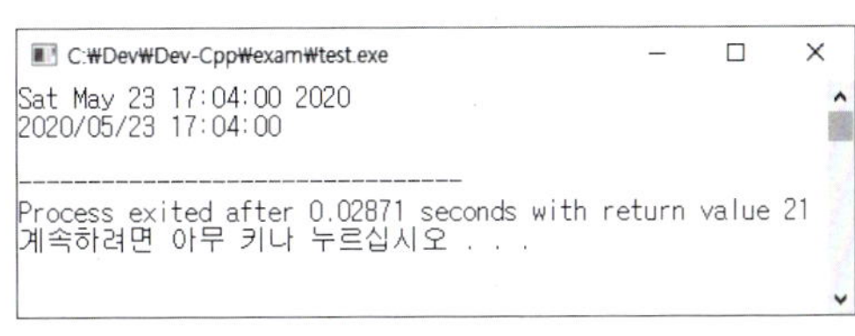

●● 문자열에 저장된 시간을 읽어오기 1

응용해 보세요!

✓ 문자열이 "05/23/2020 17:04:00"일 때, 이 값에 대한 정확한 시간을 구해 보세요.

38

문자열에 저장된 시간을 읽어오기 2

[예제 37]은 문자열에 '/'와 ':'가 포함되어 있습니다. 이번 예제에서는 문자열에 '/'와 ':'가 포함되어 있지 않으므로 토큰으로 분리할 수 없습니다. 그러므로 문자열을 뒤에서부터 하나씩 정수값으로 변환하여 struct tm 구조체에 대입하는 방법을 사용합니다.

```c
01: /* 예제 38 : 문자열에 저장된 시간을 읽어오기 2 */
02:
03: #include <stdio.h>
04: #include <string.h>
05: #include <stdlib.h>
06: #include <time.h>
07:
08: void main( void )
09: {
10:     char strTime[] = "20200523170400";
11:
12:     struct tm t;
13:     time_t time;
14:
15:     t.tm_sec = atoi( &strTime[12] );
16:     strTime[12] = '\0';
17:
18:     t.tm_min = atoi( &strTime[10] );
19:     strTime[10] = '\0';
20:
21:     t.tm_hour = atoi( &strTime[ 8] );
22:     strTime[ 8] = '\0';
23:
24:     t.tm_mday = atoi( &strTime[ 6] );
25:     strTime[ 6] = '\0';
26:
27:     t.tm_mon = atoi( &strTime[ 4] ) - 1;
28:     strTime[ 4] = '\0';
29:
30:     t.tm_year = atoi( &strTime[0] ) - 1900;
31:
32:     time = mktime( &t );
33:
34:     printf( "%s", ctime(&time) ); // Sat May 23 17:04:00 2020
35:
36:     printf( "%4d/%02d/%02d %02d:%02d:%02d \n",
37:         t.tm_year+1900, t.tm_mon+1, t.tm_mday,
38:         t.tm_hour, t.tm_min, t.tm_sec );
39: }
```

10번째 줄 ● 날짜 및 시간이 포함되어 있는 문자열로 초기화합니다.

15번째 줄 ● 초를 구합니다. 문자열의 뒤에 널문자를 넣으면서 각각을 구하는 것이 편리하므로 뒤에서부터 초, 분, 시, 일, 월, 년 순으로 구합니다.

16번째 줄 ● 널문자를 12번째 위치에 넣습니다. 그러면 strTime 문자열은 "202005231700" 처럼 됩니다.

18-30번째 줄 ● 분, 시, 일, 월, 년 순으로 모든 시간을 구합니다.

32-34번째 줄 ● 구조체의 값을 time_t 형식으로 변환하여, 문자열로 출력합니다.

출력 결과

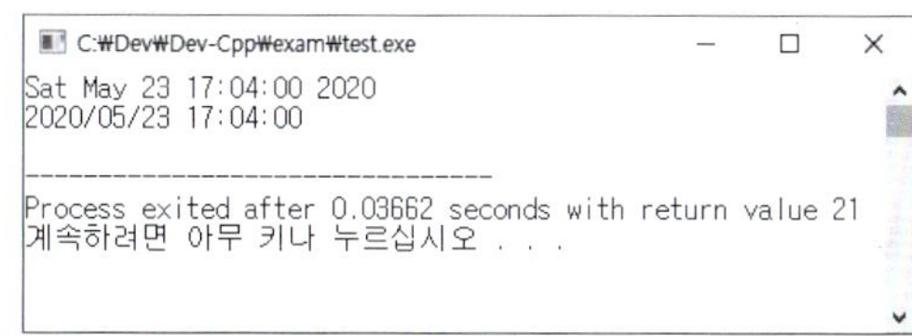

●● 문자열에 저장된 시간을 읽어오기 2

```
struct tm 구조체
struct tm {
        int tm_sec;    /* 초 0초(0) ~ 59초(59)              */
        int tm_min;    /* 분 0분(0) ~ 59분(59)              */
        int tm_hour;   /* 시 0시(0) ~ 23시(23)              */
        int tm_mday;   /* 일 1일(1) ~ 31일(31)              */
        int tm_mon;    /* 월 1월(0) ~ 12월(11)              */
        int tm_year;   /* 년 1970년(70) ~ 2038년(138)       */
        int tm_wday;   /* 일(0) 월(1) 화(2) 수(3) 목(4) 금(5) 토(6) */
        int tm_yday;   /* 1년의 지난 일 수 1월 1일은 0, 2일은 1   */
        int tm_isdst;  /* 서머타임이 적용되면 0이 아닌 값, 그 밖엔 0 */
        };
```

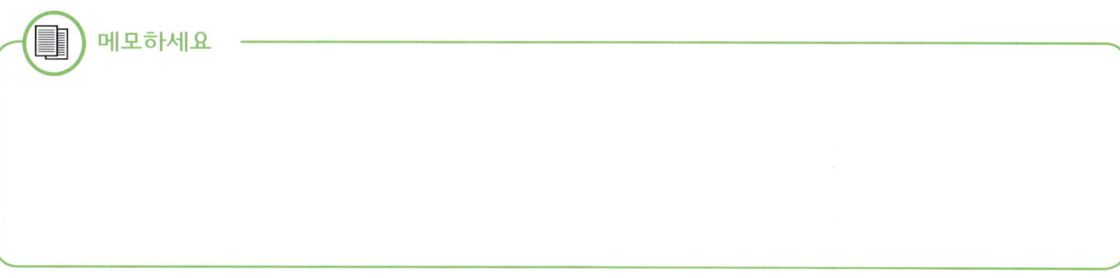
메모하세요

39

문자열로 저장된 시간의 차이 구하기

두 개의 문자열에 시간이 포함되어 있을 때, 두 시간의 차이는 얼마나 되는지 확인할 필요가 있습니다. 두 시간 간의 차이를 구하기 위해서는 우선 문자열의 시간을 struct tm 구조체에 저장한 후, mktime() 함수를 사용하여 두 시간을 time_t 값으로 변환합니다. 그리고 그 두 값을 빼면 차이 나는 시간을 알 수 있습니다.

```c
01: /* 예제 39 : 문자열로 저장된 시간의 차이 구하기 */
02:
03: #include <stdio.h>
04: #include <string.h>
05: #include <stdlib.h>
06: #include <time.h>
07:
08: void main( void )
09: {
10:     char strTime1[] = "9시 30분 21초";
11:     char strTime2[] = "9시 35분 30초";
12:
13:     struct tm t;
14:     time_t time1, time2;
15:
16:     tzset();
17:
18:     t.tm_year = 70;        // 1970년
19:     t.tm_mon = 0;          // 1월
20:     t.tm_mday = 1;         // 1일
21:     t.tm_hour = atoi( &strTime1[0] );
22:     t.tm_min = atoi( &strTime1[4] );
23:     t.tm_sec = atoi( &strTime1[9] );
24:
25:     time1 = mktime( &t );
26:
27:     t.tm_hour = atoi( &strTime2[0] );
28:     t.tm_min = atoi( &strTime2[4] );
29:     t.tm_sec = atoi( &strTime2[9] );
30:
31:     time2 = mktime( &t );
32:
33:     time2 -= time1;
34:
35:     t = *gmtime( &time2 );
36:
37:     printf( "%02d:%02d:%02d \n",
38:         t.tm_hour, t.tm_min, t.tm_sec );
39: }
```

10~11번째 줄 ● strTime1, strTime2를 시간 문자열로 초기화합니다.

16번째 줄 ● 임시로 세계 표준 시간(UTC) 체계를 사용하도록 설정합니다.

18~20번째 줄 ● 년, 월, 일을 1970년 1월 1일로 설정합니다. 년은 1900을 뺀 것이며, 월은 1을 뺀 것입니다.

21~23, 27~29번째 줄 ● 시, 분, 초를 구합니다.

25, 31번째 줄 ● 두 개의 시간 time1, time2를 구합니다.

33번째 줄 ● 두 시간의 차이나는 초를 구합니다.

35번째 줄 ● gmtime() 함수를 사용해서 time2 값을 struct tm 구조체로 변환합니다.

37~38번째 줄 ● 두 시간의 차이를 출력합니다.

출력 결과

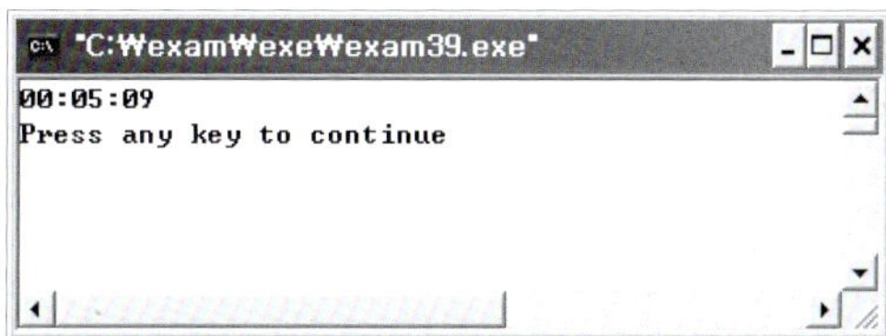

●● 문자열로 저장된 시간의 차이 구하기

응용해 보세요!

✓ 10번째, 11번째 줄의 시간을 바꿔보세요. 단, 주의해야 할 것은 시간이 9시 이전인 경우 19번째 줄의 t.tm_mon= 0;을 t.tm_mon = 1;이라고 수정하세요. 이것을 수정해야 하는 이유는 1970년 1월 1일 9시 이전의 시간에 대해서는 mktime( ) 함수가 -1을 리턴하기 때문입니다(한국은 세계 표준시 +9임에 유의).

40

출력되는 문자열을 버퍼에 저장하기

printf() 함수를 사용하면, 변수의 값을 화면에 출력할 수 있습니다. 값을 화면이 아닌 문자열 버퍼에 저장하기 위해서는 sprintf() 함수를 사용해야 하며, 이번 예제에서는 sprintf() 함수를 사용하여 printf() 함수의 출력 형식으로 문자열을 생성한 후, 그 값을 화면에 출력해 봅니다.

```c
01: /* 예제 40 : 출력되는 문자열을 버퍼에 저장하기 */
02:
03: #include <stdio.h>
04: #include <string.h>
05:
06: void main( void )
07: {
08:     char buff[100];
09:
10:     printf( "I am a boy \n" );
11:     sprintf( buff, "I am a boy" );
12:     puts( buff );
13:
14:     printf( "value = %d \n", 10 );
15:     sprintf( buff, "value = %d", 10 );
16:     puts( buff );
17:
18:     printf( "PI = %f \n", 3.14 );
19:     sprintf( buff, "PI = %f", 3.14 );
20:     puts( buff );
21:
22:     printf( "x = %d, y = %d \n", 100, 5 );
23:     sprintf( buff, "x = %d, y = %d", 100, 5 );
24:     puts( buff );
25: }
```

10번째 줄 ● printf() 함수를 사용하여 화면에 문자열을 출력합니다.

11번째 줄 ● 문자열을 화면이 아닌 buff에 생성합니다. 이 문장은 다음 문장과 같은 효과가 있습니다.

```c
strcpy( buff, "I am a boy" );
```

12번째 줄 ● buff에 있는 문자열을 출력합니다.

14번째 줄 ● 숫자 10을 형식화하여 화면에 출력합니다.

15–16번째 줄 ● 숫자 10을 형식화하여 buff에 생성합니다. buff의 출력값은 "value = 10"입니다.

18번째 줄 ● 실수 3.14를 형식화하여 화면에 출력합니다.

19–20번째 줄 ● 실수 3.14를 형식화하여 buff에 생성합니다. buff의 출력값은 "PI = 3.140000"입니다.

23–24번째 줄 ● 두 개의 숫자를 형식화하여 buff에 생성합니다. 출력 값은 "x = 100, y = 5"입니다.

출력 결과

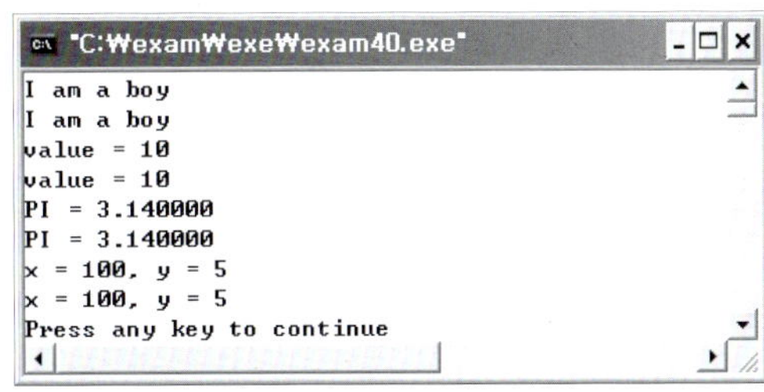

●● 출력되는 문자열을 버퍼에 저장하기

📖 메모하세요

41

memcpy() 함수

메모리 복사하기

프로그램에 사용되는 모든 변수는 항상 메모리 공간에 생성됩니다. 메모리 공간에 생성되어 있는 변수의 값을 바이트 단위로 복사하기 위해서는 memcpy() 함수를 사용해야 하며, 특히 네트워크 프로그래밍을 할 때 주로 이용되는 메모리 복사 함수에 대하여 잘 알아 둘 필요가 있습니다.

```
01: /* 예제 41 : 메모리 복사하기 */
02:
03: #include <stdio.h>
04: #include <string.h>
05:
06: void main( void )
07: {
08:     int i = 5, j = 0;
09:     char buff[10];
10:
11:     memcpy( &j, &i, 4 );
12:
13:     printf( "%d, %d \n", i, j ); // 5, 5
14:
15:     i = 100;
16:     j = 200;
17:
18:     memcpy( buff+0, &i, 4 );
19:     memcpy( buff+4, &j, 4 );
20:
21:     memcpy( &i, buff+4, 4 );
22:     memcpy( &j, buff+0, 4 );
23:
24:     printf( "%d, %d \n", i, j );
25: }
```

4번째 줄 ● memcpy() 함수를 사용하기 위한 헤더 파일 string.h를 포함합니다. memcpy() 함수의 함수 원형은 다음과 같습니다. dest는 복사될 버퍼의 주소이며, src는 복사할 버퍼의 주소입니다. count는 복사할 총바이트 수입니다.

```
void *memcpy( void *dest, const void *src, size_t count );
```

8번째 줄 ● 정수형 변수 i를 5로, j를 0으로 초기화합니다.

11번째 줄 ● 정수형 변수 i가 저장되어 있는 4바이트 메모리 공간을 j로 복사합니다. 이것은 i의 값을 j로 복사하는 것과 같은 기능을 합니다. sizeof(int)가 32비트 PC에서 4이므로 복사할 총 바이트를 4로 사용했습니다.

13번째 줄 ● i와 j의 값을 출력해 보면, j에 i의 값인 5가 대입되었음을 알 수 있습니다.

18번째 줄 ● i의 값이 저장되어 있는 4바이트 메모리 공간을 buff+0번지에 4바이트만큼 복사합니다.

19번째 줄 ● j의 값이 저장되어 있는 4바이트 메모리 공간을 buff+4번지에 4바이트만큼 복사합니다.

21번째 줄 ● buff+4번지부터 저장되어 있는 4바이트 메모리 공간을 i가 저장되어 있는 메모리 공간으로 복사합니다. buff+4는 19번째 줄에서 j의 메모리 공간을 복사해 놓았으므로 j의 값을 i로 복사하는 것과 같습니다.

22번째 줄 ● buff+0번지부터 저장되어 있는 4바이트 메모리 공간을 j가 저장되어 있는 메모리 공간으로 복사합니다. buff+0은 18번째 줄에서 i의 메모리 공간을 복사해 놓았으므로 i의 값을 j로 복사하는 것과 같습니다.

출력 결과

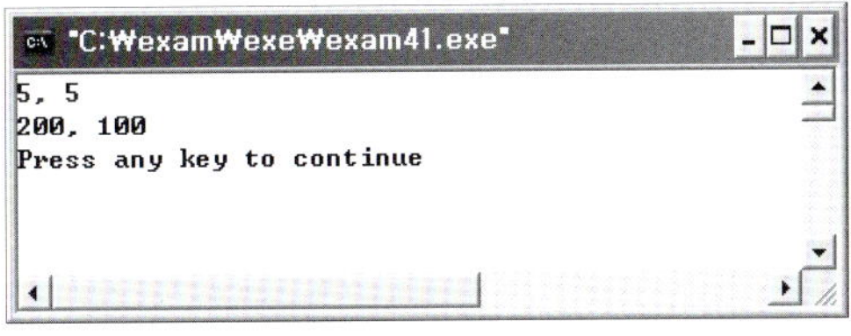

●● 메모리 복사하기

응용해 보세요! ···

✓ buff에 i 메모리 값을 복사한 후, 한 바이트씩 출력해 보세요. 예를 들어, printf("%d", buff[0]);

 메모하세요

문자열을 비교하기 위해서는 strcmp() 함수를 사용할 수 있습니다. 만약 문자열이 아닌 널문자를 포함하는 두 개의 문자 세트가 있을 때 그들의 내용이 일치하는지를 비교하고자 한다면, strcmp() 함수를 사용할 수 없습니다. 이런 경우 사용할 수 있는 함수가 memcmp() 함수입니다. memcmp() 함수는 널문자를 포함해서 두 개의 데이터 값이 일치하는지를 검사할 수 있습니다.

```
01: /* 예제 42 : 메모리 비교하기 */
02:
03: #include <stdio.h>
04: #include <string.h>
05:
06: void main( void )
07: {
08:     char buff1[] = { 'a', 'b', 0, 'c', 'd' };
09:     char buff2[] = { 'a', 'b', 0, 'c', 'D' };
10:     int ret;
11:
12:     ret = strcmp( buff1, buff2 );
13:
14:     if( ret == 0 )
15:     {
16:         puts( "두 문자열이 같습니다." );
17:     }
18:
19:     ret = memcmp( buff1, buff2, sizeof(buff1) );
20:
21:     if( ret == 0 )
22:     {
23:         puts( "두 버퍼가 같습니다." );
24:     }
25:     else
26:     {
27:         puts( "두 버퍼가 다릅니다." );
28:     }
29: }
```

4번째 줄 ● memcmp() 함수를 사용하기 위한 헤더 파일 string.h를 포함합니다. memcmp() 함수의 함수 원형은 다음과 같습니다. buf1, buf2는 비교할 메모리 버퍼의 주소이며, count는 비교할 총 바이트 수입니다.

```
int memcmp( const void *buf1, const void *buf2, size_t count );
```

memcmp() 함수는 비교 결과에 따라 다음과 같은 값을 리턴합니다.

- buf1의 값이 buf2보다 작은 경우 : 0보다 작은 값(보통 −1)
- buf1의 값이 buf2와 같은 경우 : 0
- buf1의 값이 buf2보다 큰 경우 : 0보다 큰 값(보통 1)

8-9번째 줄 널문자(0)를 포함하는 값으로 buff1, buff2를 초기화합니다.

12-17번째 줄 strcmp() 함수를 사용하여 두 개의 문자열이 같은지 비교합니다. 문자열은 널문자까지만 비교되기 때문에 비교 결과는 같음(0)이 됩니다.

19번째 줄 buff1과 buff2를 memcmp() 함수를 사용해서 비교합니다. buff1의 마지막 문자가 'd'이고 buff2의 마지막 문자가 'D'이기 때문에 두 버퍼의 비교 결과는 buff1이 크다는 의미의 1이 됩니다. 이 함수에서 sizeof(buff1)의 값은 5이므로 총 5바이트만큼 버퍼를 비교하게 됩니다.

27번째 줄 두 버퍼의 값이 다르기 때문에 "두 버퍼가 다릅니다."가 출력됩니다.

출력 결과

●● 메모리 비교하기

📖 **메모하세요**

memmove() 함수는 널문자를 포함하는 버퍼의 값들을 다른 버퍼로 옮겨 주는 기능을 가지고 있습니다. 이 함수는 특정 버퍼를 다른 버퍼에 옮겨 주기 때문에 memcpy() 함수와 유사한 것처럼 보이지만, 이동할 버퍼가 중첩될 때 버퍼가 중첩되지 않도록 내부적으로 처리되는 장점이 있습니다.

```
01: /* 예제 43 : 메모리 이동하기 */
02:
03: #include <stdio.h>
04: #include <string.h>
05:
06: void main( void )
07: {
08:     int i = 5, j = 7;
09:     char buff[10];
10:     char string[100] = "아름다운 대한민국";
11:
12:     memcpy( buff+0, &i, 4 );
13:     memcpy( buff+4, &j, 4 );
14:
15:     memcpy( &j, buff+0, 4 );
16:     printf( "j : %d \n", j );    // j : 5
17:
18:     memmove( buff+0, buff+4, 4 );
19:
20:     memcpy( &i, buff+0, 4 );
21:     printf( "i : %d \n", i );    // i : 7
22:
23:     puts( string );             // 아름다운 대한민국
24:     memmove( string+0, string+9, 9 );
25:     puts( string );             // 대한민국
26: }
```

7번째 줄 ● memmove() 함수를 사용하기 위한 헤더 파일 string.h를 포함합니다. memmove() 함수의 함수 원형은 다음과 같습니다. dest는 복사될 버퍼의 주소이며, src는 이동할 버퍼의 주소입니다. count는 복사할 총 바이트 수입니다.

```
void *memmove( void *dest, const void *src, size_t count );
```

8-9번째 줄 ● 정수형 변수 i와 j를 선언하고 각각을 5와 7로 초기화합니다. 이 값은 9번째 줄에서 선언되는 buff에 복사됩니다.

10번째 줄 ● 문자형 버퍼 100바이트를 선언하고 "아름다운 대한민국"으로 초기화합니다.

12-13번째 줄 ● i의 값이 있는 버퍼 4바이트를 buff+0번지에 복사하고, j의 값이 있는 버퍼 4바이트를 buff+4번지에 복사합니다.

15-16번째 줄 ● buff+0에 있는 버퍼 4바이트를 j에 복사합니다. 결국 j의 값은 12번째 줄에서 복사된 i의 값으로 설정되므로 5가 출력됩니다.

18번째 줄 ● buff+4에 있는 버퍼 4바이트를 buff+0으로 이동합니다. buff+4번지부터 4바이트에는 j의 값이 들어 있으므로, buff+0부터 4바이트는 7이 들어가는 것과 같습니다.

20-21번째 줄 ● buff+0에는 j의 값이 들어있으므로, 그 값을 i에 복사하여 출력하면 7이 출력됩니다.

24-25번째 줄 ● string+9번지에는 "대한민국" 문자열이 있습니다. 이 문자열을 string+0으로 이동(복사)해 줍니다. 문자열은 널문자로 종료되어야 하기 때문에 복사할 바이트를 9바이트로 지정합니다. 만약 이 값을 8바이트로 지정하면 널문자가 이동(복사)되지 않기 때문에 25번째 줄에서는 "대한민국 대한민국"이 출력됩니다. 정상적으로 9바이트를 이동하면, "대한민국"이 출력됩니다. string의 버퍼 구조는 다음과 같이 됩니다. 그러므로 문자열을 출력하면, 첫 번째 널문자를 만날 때까지만 출력하기 때문에 맨 앞의 "대한민국"만 출력되는 것입니다.

> "대한민국\0대한민국\0"

출력 결과

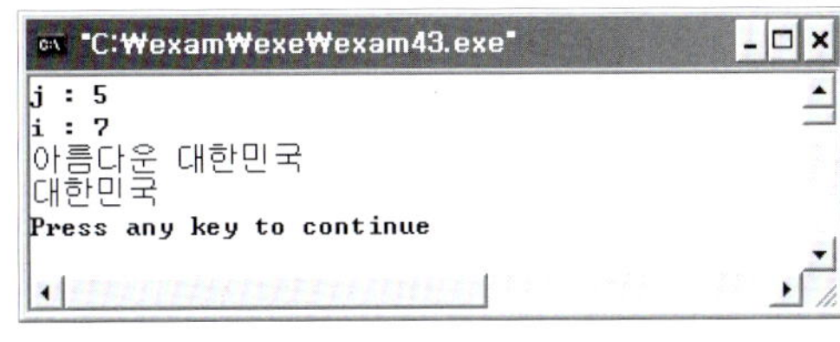

●● 메모리 이동하기

 메모하세요

memset() 함수

메모리를 특정 값으로 채우기

메모리를 특정 값으로 채우기 위해서는 memset() 함수를 사용할 수 있습니다. memset() 함수는 strset() 함수와는 기능이 조금 다르며, 메모리 버퍼를 널문자로 채울 수 있습니다. memset() 함수는 malloc() 함수를 사용해서 메모리를 동적 할당한 경우 그 메모리가 쓰레기값으로 채워져 있기 때문에 그 값들을 초기화하기 위해 자주 사용합니다.

```
01: /* 예제 44 : 메모리를 특정 값으로 채우기 */
02:
03: #include <stdio.h>
04: #include <string.h>
05:
06: void main( void )
07: {
08:     char string[10] = "봄";
09:
10:     printf( "[%s] \n", string );
11:
12:     memset( string, 0, sizeof(string) );
13:     printf( "[%s] \n", string );
14:
15:     memset( string, 's', sizeof(string)-1 );
16:     printf( "[%s] \n", string );
17:
18:     memset( string, '*', sizeof(string)-1 );
19:     printf( "[%s] \n", string );
20: }
```

4번째 줄 ● memset() 함수를 사용하기 위한 헤더 파일 string.h를 포함합니다. memset() 함수의 함수 원형은 다음과 같습니다. dest는 메모리를 설정할 버퍼의 주소이며, c는 설정할 값입니다. count는 설정할 총 바이트 수입니다.

```
void *memset( void *dest, int c, size_t count );
```

8번째 줄 ● string 버퍼를 "봄"으로 초기화합니다.

12-13번째 줄 ● string 버퍼를 0(널문자)으로 버퍼의 크기(10)만큼 설정합니다. 버퍼의 크기가 10이므로 10바이트만큼 널문자로 설정되며, 첫 문자가 널문자이므로 "[ ]"가 출력됩니다.

15-16번째 줄 ● string을 버퍼의 크기-1(9바이트)만큼 's'로 채웁니다. 16번째 줄에서 "[sssssssss]"가 출력됩니다.

18-19번째 줄 ● string을 '버퍼의 크기-1(9바이트)'만큼 "*"로 채웁니다. 19번째 줄에서 "[*********]"이 출력됩니다.

출력 결과

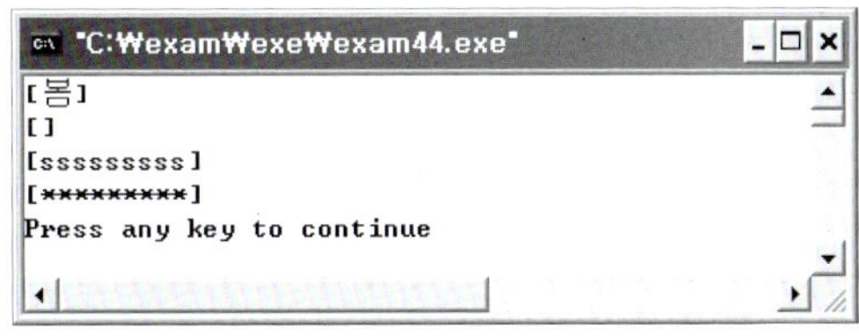

●● 메모리를 특정 값으로 채우기

응용해 보세요!

✓ 15, 18번째 줄에서 string에 다양한 문자를 채워보세요.

415

📖 메모하세요

메모리 복사 함수 만들기

이번 예제에서는 메모리 복사 함수인 memcpy() 함수를 직접 구현해 봅니다. memcpy() 함수는 그리 복잡하지 않으며, 포인터의 개념만 완벽하게 이해하고 있으면 함수 구현하기가 아주 쉽습니다. memcpy() 함수를 직접 구현해 보면, 메모리가 어떤 식으로 구성되어 있고, memcpy() 함수가 내부적으로 어떻게 동작하는지를 이해할 수 있습니다.

```c
01: /* 예제 45 : 메모리 복사 함수 만들기 */
02:
03: #include <stdio.h>
04:
05: void* MemCpy( void* dest, const void* src, int size );
06:
07: void main( void )
08: {
09:     int i, j;
10:     char buff[10];
11:
12:     i = 100;
13:     j = 200;
14:
15:     MemCpy( buff+0, &i, 4 );
16:     MemCpy( buff+4, &j, 4 );
17:
18:     MemCpy( &i, buff+4, 4 );
19:     MemCpy( &j, buff+0, 4 );
20:
21:     printf( "%d, %d \n", i, j );
22: }
23:
24: void* MemCpy( void* dest, const void* src, int size )
25: {
26:     char* pdest = dest;
27:
28:     while( size-- )
29:     {
30:         *((char*)dest)++ = *((char*)src)++;
31:     }
32:
33:     return dest;
34: }
```

5번째 줄 ● memcpy() 함수를 대신할 MemCpy() 함수의 원형을 선언합니다.

12-13번째 줄 ● i의 값을 100으로 j를 200으로 설정합니다.

15-16번째 줄 ● MemCpy() 함수를 사용해서 i의 버퍼값을 buff+0에, j의 버퍼값을 buff+4에 복사합니다.

18-19번째 줄 ● MemCpy() 함수를 사용해서 buff+4의 값을 i의 4바이트 정수형 버퍼에, buff+0의 값을 j의 정수형 버퍼에 복사합니다. buff+4는 16번째 줄에서 j의 버퍼값으로 설정되었기 때문에 변수 i의 버퍼에는 j의 버퍼값이 들어갑니다. 또한 buff+0은 15번째 줄에서 i의 버퍼값으로 설정되었기 때문에 변수 j의 버퍼에는 i의 버퍼값이 들어가게 됩니다.

21번째 줄 ● 값을 출력하면 i는 200, j는 100이 출력됩니다.

26번째 줄 ● 30번째 줄에서 dest가 가리키는 번지가 변하기 때문에 반환하기 위한 주소를 pdest에 설정해 놓습니다.

28번째 줄 ● 복사할 길이인 size만큼 while문을 28~31까지 반복합니다.

30번째 줄 ● void*형은 값을 읽어올 수 없기 때문에 우선 src를 char*로 형변환한 후 값을 읽어서 dest에 넣습니다. dest 또한 void*형이기 때문에 우선 char*로 형변환한 후 *dest값을 대입 받습니다. ++연산자는 후위 연산자이므로 src 및 dest의 값을 *src = *dest를 먼저 연산한 후에 각각 sizeof(char*)의 크기인 1씩 증가시킵니다.

출력 결과

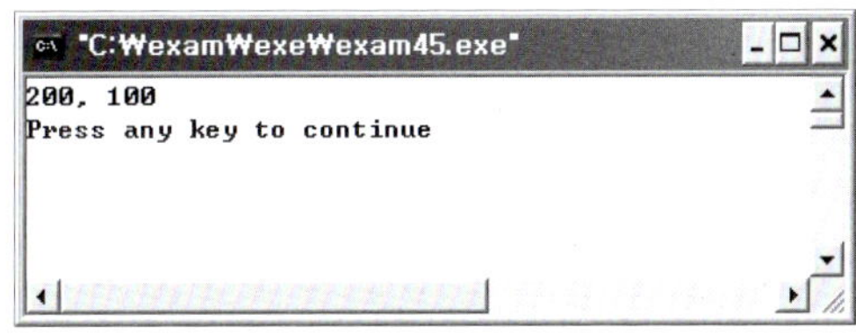

●● 메모리 복사 함수 만들기

📖 메모하세요

메모리 비교 함수 만들기

이번 예제에서는 45번 예제에 이어 메모리 비교 함수인 memcmp() 함수를 직접 구현해 봅니다. memcmp() 함수를 구현하는 것도 memcpy() 함수를 구현하는 것을 이해한다면 쉽게 작성할 수 있을 것입니다. 메모리 비교 함수를 직접 구현해 봄으로써 memcmp() 함수의 동작 원리를 깊이 있게 이해할 수 있습니다.

```c
01: /* 예제 46 : 메모리 비교 함수 만들기 */
02:
03: #include <stdio.h>
04:
05: int MemCmp( const void* dest, const void* src, int size );
06:
07: void main( void )
08: {
09:     char buff1[] = { 'a', 'b', 0, 'c', 'd' };
10:     char buff2[] = { 'a', 'b', 0, 'c', 'D' };
11:     int ret;
12:
13:     ret = MemCmp( buff1, buff2, sizeof(buff1) );
14:
15:     if( ret == 0 )
16:     {
17:         puts( "두 버퍼가 같습니다." );
18:     }
19:     else
20:     {
21:         puts( "두 버퍼가 다릅니다." );
22:     }
23: }
24:
25: int MemCmp( const void* dest, const void* src, int size )
26: {
27:     while( size-- )
28:     {
29:         if( *(char*)dest < *(char*)src ) return -1;
30:         else if( *(char*)dest > *(char*)src ) return 1;
31:
32:         ((char*)dest)++, ((char*)src)++;
33:     }
34:
35:     return 0;
36: }
```

5번째 줄 ● memcmp() 함수를 대신할 MemCmp() 함수의 원형을 선언합니다.

9~10번째 줄 ● 널문자(0)를 포함하는 값으로 buff1, buff2를 초기화합니다.

13번째 줄 ● buff1과 buff2를 MemCmp() 함수를 사용해서 비교합니다. buff1의 마지막 문자가 'd'이고 buff2의 마지막 문자가 'D'이기 때문에, 두 버퍼의 비교 결과는 buff1이 크다는 의미의 1이 됩니다. 이 함수에서 sizeof(buff1)의 값은 5이므로 총 5바이트만큼 버퍼를 비교하게 됩니다.

21번째 줄 ● 두 버퍼의 값이 다르기 때문에 "두 버퍼가 다릅니다."가 출력됩니다.

27번째 줄 ● 비교할 길이인 size만큼 while문을 27~33까지 반복합니다.

29번째 줄 ● void*형은 값을 읽어올 수 없기 때문에 우선 dest와 src를 char*로 형변환한 후 두 개의 값을 비교합니다. 만약 *(char*)dest의 값이 *(char*)src의 값보다 작은 경우 −1을 리턴합니다.

30번째 줄 ● 그렇지 않고, *(char*)dest의 값이 *(char*)src의 값보다 큰 경우 1을 리턴합니다.

32번째 줄 ● dest와 src가 가리키는 번지를 각각 1씩 증가시킵니다.

35번째 줄 ● 두 버퍼가 같다는 의미의 0을 리턴합니다.

출력 결과

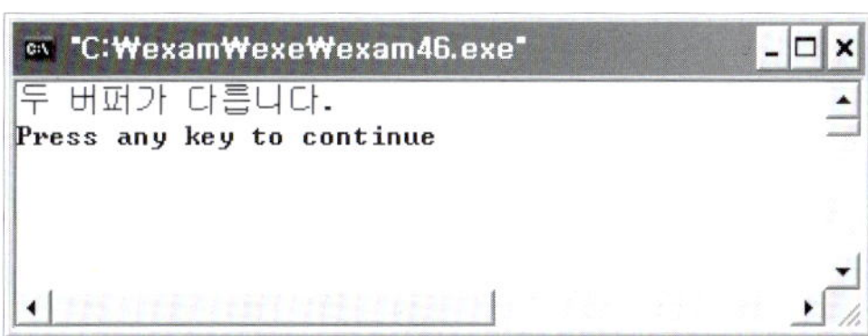

●● 메모리 비교 함수 만들기

📖 메모하세요

47

메모리 할당 1 – 정수형

응용 프로그램을 만들 때 변수의 크기가 미리 정해지지 않는 경우가 있습니다. 이럴 경우 변수를 실행 중에 생성해야 하며, C 언어는 변수를 동적으로 할당하기 위한 malloc() 함수를 제공합니다. 이번 예제에서는 정수형 변수를 동적으로 할당하고 사용해 봄으로써 malloc() 함수가 어떤 기능을 하는지를 이해해야 합니다.

```
01: /* 예제 47 : 메모리 할당 1 – 정수형 */
02:
03: #include <stdio.h>
04: #include <stdlib.h>
05: #include <malloc.h>
06:
07: void main( void )
08: {
09:     int* pi;
10:     double* pd;
11:
12:     pi = (int*)malloc( sizeof(int) );
13:
14:     *pi = 5;
15:     printf( "%d \n", *pi );
16:
17:     free( pi );
18:
19:     pd = (double*)malloc( sizeof(double) );
20:
21:     *pd = 3.14;
22:     printf( "%f \n", *pd );
23:
24:     free( pd );
25: }
```

4~5번째 줄 ● malloc() 함수를 사용하기 위한 헤더 파일 stdlib.h, string.h를 포함합니다. malloc() 함수의 함수 원형은 다음과 같습니다. size는 동적으로 할당할 메모리의 크기이며, size_t는 보통 unsigned int형입니다. 이 함수는 할당된 메모리의 포인터값을 void*형으로 리턴합니다.

```
void *malloc( size_t size )
```

9~10번째 줄 ● 정수형 포인터 변수와 실수형 포인터 변수를 선언합니다.

12번째 줄 ● 정수형(int)의 크기인 4바이트만큼 메모리를 할당합니다. 그리고 pi가 int*이기 때문에 int*로 형변환하여 pi에 대입시켜 줍니다.

14-15번째 줄 ● 할당된 4바이트 정수형 메모리 공간에 5를 대입하고 출력합니다.

17번째 줄 ● 할당된 4바이트의 메모리 공간을 해제합니다. malloc() 함수에 의해 할당된 메모리는 반드시 free() 함수를 사용해서 해제시켜 주어야 합니다.

19번째 줄 ● 실수형(double)의 크기인 8바이트만큼 메모리를 할당합니다. 그리고 pd가 double*이기 때문에 double*로 형변환하여 pd에 대입시켜 줍니다.

21-22번째 줄 ● 할당된 8바이트 실수형 메모리 공간에 3.14를 대입하고 출력합니다.

24번째 줄 ● 할당된 8바이트 메모리 공간을 해제시켜 줍니다.

출력 결과

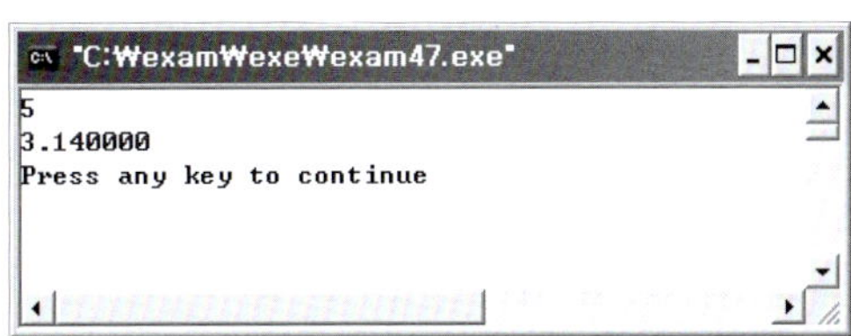

●● 메모리 할당 1 - 정수형

메모하세요

배열은 프로그래밍 시 자주 사용되는 자료 구조 중 하나입니다. 배열을 사용할 때 몇 개가 필요한 지 알 수 있다면, 그 크기를 정적으로 선언해서 사용할 수 있습니다. 하지만 그 크기가 얼마나 커질지 예측할 수 없는 경우에는 프로그램 실행중에 동적으로 할당해야 합니다. 이번 예제에서는 배열을 동적으로 할당하고 사용해 봄으로써 malloc() 함수의 기능에 대해 좀 더 깊이 있게 다가가도록 합니다.

```c
01: /* 예제 48 : 메모리 할당 2 – 정수 배열 */
02:
03: #include <stdio.h>
04: #include <stdlib.h>
05: #include <malloc.h>
06:
07: void main( void )
08: {
09:     int* parray;
10:     int i;
11:
12:     parray = (int*)malloc( sizeof(int) * 10 );
13:
14:     for( i=0; i<10; i++ )
15:     {
16:         parray[i] = i*10;
17:     }
18:
19:     for( i=0; i<10; i++ )
20:     {
21:         printf( "%d \n", parray[i] );
22:     }
23:
24:     free( parray );
25: }
```

9번째 줄 ● 정수 배열을 가리키기 위한 정수형 포인터를 선언합니다.

12번째 줄 ● 40바이트(정수형 4바이트 * 10)만큼 메모리를 할당하여 parray에 메모리 포인터를 대입시켜 줍니다. 정수형 포인터는 정수형 1차원 배열을 가리킬 수 있으므로, parray를 사용해서 배열처럼 사용할 수 있습니다.

14번째 줄 ● for문을 사용해서 0~9까지 순환합니다.

16번째 줄 ● parray가 가리키는 배열 요소에 0~90의 값을 대입합니다. 이 문장은 parray[0]에는 0, parray[1]에는 10, parray[2]에는 20, …, parray[9]에는 90을 대입시킵니다.

19-22번째 줄 ● 14~17번째 줄에서 parray[0]~parray[9]까지 대입시켜 놓았던 값들을 출력합니다. 출력값은 0, 10, 20, 30, 40, 50, 60, 70, 80, 90이 됩니다.

24번째 줄 ● parray가 가리키는 동적 할당된 메모리를 해제합니다.

출력 결과

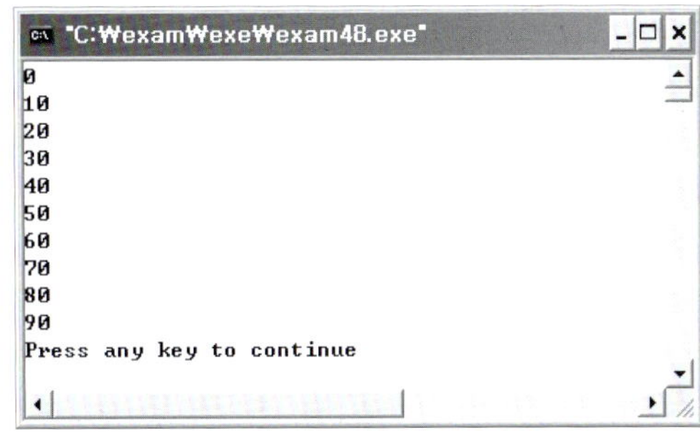

●● 메모리 할당 2 - 정수 배열

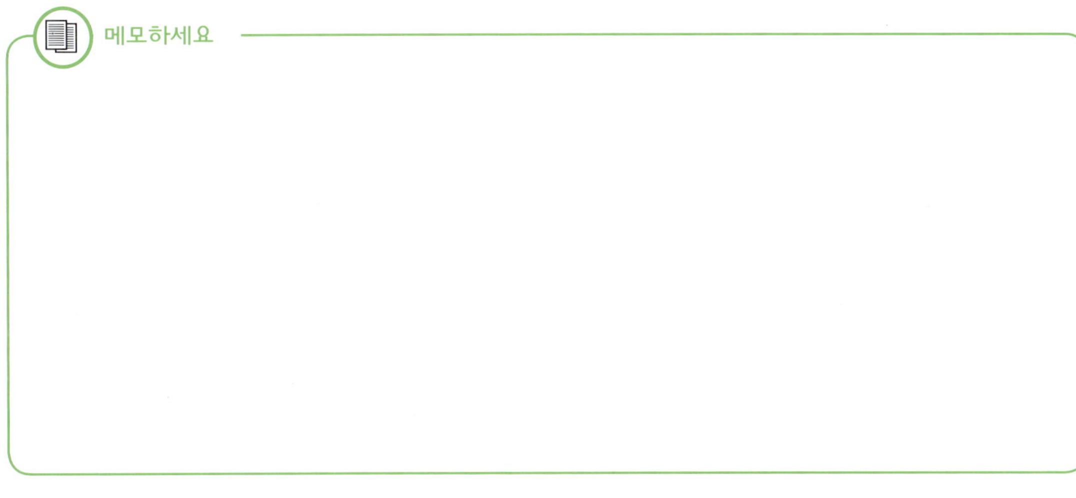

응용해 보세요! ··

✓ 배열을 20개 할당하고 사용해 보세요.

📖 메모하세요

메모리 할당 3 – 문자 배열

[예제 48]은 정수형 배열을 동적으로 할당하는 것이었습니다. 이번 예제에서는 문자 배열을 동적으로 할당해서 사용하는 방법에 대하여 배워봅니다. 문자 배열을 동적으로 할당하는 방법은 링크드 리스트나 통신 프로그램에서 자주 사용하게 됩니다. 이번 예제는 학습의 의미와 함께 나중에 필요할 때 참조하기 좋을 것입니다.

```
01: /* 예제 49 : 메모리 할당 3 – 문자 배열 */
02:
03: #include <stdio.h>
04: #include <string.h>
05: #include <stdlib.h>
06: #include <malloc.h>
07:
08: void main( void )
09: {
10:     char* pstring;
11:     char string[100];
12:
13:     pstring = (char*)malloc( 100 );
14:     memset( pstring, 0, 100 );
15:
16:     strcpy( pstring, "대한민국 화이팅!" );
17:     puts( pstring );
18:
19:     strcpy( string, pstring );
20:     puts( string );
21:
22:     free( pstring );
23: }
```

10번째 줄 ● 문자 배열의 포인터를 선언합니다.

11번째 줄 ● 할당된 메모리에 복사된 문자열을 복사받기 위한 버퍼를 선언합니다.

13번째 줄 ● 문자 배열 버퍼를 100바이트 할당합니다. 이 문장은 다음과 같이 문자형 배열이 선언되어 있고, 그 배열의 포인터를 설정하는 것과 유사합니다.

```
char string[100];
char* pstring = string;
```

14번째 줄 ● memset() 함수를 사용해서 pstring이 가리키는 메모리 버퍼의 모든 값들을 널문자(0)로 설정합니다. 일반적으로 malloc() 함수를 사용해서 메모리를 할당하는 경우는 memset() 함수를 통해 버퍼를 초기화 해주는 것이 좋습니다.

16-17번째 줄 ● pstring이 가리키는 메모리에 "대한민국 화이팅!"을 복사하고 출력합니다.

19-20번째 줄 ● 문자 배열 버퍼 string에 pstring이 가리키는 번지의 문자열을 모두 복사한 후 출력합니다.

22번째 줄 ● pstring이 가리키는 동적 할당된 메모리를 해제합니다.

출력 결과

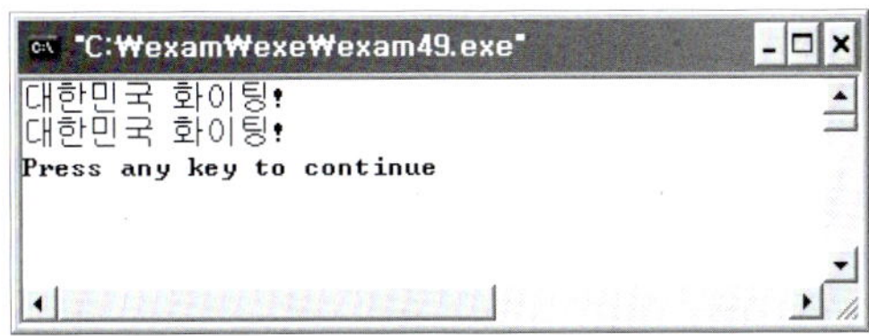

●● 메모리 할당 3 - 문자 배열

응용해 보세요!

✓ 11번째 줄의 문자형 배열 string을 포인터로 선언한 후, malloc( ) 함수에 의해 메모리를 할당받아 보세요.

📖 메모하세요

메모리 할당 4 – 정수형 2차원 배열

정수형 2차원 배열을 동적으로 할당하는 것은 그다지 자주 사용되는 것은 아니지만 간혹 사용할 경우가 발생할 수 있으므로 알아두는 것이 좋습니다. 완벽하게 이해해두면 나중에 필요시 참조할 수 있을 것입니다. 이번 예제를 마지막으로 메모리를 동적으로 할당하는 것은 끝납니다. 메모리를 동적으로 할당하는 개념을 잘 모르겠으면 다시 한 번 반복해서 학습하기 바랍니다.

```
01: /* 예제 50 : 메모리 할당 4 – 정수형 2차원 배열 */
02:
03: #include <stdio.h>
04: #include <string.h>
05: #include <stdlib.h>
06: #include <malloc.h>
07:
08: void main( void )
09: {
10:     int (*parray)[3]; // int array[2][3] 배열의 포인터
11:     int i, j;
12:
13:     parray = (int(*)[3])malloc( 2 * 3 * sizeof(int) );
14:
15:     for( i=0; i<2; i++ )
16:     {
17:         for( j = 0; j<3; j++ )
18:         {
19:             parray[i][j] = (i+j)*10;
20:         }
21:     }
22:
23:     for( i=0; i<2; i++ )
24:     {
25:         for( j = 0; j<3; j++ )
26:         {
27:             printf( "%d \n", parray[i][j] );
28:         }
29:     }
30:
31:     free( parray );
32: }
```

10번째 줄 ● 2차원 문자 배열의 포인터를 선언합니다.

13번째 줄 ● 2차원 문자 배열 버퍼를 24바이트 할당합니다. 이 문장은 다음과 같이 2차원 문자형 배열이 선언되어 있고, 그 배열의 포인터를 설정하는 것과 유사합니다.

```c
    char array[2][3];
    char (*parray)[3] = array;
```

15-21번째 줄 parray가 가리키는 메모리 배열에 값을 대입합니다. 배열은 parray[0][0] ~ parray[1][2]가 사용됩니다.

23-29번째 줄 parray[0][0] ~ parray[1][2]의 값을 출력합니다.

출력 결과

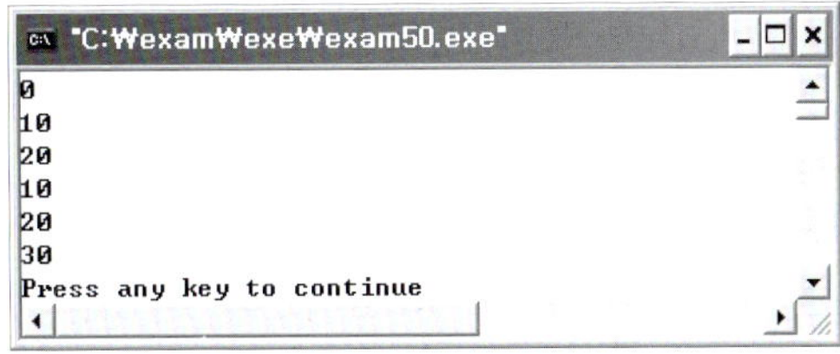

●● 메모리 할당 4 - 정수형 2차원 배열

응용해 보세요!

✓ 2차원 배열 int array[3][5]에 대한 메모리 할당을 한 후 13~29번째 줄을 적절하게 수정해 보세요.

메모하세요

파일에 문자 출력하기

이번 예제부터는 파일을 처리하는 방법에 대하여 배워 봅니다. 파일을 처리하기 위해서는 여러 개의 함수를 연속해서 사용해야 하며, 파일을 생성할지, 읽기만 할지 또는 쓰기만 할지 등 다양한 옵션을 설정해야 합니다.

```
01: /* 예제 51 : 파일에 문자 출력하기 */
02:
03: #include <stdio.h>
04:
05: void main( void )
06: {
07:     FILE* fp;
08:
09:     fp = fopen( "c:\\test.txt", "w+" );
10:
11:     fputc( 'a', fp );
12:     fputc( 'b', fp );
13:     fputc( 'c', fp );
14:     fputc( '\n', fp );
15:
16:     fputc( '1', fp );
17:     fputc( '2', fp );
18:     fputc( '3', fp );
19:
20:     fclose( fp );
21: }
```

7번째 줄 ● 파일과 관련된 FILE 구조체의 포인터 변수 fp를 선언합니다.

9번째 줄 ● "c:" 드라이브에 "test.txt" 파일을 생성("w+")합니다. fopen() 함수는 파일을 사용하기 위해서 개방을 담당하는 함수이며, 파일과 관련된 처리를 모두 마쳤을 때는 fclose() 함수를 호출해야 합니다. 다음은 fopen() 함수의 함수 원형입니다. filename은 생성 또는 개방할 파일의 경로 또는 이름이며, mode는 파일을 생성할지, 읽기 위해 개방할지 또는 쓰기 위해 개방할지를 나타냅니다.

```
FILE* fopen( const char *filename, const char *mode );
```

파일 개방 모드는 다음과 같으며, 파일 처리에 알맞게 설정해야 합니다.

모 드	설 명	모 드	설 명
r/rt	텍스트 파일 읽기 모드	w/wt	텍스트 파일 쓰기 모드
r+ r+t	텍스트 파일 읽기/쓰기/추가 모드 파일은 반드시 존재해야 함	w+ w+t	텍스트 파일 읽기/쓰기/추가 모드 파일이 존재하지 않는 경우 자동 생성
rb	이진 파일 읽기 모드	wb	이진 파일 쓰기 모드
r+b	이진 파일 읽기/쓰기/추가 모드 파일은 반드시 존재해야 함	w+b	이진 파일 읽기/쓰기/추가 모드 파일이 존재하지 않는 경우 자동 생성
a/at	텍스트 파일의 추가 모드	ab	이진 파일 추가 모드
a+ a+t	텍스트 파일의 읽기/쓰기/추가 모드 파일이 존재하지 않는 경우 파일 자동 생성	a+b	이진 파일 읽기/추가 모드 파일이 존재하지 않는 경우 파일 자동 생성

11번째 줄 ● 개방된 파일에 문자 'a'를 씁니다. fputc() 함수의 원형은 다음과 같습니다. c는 파일에 쓸 문자이며, stream은 fopen() 함수에 의해 반환된 스트림 포인터입니다.

```
int fputc( int c, FILE *stream );
```

12-13번째 줄 ● 문자 'b', 'c'를 파일에 씁니다.

14번째 줄 ● 개행문자('\n')를 출력하여 다음 줄로 이동합니다.

16-18번째 줄 ● 문자 '1', '2', '3'을 순서대로 파일에 씁니다.

20번째 줄 ● 파일의 사용이 끝나면, 반드시 fclose() 함수를 호출해서 개방된 파일을 닫아 주어야 합니다.

출력 결과

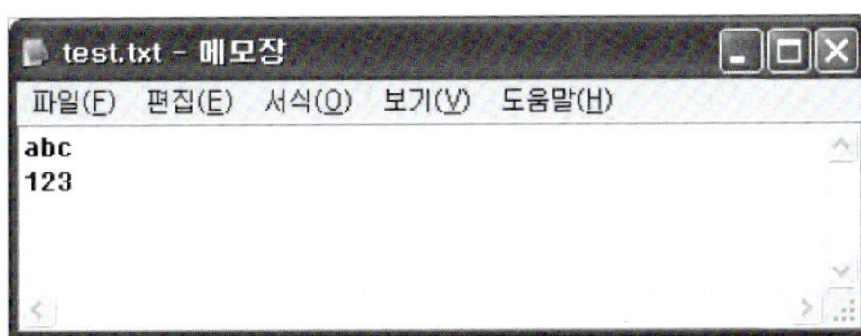

●● 파일에 문자 출력하기

[예제 51]은 파일에 한 문자씩 출력하기 위해 fopen(), fputc(), fclose() 함수를 사용했습니다. 파일에서 한 문자씩 읽기 위해서는 fopen() 함수 사용 시 개방 모드를 "r"로 사용해야 하며, fgetc() 함수를 사용해서 개방된 파일로부터 한 문자씩 읽을 수 있습니다.

```
01: /* 예제 52 : 파일에서 한 문자씩 읽기 */
02:
03: #include <stdio.h>
04: #include <conio.h>
05:
06: void main( void )
07: {
08:     FILE* fp;
09:
10:     fp = fopen( "c:\\test.txt", "r" );
11:
12:     while( !feof(fp) )
13:     {
14:         int ch = fgetc( fp );
15:         putch( ch );
16:     }
17:
18:     fclose( fp );
19: }
```

8번째 줄 파일과 관련된 FILE 구조체의 포인터 변수 fp를 선언합니다. FILE 구조체는 다음과 같이 선언되어 있습니다.

```
struct _iobuf
{
    char *_ptr;
    int _cnt;
    char *_base;
    int _flag;
    int _file;
    int _charbuf;
    int _bufsiz;
    char *_tmpfname;
};
typedef struct _iobuf FILE;
```

10번째 줄 ● "c:" 드라이브에 있는 "test.txt" 파일을 읽기("r") 모드를 개방합니다. 파일을 읽기 모드로 개방한 경우 파일은 오직 읽을 수만 있습니다.

12번째 줄 ● feof() 함수는 파일의 끝에 도달했는지를 판단하기 위해 사용합니다. feof() 함수는 파일의 끝에 도달한 경우 0이 아닌 값을 리턴합니다.

14번째 줄 ● 개방된 파일로부터 한 바이트를 읽습니다. fgetc() 함수의 원형은 다음과 같습니다. stream은 개방된 파일의 포인터입니다.

```
int fgetc( FILE *stream );
```

15번째 줄 ● 파일로부터 읽은 문자를 출력합니다.

18번째 줄 ● 개방된 파일을 닫아 파일의 사용을 종료합니다.

출력 결과

●● 파일에서 한 문자씩 읽기

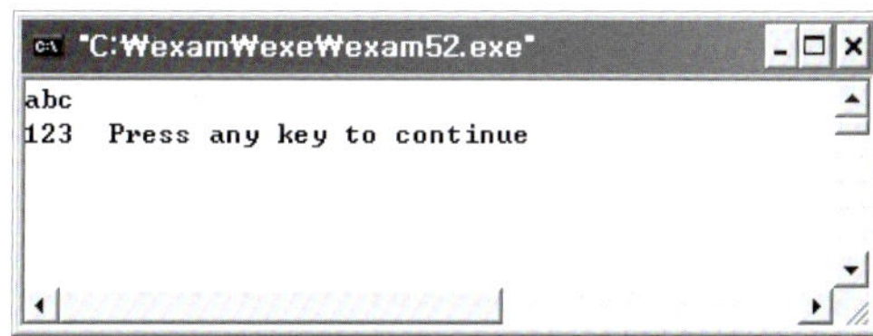 메모하세요

이번 예제에서는 개방된 파일에 문자열을 출력하는 방법에 대해 배워 봅니다. 파일에 문자열을 출력하기 위해서는 fputs(), fprintf() 함수를 사용할 수 있으며, fputs() 함수는 puts() 함수와 사용 방법이 유사하고, fprintf() 함수는 printf() 함수와 사용 방법이 유사합니다.

```c
01: /* 예제 53 : 파일에 문자열 출력하기 */
02:
03: #include <stdio.h>
04: #include <conio.h>
05:
06: void main( void )
07: {
08:     FILE* fp;
09:     char* pstr = "방가 방가 *^^*";
10:
11:     fp = fopen( "c:\\test.txt", "w+" );
12:
13:     fputs( "안녕하세요.\n", fp );
14:     fputs( "반갑습니다.\n", fp );
15:     fputs( pstr, fp );
16:     fputs( "\n", fp );
17:
18:     fprintf( fp, "%s \n", pstr );
19:
20:     fclose( fp );
21: }
```

8번째 줄 ● 파일의 개방에 사용될 FILE 포인터를 선언합니다.

9번째 줄 ● 파일에 출력할 문자열의 포인터를 선언합니다.

11번째 줄 ● "c:" 드라이브에 "test.txt" 파일을 쓰기 위해 개방합니다. "w+"는 파일을 생성하라는 것이며, 만약 해당 경로에 똑같은 파일명이 이미 존재할 경우 그 파일의 모든 내용은 삭제됩니다. 처음 파일에 관련된 코딩을 하는 독자들은 가끔 이 함수를 잘못 사용해서 중요한 파일을 지우는 경우가 있으므로 주의해야 합니다.

13번째 줄 ● 파일에 "안녕하세요.\n"를 씁니다. fputs() 함수의 원형은 다음과 같습니다. string은 쓸 문자열의 포인터이며, stream은 개방된 파일의 포인터입니다.

```
int fputs( const char *string, FILE *stream );
```

14번째 줄 ● 파일에 "반갑습니다.\n"를 씁니다. '\n'은 개행문자입니다.

15번째 줄 ● 파일에 "방가 방가 *^^*"를 씁니다.

16번째 줄 ● 파일에 개행 문자를 씁니다.

18번째 줄 ● 파일에 "방가 방가 *^^* \n"을 씁니다. fprintf() 함수의 원형은 다음과 같습니다. stream은 개방된 파일의 포인터이며, format은 printf() 함수와 같은 구조를 갖는 형식 제어 문자열입니다.

```
int fprintf( FILE *stream, const char *format[,argument]... );
```

20번째 줄 ● 개방된 파일을 닫습니다.

출력 결과

●● 파일에 문자열 출력하기

응용해 보세요! ···

√ fprintf( ) 함수를 사용해서 다양한 변수를 출력해 보세요.

 메모하세요 ——————————————————————

54

fgets() 함수

파일에서 문자열 읽기

이번 예제에서는 파일로부터 문자열을 읽는 방법에 대해 배워 봅니다. 파일로부터 문자열을 읽기 위해서는 fopen(), fgets(), fclose() 함수를 순서대로 사용해야 하며, 에러 처리를 위해 feof(), perror() 함수 등을 추가적으로 사용할 수 있습니다.

```c
01: /* 예제 54 : 파일에서 문자열 읽기 */
02:
03: #include <stdio.h>
04:
05: void main( void )
06: {
07:     FILE* fp;
08:     char buff[1024];
09:
10:     fp = fopen( "c:\\test.txt", "r" );
11:
12:     while( 1 )
13:     {
14:         if( !fgets( buff, 1024, fp ) )
15:         {
16:             if( feof(fp) )
17:             {
18:                 break;
19:             }
20:
21:             perror( "파일 읽기 에러" );
22:         }
23:
24:         printf( buff );
25:     }
26:
27:     fclose( fp );
28: }
```

7번째 줄 ● 파일 개방에 사용될 파일 포인터를 선언합니다.

8번째 줄 ● 파일로부터 문자열을 읽기 위한 버퍼를 선언합니다.

10번째 줄 ● "test.txt" 파일을 읽기 모드("r")로 개방합니다. 만약 파일이 존재하지 않는 경우 fopen() 함수는 NULL 포인터를 리턴합니다. 그러므로 에러 처리를 하기 위해서는 다음과 같이 fp 포인터의 값이 NULL인지 비교해 보면 됩니다.

```
    if( fp == NULL ) 에러 처리...;
```

14번째 줄 ● 파일로부터 한 줄을 읽습니다. fgets() 함수는 파일로부터 텍스트를 한 줄(개행 문자가 나올 때까지) 읽으며, 만약 한 줄이 1024바이트를 초과할 경우, 1023바이트만 읽습니다. fgets() 함수는 한 줄을 읽은 후 문자열의 끝에 자동으로 NULL 문자를 추가해 줍니다. 다음은 fgets() 함수의 원형이며, buffer는 문자열이 읽혀질 버퍼이며, n은 최대로 읽을 문자열의 크기+1입니다. fgets() 함수는 성공 시 buffer의 포인터를, 에러 시 NULL 포인터를 리턴합니다.

```
    char* fgets( char *buffer, int n, FILE *stream );
```

16-19번째 줄 ● 파일의 끝인지 검사하여 만약 파일의 끝이라면 while 반복문을 탈출합니다.

21번째 줄 ● 파일을 읽는 중 에러가 발생하였을 경우 그 원인을 출력합니다.

27번째 줄 ● 개방된 파일을 닫습니다.

출력 결과

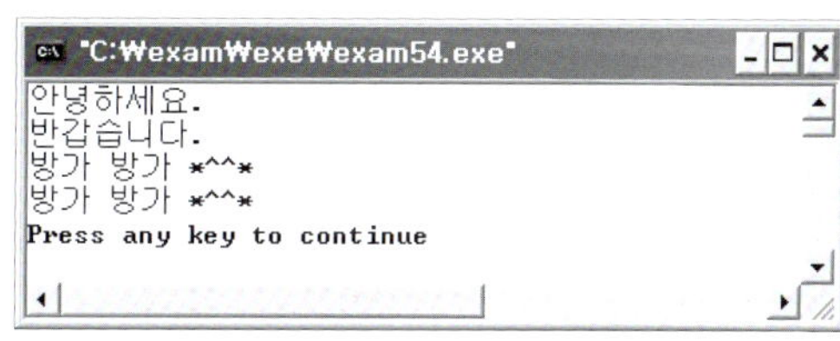

●● 파일에서 문자열 읽기

 메모하세요

55

fwrite() 함수

파일에 변수값 쓰기

이번 예제에서는 파일에 변수의 값을 출력하는 방법에 대하여 배워 봅니다. 파일에 변수의 값을 쓰기 위해서는 fopen(), fwrite(), fclose() 함수를 사용할 수 있습니다. fwrite() 함수 대신 fprintf() 함수를 사용할 수도 있습니다.

```c
01: /* 예제 55 : 파일에 변수값 쓰기 */
02:
03: #include <stdio.h>
04:
05: void main( void )
06: {
07:     FILE* fp;
08:     int i = 2006;
09:     double pi = 3.14;
10:
11:     fp = fopen( "c:\\var.bin", "w+b" );
12:
13:     fwrite( &i , sizeof(int), 1, fp );
14:     fwrite( &pi, sizeof(double), 1, fp );
15:
16:     fclose( fp );
17: }
```

7번째 줄 ● 파일 개방에 사용될 파일 포인터를 선언합니다.

8번째 줄 ● 정수형 변수 i를 선언하고 2006으로 초기화합니다.

9번째 줄 ● 실수형 변수 pi를 선언하고 3.14로 초기화합니다.

11번째 줄 ● 파일을 쓰기 위해 개방합니다. "w+b"는 파일을 쓰기 위해 생성하되, 이진(binary) 모드로 개방하는 것입니다. 파일을 이진 모드로 개방하면, NULL 문자를 파일에 쓸 수 있습니다. 만약 파일을 "w+" 모드로 개방한다면, 파일에 NULL 문자를 쓸 수 없습니다.

13번째 줄 ● i의 값이 저장되어 있는 4바이트 메모리를 파일에 씁니다. i는 2006이므로 4바이트 메모리 공간에는 다음과 같은 값이 순서대로 저장되어 있습니다.

```
0xD6 0x07 0x00 0x00
```

0x는 16진수를 의미하는 것일 뿐 0x가 실제로 저장되지는 않습니다. 4바이트의 값을 보면, NULL값(0x00)이 있는데 이런 널문자를 저장할 수 있는 것이 "w+b" 모드입니다. 16진수 0x07D6은 10진수로 2006이며, 각 값들은 인텔 CPU의 처리 방식에 따라 역워드 방식(Little Endian)으로 저장됩니다.

fwrite() 함수의 원형은 다음과 같습니다. buffer는 파일에 쓸 버퍼의 포인터이며, size는 블록의 크기, count는 블록의 개수, stream은 개방된 파일의 포인터입니다.

```
size_t fwrite( const void *buffer, size_t size, size_t count, FILE *stream );
```

14번째 줄 ● pi가 저장되어 있는 8바이트 메모리를 파일에 씁니다. 파일에는 다음과 같이 출력되는데, 이것은 실수 값을 저장하기 위한 메모리 구조이기 때문에 조금 복잡한 구조를 갖고 있습니다.

```
0x1F 0x85 0xEB 0x51 0xB8 0x1E 0x09 0x40
```

16번째 줄 ● 개방된 파일을 닫습니다.

출력 결과

●● 파일에 변수값 쓰기

위의 출력 결과 화면에서 000000은 줄 번호이고 D6부터가 실제로 저장된 데이터입니다.

📖 메모하세요

56

fread() 함수

파일에서 변수값 읽기

이번 예제는 [예제 55]에서 파일에 저장한 정수형 및 실수형 값을 읽어서 출력하는 것입니다. 파일에 저장된 값을 읽기 위해서는 fopen(), fread(), fclose() 함수를 사용할 수 있습니다.

```
01: /* 예제 56 : 파일에서 변수값 읽기 */
02:
03: #include <stdio.h>
04:
05: void main( void )
06: {
07:     FILE*  fp;
08:     int      i;
09:     double pi;
10:
11:     fp = fopen( "c:\\var.bin", "rb" );
12:
13:     fread( &i , sizeof(int) , 1, fp );
14:     fread( &pi, sizeof(double), 1, fp );
15:
16:     printf( "i = %d \n", i );
17:     printf( "pi = %f \n", pi );
18:
19:     fclose( fp );
20: }
```

7번째 줄 ● 파일 개방에 사용될 파일 포인터를 선언합니다.

8번째 줄 ● 정수형 값을 읽어서 저장할 변수 i를 선언합니다.

9번째 줄 ● 실수형 값을 읽어서 저장할 변수 pi를 선언합니다.

11번째 줄 ● "var.bin" 파일을 개방합니다. 파일 개방 시 모드를 "rb"로 해야 하며, "rb"는 이진 파일로 읽기 위해서 개방하라는 것입니다. 파일을 이진 파일로 개방하면, 널값('\0')을 읽을 수 있습니다. 만약 파일의 개방 모드가 "r"이라면 널문자를 읽을 수는 없습니다.

13번째 줄 ● 파일로부터 4바이트만큼 정수값을 읽습니다. fread() 함수의 원형은 다음과 같습니다. buffer는 파일로부터 데이터를 읽어서 저장할 버퍼의 포인터이며, size는 구조체 등의 크기, count는 size만큼의 크기를 몇 개 읽을지에 대한 개수입니다.

```
size_t fread( void *buffer, size_t size, size_t count, FILE *stream );
```

14번째 줄 ● 파일로부터 8바이트만큼 실수값을 읽습니다.

16번째 줄 ● i의 값을 출력합니다. 만약 [예제 55]에서 저장한 값을 읽은 것이라면, "i = 2006"이 출력됩니다.

17번째 줄 ● pi의 값을 출력합니다. 만약 [예제 55]에서 저장한 값을 읽은 것이라면, "pi = 3.140000"이 출력됩니다.

19번째 줄 ● 개방된 파일을 닫습니다.

출력 결과

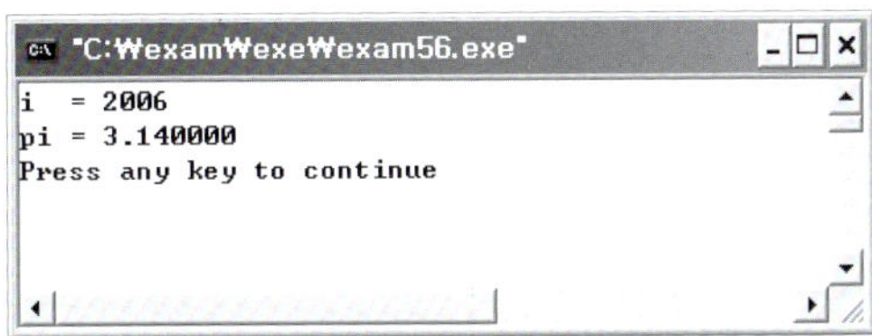

●● 파일에서 변수값 읽기

응용해 보세요!

✓ 11번째 줄에서 "var.bin" 파일이 존재하지 않는 경우 fopen( ) 함수는 NULL 포인터를 변환합니다. 이 에러를 처리하는 코드를 추가해 보세요.

 메모하세요

일반적으로 파일을 읽고 쓸 때는 구조체 단위로 읽고 쓰게 됩니다. 이번 예제에서는 구조체로 작성된 데이터를 파일에 출력하는 방법에 대하여 배워 봅니다. 구조체를 파일에 쓰기 위해서는 이진 모드로 파일을 개방해야 하며, fwrite() 함수를 사용하여 쓸 수 있습니다.

```c
01: /* 예제 57 : 파일에 구조체 쓰기 */
02:
03: #include <stdio.h>
04: #include <string.h>
05:
06: typedef struct
07: {
08:     char name[20];
09:     int age;
10: } ADDR;
11:
12: void main( void )
13: {
14:     FILE* fp;
15:     ADDR addr[3];
16:
17:     fp = fopen( "c:\\addr.bin", "w+b" );
18:
19:     strcpy( addr[0].name, "히딩크" );
20:     addr[0].age = 61;
21:
22:     strcpy( addr[1].name, "이영표" );
23:     addr[1].age = 30;
24:
25:     strcpy( addr[2].name, "박지성" );
26:     addr[2].age = 26;
27:
28:     fwrite( addr, sizeof(ADDR), 3, fp );
29:
30:     fclose( fp );
31: }
```

6-10번째 줄 ● 이름과 나이를 포함하는 구조체를 ADDR로 정의합니다.

5번째 줄 ● 크기가 3인 구조체 배열을 선언합니다.

17번째 줄 ● 파일명이 "addr.bin"인 파일을 이진 쓰기 모드로 개방합니다.

19-20번째 줄 ● 첫 번째 구조체에 이름 "히딩크" 및 나이 61을 대입합니다.

22-23번째 줄 ● 두 번째 구조체에 이름 "이영표" 및 나이 30을 대입합니다.

25-26번째 줄 ● 세 번째 구조체에 이름 "박지성" 및 나이 26을 대입합니다.

28번째 줄 ● 크기가 sizeof(ADDR)인 구조체 3개를 파일에 씁니다.

30번째 줄 ● 파일을 닫습니다.

출력 결과

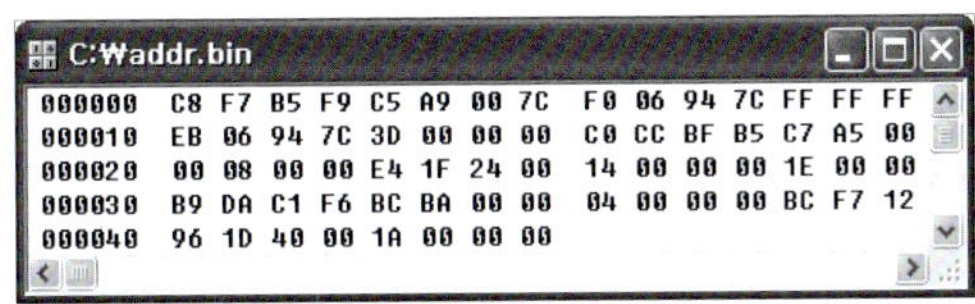

●● 파일에 구조체 쓰기

응용해 보세요!

✓ 15번째 줄의 배열을 5개로 선언한 후, 나머지 코드를 수정해 보세요.

 메모하세요

이번 예제는 [예제 57]에서 저장한 구조체를 읽어서 출력합니다. 구조체를 읽기 위해서는 파일을 이진 모드로 개방해야 하며, fopen(), fread(), fclose() 함수를 사용해야 합니다.

```c
01: /* 예제 58 : 파일에서 구조체 읽기 */
02:
03: #include <stdio.h>
04: #include <string.h>
05:
06: typedef struct
07: {
08:     char name[20];
09:     int age;
10: } ADDR;
11:
12: void main( void )
13: {
14:     FILE* fp;
15:     ADDR addr[3];
16:     int i;
17:
18:     fp = fopen( "c:\\addr.bin", "rb" );
19:
20:     fread( &addr[0], sizeof(ADDR), 1, fp );
21:     fread( &addr[1], sizeof(ADDR), 1, fp );
22:     fread( &addr[2], sizeof(ADDR), 1, fp );
23:
24:     for( i=0; i<3; i++ )
25:     {
26:         printf( "%s : %d \n", addr[i].name, addr[i].age );
27:     }
28:
29:     fclose( fp );
30: }
```

6-10번째 줄 ● 이름과 나이를 포함하는 ADDR 구조체를 정의합니다.

15번째 줄 ● ADDR 구조체 배열을 선언합니다.

18번째 줄 ● "addr.bin" 파일을 이진 읽기("rb") 모드로 개방합니다. 만약 "addr.bin" 파일이 없을 경우 fopen() 함수는 NULL 포인터를 반환합니다. 만약 fp가 NULL인 경우 에러 처리를 해야 합니다.

20번째 줄 ● 개방된 파일로부터 ADDR 구조체를 하나 읽어서 addr[0]에 저장합니다.

21-22번째 줄 ● 개방된 파일로부터 ADDR 구조체를 읽어서 addr[1], addr[2]에 저장합니다. 20~ 22번째 줄에서 하나씩 읽은 것을 한 번에 읽으려면 다음과 같이 사용해야 합니다.

```c
fread( addr, sizeof(ADDR), 3, fp );
```

24-27번째 줄 ● addr[0] ~ addr[2]에 읽은 이름 및 나이를 출력합니다.

29번째 줄 ● 개방된 파일을 닫습니다.

출력 결과

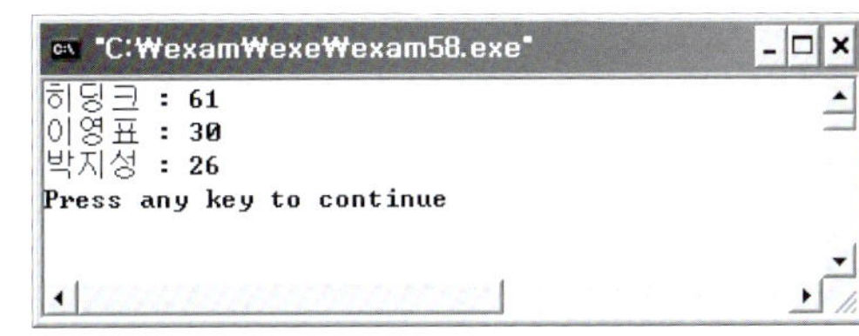

●● 파일에서 구조체 읽기

443

응용하니 보세요! ···

✓ 20~22번째 줄을 한 줄로 수정해 보세요.

 메모하세요

파일 복사하기

이번 예제에서는 파일을 복사하는 방법에 대하여 배워 봅니다. 파일을 복사하기 위해서는 파일을 개방한 후 처음부터 끝까지 순차적으로 읽어야 하며, 다양한 파일을 읽고 쓰기 위해서 이진 모드로 파일을 개방해야 합니다.

```c
01: /* 예제 59 : 파일 복사하기 */
02:
03: #include <stdio.h>
04:
05: void main( void )
06: {
07:     FILE *fpR, *fpW;
08:     char buff[1024];
09:     int len;
10:
11:     fpR = fopen( "c:\\test.txt", "rb" );
12:
13:     if( fpR == NULL )
14:     {
15:         perror( "파일 읽기 개방 에러" );
16:         return;
17:     }
18:
19:     fpW = fopen( "c:\\test_copy.c", "w+b" );
20:
21:     if( fpW == NULL )
22:     {
23:         perror( "파일 쓰기 개방 에러" );
24:         fclose( fpR );              // 이미 개방된 fpR을 닫음
25:         return;
26:     }
27:
28:     while( 1 )
29:     {
30:         len = fread( &buff, 1, sizeof(buff), fpR );
31:
32:         if( feof(fpR) && len == 0 )
33:         {
34:             break;
35:         }
36:
37:         fwrite( &buff, 1, len, fpW );
38:     }
39:
40:     fcloseall();
```

```
41:
42:     puts( "파일을 성공적으로 복사하였습니다." );
43: }
```

7번째 줄 ● fpR은 읽을 파일명에 대한 파일 포인터이며, fpW는 쓰여질(복사될) 파일명에 대한 파일 포인터입니다.

8번째 줄 ● 파일 데이터를 1024바이트씩 읽기 위한 버퍼를 선언합니다.

11-17번째 줄 ● 복사할 파일을 이진 읽기 모드로 개방합니다. 만약 파일을 개방할 수 없다면 에러를 출력하고 프로그램을 종료합니다.

19-26번째 줄 ● 복사될 파일을 이진 쓰기 모드로 개방합니다. 파일 개방이 실패되면, 에러를 출력하고 이미 개방된 파일을 닫은 후 프로그램을 종료합니다.

30번째 줄 ● 파일을 1024바이트만큼 읽습니다. 만약 읽어야 할 파일이 1024보다 작으면, fread() 함수는 실제로 읽은 바이트 수만 리턴합니다.

32-35번째 줄 ● 파일의 끝인 경우 while문을 탈출합니다.

37번째 줄 ● buff에 읽은 내용을 fpW가 가리키는 파일에 len의 크기만큼 씁니다.

40번째 줄 ● fcloseall() 함수에 의해 모든 개방된 파일을 닫습니다.

출력 결과

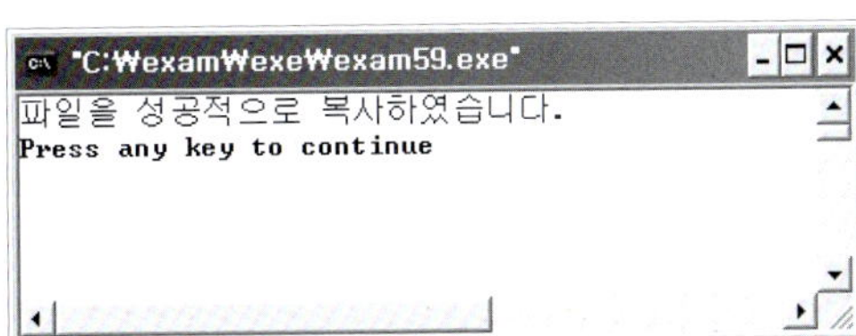

●● 파일 복사하기

60

파일 및 폴더 삭제하기

C 언어는 파일의 존재 유무를 알아보기 위한 access() 함수와 파일 또는 폴더를 제거하기 위한 remove() 함수를 제공합니다. 이번 예제에서는 특정 파일 또는 폴더가 존재하는지 검사한 후 그 파일 또는 폴더가 존재할 때, 각각을 삭제하는 것에 대하여 배워 봅니다.

```c
01: /* 예제 60 : 파일 및 폴더 삭제하기 */
02:
03: #include <stdio.h>
04: #include <io.h>
05:
06: #define EXIST 0
07:
08: void main( void )
09: {
10:     char *path;
11:
12:     path = "c:\\test.txt";
13:
14:     if( access(path, EXIST) == EXIST )
15:     {
16:         if( remove( path ) == 0 )
17:         {
18:             printf( "%s 파일이 삭제되었습니다. \n", path );
19:         }
20:     }
21:     else
22:     {
23:         printf( "%s 파일이 존재하지 않습니다. \n", path );
24:     }
25:
26:     path = "c:\\temp";
27:
28:     if( access(path, EXIST) == EXIST )
29:     {
30:         if( remove( path ) == 0 )
31:         {
32:             printf( "%s 폴더가 삭제되었습니다. \n", path );
33:         }
34:         else
35:         {
36:             perror( "폴더 삭제: " );
37:         }
38:     }
39: }
```

4번째 줄 ● access() 함수를 사용하기 위한 헤더 파일 io.h를 추가합니다.

12번째 줄 ● 파일의 경로를 "c:\\test.txt"로 지정합니다.

14번째 줄 ● 파일이 존재하는지 검사합니다. 파일이 존재하는 경우 access() 함수는 0을 리턴합니다.

16번째 줄 ● remove() 함수를 사용하여 파일을 삭제합니다. 만약 파일이 사용 중이라면 파일은 삭제되지 않습니다.

26-38번째 줄 ● 폴더 "c:\\temp"가 존재하는지 검사한 후, 만약 존재한다면 해당 폴더를 삭제합니다. 만약 폴더에 다른 파일들이 있는 경우 폴더는 삭제할 수 없습니다.

출력 결과

●● 파일 및 폴더 삭제하기

📖 메모하세요

61

time(), localtime(), gmtime() 함수

현재 날짜 및 시간 구하기

C 언어를 공부할 때 일반적으로 시간에 관련된 함수 등을 대수롭지 않게 여기는 경우가 있습니다. 시간에 관련된 함수는 종종 사용되기 때문에 이번 예제를 통해 배워두기 바랍니다.

```c
01: /* 예제 61 : 현재 날짜 및 시간 구하기 */
02:
03: #include <stdio.h>
04: #include <time.h>
05:
06: void main( void )
07: {
08:     time_t now;
09:     struct tm t;
10:     char buff[100];
11:
12:     time( &now );
13:     t = *localtime( &now );
14:
15:     sprintf( buff, "현재국가시간: %d/%02d/%02d %02d:%02d:%02d",
16:         t.tm_year+1900, t.tm_mon+1, t.tm_mday,
17:         t.tm_hour, t.tm_min, t.tm_sec );
18:
19:     puts( buff );
20:
21:     t = *gmtime( &now );
22:
23:     sprintf( buff, "세계표준시간: %d/%02d/%02d %02d:%02d:%02d",
24:         t.tm_year+1900, t.tm_mon+1, t.tm_mday,
25:         t.tm_hour, t.tm_min, t.tm_sec );
26:
27:     puts( buff );
28: }
```

4번째 줄 ● 시간에 관련된 헤더 파일 time.h를 포함합니다.

8번째 줄 ● time() 함수에서 사용할 time_t 변수를 선언합니다. time_t는 long이 재정의된 것입니다.

9번째 줄 ● localtime() 함수에서 리턴하는 구조체 값을 받기 위한 struct tm 변수를 선언합니다.

12번째 줄 ● time() 함수를 사용해서 시간을 구합니다. 시간은 1970년 1월 1일 0시를 기준으로 지금까지 경과된 초의 수입니다. time() 함수는 시간을 리턴하므로 다음과 같이 사용할 수도 있습니다.

```
now = time( NULL );
```

13번째 줄 ● 초(second)를 시간에 관련된 struct tm 구조체로 변환합니다. time() 함수가 리턴하는 시간은 세계 표준 시간(UTC)입니다. 그러므로 localtime() 함수를 사용해서 현재 국가의 시간으로 바꿔주어야 합니다. localtime()은 struct tm*를 리턴하기 때문에 함수의 앞에 포인터의 값을 얻는 *을 사용해서, 포인터 값을 값으로 바꾼 후 t 구조체에 대입합니다.

15-19번째 줄 ● 현재 시간을 출력합니다.

21~27번째 줄 ● 세계 표준 시간대를 기준으로 한 시간을 출력합니다. 세계 표준 시는 한국 시간보다 9시간 빠릅니다.

출력 결과

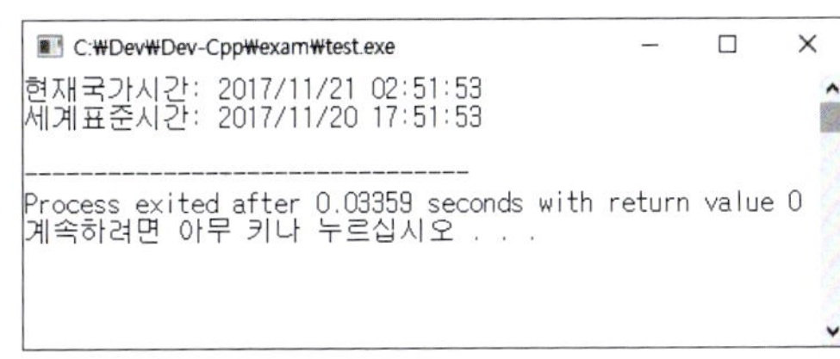

●● 현재 날짜 및 시간 구하기

 메모하세요

62

각 달의 마지막 날짜 구하기

C 언어는 1월 ~ 12월까지 매달의 마지막 날짜를 구하는 함수를 제공하지 않습니다. 그러므로 각 달의 마지막 날짜를 구하는 함수를 직접 작성해서 사용해야 합니다. 각 달의 마지막 날짜를 구하기 위해서는 첫 번째 달과 두 번째 달의 초를 구한 후 그 시간의 차이를 빼면 마지막 날짜가 언제인지 알 수 있습니다.

```c
01: /* 예제 62 : 각 달의 마지막 날짜 구하기 */
02:
03: #include <stdio.h>
04: #include <time.h>
05:
06: #define DAYSEC (24 * 60 * 60)
07:
08: void main( void )
09: {
10:     time_t now;
11:     struct tm tm_now, tm_next;
12:     int i;
13:     int now_sec, next_sec, last_day;
14:
15:     time( &now );
16:     tm_now = *localtime( &now );
17:
18:     tm_now.tm_mday = 1;              // 날짜를 1일로 수정
19:     tm_next = tm_now;
20:
21:     for( i=0; i<=11; i++ )
22:     {
23:         tm_now.tm_mon = i;                  // 현재 달
24:         tm_next.tm_mon = i+1;               // 현재 달 + 1
25:
26:         now_sec = mktime( &tm_now );        // 초로 변환
27:         next_sec = mktime( &tm_next );      // 초로 변환
28:
29:         last_day = (next_sec - now_sec) / DAYSEC;
30:
31:         printf( "%d년 %2d월의 마지막 날짜는 %d일입니다. \n",
32:             tm_now.tm_year+1900, tm_now.tm_mon+1, last_day );
33:     }
34: }
```

6번째 줄 ● 하루에 대한 시간을 초로 환산하면 24 * 60 * 60입니다.

15-16번째 줄 ● 현재 시간을 struct tm 구조체인 tm_now에 구합니다.

18-19번째 줄 ● 날짜를 1일로 수정한 후 tm_now 구조체를 tm_next에 대입합니다.

23번째 줄 ● 현재 달을 설정합니다. struct tm 구조체를 사용할 때 달(month)은 '현재 달 − 1'을 해야 합니다. 그 래서 i의 값을 0(1월)~11(12월)까지 사용하여 순환하는 것입니다.

24번째 줄 ● 현재 달에 1을 더하여 다음 달을 지정합니다.

26-27번째 줄 ● 현재 달과 다음 달에 대한 초(second)를 구합니다.

29번째 줄 ● 다음 달에 대한 시간에서 현재 달의 시간을 뺀 후 DAYSEC으로 나누면 각 달의 마지막 날짜가 나옵 니다.

31-32번째 줄 ● 각 달의 마지막 날짜를 출력합니다.

출력 결과

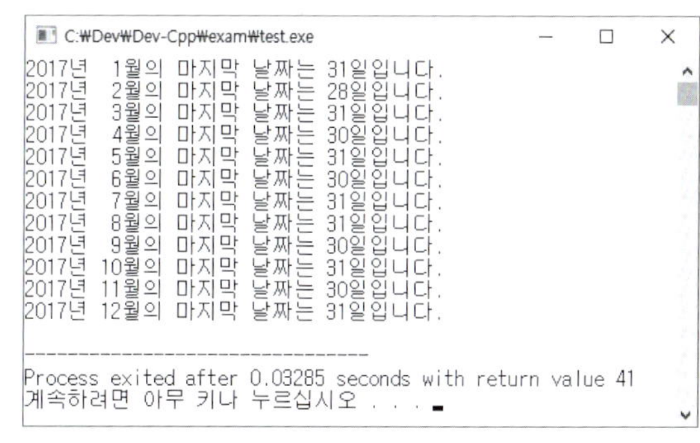

●● 각 달의 마지막 날짜 구하기

 메모하세요

D-Day 구하기

시간과 관련된 것 중에 D-Day를 구하는 것이 있습니다. C 언어는 D-Day를 구하는 함수를 제공하지 않으므로 이 또한 직접 작성해서 사용해야 합니다. 만약 오늘 날짜로부터 올 해의 크리스마스까지 며칠 남았는지 계산하려면 어떤 방법으로 해야 하는지 배워 봅니다.

```c
01: /* 예제 63 : D-Day 구하기 */
02:
03: #include <stdio.h>
04: #include <time.h>
05:
06: #define DAYSEC (24 * 60 * 60)
07:
08: void main( void )
09: {
10:     time_t now;
11:     struct tm tm_now, tm_dday = { 0, 0, 0, 25, 12, 2030 };
12:     int now_sec, dday_sec, left_days;
13:
14:     now = time( NULL );
15:     tm_now = *localtime( &now );
16:
17:     tm_dday.tm_year -= 1900;          // struct tm 형식으로 변환
18:     tm_dday.tm_mon -= 1;
19:
20:     tm_now.tm_hour = 0;
21:     tm_now.tm_min = 0;
22:     tm_now.tm_sec = 0;
23:
24:     now_sec = mktime( &tm_now );
25:     dday_sec = mktime( &tm_dday );
26:
27:     left_days = (dday_sec - now_sec) / DAYSEC;
28:
29:     printf( "오늘의 날짜는 %s", ctime(&now) );
30:     printf( "오늘부터 %d년 %d월 %d일까지는 %d일 남았습니다. \n",
31:         tm_dday.tm_year+1900, tm_dday.tm_mon+1, tm_dday.tm_mday, left_days );
32: }
```

11번째 줄 ● D-Day를 설정합니다. D-Day는 2030년 12월 25일로 설정되어 있는데, 이것은 독자분들이 원하는 날짜로 설정해도 됩니다.

14-15번째 줄 ● 현재 시간을 tm_now에 구합니다.

17-22번째 줄 tm_dday를 struct tm 형태로 변환하기 위해 연도(year)에서 1900을 빼고, 월(month)에서 1을 뺍니다.

24번째 줄 현재 시간에 대한 초를 구합니다.

25번째 줄 D-Day에 대한 초를 구합니다.

27번째 줄 D-Day와 현재의 차이 나는 날짜를 구합니다.

29-31번째 줄 오늘 날짜를 출력하고, D-Day까지 며칠이 남았는지 출력합니다.

출력 결과

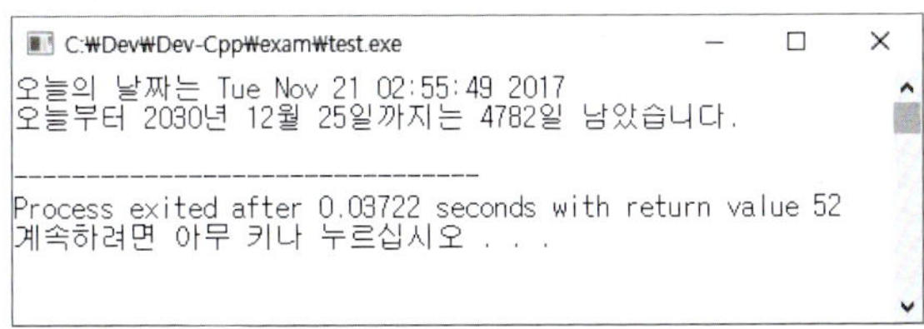

●● D-Day 구하기

응용해 보세요!

✓ 올 해의 크리스마스까지 남은 날짜를 구해 보세요.
✓ 내년의 크리스마스까지 남은 날짜를 구해 보세요.
✓ 독자분의 생일까지 남은 날짜를 구해 보세요.

 메모하세요

64

출생일로부터 경과된 날짜 수 구하기

D-Day를 구하는 것에 이어서 과거의 특정 날짜로부터 현재까지 며칠이 경과했는지 알아보는 방법도 시간에 관련된 함수를 사용해야 합니다. 독자분들 모두 본인이 태어난 날로부터 현재까지 며칠이 경과했는지 한 번 구해보기 바랍니다.

```c
01: /* 예제 64 : 출생일로부터 경과된 날짜 수 구하기 */
02:
03: #include <stdio.h>
04: #include <time.h>
05:
06: #define DAYSEC (24 * 60 * 60)
07:
08: void main( void )
09: {
10:     time_t born, now;
11:     struct tm tm_born, tm_now;
12:     int elapsed_days;
13:
14:     tm_born.tm_year = 2003-1900;    // 년 (2003년)
15:     tm_born.tm_mon = 10-1;          // 월 (10월)
16:     tm_born.tm_mday = 15;           // 일 (15일)
17:     tm_born.tm_hour = 1;            // 시 (1시)
18:     tm_born.tm_min = 0;             // 분
19:     tm_born.tm_sec = 0;             // 초
20:
21:     time( &now );
22:     tm_now = *localtime( &now );
23:
24:     born = mktime( &tm_born );
25:     now = mktime( &tm_now );
26:
27:     now = now - born;
28:     elapsed_days = now / DAYSEC;
29:
30:     printf( "김서진은 출생한지 %d일째입니다. \n", elapsed_days );
31: }
```

10번째 줄 ● 출생일과 시간을 저장할 변수를 선언합니다.

11번째 줄 ● 출생일과 현재의 시간에 대한 struct tm 구조체를 선언합니다.

12번째 줄 ● 출생 후 며칠이 경과했는지를 저장할 변수를 선언합니다.

14~19번째 줄 ● 태어난 날짜와 시간을 설정합니다. 본인이 1985년도 9월에 태어났으면, 14번째 줄은 1985-1900을, 15번째 줄은 9-1을 사용하면 됩니다.

21~22번째 줄 ● 현재 시간을 구합니다.

24~25번째 줄 ● 태어난 시간과 현재 시간에 대한 초의 수를 구합니다. 초는 1970년 1월 1일 0시를 기준으로 현재까지 경과된 수입니다.

27번째 줄 ● 경과된 시간을 구하기 위해 now에서 born을 뺍니다.

28번째 줄 ● 초를 DAYSEC으로 나누어 경과된 날짜수를 구합니다.

30번째 줄 ● 출생한지 며칠이 경과되었는지 출력합니다.

출력 결과

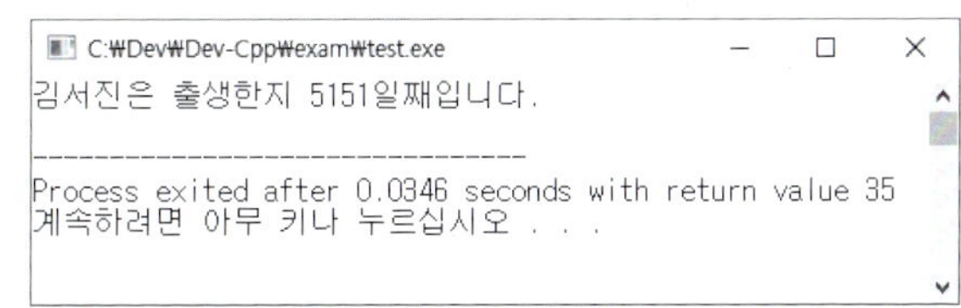

●● 출생일로부터 경과된 날짜 수 구하기

응용해 보세요!

✓ 친한 친구가 태어난 지 며칠이 경과했는지 구해 보세요.

 메모하세요

65

mktime() 함수

날짜 및 시간 연산하기

두 개의 날짜 및 시간이 있을 때, 시간을 더하거나 빼는 것은 쉽지 않습니다. 이번 예제에서는 두 날짜 또는 시간 간의 연산을 하는 방법에 대하여 배워 봅니다.

```c
01: /* 예제 65 : 날짜 및 시간 연산하기 */
02:
03: #include <stdio.h>
04: #include <time.h>
05:
06: void main( void )
07: {
08:     time_t now;
09:     struct tm tm_now, tm_next;
10:
11:     time( &now );
12:     tm_now = *localtime( &now );
13:
14:     tm_next = tm_now;
15:
16:     tm_next.tm_mon += 10;    // 10 개월
17:     tm_next.tm_mday += 30;   // 30 일
18:     tm_next.tm_hour += 5;    // 5 시간
19:
20:     mktime( &tm_next );
21:
22:     printf( "오늘은 %d년 %d월 %d일 %d시입니다. \n",
23:         tm_now.tm_year+1900, tm_now.tm_mon+1,
24:         tm_now.tm_mday , tm_now.tm_hour );
25:
26:     printf( "더한 날짜는 %d년 %d월 %d일 %d시입니다. \n",
27:         tm_next.tm_year+1900, tm_next.tm_mon+1,
28:         tm_next.tm_mday , tm_next.tm_hour );
29:
30:     tm_now.tm_mon -= 10;    // 10 개월
31:     tm_now.tm_mday -= 30;   // 30 일
32:     tm_now.tm_hour -= 5;    // 5 시간
33:
34:     mktime( &tm_now );
35:     printf( "뺀 날짜는 %d년 %d월 %d일 %d시입니다. \n",
36:         tm_now.tm_year+1900, tm_now.tm_mon+1,
37:         tm_now.tm_mday     , tm_now.tm_hour );
38: }
```

11-12번째 줄 ● 현재 날짜 및 시간을 구합니다.

14-18번째 줄 ● 현재 날짜 tm_now를 tm_next에 복사한 후 10개월 30일 5시간을 더합니다.

20번째 줄 ● mktime() 함수를 이용하여 tm_next 구조체에 설정된 값을 올바르게 설정합니다. 만약 tm_next.tm_mon이 11보다 큰 값이었다면, 자동으로 mktime() 함수는 tm_next.tm_year를 증가시키고, tm_mon에서 12를 뺍니다. tm_next.tm_mon이 30이라면, tm_next.tm_year는 2가 증가되고, tm_next.tm_mon은 6이 됩니다.

22-28번째 줄 ● 현재 날짜와 더한 날짜를 출력합니다.

30-32번째 줄 ● 현재 날짜에서 10개월 30일 5시간을 뺍니다.

34-37번째 줄 ● mktime() 함수를 사용해서 정확한 날짜로 변환한 후 출력합니다.

출력 결과

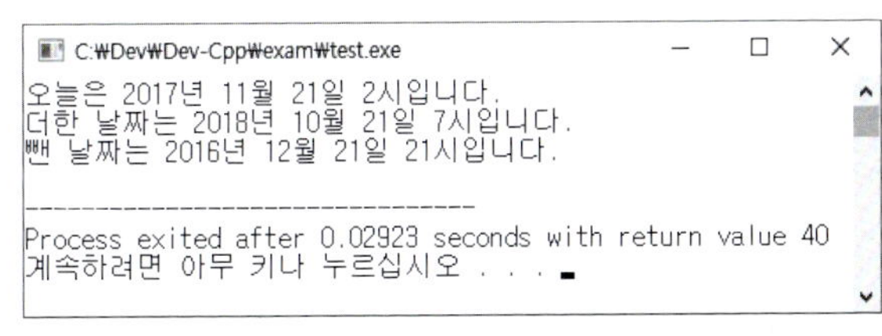

●● 날짜 및 시간 연산하기

응용해 보세요!

✓ 현재 날짜에 10000초를 더해보세요.
✓ 현재 날짜에 1000분을 빼보세요.
✓ 현재 날짜에 200일을 더해보세요

이번 예제에서는 날짜 및 시간을 다양한 방법으로 출력하는 것을 배워 봅니다. 날짜 및 시간을 출력하기 위해서는 _ftime(), _strdate(), _strtime(), strftime() 함수 등을 사용할 수 있으며, strftime() 함수를 사용하면 시간을 지정된 형식에 맞게 출력할 수 있습니다.

```c
01: /* 예제 66 : 날짜 및 시간 출력하기 */
02:
03: #include <stdio.h>
04: #include <time.h>
05: #include <sys/timeb.h>
06:
07: void main( void )
08: {
09:     struct _timeb tb;
10:     struct tm t;
11:     char buff[100];
12:
13:     _ftime( &tb );
14:
15:     t = *localtime( &tb.time );
16:
17:     printf( "%4d-%d-%d %d:%d:%d.%d \n",
18:         t.tm_year+1900, t.tm_mon+1, t.tm_mday,
19:         t.tm_hour, t.tm_min, t.tm_sec, tb.millitm );
20:
21:     printf( ctime( &tb.time ) );
22:     printf( asctime( &t ) );
23:     puts( _strdate(buff) );
24:     puts( _strtime(buff) );
25:     strftime( buff, sizeof(buff), "%Y-%m-%d %H:%M:%S %p (%a)", &t );
26:     puts( buff );
27:     strftime( buff, sizeof(buff), "%#Y-%#m-%#d %#H:%#M:%#S %p (%a)", &t );
28:     puts( buff );
29:     strftime( buff, sizeof(buff), "%c", &t );
30:     puts( buff );
31:     strftime( buff, sizeof(buff), "%x %X", &t );
32:     puts( buff );
33:     strftime( buff, sizeof(buff), "%#c", &t );
34:     puts( buff );
35:     strftime( buff, sizeof(buff), "%#x", &t );
36:     puts( buff );
37: }
```

5번째 줄 ● _ftime() 함수를 사용하기 위한 sys/timeb.h 헤더 파일을 포함합니다.

13번째 줄 ● _ftime() 함수를 사용해서 시간을 struct _timeb 구조체에 구합니다.

15~19번째 줄 ● tb 구조체에 있는 time_t 값으로 현재 시간을 구하여 출력합니다.

21~22번째 줄 ● 날짜 및 시간을 "Tue Nov 21 03:01:43 2017" 형태로 출력합니다.

23번째 줄 ● 날짜를 "01/21/17" 형태로 출력합니다.

24번째 줄 ● 시간을 "16:20:18" 형태로 출력합니다.

25~26번째 줄 ● 날짜 및 시간을 "2017-11-21 03:01:43 AM (Tue)" 형태로 출력합니다.

27~28번째 줄 ● 날짜 및 시간을 "2017-11-21 3:1:43 AM (Tue)" 형태로 출력합니다.

29~30번째 줄 ● 날짜 및 시간을 "11/21/17 03:01:43" 형태로 출력합니다.

31~32번째 줄 ● 날짜 및 시간을 "11/21/17 03:01:43" 형태로 출력합니다.

33~34번째 줄 ● 날짜 및 시간을 "Tuesday, November 21, 2017 03:01:43" 형태로 출력합니다.

35~36번째 줄 ● 날짜를 "Tuesday, November 21, 2017" 형태로 출력합니다.

출력 결과

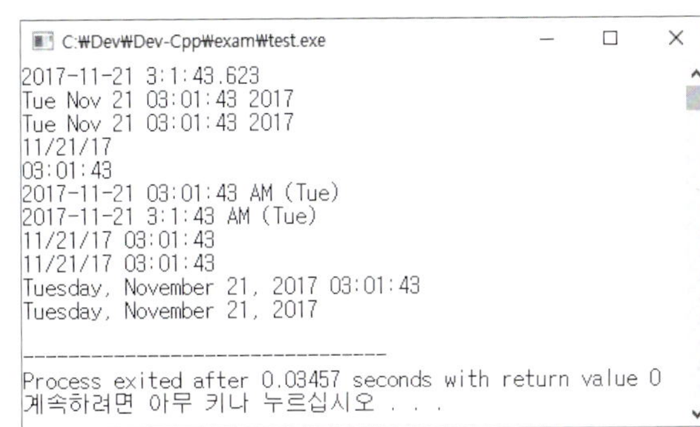

●● 날짜 및 시간 출력하기

459

67

90일이 지난 로그 파일 삭제하기

로그 파일 삭제하기는 주로 네트워크 프로그램에서 사용됩니다. 네트워크 프로그램은 어떤 내용의 데이터가 수신되었는지 또는 어떤 동작에서 성공 또는 실패했는지에 대한 정보를 날짜별 로그 파일에 저장하며, 매일 쌓이는 로그 파일은 주기적으로 삭제할 필요가 있습니다.

```c
01: /* 예제 67 : 90일이 지난 로그 파일 삭제하기 */
02:
03: #include <stdio.h>
04: #include <string.h>
05: #include <stdlib.h>
06: #include <time.h>
07: #include <io.h>
08:
09: #define DAYSEC 24*60*60
10:
11: void main( void )
12: {
13:     time_t now, oldTime;
14:     double elapsed_time;
15:     struct tm t = {0};
16:     char path[] = "c:\\temp\\20170523.log";
17:     char* pos;
18:
19:     pos = strrchr( path, '\\' );
20:     pos++;
21:
22:     t.tm_mday = atoi( &pos[6] );
23:     pos[6] = '\0';
24:
25:     t.tm_mon = atoi( &pos[4] ) - 1;
26:     pos[4] = '\0';
27:
28:     t.tm_year = atoi( &pos[0] ) - 1900;
29:
30:     tzset();
31:     oldTime = mktime( &t );
32:
33:     time( &now );
34:     t = *localtime( &now );
35:
36:     now = mktime( &t );
37:
38:     elapsed_time = difftime( oldTime, now );
39:
40:     if( elapsed_time/(DAYSEC) >= 90 )
```

```
41:    {
42:        if( access(path,0) == 0 )
43:        {
44:            remove( path );
45:        }
46:    }
47: }
```

16번째 줄 ● 삭제할 로그 파일명을 설정합니다. 예제의 테스트를 위해서 해당 경로에 20170523.log 파일을 생성하십시오.

19-20번째 줄 ● 로그 파일의 날짜를 구하기 위해 strrchr() 함수를 사용해서 '\'의 위치를 구합니다.

22-29번째 줄 ● t 구조체에 년, 월, 일을 구하여 넣습니다.

30번째 줄 ● 시간 체계를 세계 표준 시간(UTC) 체계를 사용하도록 설정합니다.

31번째 줄 ● mktime() 함수를 사용하여 t 구조체를 time_t로 변환합니다.

33-36번째 줄 ● 현재 시간을 time_t 값인 now로 변환합니다.

38번째 줄 ● difftime() 함수를 사용하여 oldTime 및 now의 차이나는 시간을 구합니다.

40-46번째 줄 ● 두 시간의 차가 90일보다 크거나 같으면 로그 파일 20170523.log를 삭제합니다.

출력 결과

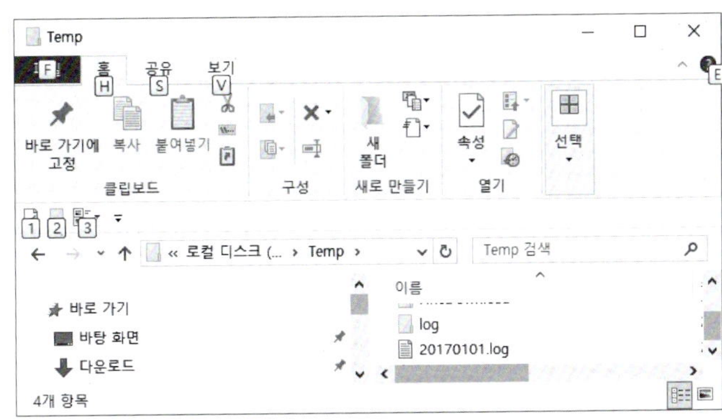

●● 90일이 지난 로그 파일 삭제하기

68

난수 발생기

난수란 각각 같은 확률로 어느 하나를 선택하는 무작위 숫자를 의미합니다. 이번 예제에서는 rand() 함수 및 srand() 함수를 이용하여 난수를 만들어 내는 난수 발생기를 작성하는 방법을 배워 봅니다.

```c
01: /* 예제 68 : 난수 발생기 */
02:
03: #include <stdio.h>
04: #include <time.h>
05: #include <stdlib.h>
06:
07: void main( void )
08: {
09:     int i;
10:
11:     srand( (unsigned)time(NULL) );
12:
13:     for( i=1; i<=5; i++ )
14:     {
15:         printf( "난수 %2d : %5d \n", i, rand() );
16:     }
17:
18:     for( i=1; i<=5; i++ )
19:     {
20:         printf( "난수 %2d : %5d \n", i, rand()%10 );
21:     }
22:
23:     for( i=1; i<=10; i++ )
24:     {
25:         printf( "난수 %2d : %5d \n", i, rand()%10+50 );
26:     }
27: }
```

5번째 줄 ● srand() 함수를 사용하기 위해서 헤더 파일 stdlib.h를 포함합니다.

11번째 줄 ● 난수를 발생하기 위해서 srand() 함수를 사용하여 초기화합니다. 초기화 값은 프로그램이 실행될 때마다 달라지게 하기 위하여 time() 함수가 리턴하는 값으로 초기화합니다.

13-16번째 줄 ● rand() 함수를 사용하여 난수를 5개 발생시킵니다. 난수는 0~32767 사이의 값이 발생됩니다.

18-21번째 줄 ● rand() 함수를 사용하여 난수를 5개 발생시키고, 그 값을 10으로 나눈 나머지를 구합니다. 그러면 난수는 0~9까지가 발생됩니다.

23~26번째 줄 ● 난수를 50~59까지 발생시킵니다. 난수를 지정된 범위에 맞게 발생시키려면 다음과 같은 공식을 사용해야 합니다.

```
난수 = rand() % (종료값-시작값+1) + 시작값;
```

예를 들어 1000~2000 사이의 난수를 발생시키려면 다음과 같이 구할 수 있습니다.

```
난수 = rand() % (2000-1000+1) + 1000;
```

출력 결과

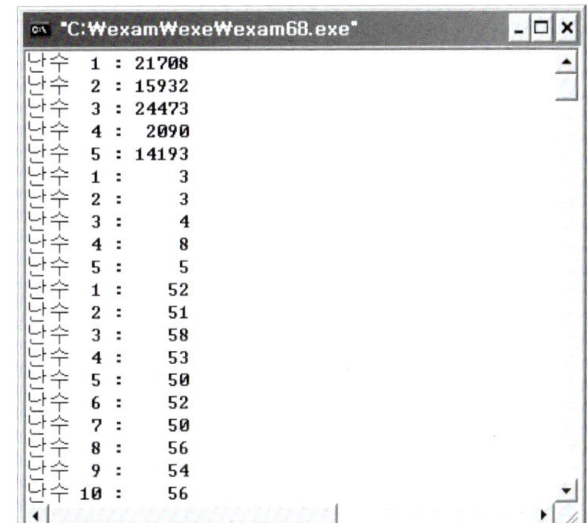

●● 난수 발생기

응용해 보세요! ···

✓ 중복되지 않는 3개의 난수를 발생시켜 보세요.
✓ 1~9 범위의 중복되지 않는 3개의 난수를 발생시켜 보세요.
✓ 배열을 52개 선언한 후 각 배열의 값을 중복되지 않는 1~52의 값으로 채워보세요.

69

난수 알고리즘 구현

이번 예제에서는 난수 알고리즘을 직접 구현해 봅니다. 일반적으로 C 언어에서 사용되는 난수 알고리즘은 모두 같으므로 아이큐가 조금 좋은 사람이라면 다음 난수가 어떤 값을 낼지 예측할 수 있을 것입니다. 그러므로 다음과 같이 난수를 직접 만들어서 사용하는 방법을 알아두었다가 필요할 때 사용하는 것이 좋습니다.

```c
01: /* 예제 69 : 난수 알고리즘 구현 */
02:
03: #include <stdio.h>
04: #include <time.h>
05:
06: int g_seed;
07:
08: void SRand( unsigned int seed )
09: {
10:     g_seed = seed;
11: }
12:
13: int Rand( void )
14: {
15:     g_seed = ((( g_seed * 214013L + 2531011L) >> 16) & 0x7fff );
16:
17:     return g_seed;
18: }
19:
20: void main( void )
21: {
22:     int i;
23:
24:     SRand( (unsigned)time(NULL) );
25:
26:     for( i=0; i<5; i++ )
27:     {
28:         printf( "%d \n", Rand() );
29:     }
30:
31:     for( i=0; i<5; i++ )
32:     {
33:         printf( "%d \n", Rand()%100 );
34:     }
35: }
```

8번째 줄 ● srand() 함수를 대신하는 SRand() 함수의 본체입니다.

10번째 줄 ● 난수를 발생시킬 초기값을 설정해 줍니다.

13번째 줄 ● rand() 함수를 대신하는 Rand() 함수의 본체입니다.

15번째 줄 ● 난수를 구합니다. 난수를 구하기 위한 알고리즘은 기존에 C 언어에서 사용되는 것이며, 이를 약간 변경하면 다른 난수값이 나오도록 할 수 있습니다.

24번째 줄 ● SRand() 함수를 사용하여 난수를 초기화합니다.

28번째 줄 ● Rand() 함수를 사용하여 난수를 발생시킵니다.

33번째 줄 ● 0~99 사이의 난수를 발생시킵니다.

출력 결과

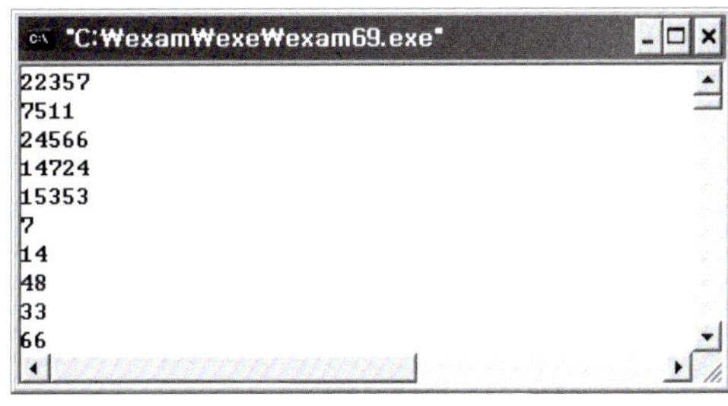

●● 난수 알고리즘 구현

응용해 보세요!

✓ 15번째 줄을 약간 수정하여 기존에 발생되던 난수값이 아닌 다른 난수값이 발생되도록 해보세요.

 메모하세요

한국에서 가장 많이 하는 게임은 카드 또는 고스톱입니다. 이런 종류의 게임을 만들기 위해서는 카드를 잘 섞을 수 있어야 하는데, 이번 예제는 카드를 섞는 알고리즘에 대한 것입니다. 카드를 섞기 위해서는 난수를 사용해야 합니다.

```c
01: /* 예제 70 : 난수를 이용한 카드 섞기 */
02:
03: #include <stdio.h>
04: #include <time.h>
05: #include <stdlib.h>
06:
07: void main( void )
08: {
09:     int i;
10:     int card_number;
11:     int flag;
12:     int count = 0;
13:     int card[52] = {0};
14:
15:     srand( (unsigned)time(NULL) );
16:
17:     while( count < 52 )
18:     {
19:         card_number = rand() % 52 + 1;
20:
21:         for( i=0, flag=0; i<count; i++ )
22:         {
23:             if( card[i] == card_number )
24:             {
25:                 flag = 1;
26:                 break;
27:             }
28:         }
29:
30:         if( flag == 0 )
31:         {
32:             card[count++] = card_number;
33:             printf( "%2d ", card_number );
34:
35:             if( count % 10 == 0 )
36:             {
37:                 printf( "\n" );
38:             }
39:         }
40:     }
41: }
```

13번째 줄 카드 번호를 저장할 배열을 선언하고 0으로 초기화합니다.

19번째 줄 1~52 사이의 카드 번호를 구합니다. 카드는 A, 2, 3, 4, 5, 6, 7, 8, 9, 10, J(11), Q(12), K(13)로 구성되어 있으며, 4가지 모양(스페이드, 다이아몬드, 하트, 크로버)으로 구분됩니다.

21-28번째 줄 이미 발생된 카드 번호가 있는지 비교하여, 만약 있으면 25번째 줄에서 flag 값을 1로 설정합니다.

30-39번째 줄 flag의 값이 0인 경우(중복되는 카드 번호가 없는 경우) card 배열에 카드 번호를 넣고, 그 값을 출력합니다. count는 카드 번호를 추가할 때 마다 1씩 증가합니다.

35-38번째 줄 카드 번호 10개마다 출력을 보기 좋게 하기 위해서 개행을 합니다.

출력 결과

```
"C:₩exam₩exe₩exam70.exe"
18 27 25  4 14 45  6 20  1 22
28 40  3 11 32 16 46  9 21 37
 5  8 43 48 10 24 39 44 23 41
12 38 30 34 26 42  2 17 52 50
33 19 47 35 31 51 36  7 49 15
13 29 Press any key to continue
```

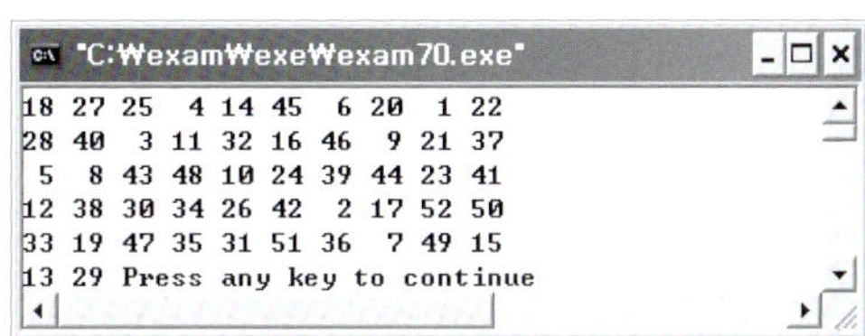

●● 난수를 이용한 카드 섞기

응용해 보세요!

✓ 17~40번째 줄을 수정하여 좀 더 효율적으로 카드패를 섞을 수 있도록 해보세요.

메모하세요

삼각함수

이번 예제에서는 삼각함수 중 사인(sine), 코사인(cosine), 탄젠트(tangent) 값을 구하는 방법에 대하여 배워 봅니다. C 언어는 사인, 코사인, 탄젠트 값을 구하기 위해 sin(), cos(), tan() 함수를 제공하며, 각 함수는 각도가 아닌 호도(radian)를 사용합니다. 호도는 π (3.141592)를 180° 로 계산하는 방식이며, 1호도(라디안)는 57° 17′ 45″ 정도 됩니다.

```
01: /* 예제 71 : 삼각함수 */
02:
03: #include <stdio.h>
04: #include <math.h>
05:
06: #define PI 3.141592
07:
08: void main( void )
09: {
10:     int angle;
11:
12:     for( angle=0; angle<=360; angle += 10 )
13:     {
14:         printf( "sin(%3d) : %f \n", angle, sin(angle*PI/180) );
15:     }
16:
17:     for( angle=0; angle<=360; angle += 10 )
18:     {
19:         printf( "cos(%3d) : %f \n", angle, cos(angle*PI/180) );
20:     }
21:
22:     for( angle=0; angle<=360; angle += 10 )
23:     {
24:         printf( "tan(%3d) : %f \n", angle, tan(angle*PI/180) );
25:     }
26: }
```

4번째 줄 ● 수학 함수를 사용하기 위한 헤더 파일 math.h를 추가합니다.

10번째 줄 ● 0°~360°를 표현할 변수를 선언합니다.

14번째 줄 ● 사인 0° ~ 사인 360°를 10° 씩 증가하면서 구합니다. 사인 값을 구할 때는 호도값을 사용해야 하므로 기존의 각도를 호도로 변환한 후 사용해야 합니다. 호도 표현법에서 1° 는 3.141592/180° 이므로, 각도에 대한 호도를 구하려면 각도× 3.141592/180을 하면 됩니다. 다음은 sin() 함수의 원형입니다. rad 는 호도입니다.

```
double sin( double rad );
```

19번째 줄 ● 코사인 $0°$ ~ 코사인 $360°$를 $10°$씩 증가하면서 구합니다. 다음은 cos() 함수의 원형입니다.

```
double cos( double rad );
```

24번째 줄 ● 탄젠트 $0°$ ~ 탄젠트 $360°$를 $10°$씩 증가하면서 구합니다. 다음은 tan() 함수의 원형입니다.

```
double tan( double rad );
```

출력 결과

```
"C:\exam\exe\exam71.exe"
sin(  0) : 0.000000
sin( 10) : 0.173648
sin( 20) : 0.342020
sin( 30) : 0.500000
sin( 40) : 0.642787
sin( 50) : 0.766044
sin( 60) : 0.866025
sin( 70) : 0.939693
sin( 80) : 0.984808
sin( 90) : 1.000000
sin(100) : 0.984808
sin(110) : 0.939693
sin(120) : 0.866026
sin(130) : 0.766045
sin(140) : 0.642788
sin(150) : 0.500000
sin(160) : 0.342021
sin(170) : 0.173649
sin(180) : 0.000001
sin(190) : -0.173647
```

●● 삼각함수

응용해 보세요! ··

✓ sin, cos, tan의 각도를 0°~720°가 되도록 해보세요.

72

시계 만들기

삼각 함수를 사용하면 시계를 만들 수 있습니다. 시계의 x축은 cos() 함수를 사용하고, 시계의 y축은 sin() 함수를 사용하여 구합니다.

```c
01: /* 예제 72 : 시계 만들기 */
02:
03: #include <stdio.h>
04: #include <math.h>
05:
06: #define PI 3.141592
07:
08: void main( void )
09: {
10:     double angle;
11:     double radian;
12:     int x;
13:     int y;
14:     int t;
15:
16:     for( angle=0, t=0; angle<360; angle += 30, t++ )
17:     {
18:         radian = (angle-90) * PI / 180;
19:
20:         x = 100 + (int)( 50 * cos(radian) );
21:         y = 100 + (int)( 50 * sin(radian) );
22:
23:         printf( "%2d시 - x : %3d y : %3d \n", t, x, y );
24:     }
25: }
```

10번째 줄 ● $0° \sim 360°$ 의 각도를 위한 변수를 선언합니다.

11번째 줄 ● 호도를 표현하기 위한 변수를 선언합니다.

12-13번째 줄 ● 시계의 x축 및 y축 좌표를 표현하기 위한 변수를 선언합니다.

16번째 줄 ● $0° \sim 330°$ 까지 시계의 각도인 $30°$ 씩 순환합니다.

18번째 줄 ● 각도를 호도로 변환합니다. x와 y 좌표를 12시부터 시작하기 위해 angle-90으로 사용합니다. 만약 -90을 하지 않을 경우 3시부터 좌표가 구해집니다.

20번째 줄 ● x의 좌표를 구합니다. x는 100을 기준으로 반지름을 50으로 하는 원에 대한 좌표 값으로 변하며, $0°$ 일 때 x=100, $30°$ 일 때 x=125, $60°$ 일 때 x=143, $90°$ 일 때 x=150, $120°$ 일 때 x=143, $150°$ 일 때 x=125, $180°$ 일 때 x=100, $210°$ 일 때 x=76, $240°$ 일 때 x=57, $270°$ 일 때 x=51, $300°$ 일 때 x=57, $330°$ 일 때 x=75의 값이 됩니다.

21번째 줄 ● y의 좌표를 구합니다. y는 100을 기준으로 반지름을 50으로 하는 원에 대한 좌표 값으로 변하며, $0°$ 일 때 y=51, $30°$ 일 때 y=57, $60°$ 일 때 y=76, $90°$ 일 때 y=100, $120°$ 일 때 y=124, $150°$ 일 때 y=143, $180°$ 일 때 y=149, $210°$ 일 때 y=143, $240°$ 일 때 y=125, $270°$ 일 때 y=100, $300°$ 일 때 y=76, $330°$ 일 때 y=57의 값이 됩니다.

23번째 줄 ● 시계의 시(hour), x 좌표, y 좌표를 출력합니다.

출력 결과

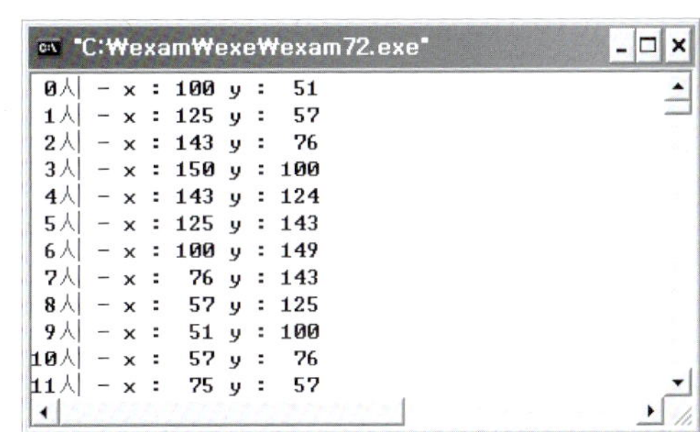

●● 시계 만들기

📖 메모하세요

이번 예제에서는 일반적인 프로그래밍에서는 잘 사용되지는 않지만 알아두면 유용한 수학 관련 표준 함수들에 대하여 살펴봅니다. 대표적으로 sqrt() 함수는 제곱근을 구할 때 사용하며, log() 함수는 자연 로그를 구할 때 사용합니다.

```
01: /* 예제 73 : 수학 관련 표준 함수 */
02:
03: #include <stdio.h>
04: #include <math.h>
05:
06: void main( void )
07: {
08:     printf( "%f \n", sqrt(4.0) );        // 2.0 (제곱근)
09:     printf( "%f \n", pow(2.0,3.0) );      // 8.0 (2의 3승)
10:     printf( "%f \n", exp(1.0) );          // 2.718282 (자연상수 e)
11:     printf( "%f \n", log(2.718282) );     // 1.0 (자연로그)
12:     printf( "%f \n", log10(3) );          // 0.477121 (10의 승수-상용로그)
13:     printf( "%f \n", ceil(1.1) );         // 2.0 (1.1을 초과하는 정수값)
14:     printf( "%f \n", floor(1.1) );        // 1.0 (1.1을 초과하지 않는 정수값)
15:     printf( "%d \n", abs(-5) );           // 5 (절대값)
16: }
```

[예제 73]에서는 수학 관련 표준 함수 중 사용 빈도가 높은 몇 개의 함수를 소개하고자 합니다. 다음은 각 함수의 원형입니다.

```
double sqrt( double x );
double pow( double x, double y );
double exp( double x );
double log( double x );
double log10( double x );
double ceil( double x );
double floor( double x );
int abs( int n );
```

8번째 줄 ● sqrt() 함수는 제곱근을 구하기 위해 사용합니다.

9번째 줄 ● pow() 함수는 x의 y승을 구하기 위해 사용합니다.

10번째 줄 ● exp() 함수는 자연 상수 e(2.718282)를 밑수로 하는 지수값을 구하기 위해 사용합니다.

11번째 줄 ● log() 함수는 자연 로그의 값을 구하기 위해 사용합니다.

12번째 줄 ● log10() 함수는 상용 로그의 값을 구하기 위해 사용합니다.

13번째 줄 ● ceil() 함수는 주어진 값과 같거나 큰 최소 정수값을 구하기 위해 사용합니다.

14번째 줄 ● floor() 함수는 주어진 값과 같거나 작은 최대 정수값을 구하기 위해 사용합니다.

15번째 줄 ● abs() 함수는 절대값을 구하기 위해 사용합니다.

출력 결과

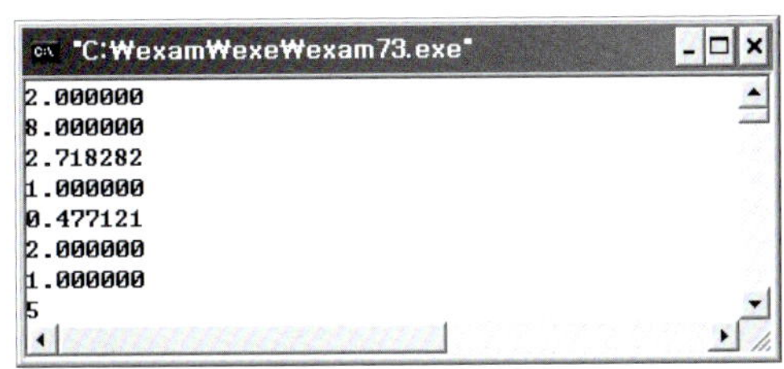

●● 수학 관련 표준 함수

응용해 보세요! ··

✓ 9.0의 제곱근을 구해 보세요.
✓ ceil(2.5)를 구해 보세요.
✓ floor(2.9)를 구해 보세요.

 메모하세요

C 언어로 고급 프로그래밍을 하기 위해서는 매크로 함수를 잘 사용해야 합니다. 매크로 함수는 프로그래밍을 좀 더 간편하게 만들어 주며, 복잡한 식을 간소화시킬 수 있습니다. 매크로 함수는 앞으로 학습하게 될 테트리스 게임에서 많이 사용되므로 그 사용법을 확실하게 익혀 두는 것이 좋습니다.

```
01: /* 예제 74 : 매크로 함수 1 */
02:
03: #include <stdio.h>
04:
05: #define PRINT_INT( n ) printf( "%d \n", n );
06: #define PRINT_DBL( d ) printf( "%f \n", d );
07:
08: #define PRINT_STR1( s ) printf( "%s \n", s );
09: #define PRINT_STR2( s ) printf( "%s \n", #s );
10:
11: #define PRINT_VAL( v, n ) printf( "%d \n", v##n );
12:
13: void main( void )
14: {
15:     int i1 = 10;
16:     int i2 = 20;
17:
18:     PRINT_INT( 15 )
19:     PRINT_DBL( 2.718282 )
20:
21:     PRINT_STR1( "안녕" )
22:     PRINT_STR2( 눈이 오네요 )
23:
24:     PRINT_VAL( i, 1 );
25:     PRINT_VAL( i, 2 );
26: }
```

5번째 줄 ● 정수값을 출력하는 매크로 함수 PRINT_INT를 선언합니다. n은 매개 변수이며, 함수와 달리 데이터형은 필요하지 않습니다. 그러므로 int n처럼 사용하면 안 됩니다.

6번째 줄 ● 실수값을 출력하는 매크로 함수 PRINT_DBL을 선언합니다. d는 매개 변수입니다.

8번째 줄 ● 문자열을 출력하는 매크로 함수 PRINT_STR1을 선언합니다.

9번째 줄 ● 문자열을 출력하는 매크로 함수 PRINT_STR2를 선언합니다. #은 s를 문자열로 변환해 주는 역할을 하며, 예를 들어 abcde가 s로 넘어 온 경우 #abcde는 "abcde"와 같은 의미가 됩니다.

11번째 줄 ● 정수값을 출력하는 매크로 함수 PRINT_VAL을 선언합니다. ##은 두 매개 변수를 연결하여 하나의 이름으로 만들어 주는 역할을 하며, 예를 들어 v의 인수가 i이고 n의 인수가 1이라면 v##n은 i1이 됩니다.

15-16번째 줄 ● 매크로 함수 PRINT_VAL에 사용될 변수를 선언합니다.

18번째 줄 ● 매크로 함수 PRINT_INT를 사용하여 정수값 15를 출력합니다.

19번째 줄 ● 매크로 함수 PRINT_DBL을 사용하여 실수값 2.718282를 출력합니다.

21번째 줄 ● 매크로 함수 PRINT_STR1을 사용하여 문자열 "안뇽"을 출력합니다.

22번째 줄 ● 매크로 함수 PRINT_STR2를 사용하여 문자열 "눈이 오네요"를 출력합니다. 인수는 21번째 줄과 달리 "가 없는데, 이것은 PRINT_STR2에서 #을 사용하여 인수를 문자열로 변환해 주기 때문에 필요 없습니다. 만약 인수를 "눈이 오네요"처럼 사용한다면 출력은 "를 포함하여 출력됩니다.

24-25번째 줄 ● 매크로 함수 PRINT_VAL을 사용하여 변수 i1, i2의 값을 출력합니다.

출력 결과

●● 매크로 함수 1

📖 메모하세요

이번 예제에서는 C 언어에 이미 정의되어 있는 매크로를 사용하는 방법에 대하여 배워 봅니다. C 언어는 파일명을 위해 __FILE__ 매크로를 제공하며, 날짜 및 시간을 위해 __DATE__, __TIME__ 매크로를 제공합니다. 또한 실행중인 줄 번호를 구하기 위한 __LINE__ 매크로 등을 제공합니다.

```
01: /* 예제 75 : 매크로 함수 2 */
02:
03: #include <stdio.h>
04:
05: void error( int line );
06:
07: void main( void )
08: {
09:     int value;
10:
11:     printf( "파일명 : %s \n", __FILE__ );
12:
13:     printf( "날 짜 : %s \n", __DATE__ );
14:     printf( "시 간 : %s \n", __TIME__ );
15:
16:     printf( "줄번호 : %d \n", __LINE__ );
17:     printf( "줄번호 : %d \n", __LINE__ );
18:     printf( "줄번호 : %d \n", __LINE__ );
19:
20:     printf( "10이하의 값을 입력하세요 : " );
21:     scanf( "%d", &value );
22:
23:     if( value > 10 )
24:     {
25:         error( __LINE__ );
26:     }
27: }
28:
29: void error( int line )
30: {
31:     printf( "줄 번호 %d에서 에러 발생 !! \n", line );
32: }
```

5번째 줄 ● 줄 번호를 출력하기 위한 함수를 선언합니다.

11번째 줄 ● 현재 컴파일중인 파일의 경로 및 이름을 출력합니다.

13번째 줄 ● 컴파일된 날짜를 출력합니다.

14번째 줄 ● 컴파일된 시간을 출력합니다.

16번째 줄 ● 현재 줄 번호를 출력합니다. 줄 번호는 16이 됩니다.

17-18번째 줄 ● 각 코드의 줄 번호를 출력합니다. 줄 번호는 17, 18이 됩니다.

20-21번째 줄 ● 정수값을 입력 받습니다.

23-26번째 줄 ● 정수의 값이 10보다 큰 경우, 25번째 줄에서 에러를 출력합니다. error() 함수의 인수 값이 __LINE__ 이므로 error() 함수는 호출되는 곳의 줄 번호인 25를 인수로 받아 갑니다.

출력 결과

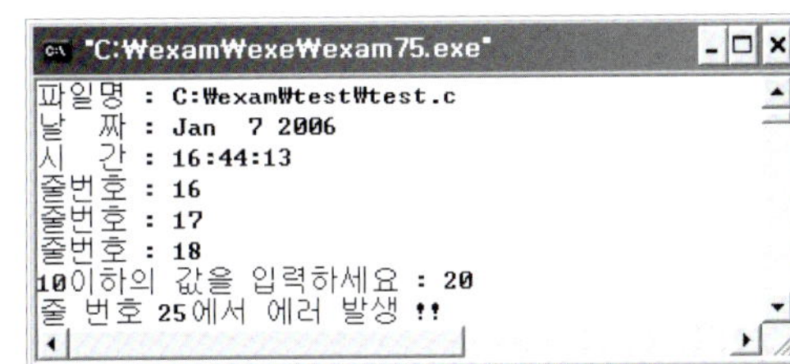

●● 매크로 함수 2

응용해 보세요!

✓ 16~18번째 줄을 다른 줄로 이동시킨 후 출력 결과를 확인해 보세요.
✓ 컴파일을 다시(Rebuild)한 후 시간이 변경되어 출력되는지 확인하세요.

📖 메모하세요

76

매크로 응용

매크로 함수 3

이번 예제에서는 매크로 함수를 여러 줄에 걸쳐서 사용하는 방법에 대하여 배워 봅니다. 매크로 함수를 여러 줄에 걸쳐서 사용하려면, 행 계속 문자인 '\'를 사용해야 합니다. '\'가 행 계속 문자이기 때문에 '\' 뒤에 공백 등이 있으면 에러가 발생하므로 주의하도록 하십시오.

```
01: /* 예제 76 : 매크로 함수 3 */
02:
03: #include <stdio.h>
04:
05: #define VAR( a, b, c ) \
06:     int i = a; \
07:     int j = b; \
08:     int k = c;
09:
10: #define PRINT \
11:     printf( "%d \n", i ); \
12:     printf( "%d \n", j ); \
13:     printf( "%d \n", k );
14:
15: #define MAX( a, b ) \
16:     (a > b ? a : b)
17:
18: #define MIN( a, b ) \
19:     (a < b ? a : b)
20:
21: void main( void )
22: {
23:     VAR( 1, 2, 3 );
24:
25:     PRINT;
26:
27:     printf( "MAX(10,20) : %d \n", MAX( 10, 20 ) );
28:     printf( "MIN(10,20) : %d \n", MIN( 10, 20 ) );
29: }
```

5-8번째 줄 정수형 변수를 선언하고 초기화하기 위한 매크로 함수 VAR를 선언합니다. VAR는 i, j, k를 선언하고 각각을 매개 변수 a, b, c로 넘어오는 값으로 초기화합니다. 5번째 줄의 맨 뒤와 6, 7번째 줄의 맨 뒤에 행 계속 문자 '\'를 반드시 사용해야 합니다.

10-13번째 줄 정수형 변수 i, j, k의 값을 출력하기 위한 매크로 함수 PRINT를 선언합니다. 이 함수도 여러 줄에 걸쳐서 선언되고 있기 때문에, 행 계속 문자 '\'를 사용하고 있음에 유의하십시오.

15~16번째 줄 ● 최대값을 구하기 위한 매크로 함수 MAX를 선언합니다.

18~19번째 줄 ● 최소값을 구하기 위한 매크로 함수 MIN을 선언합니다.

23번째 줄 ● 정수형 변수 i, j, k를 선언하고 각각을 1, 2, 3으로 초기화합니다. 매크로 함수 뒤에 사용된 세미콜론은 생략해도 되며, 보기 좋게 그냥 사용한 것입니다.

25번째 줄 ● 정수형 변수 i, j, k의 값을 출력합니다.

27번째 줄 ● 10과 20 중 최대값을 구하여 출력합니다. 최대값은 20이 됩니다.

28번째 줄 ● 10과 20 중 최소값을 구하여 출력합니다. 최소값은 10이 됩니다.

출력 결과

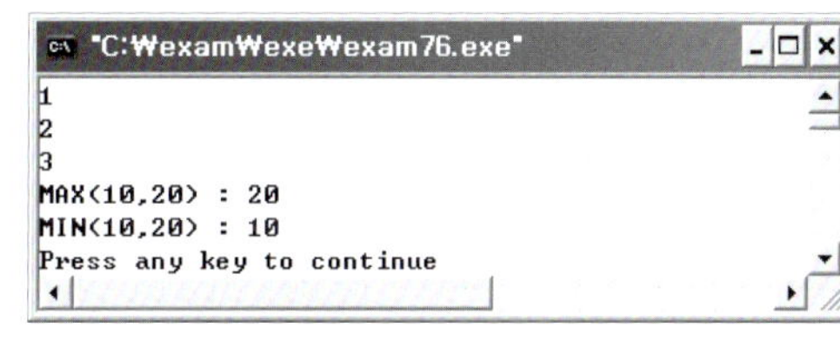

●● 매크로 함수 3

📖 메모하세요

C 언어는 순서가 일정하지 않은 값을 일정한 순서에 맞게 정렬하기 위하여 qsort() 함수를 제공합니다. qsort() 함수를 사용하면 배열에 저장된 정수, 실수, 문자열 등을 오름차순 또는 내림차순으로 정렬할 수 있습니다. 이번 예제에서는 배열에 저장되어 있는 5개의 정수값을 오름차순으로 정렬하는 방법에 대하여 배워 봅니다. 오름차순은 값이 작은 것에서 큰 순으로 정렬하는 것입니다.

```
01: /* 예제 77 : 퀵 소트(quick sort) */
02:
03: #include <stdio.h>
04: #include <stdlib.h>
05:
06: int intcmp( const void* v1, const void* v2 );
07:
08: void main( void )
09: {
10:     int i;
11:     int count;
12:     int array[] = { 4, 3, 5, 1, 2 };
13:
14:     count = sizeof(array) / sizeof(array[0]);
15:
16:     qsort( array, count, sizeof(array[0]), intcmp );
17:
18:     for( i=0; i<count; i++ )
19:     {
20:         printf( "%d \n", array[i] );
21:     }
22: }
23:
24: int intcmp( const void* v1, const void* v2 )
25: {
26:     int cmpvalue1, cmpvalue2;
27:
28:     cmpvalue1 = *(int*)v1;
29:     cmpvalue2 = *(int*)v2;
30:
31:     return cmpvalue1 - cmpvalue2;
32: }
```

4번째 줄 ● qsort() 함수가 선언되어 있는 strlib.h 헤더 파일을 포함합니다.

6번째 줄 ● 정수형 값을 비교하기 위한 함수를 선언합니다. qsort() 함수는 모든 값을 직접 정렬하는 것이 아니라 우리가 직접 작성한 함수를 qsort() 함수가 각 값들을 비교하기 위해 순서대로 호출합니다. 그러면 우리가 만든 함수는 각 값을 비교하여 같으면 0을, 크면 양수를, 작으면 음수를 리턴해 주면 됩니다.

12번째 줄 ● 정렬할 배열을 선언하고 4, 3, 5, 1, 2로 초기화합니다.

14번째 줄 ● 총 배열의 수를 구합니다.

16번째 줄 ● qsort() 함수를 호출합니다. 다음은 qsort() 함수의 원형입니다. base는 정렬할 배열의 번지이며, num은 정렬할 개수, width는 배열 요소 하나의 크기, compare는 각 값을 비교할 함수입니다.

```c
void qsort( void *base, size_t num, size_t width,
int (__cdecl *compare)(const void *elem1, const void *elem2) );
```

18-21번째 줄 ● 오름차순으로 정렬된 값을 출력합니다. 출력값은 1, 2, 3, 4, 5입니다.

24번째 줄 ● v1, v2에는 qsort() 함수에 의해 &array[0] ~ &array[4]가 전달됩니다.

28-29번째 줄 ● v1, v2가 정수형이기 때문에 *(int*)로 형변환하여 값을 cmpvalue1, cmpvalue2에 구합니다.

31번째 줄 ● 두 값의 차이를 리턴합니다.

481

출력 결과

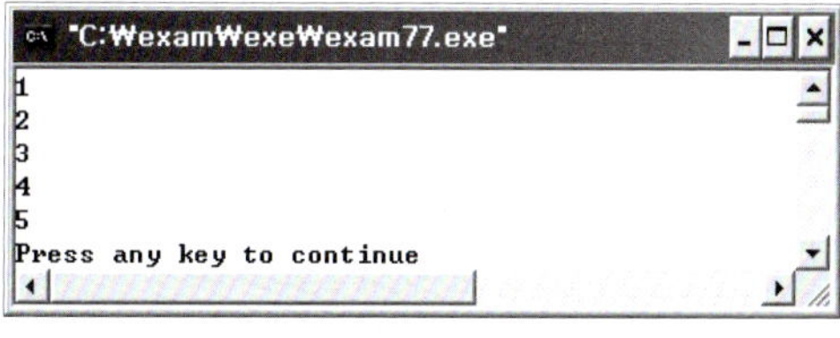

●● 퀵 소트(quick sort)

응용해 보세요!

✓ 2차원 문자형 배열을 선언하고, 각 요소를 과일의 이름으로 초기화하세요. 그리고 나서 2차원 문자형 배열을 정렬하여 출력해 보세요.

이진(binary) 검색

이진 검색은 정렬되어 있는 배열에서 빠른 속도로 원하는 값을 검색하기 위해 사용합니다. 방대한 양의 배열이 정렬되어 있을 때 이진 검색은 다른 그 어떤 검색보다도 효율이 좋습니다. 단, 이진 검색을 하려면 반드시 배열이 오름차순으로 정렬되어 있어야 합니다.

```c
01: /* 예제 78 : 이진(binary) 검색 */
02:
03: #include <stdio.h>
04: #include <stdlib.h>
05: #include <search.h>
06:
07: int intcmp( const void* v1, const void* v2 );
08:
09: void main( void )
10: {
11:     int find_value;
12:     int count;
13:     int *result;
14:     int array[] = { 4, 3, 5, 1, 2 };
15:
16:     count = sizeof(array) / sizeof(array[0]);
17:     qsort( array, count, sizeof(array[0]), intcmp );
18:
19:     find_value = 3;
20:     result = bsearch( &find_value, array, count, sizeof(array[0]), intcmp );
21:
22:     if( result )
23:     {
24:         printf( "%d을 찾았습니다. \n", find_value );
25:     }
26: }
27:
28: int intcmp( const void* v1, const void* v2 )
29: {
30:     return (*(int*)v1 - *(int*)v2);
31: }
```

4-5번째 줄 ● bsearch() 함수를 사용하기 위한 stdlib.h, search.h를 포함합니다.

11번째 줄 ● 검색을 위한 키값을 선언합니다.

16-17번째 줄 ● 배열을 오름차순으로 정렬합니다.

19번째 줄 ● 검색할 키 값을 3으로 설정합니다.

20번째 줄 ● bsearch() 함수를 사용해서 3을 검색합니다. 다음은 bsearch() 함수의 원형입니다. key는 검색할 값이며, base는 검색할 배열의 번지, num은 검색할 개수, width는 배열 요소 하나의 크기, compare는 각 값을 비교할 함수입니다.

```
void* bsearch( const void *key, void *base, size_t num, size_t width,
int (__cdecl *compare)(const void *elem1, const void *elem2) );
```

22번째 줄 ● bsearch() 함수는 검색이 성공한 경우 그 값이 있는 번지를 리턴합니다. 그러므로 result가 참인 경우 검색은 성공된 것이며, result가 NULL인 경우 검색은 실패된 것입니다.

24번째 줄 ● 검색된 값을 출력합니다.

28-31번째 줄 ● [예제 77]에서 이미 설명한 qsort() 및 bsearch() 함수에서 사용할 intcmp() 함수의 구현부입니다.

출력 결과

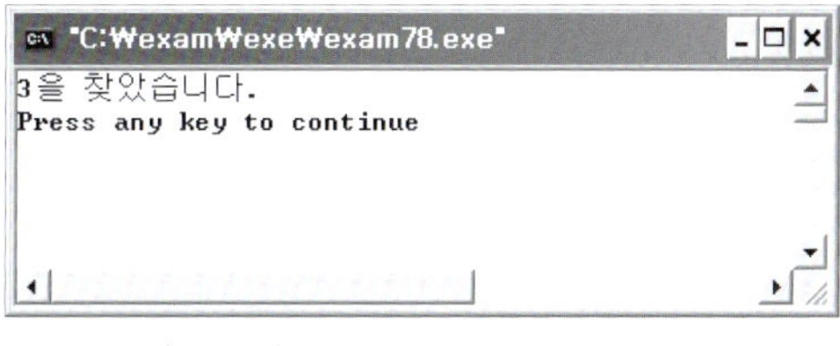

●● 이진(binary) 검색

응용해 보세요!

✓ 배열 array를 좀 더 크게 선언하고 초기화하세요. 그리고 각 값들을 정렬한 후 검색해 보세요.

 메모하세요

79 스택(Stack)

스택은 자료를 저장하기 위한 자료 구조 중 하나이며, 후입 선출(LIFO: Last In First Out) 구조를 갖고 있습니다. 후입 선출이란 맨 마지막에 저장한 자료가 맨 처음으로 나오는 것을 의미하며, 주로 계산기 등의 응용 프로그램에 사용하면 좋습니다.

```c
01: /* 예제 79 : 스택 */
02:
03: #include <stdio.h>
04: #include <string.h>
05: #include <stdlib.h>
06:
07: #define STACK_MAX 100
08:
09: typedef struct tagStack
10: {
11:     int array[STACK_MAX];
12:     int top;
13:     int bottom;
14: } Stack;
15:
16: Stack stack = { {0,}, STACK_MAX, };
17:
18: int push( int value )
19: {
20:     if( stack.top == 0 ) return -1;
21:     stack.array[--stack.top] = value;
22:     return 0;
23: }
24:
25: int pop( void )
26: {
27:     if( stack.top == STACK_MAX ) return -1;
28:     return stack.array[stack.top++];
29: }
30:
31: void main( void )
32: {
33:     int i;
34:
35:     for( i=0; i<10; i++ )
36:     {
37:         push( i );
38:     }
39:
40:     for( i=0; i<10; i++ )
41:     {
```

```
42:            printf( "%d ", pop() );
43:     }
44: }
```

7번째 줄 ● 스택의 최대 자료 저장 개수를 100으로 선언합니다.

9-14번째 줄 ● 스택에 사용될 구조체를 선언합니다. 스택은 맨 밑이 bottom이며, 맨 위가 top입니다. 이번 예제에서 는 bottom을 배열의 시작 주소로, top을 STACK_MAX로 초기화하여 사용하며, top이 0이 되면 더 이 상 자료를 추가할 수 없는 상태가 됩니다.

16번째 줄 ● 스택 구조체 변수 stack을 생성합니다. 모든 배열은 0으로 초기화하고, top은 STACK_MAX(100)로 초 기화합니다.

18-23번째 줄 ● push() 함수를 정의합니다. push() 함수는 스택에 값을 저장하기 위해 사용합니다.

20-21번째 줄 ● top이 0이면 더 이상 자료를 추가할 수 없는 상태이므로 −1을 리턴합니다. 21번째 줄은 스택에 자료를 저장합니다. 배열은 0~99까지 사용할 수 있으므로, 우선 top의 값을 1 감소시킨 후 자료를 저장합니다.

25-29번째 줄 ● pop() 함수는 스택으로부터 값을 꺼내오기 위해 사용합니다.

27-28번째 줄 ● top이 STACK_MAX이면 더 이상 꺼내올 값이 없는 경우이므로 −1을 리턴합니다. 28번째 줄은 스택 에 저장되어 있는 값을 리턴합니다. 그리고 top의 값을 1증가시킵니다. top의 값은 자료를 저장(push) 시 1만큼 감소하고, 자료를 꺼낼 시 1만큼 증가합니다.

35-38번째 줄 ● 0~9의 값을 push() 함수를 사용하여 스택에 저장합니다.

40-43번째 줄 ● 스택에 저장된 값을 pop() 함수를 사용해서 꺼내어 출력합니다. 자료는 추가된 순서가 아닌 맨 뒤에 추가된 것이 맨 처음 나오므로 9 8 7 6 5 4 3 2 1 0의 순서로 출력됩니다.

출력 결과

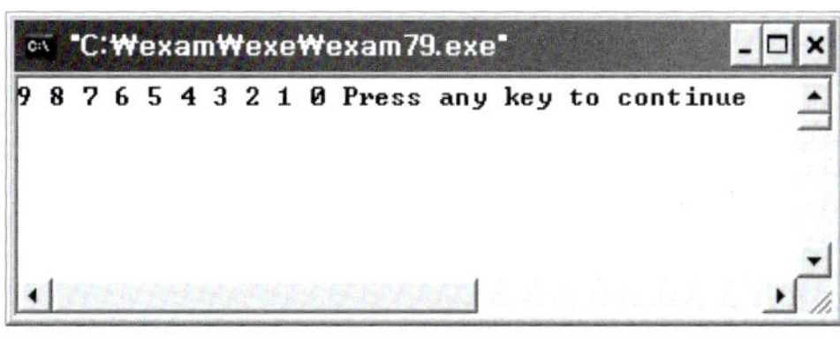

●● 스택

큐(Queue)

큐는 스택과 같이 자료를 저장하기 위한 자료 구조 중 하나이며, 선입 선출(FIFO: First In First Out) 구조를 갖고 있습니다. 선입 선출이란 맨 처음에 저장한 자료가 항상 먼저 나오는 것을 의미하며, 앞(front), 뒤(rear) 개념을 사용합니다.

```c
01: /* 예제 80 : 큐 */
02:
03: #include <stdio.h>
04: #include <string.h>
05: #include <stdlib.h>
06:
07: #define QUEUE_MAX 100
08:
09: typedef struct tagQueue
10: {
11:     int array[QUEUE_MAX];
12:     int front;
13:     int rear;
14: } Queue;
15:
16: Queue queue = { {0,}, 0, 0 };
17:
18: int put( int value )
19: {
20:     if( queue.rear == QUEUE_MAX ) return -1;
21:     queue.array[queue.rear++] = value;
22:     return 0;
23: }
24:
25: int get( void )
26: {
27:     if( queue.front == queue.rear || queue.front == QUEUE_MAX ) return -1;
28:     return queue.array[queue.front++];
29: }
30:
31: void main( void )
32: {
33:     int i;
34:
35:     for( i=0; i<10; i++ )
36:     {
37:         put( i );
38:     }
39:
40:     for( i=0; i<10; i++ )
41:     {
```

```
42:        printf( "%d ", get() );
43:    }
44: }
```

7번째 줄 ● 최대 큐의 개수를 100으로 선언합니다.

9-14번째 줄 ● 큐에 사용될 구조체를 선언합니다. 큐는 맨 앞이 front이며, 맨 뒤가 rear입니다. 이번 예제에서는 front와 rear를 배열의 시작 주소로 사용하며, rear가 QUEUE_MAX가 되면 더 이상 자료를 추가할 수 없는 상태가 됩니다.

16번째 줄 ● 큐 구조체 변수 queue를 생성합니다. 모든 배열과 front, rear를 0으로 초기화합니다.

18-23번째 줄 ● put() 함수를 정의합니다. put() 함수는 큐에 값을 저장하기 위해 사용합니다.

20번째 줄 ● rear가 QUEUE_MAX이면 더 이상 자료를 추가할 수 없는 상태이므로 −1을 리턴합니다.

21번째 줄 ● 큐에 자료를 저장합니다. 자료를 저장한 후 rear의 값을 1만큼 증가시킵니다.

25-29번째 줄 ● get() 함수는 큐로부터 값을 꺼내오기 위해 사용합니다.

27번째 줄 ● front가 QUEUE_MAX이면 더 이상 꺼내올 값이 없는 경우이므로 −1을 리턴합니다.

28번째 줄 ● 큐에 저장되어 있는 값을 리턴합니다. 그리고 front의 값을 1증가시킵니다.

35-38번째 줄 ● 0~9의 값을 put() 함수를 사용하여 큐에 저장합니다.

40-43번째 줄 ● 큐에 저장된 값을 get() 함수를 사용해서 꺼내어 출력합니다. 자료는 추가된 순서대로 나오므로 0 1 2 3 4 5 6 7 8 9의 순서로 출력됩니다.

출력 결과

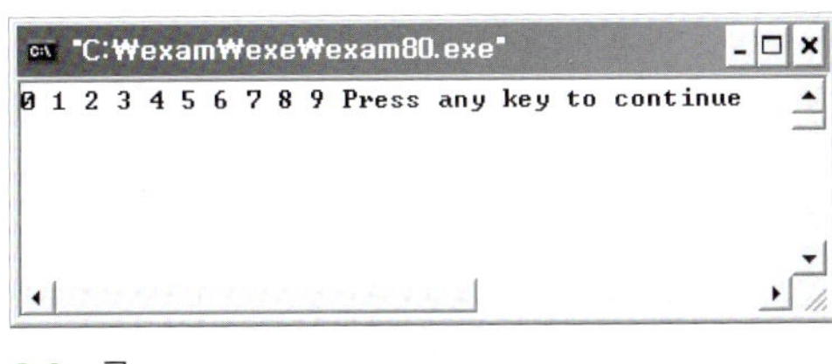

●● 큐

자료 구조

단일 링크드 리스트

링크드 리스트는 자료를 저장하기 위해 자주 사용되는 자료 구조 중 하나입니다. 이번 예제에서는 링크드 리스트에 사용되는 구조체를 선언하고, 동적 할당을 통해 링크드 리스트를 구현하는 방법에 대해 배워 봅니다.

```c
01: /* 예제 81 : 단일 링크드 리스트 */
02:
03: #include <stdio.h>
04: #include <malloc.h>
05: #include <string.h>
06:
07: typedef struct tagData
08: {
09:     int data;
10:     struct tagData *next;
11: } Data;
12:
13: void main( void )
14: {
15:     Data *pdata;
16:     Data *head, *tail;
17:
18:     pdata = (Data*)malloc( sizeof(Data) );
19:     pdata->next = NULL;
20:     pdata->data = 1;
21:
22:     head = tail = pdata;
23:
24:     pdata = (Data*)malloc( sizeof(Data) );
25:     pdata->next = NULL;
26:     pdata->data = 2;
27:     tail->next = pdata;
28:     tail = pdata;
29:
30:     pdata = (Data*)malloc( sizeof(Data) );
31:     pdata->next = NULL;
32:     pdata->data = 3;
33:     tail->next = pdata;
34:     tail = pdata;
35:
36:     while( head )
37:     {
38:         printf( "%d ", head->data );
39:         head = head->next;
40:     }
41: }
```

7-11번째 줄 ● 단일 링크드 리스트에 사용될 구조체를 선언하고 Data로 정의합니다.

16번째 줄 ● 맨 앞에 위치할 구조체의 포인터인 head와 맨 뒤에 위치할 구조체의 포인터인 tail을 선언합니다.

18-20번째 줄 ● 첫 번째 구조체를 동적 할당하고, 다음에 위치할 구조체를 NULL로, 데이터 값을 1로 설정합니다.

22번째 줄 ● 맨 처음에 생성된 구조체이므로 head와 tail 포인터가 지금 생성된 구조체를 가리키도록 설정합니다.

24-28번째 줄 ● 두 번째 구조체를 생성하고, next 및 data를 설정합니다. 그리고 tail이 두 번째 구조체를 가리키도록 설정합니다.

30-34번째 줄 ● 세 번째 구조체를 생성하고, next 및 data를 설정합니다. 그리고 tail이 세 번째 구조체를 가리키도록 설정합니다.

36-40번째 줄 ● 각 구조체의 data값을 head에서 tail까지 순회하면서 출력합니다.

출력 결과

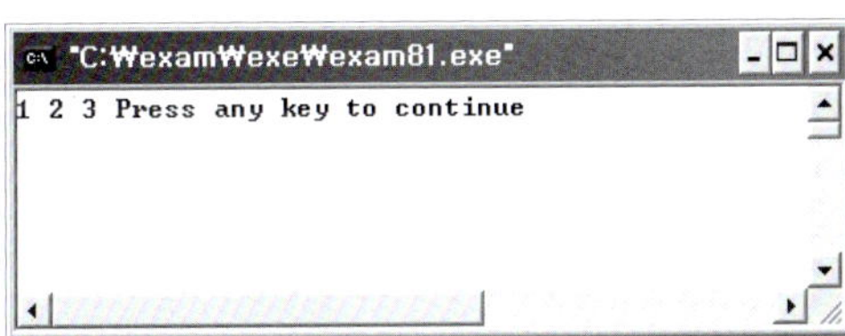

●● 단일 링크드 리스트

응용해 보세요! ···

✓ 자료를 두 개 더 추가해 보세요.

 메모하세요

[예제 81]은 단일 링크드 리스트에 대한 구현 예이며, 이번 예제는 이중(double) 링크드 리스트에 대한 구현입니다. 이중 링크드 리스트는 단일과 유사하며, 이전 구조체(노드)를 가리키기 위한 포인터가 하나 더 존재한다는 것만 다릅니다.

```
01: /* 예제 82 : 이중 링크드 리스트 */
02:
03: #include <stdio.h>
04: #include <malloc.h>
05: #include <string.h>
06:
07: typedef struct tagData
08: {
09:     int data;
10:     struct tagData *prev;
11:     struct tagData *next;
12: } Data;
13:
14: void main( void )
15: {
16:     Data *pdata;
17:     Data *head, *tail;
18:
19:     pdata = (Data*)malloc( sizeof(Data) );
20:     memset( pdata, 0, sizeof(Data) );
21:     pdata->data = 1;
22:
23:     head = tail = pdata;
24:
25:     pdata = (Data*)malloc( sizeof(Data) );
26:     memset( pdata, 0, sizeof(Data) );
27:     pdata->data = 2;
28:     tail->next = pdata;
29:     pdata->prev = tail;
30:     tail = pdata;
31:
32:     pdata = (Data*)malloc( sizeof(Data) );
33:     memset( pdata, 0, sizeof(Data) );
34:     pdata->data = 3;
35:     tail->next = pdata;
36:     pdata->prev = tail;
37:     tail = pdata;
38:
39:     while( head )
40:     {
41:         printf( "%d ", head->data );
```

```
42:         head = head->next;
43:     }
44:
45:     while( tail )
46:     {
47:         printf( "%d ", tail->data );
48:         tail = tail->prev;
49:     }
50: }
```

7-12번째 줄 ● 이중 링크드 리스트의 구조체를 선언하고 Data로 정의합니다. Data 구조체는 단일 링크드 리스트의 구조에 prev 포인터가 하나 더 추가되었습니다.

19-21번째 줄 ● 구조체를 하나 생성한 후 메모리를 0으로 초기화합니다. 메모리를 0으로 초기화하면, 자동으로 prev, next는 NULL이 됩니다. 그리고 data 값을 1로 초기화합니다.

23번째 줄 ● 첫 번째 생성된 구조체를 head와 tail 포인터가 가리키도록 설정합니다.

25-30번째 줄 ● 두 번째 구조체를 생성하고 prev, next, data, tail을 설정합니다.

32-37번째 줄 ● 세 번째 구조체를 생성하고 prev, next, data, tail을 설정합니다.

39-43번째 줄 ● 링크드 리스트를 앞(head)에서 뒤(tail)로 순회하면서 data 값을 출력합니다.

45-49번째 줄 ● 링크드 리스트를 뒤(tail)에서 앞(head)으로 순회하면서 data 값을 출력합니다.

출력 결과

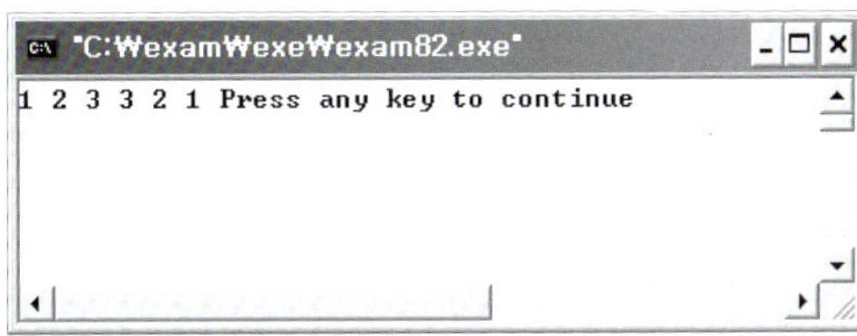

●● 이중 링크드 리스트

[예제 83~88]까지는 링크드 리스트를 사용해서 전화번호부를 만들어 봅니다. 전화번호부에서 입력되는 자료를 임시적으로 저장하기 위해 이중 링크드 리스트를 사용하며, 임시적으로 저장된 자료는 파일에 저장한 후 읽어올 수 있도록 구현합니다.

```
01: /* 예제 83 : 전화번호부 입력 프로그램 */
02:
03: #include <stdio.h>
04: #include <malloc.h>
05: #include <string.h>
06:
07: typedef struct tagPhone
08: {
09:     char name[20];    // 이름
10:     char tel[20];     // 전화번호
11:     struct tagPhone *prev;
12:     struct tagPhone *next;
13: } Phone;
14:
15: int AddPhone( Phone* pPhone );
16:
17: Phone *head, *tail;
18:
19: void main( void )
20: {
21:     Phone phone;
22:
23:     puts( "이름 및 전화번호를 입력하십시오." );
24:     puts( "[Enter] 키를 입력 시 종료됩니다." );
25:
26:     while( 1 )
27:     {
28:         memset( &phone, 0, sizeof(Phone) );
29:
30:         printf( "이름 : " );
31:         gets( phone.name );
32:
33:         if( strlen(phone.name) == 0 ) break;
34:
35:         printf( "전화 : " );
36:         gets( phone.tel );
37:
38:         if( AddPhone( &phone ) )
39:         {
40:             printf( "\n성공적으로 추가되었습니다.\n\n" );
41:         }
```

```
42:     }
43: }
44:
45: int AddPhone( Phone* pPhone )
46: {
47:     FILE *fp;
48:
49:     fp = fopen( "c:\\phone.buk", "a+b" );
50:
51:     if( fp == NULL )
52:     {
53:         perror( "파일 개방 에러" );
54:         return 0;
55:     }
56:
57:     if( head == NULL )
58:     {
59:         head = tail = (Phone*)malloc( sizeof(Phone) );
60:         memset( head, 0, sizeof(Phone) );
61:     }
62:     else
63:     {
64:         Phone *phone = malloc( sizeof(Phone) );
65:         memset( phone, 0, sizeof(Phone) );
66:
67:         tail->next = phone;
68:         phone->prev = tail;
69:         tail = phone;
70:     }
71:
72:     strcpy( tail->name, pPhone->name );
73:     strcpy( tail->tel , pPhone->tel );
74:
75:     fwrite( tail, sizeof(Phone), 1, fp );
76:     fclose( fp );
77:
78:     return 1;
79: }
```

7-13번째 줄 ● 전화번호부에 사용될 구조체를 선언하고 Phone으로 정의합니다. 구조체에서 사용되는 name은 이름을 저장하기 위한 것이고, tel은 전화번호를 저장하기 위한 것입니다.

15번째 줄 ● 이름과 전화번호가 포함된 구조체를 파일에 추가하고, 링크드 리스트로 연결하기 위한 AddPhone() 함수를 선언합니다.

17번째 줄 ● 링크드 리스트의 맨 앞을 가리킬 head 포인터와 맨 뒤를 가리킬 tail 포인터를 선언합니다.

493

21번째 줄 ● 임시적으로 사용될 구조체 phone을 정의합니다.

28번째 줄 ● phone 구조체를 0으로 초기화합니다.

31번째 줄 ● 이름을 입력 받습니다.

33번째 줄 ● 만약 이름 입력 시 Enter 를 쳤으면 문자열의 길이가 0이 되므로 종료하게 됩니다.

36번째 줄 ● 전화번호를 입력 받습니다.

38번째 줄 ● 전화번호를 추가하기 위해 AddPhone() 함수를 호출합니다.

45-79번째 줄 ● 전화번호를 추가하기 위한 AddPhone() 함수를 구현합니다.

47번째 줄 ● 파일을 사용하기 위한 파일 포인터 fp를 선언합니다.

49번째 줄 ● 드라이브 "c:"에 "phone.buk" 파일을 생성 및 추가 모드로 개방합니다. 만약 해당 경로에 "phone.buk" 파일이 없을 경우 파일은 자동으로 생성되며, 파일이 이미 있을 경우 파일은 개방되고 파일 포인터가 맨 뒤로 이동합니다. 추가되는 내용은 현재 파일의 끝에서부터 추가되어집니다.

51-55번째 줄 ● 파일을 개방할 수 없는 경우 에러를 출력하고 리턴합니다.

57번째 줄 ● head가 NULL이면 아직 링크드 리스트가 초기화되지 않은 것입니다.

59번째 줄 ● 전화번호부에 사용될 구조체를 하나 생성하고 head와 tail 포인터로 이 구조체를 가리키도록 합니다.

60번째 줄 ● 구조체의 모든 내용을 널(0)로 초기화합니다.

62번째 줄 ● 이미 하나 이상의 구조체가 링크드 리스트로 구현되어 있는 경우 else 문이 실행됩니다.

64-65번째 줄 ● 전화번호부에 사용될 구조체를 하나 생성하고 널(0)로 초기화합니다.

67번째 줄 ● 현재 맨 뒤의 구조체(노드)를 가리키고 있는 tail 포인터를 사용하여, tail의 다음 구조체가 phone이 되도록 설정합니다.

68번째 줄 ● 새로 생성한 phone의 이전 노드를 tail이 되도록 설정합니다.

69번째 줄 ● tail 포인터를 새로 생성한 맨 뒤의 구조체를 가리키도록 설정합니다.

72-73번째 줄 ● 새로 생성한 구조체에 이름 및 전화번호를 복사합니다.

75번째 줄 ● 입력된 이름 및 전화번호를 파일에 추가합니다.

76번째 줄 ● 전화번호부 파일을 닫습니다.

출력 결과

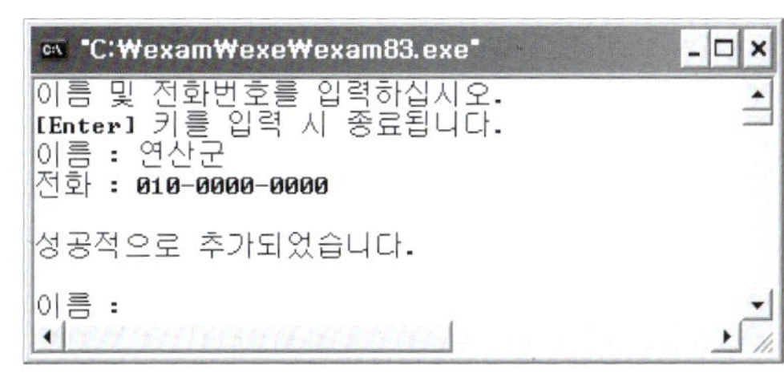

●● 전화번호부 입력 프로그램

 메모하세요

84

이중 링크드 리스트응용

전화번호부 출력 프로그램

[예제 83]에서 입력한 전화번호를 모두 읽어서 출력하는 프로그램을 작성해 봅니다. 이번 예제에서는 파일에 저장되어 있는 전화번호부를 읽어 링크드 리스트에 저장한 후, head에서 tail까지 모든 노드를 순회하면서 출력합니다.

```
01: /* 예제 84 : 전화번호부 출력 프로그램 */
02:
03: #include <stdio.h>
04: #include <malloc.h>
05: #include <string.h>
06:
07: typedef struct tagPhone
08: {
09:     char name[20];
10:     char tel[20];
11:     struct tagPhone *prev;
12:     struct tagPhone *next;
13: } Phone;
14:
15: int ReadPhone( void );
16:
17: Phone *head, *tail;
18:
19: void main( void )
20: {
21:     ReadPhone();
22:
23:     while( head )
24:     {
25:         printf( "이름 : %s \n", head->name );
26:         printf( "번호 : %s \n", head->tel );
27:         head = head->next;
28:     }
29: }
30:
31: int ReadPhone( void )
32: {
33:     FILE *fp;
34:     Phone phone;
35:     int read_block;
36:
37:     fp = fopen( "c:\\phone.buk", "rb" );
38:
39:     if( fp == NULL )
40:     {
41:         perror( "파일 개방 에러" );
```

```
42:        return 0;
43:     }
44:
45:     while( 1 )
46:     {
47:         read_block = fread( &phone, sizeof(Phone), 1, fp );
48:
49:         if( read_block == 1 )
50:         {
51:             Phone* tmp = (Phone*)malloc( sizeof(Phone) );
52:             *tmp = phone;
53:
54:             if( head == NULL )
55:             {
56:                 head = tail = tmp;
57:             }
58:             else
59:             {
60:                 tail->next = tmp;
61:                 tmp->prev = tail;
62:                 tail = tmp;
63:             }
64:         }
65:
66:         if( feof(fp) ) break;
67:     }
68:
69:     fclose( fp );
70:
71:     return 1;
72: }
```

15번째 줄 ● 전화번호부 파일로부터 이름 및 전화번호를 읽어서 링크드 리스트에 추가하는 ReadPhone() 함수를 선언합니다.

21번째 줄 ● ReadPhone() 함수를 통해 파일로부터 모든 데이터를 링크드 리스트에 읽어옵니다.

23-28번째 줄 ● 링크드 리스트의 head로부터 모든 노드를 순회하면서 이름 및 번호를 출력합니다.

31-72번째 줄 ● 파일로부터 이름 및 번호를 읽어서 링크드 리스트에 추가하는 ReadPhone() 함수의 구현부입니다.

37번째 줄 ● "c:" 드라이브의 "phone.buk"에 저장되어 있는 파일을 이진 읽기 모드로 개방합니다.

47번째 줄 ● 개방된 파일로부터 한 개의 Phone 구조체를 읽습니다.

49번째 줄 ● 읽은 블록의 개수가 1인 경우 처리할 데이터가 있다는 것이므로 50~64번째 줄까지를 실행합니다.

51번째 줄 ● 데이터를 저장하기 위한 구조체를 할당합니다.

52번째 줄 ● 새로 생성한 링크드 리스트에 47번째 줄에서 읽은 phone 구조체의 모든 값을 복사합니다.

54~57번째 줄 ● 만약 아직 추가된 링크드 리스트가 없는 경우 head 및 tail을 초기화합니다.

58~63번째 줄 ● 이미 추가된 노드가 있는 경우, 맨 뒤의 tail 노드와 51번째 줄에서 생성한 tmp 노드를 연결하고 tail 노드를 마지막 노드를 가리키도록 설정합니다.

66번째 줄 ● 만약 파일의 끝이라면 읽기를 종료합니다.

출력 결과

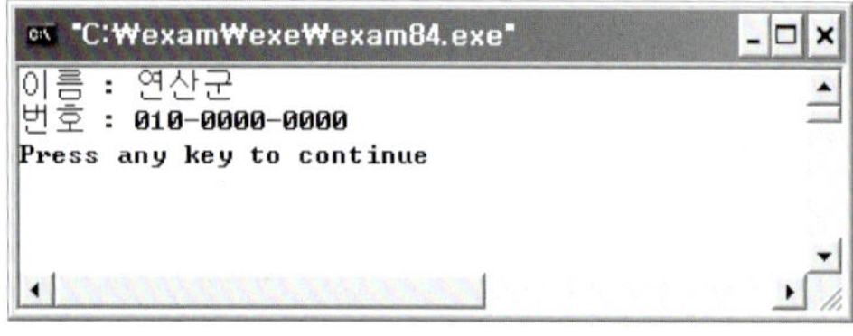

●● 전화번호부 출력 프로그램

📖 메모하세요

이번 예제에서는 파일로부터 전화번호부를 링크드 리스트에 읽어들인 후, 원하는 이름을 검색하는 프로그램을 작성합니다. 만약 검색하는 이름이 있는 경우 해당 이름과 전화번호가 출력됩니다.

```c
01: /* 예제 85 : 전화번호부 검색 프로그램 */
02:
03: #include <stdio.h>
04: #include <malloc.h>
05: #include <string.h>
06:
07: typedef struct tagPhone
08: {
09:     char name[20];
10:     char tel[20];
11:     struct tagPhone *prev;
12:     struct tagPhone *next;
13: } Phone;
14:
15: int ReadPhone( void );
16:
17: Phone *head, *tail;
18:
19: void main( void )
20: {
21:     ReadPhone();
22:
23:     while( 1 )
24:     {
25:         char name[30];
26:         Phone *tmp = head;
27:
28:         printf( "검색할 이름은 : " );
29:         gets( name );
30:
31:         while( tmp )
32:         {
33:             if( !strcmp(name, tmp->name) )
34:             {
35:                 printf( "이름 : %s \n", tmp->name );
36:                 printf( "번호 : %s \n", tmp->tel );
37:                 break;
38:             }
39:
40:             tmp = tmp->next;
41:         }
42:     }
```

```
43: }
44:
45: int ReadPhone( void )
46: {
47:     FILE *fp;
48:     Phone phone;
49:     int read_block;
50:
51:     fp = fopen( "c:\\phone.buk", "r" );
52:
53:     if( fp == NULL )
54:     {
55:         perror( "파일 개방 에러" );
56:         return 0;
57:     }
58:
59:     while( 1 )
60:     {
61:         read_block = fread( &phone, sizeof(Phone), 1, fp );
62:
63:         if( read_block == 1 )
64:         {
65:             Phone* tmp = (Phone*)malloc( sizeof(Phone) );
66:             *tmp = phone;
67:
68:             if( head == NULL )
69:             {
70:                 head = tail = tmp;
71:             }
72:             else
73:             {
74:                 tail->next = tmp;
75:                 tmp->prev = tail;
76:                 tail = tmp;
77:             }
78:         }
79:
80:         if( feof(fp) ) break;
81:     }
82:
83:     fclose( fp );
84:
85:     return 1;
86: }
```


21번째 줄 ● 파일로부터 이름과 전화번호를 읽어서 링크드 리스트에 저장합니다.

26번째 줄 ● tmp 포인터를 선언한 후 head로 초기화합니다. 이것은 31번째 줄에서 맨 앞의 head 노드부터 검색을 시작하기 위함입니다.

29번째 줄 ● 검색할 이름을 입력 받습니다.

31-41번째 줄 ● head 노드부터 tail 노드까지 모든 노드를 순회하면서 검색할 이름과 일치되는 이름이 있는지 찾습니다. 만약 일치하는 이름이 있다면, 이름과 전화번호를 출력합니다.

45-86번째 줄 ● [예제 84]와 내용이 같습니다.

출력 결과

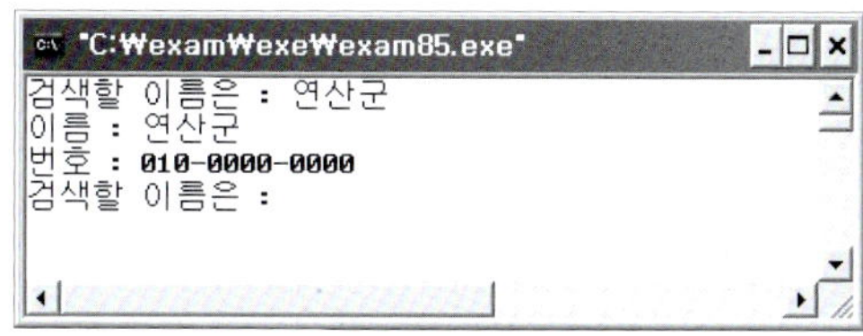

●● 전화번호부 검색 프로그램

 메모하세요

86

전화번호부 수정 프로그램

이번 예제에서는 이미 등록된 전화번호를 수정하는 프로그램을 작성합니다. 대부분의 코드는 [예제 85]와 같으며, 수정하는 부분만 새로 추가되었습니다.

```c
01: /* 예제 86 : 전화번호부 수정 프로그램 */
02:
03: #include <stdio.h>
04: #include <malloc.h>
05: #include <string.h>
06:
07: typedef struct tagPhone
08: {
09:     char name[20];
10:     char tel[20];
11:     struct tagPhone *prev;
12:     struct tagPhone *next;
13: } Phone;
14:
15: int ReadPhone( void );
16:
17: Phone *head, *tail;
18:
19: void main( void )
20: {
21:     ReadPhone();
22:
23:     while( 1 )
24:     {
25:         char name[30];
26:         Phone *tmp = head;
27:
28:         printf( "수정할 이름은 : " );
29:         gets( name );
30:
31:         while( tmp )
32:         {
33:             if( !strcmp(name, tmp->name) )
34:             {
35:                 char tel[20];
36:                 printf( "수정할 핸드폰 번호는 : " );
37:                 gets( tel );
38:                 strcpy( tmp->tel, tel );
39:                 break;
40:             }
41:
42:             tmp = tmp->next;
```

```
43:         }
44:     }
45: }
46:
47: int ReadPhone( void )
48: {
49:     FILE *fp;
50:     Phone phone;
51:     int read_block;
52:
53:     fp = fopen( "c:\\phone.buk", "r" );
54:
55:     if( fp == NULL )
56:     {
57:         perror( "파일 개방 에러" );
58:         return 0;
59:     }
60:
61:     while( 1 )
62:     {
63:         read_block = fread( &phone, sizeof(Phone), 1, fp );
64:
65:         if( read_block == 1 )
66:         {
67:             Phone* tmp = (Phone*)malloc( sizeof(Phone) );
68:             *tmp = phone;
69:
70:             if( head == NULL )
71:             {
72:                 head = tail = tmp;
73:             }
74:             else
75:             {
76:                 tail->next = tmp;
77:                 tmp->prev = tail;
78:                 tail = tmp;
79:             }
80:         }
81:
82:         if( feof(fp) ) break;
83:     }
84:
85:     fclose( fp );
86:
87:     return 1;
88: }
```

21번째 줄 ● 파일로부터 이름과 전화번호를 읽어서 링크드 리스트에 저장합니다.

29번째 줄 ● 수정할 이름을 입력 받습니다.

31-43번째 줄 ● 수정할 이름을 검색하여, 만약 존재한다면 새로운 핸드폰 번호를 37번째 줄에서 입력 받아 수정합니다.

47-88번째 줄 ● [예제 84]와 내용이 같습니다.

출력 결과

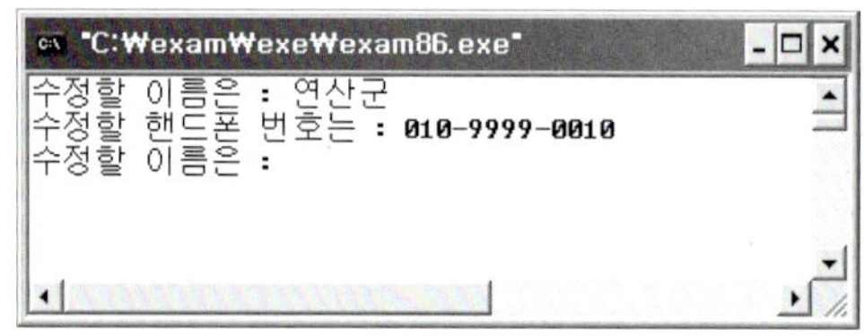

●● 전화번호부 수정 프로그램

 메모하세요

87

전화번호부 삭제 프로그램

이번 예제에서는 이미 등록된 전화번호를 삭제하는 프로그램을 작성합니다. 대부분의 코드는 [예제 85, 86]과 같으며, 삭제하는 부분만 새로 추가되었습니다.

```
001: /* 예제 87 : 전화번호부 삭제 프로그램 */
002:
003: #include <stdio.h>
004: #include <malloc.h>
005: #include <string.h>
006:
007: typedef struct tagPhone
008: {
009:     char name[20];
010:     char tel[20];
011:     struct tagPhone *prev;
012:     struct tagPhone *next;
013: } Phone;
014:
015: int ReadPhone( void );
016: void Remove( Phone* phone );
017:
018: Phone *head, *tail;
019:
020: void main( void )
021: {
022:     ReadPhone();
023:
024:     while( 1 )
025:     {
026:         char name[30];
027:         Phone *tmp = head;
028:
029:         printf( "삭제할 이름은 : " );
030:         gets( name );
031:
032:         while( tmp )
033:         {
034:             if( !strcmp(name, tmp->name) )
035:             {
036:                 Remove( tmp );
037:                 break;
038:             }
039:
040:             tmp = tmp->next;
041:         }
042:     }
```

```
043: }
044:
045: int ReadPhone( void )
046: {
047:     FILE *fp;
048:     Phone phone;
049:     int read_block;
050:
051:     fp = fopen( "c:\\phone.buk", "r" );
052:
053:     if( fp == NULL )
054:     {
055:         perror( "파일 개방 에러" );
056:         return 0;
057:     }
058:
059:     while( 1 )
060:     {
061:         read_block = fread( &phone, sizeof(Phone), 1, fp );
062:
063:         if( read_block == 1 )
064:         {
065:             Phone* tmp = (Phone*)malloc( sizeof(Phone) );
066:             *tmp = phone;
067:
068:             if( head == NULL )
069:             {
070:                 head = tail = tmp;
071:             }
072:             else
073:             {
074:                 tail->next = tmp;
075:                 tmp->prev = tail;
076:                 tail = tmp;
077:             }
078:         }
079:
080:         if( feof(fp) ) break;
081:     }
082:
083:     fclose( fp );
084:
085:     return 1;
086: }
087:
088: void Remove( Phone* phone )
089: {
090:     if( phone == head )
091:     {
092:         head = head->next;
```

```
093:
094:        if( head )
095:        {
096:            head->prev = NULL;
097:        }
098:        else
099:        {
100:            tail = NULL;
101:        }
102:    }
103:    else if( phone == tail )
104:    {
105:        tail = tail->prev;
106:        tail->next = NULL;
107:    }
108:    else
109:    {
110:        Phone* prev;
111:        Phone* next;
112:
113:        prev = phone->prev;
114:        next = phone->next;
115:
116:        prev->next = next;
117:        next->prev = prev;
118:    }
119:
120:    puts( "전화번호를 삭제했습니다." );
121: }
```


16번째 줄 링크드 리스트로부터 검색된 노드를 제거하기 위한 Remove() 함수를 선언합니다.

22번째 줄 파일로부터 이름과 전화번호를 읽어서 링크드 리스트에 저장합니다.

30번째 줄 삭제할 이름을 입력 받습니다.

32-41번째 줄 삭제할 이름을 검색하여, 만약 존재한다면 36번째 줄에서 Remove() 함수를 호출하여 제거합니다.

45-86번째 줄 [예제 84]와 내용이 같습니다.

88-121번째 줄 링크드 리스트로부터 지정된 노드를 삭제하기 위한 Remove() 함수의 구현부입니다.

90번째 줄 삭제하려는 노드가 head인 경우, 91~102번째 줄까지 실행됩니다.

92번째 줄 ● head 노드를 다음 노드를 가리키도록 설정합니다.

94번째 줄 ● head가 참이라는 것은 다음 노드가 존재한다는 것입니다.

96번째 줄 ● 이전 노드가 삭제될 것이므로 이전 노드에 대한 prev 포인터를 NULL로 설정합니다.

98-101번째 줄 ● 94번째 줄에서 head가 참이 아니라면 더 이상 존재하는 링크드 리스트가 없다는 것을 의미하므로 tail 포인터를 NULL로 설정해 줍니다.

103번째 줄 ● 만약 삭제하려는 노드가 tail인 경우, 104~107번째 줄까지 실행됩니다.

105번째 줄 ● tail 노드를 이전 노드를 가리키도록 설정합니다.

106번째 줄 ● tail의 다음 노드는 삭제될 것이므로 NULL 포인터로 설정해 줍니다.

108번째 줄 ● 삭제할 노드가 head도 아니고 tail도 아닌 경우 109~118번째 줄이 실행됩니다.

113번째 줄 ● 삭제할 노드의 이전 노드를 구합니다.

114번째 줄 ● 삭제할 노드의 다음 노드를 구합니다.

116번째 줄 ● 삭제할 노드의 이전 노드의 다음 노드를 삭제할 노드의 다음 노드가 되도록 설정합니다.

118번째 줄 ● 삭제할 노드의 다음 노드의 이전 노드를 삭제할 노드의 이전 노드가 되도록 설정합니다.

출력 결과

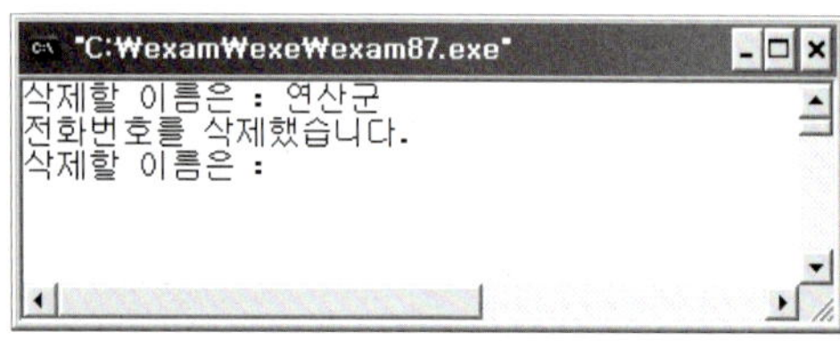

●● 전화번호부 삭제 프로그램

Lesson

88

이중 링크드 리스트 응용

전화번호부 관리 프로그램

이번 예제에서는 [예제 83]부터 작성한 전화번호부 프로그램을 모두 합쳐서 구현합니다. 이번 예제는 C 언어로 작성하는 마지막 예제이며, [예제 89]부터는 Windows API 및 Network를 포함하는 종합 예제를 배우게 됩니다.

```
001: /* 예제 88 : 전화번호부 관리 프로그램 */
002:
003: #include <stdio.h>
004: #include <malloc.h>
005: #include <string.h>
006: #include <process.h>
007: #include <stdarg.h>
008:
009: typedef struct tagPhone
010: {
011:     char name[20];
012:     char tel[20];
013:     struct tagPhone *prev;
014:     struct tagPhone *next;
015: } Phone;
016:
017: void Read( void );
018: void Write( void );
019:
020: void Register( void );
021: void Find( void );
022: void Modify( void );
023: void Remove( void );
024: void RemoveList( Phone* phone );
025: void List( int forward );
026: void FreeList( void );
027:
028: void Message( char *pFormat, ... );
029:
030: Phone *head, *tail;
031: char message[256] = "메뉴를 선택하십시오 : ";
032:
033: void main( void )
034: {
035:     char* pmenu[] =
036:     {
037:         "1. 읽어오기 (Load)",
038:         "2. 저장하기 (Save)",
039:         "3. 등록하기 (Register)",
040:         "4. 검색하기 (Find)",
041:         "5. 수정하기 (Modify)",
```

```
042:          "6. 삭제하기 (Remove)",
043:          "7. 목록보기 (List)",
044:          "Q. 종료\n"
045:      };
046:
047:      while( 1 )
048:      {
049:          int i;
050:          int ch;
051:
052:          system( "cls" );
053:
054:          for( i=0; i<sizeof(pmenu)/sizeof(char*); i++ )
055:          {
056:              puts( pmenu[i] );
057:          }
058:
059:          printf( message );
060:
061:          ch = getchar();
062:
063:          fflush( stdin );
064:
065:          switch( ch )
066:          {
067:          case '1':   // 읽어오기
068:              Read();
069:              break;
070:
071:          case '2':   // 저장하기
072:              Write();
073:              break;
074:
075:          case '3':   // 등록하기
076:              Register();
077:              break;
078:
079:          case '4':   // 검색하기
080:              Find();
081:              break;
082:
083:          case '5':   // 수정하기
084:              Modify();
085:              break;
086:
087:          case '6':   // 삭제하기
088:              Remove();
089:              break;
090:
091:          case '7':   // 목록보기
092:              List( 1 );
```

```
093:            break;
094:
095:        case 'q':    // 종료
096:        case 'Q':
097:            FreeList();
098:            exit(0);
099:        }
100:    }
101: }
102:
103: void Message( char *pFormat, ... )
104: {
105:     va_list arglist;
106:
107:     va_start( arglist, pFormat );
108:     vsprintf( message, pFormat, arglist );
109:     va_end( arglist );
110:
111:     strcat( message, "메뉴를 선택하십시오 : " );
112: }
113:
114: void Read( void )
115: {
116:     int read_block;
117:     int count = 0;
118:     FILE *fp;
119:     Phone phone;
120:
121:     fp = fopen( "c:\\phone.buk", "r" );
122:
123:     if( fp == NULL )
124:     {
125:         Message( "파일을 열 수 없습니다. \n\n" );
126:         return;
127:     }
128:
129:     while( 1 )
130:     {
131:         read_block = fread( &phone, sizeof(Phone), 1, fp );
132:
133:         if( read_block == 1 )
134:         {
135:             Phone* tmp = (Phone*)malloc( sizeof(Phone) );
136:             memset( tmp, 0, sizeof(Phone) );
137:
138:             strcpy( tmp->name, phone.name );
139:             strcpy( tmp->tel , phone.tel );
140:
141:             if( head == NULL )
142:             {
143:                 head = tail = tmp;
```

```c
144:            }
145:            else
146:            {
147:                tail->next = tmp;
148:                tmp->prev = tail;
149:                tail = tmp;
150:            }
151:
152:            count++;
153:        }
154:
155:        if( feof(fp) ) break;
156:    }
157:
158:    fclose( fp );
159:
160:    Message( "%d의 항목을 읽어 왔습니다. \n\n", count );
161: }
162:
163: void Write( void )
164: {
165:     int count = 0;
166:     FILE *fp;
167:     Phone* phone = head;
168:
169:     fp = fopen( "c:\\phone.buk", "w+b" );
170:
171:     if( fp == NULL )
172:     {
173:         Message( "파일을 열 수 없습니다. \n\n" );
174:         return;
175:     }
176:
177:     while( phone )
178:     {
179:         fwrite( phone, sizeof(Phone), 1, fp );
180:         phone = phone->next;
181:         count++;
182:     }
183:
184:     fclose( fp );
185:
186:     Message( "%d개의 항목을 저장하였습니다. \n\n", count );
187: }
188:
189: void Register( void )
190: {
191:     Phone phone;
192:
193:     memset( &phone, 0, sizeof(Phone) );
194:
```

```
195:     printf( "\n이름 : " );
196:     gets( phone.name );
197:
198:     printf( "전화 : " );
199:     gets( phone.tel );
200:
201:     if( head == NULL )
202:     {
203:         head = tail = (Phone*)malloc( sizeof(Phone) );
204:         memset( head, 0, sizeof(Phone) );
205:     }
206:     else
207:     {
208:         Phone *phone = malloc( sizeof(Phone) );
209:         memset( phone, 0, sizeof(Phone) );
210:
211:         tail->next = phone;
212:         phone->prev = tail;
213:         tail = phone;
214:     }
215:
216:     strcpy( tail->name, phone.name );
217:     strcpy( tail->tel , phone.tel );
218:
219:     Message( "%s이(가) 추가되었습니다.\n\n", phone.name );
220: }
221:
222: void Find( void )
223: {
224:     Phone* phone = head;
225:     char name[30];
226:
227:     printf( "\n검색할 이름은 : " );
228:     gets( name );
229:
230:     while( phone )
231:     {
232:         if( !strcmp(name, phone->name) )
233:         {
234:             Message( "이름 : %s \n"
235:                      "번호 : %s \n\n",
236:                      phone->name, phone->tel );
237:             return;
238:         }
239:
240:         phone = phone->next;
241:     }
242: }
243:
244: void Modify( void )
245: {
```

```
246:     char name[30];
247:     Phone *phone = head;
248:
249:     printf( "수정할 이름은 : " );
250:     gets( name );
251:
252:     while( phone )
253:     {
254:         if( !strcmp(name, phone->name) )
255:         {
256:             char tel[20];
257:
258:             printf( "수정할 핸드폰 번호는 : " );
259:
260:             gets( tel );
261:             strcpy( phone->tel, tel );
262:
263:             Message( "수정된 이름 : %s \n"
264:                      "수정된 번호 : %s \n\n",
265:                      phone->name, phone->tel );
266:
267:             return;
268:         }
269:
270:         phone = phone->next;
271:     }
272: }
273:
274: void Remove( void )
275: {
276:     char name[30];
277:     Phone *phone = head;
278:
279:     printf( "삭제할 이름은 : " );
280:     gets( name );
281:
282:     while( phone )
283:     {
284:         if( !strcmp(name, phone->name) )
285:         {
286:             RemoveList( phone );
287:
288:             Message( "%s가 삭제되었습니다. \n\n", name );
289:
290:             return;
291:         }
292:
293:         phone = phone->next;
294:     }
295: }
296:
```

```
297: void RemoveList( Phone* phone )
298: {
299:     if( phone == head )
300:     {
301:         head = head->next;
302:
303:         if( head )
304:         {
305:             head->prev = NULL;
306:         }
307:         else
308:         {
309:             tail = NULL;
310:         }
311:     }
312:     else if( phone == tail )
313:     {
314:         tail = tail->prev;
315:         tail->next = NULL;
316:     }
317:     else
318:     {
319:         Phone* prev;
320:         Phone* next;
321:
322:         prev = phone->prev;
323:         next = phone->next;
324:
325:         prev->next = next;
326:         next->prev = prev;
327:     }
328:
329:     free( phone );
330: }
331:
332: void List( int forward )
333: {
334:     Phone* phone;
335:     int count = 0;
336:
337:     phone = forward ? head : tail;
338:
339:     while( phone )
340:     {
341:         printf( "이름 : %s \n", phone->name );
342:         printf( "번호 : %s \n", phone->tel );
343:
344:         if( ++count % 10 == 0 )
345:         {
346:             printf( "\n계속 보려면 아무키나 누르세요...\n" );
347:             getchar();
```

```
348:            fflush( stdin );
349:        }
350:
351:        phone = forward ? phone->next : phone->prev;
352:    }
353:
354:    printf( "\n모든 항목이 출력되었습니다. \n" );
355:    printf( "\n아무키나 누르세요... \n" );
356:
357:    getchar();
358:    fflush( stdin );
359:
360:    Message( "" );
361: }
362:
363: void FreeList( void )
364: {
365:    while( head )
366:    {
367:        tail = head->next;
368:        free( head );
369:        head = tail;
370:    }
371:
372:    head = tail = NULL;
373: }
```

9~15번째 줄 ● 전화번호부에 사용되는 구조체를 선언하고 Phone으로 정의합니다. 전화번호부는 이름 및 전화번호를 저장할 수 있습니다.

17번째 줄 ● 파일에 저장되어 있는 전화번호부의 모든 이름 및 전화번호를 읽어오는 Read() 함수를 선언합니다.

18번째 줄 ● 링크드 리스트에 저장되어 있는 모든 이름 및 전화번호를 파일에 저장하는 Write() 함수를 선언합니다.

20번째 줄 ● 이름 및 전화번호를 추가하기 위한 Register() 함수를 선언합니다.

21번째 줄 ● 이름을 검색하기 위한 Find() 함수를 선언합니다.

22번째 줄 ● 전화번호를 수정하기 위한 Modify() 함수를 선언합니다.

23번째 줄 ● 이름 및 전화번호를 삭제하기 위한 Remove() 함수를 선언합니다.

24번째 줄 ● 링크드 리스트 구조체로부터 지정된 이름 및 전화번호를 삭제하는 RemoveList() 함수를 선언합니다.

25번째 줄 ● 모든 링크드 리스트의 내용을 화면에 출력하기 위한 List() 함수를 선언합니다.

26번째 줄 ● malloc() 함수에 의해 할당된 모든 메모리를 해제하기 위한 FreeList() 함수를 선언합니다.

28번째 줄 ● 화면에 등록, 검색, 수정, 삭제 등의 메시지를 출력하기 위한 Message() 함수를 선언합니다.

30번째 줄 ● 맨 앞의 head 노드와 맨 뒤의 tail 노드를 가리킬 포인터를 선언합니다.

35-45번째 줄 ● 메뉴를 출력하기 위한 문자열을 포인터의 배열로 선언합니다.

52번째 줄 ● 화면을 모두 지우기 위한 시스템 명령어를 사용합니다. "cls"는 화면을 지우라는 의미입니다.

54-57번째 줄 ● 화면에 메뉴를 출력합니다.

59번째 줄 ● 화면에 "메뉴를 선택하십시오 :"를 출력합니다.

61번째 줄 ● 사용자로부터 메뉴를 입력 받습니다.

63번째 줄 ● 키보드 버퍼에 존재하는 잔여 문자를 지우기 위해 fflush() 함수를 호출합니다.

65-99번째 줄 ● 선택된 메뉴에 따라 각각에 해당하는 함수를 호출합니다.

103-112번째 줄 ● 화면에 형식화된 메시지를 출력합니다. 가변 인수를 사용하므로 printf() 함수처럼 형식화된 문자열을 사용할 수 있습니다.

114-161번째 줄 ● "phone.buk" 파일로부터 전화번호부를 읽어서 링크드 리스트를 구성합니다.

163-187번째 줄 ● 현재 전화번호부가 저장되어 있는 링크드 리스트를 모두 "phone.buk" 파일에 저장합니다.

189-220번째 줄 ● 이름과 전화번호를 입력 받아 링크드 리스트에 추가합니다.

222-242번째 줄 ● 이름을 검색하여 이름과 전화번호를 출력합니다.

244-272번째 줄 ● 수정할 이름을 입력 받아 검색하고, 검색된 경우 전화번호를 수정합니다.

274-295번째 줄 ● 삭제할 이름을 입력 받아 검색하고, 검색된 경우 RemoveList() 함수를 호출하여 해당 항목을 제거합니다.

297-330번째 줄 ● Remove() 함수에서 호출되며, 링크드 리스트에서 해당 항목을 제거합니다.

332-361번째 줄 ● 링크드 리스트에 존재하는 모든 항목을 화면에 순서대로 출력합니다.

363-373번째 줄 ● 링크드 리스트에서 사용되고 있는 모든 메모리를 해제합니다.

출력 결과

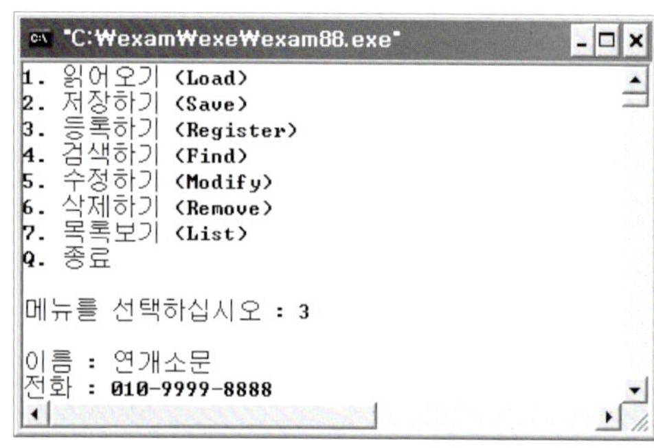

●● 전화번호부 관리 프로그램

89

네트워크 기본

네트워크 프로그램을 하기 위해서는 TCP/IP가 무엇인지 알아야 합니다. TCP/IP는 'Transmission Control Protocol/Internet Protocol'의 약어이며, 홈페이지를 보거나 채팅을 하는 것 등은 모두 TCP/IP라는 통신 방법을 사용해서 이루어집니다. 이번 예제에서는 통신 프로그램을 만들기 위해 필요한 기초적인 소켓 함수에 대해 배워 봅니다.

```c
01: /* 예제 89 : 네트워크 기본 */
02:
03: #include <stdio.h>
04: #include <conio.h>
05: #include <winsock2.h>
06:
07: #pragma comment(lib, "ws2_32.lib")
08:
09: void main( void )
10: {
11:     SOCKET s;                  // 소켓 디스크립터
12:     WSADATA wsaData;           // 스타트업 구조체
13:
14:     WSAStartup( MAKEWORD(2,2), &wsaData );
15:
16:     s = socket( AF_INET, SOCK_STREAM, 0 );
17:
18:     if( s == INVALID_SOCKET )
19:     {
20:         printf( "소켓 생성 실패, 에러코드 : %d \n", WSAGetLastError() );
21:         WSACleanup();
22:         return;
23:     }
24:
25:     closesocket( s );
26:
27:     WSACleanup();
28: }
```


5번째 줄 ● TCP/IP와 관련된 함수를 사용하기 위해서 winsock2.h를 추가합니다.

7번째 줄 ● TCP/IP에서 사용되는 함수들은 모두 ws2_32.lib 파일에 있습니다. 그러므로 ws2_32.lib 라이브러리를 링크 시 사용하라는 의미의 pragma comment문을 사용한 것입니다. #pragma comment문은 특정한 라이브러리를 포함시킬 때 사용합니다.

11번째 줄 ● TCP/IP 함수를 사용하기 위한 소켓 디스크립터(핸들)를 정의합니다. 이 소켓 디스크립터는 16번째 줄에서 socket() 함수에 의해 생성됩니다. 이것은 파일 포인터(FILE*)와 유사합니다.

12번째 줄 ● 14번째 줄에서 사용할 WSADATA 구조체의 변수를 선언합니다.

14번째 줄 ● TCP/IP를 사용할 수 있도록 운영체제의 함수를 호출합니다. WSAStartup() 함수는 프로그램 실행 시 한 번만 호출해야 합니다.

16번째 줄 ● socket() 함수에 의해 TCP/IP 소켓을 생성합니다. 이것은 파일의 fopen() 함수와 유사합니다.

18-23번째 줄 ● socket() 함수는 에러 발생 시 INVALID_SOCKET(-1)을 리턴합니다. 에러가 발생한 경우 WSACleanup() 함수를 호출한 후 return문에 의해 프로그램은 종료됩니다.

25번째 줄 ● 생성된 소켓을 해제합니다. 이것은 파일의 fclose() 함수와 유사합니다.

27번째 줄 ● WSACleanup() 함수에 의해 TCP/IP 소켓 사용을 종료합니다.

명령 프롬프트에서 netstat을 입력한 후 실행하면 다음과 같은 화면이 보여집니다. netstat은 현재 통신 프로그램의 상태를 확인하기 위해 사용합니다.

출력 결과

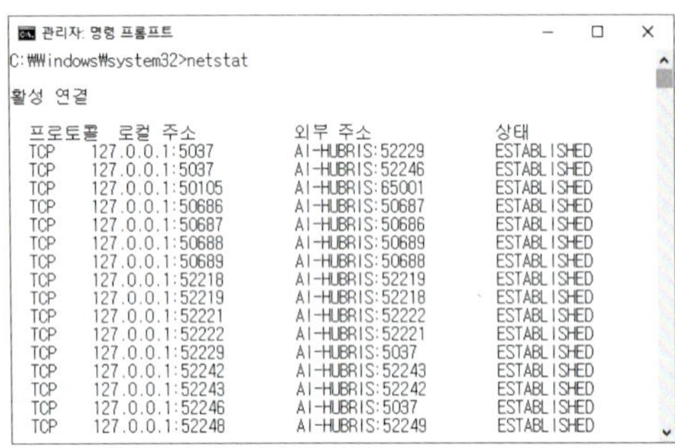

●● 네트워크 기본

 메모하세요

FTP 서버에 접속하기

파일을 개방할 때는 파일명이 필요하듯이, TCP/IP를 사용해서 통신을 하고자 할 때는 IP 주소와 포트 번호가 필요합니다. IP 주소는 접속하고자 하는 컴퓨터의 주소이며, 보통 "xxx.xxx.xxx.xxx" 형태의 주소를 사용합니다. 여기서 xxx는 0~255 사이의 값입니다. 이번 예제에서는 connect() 함수를 사용하여 FTP 서버에 접속하는 방법에 대하여 배워 봅니다.

```
01: /* 예제 90 : FTP 서버에 접속하기 */
02:
03: #include <stdio.h>
04: #include <winsock2.h>
05:
06: #pragma comment(lib, "wsock32.lib")
07:
08: void Error( char* szMessage );
09:
10: void main( void )
11: {
12:     SOCKET s; // 소켓 디스크립터
13:     WSADATA wsaData;
14:     struct sockaddr_in sin; // 소켓 구조체
15:
16:     WSAStartup( MAKEWORD(2,2), &wsaData );
17:
18:     s = socket( AF_INET, SOCK_STREAM, IPPROTO_TCP );
19:
20:     if( s == INVALID_SOCKET )
21:     {
22:         Error( "socket" );
23:         return;
24:     }
25:
26:     sin.sin_family = AF_INET;                            // 주소 체계 설정
27:     sin.sin_addr.s_addr = inet_addr( "127.0.0.1" );     // 접속 주소 설정
28:     sin.sin_port = htons( 21 );                         // 포트 번호 설정
29:
30:     if( connect(s, (struct sockaddr*)&sin, sizeof(sin)) != 0 )
31:     {
32:         closesocket( s );
33:         Error( "connect" );
34:         return;
35:     }
36:
37:     closesocket( s );
38:
39:     WSACleanup();
```

```
40:
41:    puts( "127.0.0.1의 21번 포트에 접속을 성공하였습니다." );
42: }
43:
44: void Error( char* szMessage )
45: {
46:    printf( "Error: [%d] %s \n", WSAGetLastError(), szMessage );
47:    WSACleanup();
48:    exit(0);
49: }
```

4번째 줄 ● TCP/IP와 관련된 함수를 사용하기 위해서 winsock2.h를 추가합니다.

6번째 줄 ● TCP/IP에서 사용되는 함수들은 모두 ws2_32.lib 파일에 있습니다. 그러므로 ws2_32.lib 라이브러리를 링크 시 사용하라는 의미의 pragma comment문을 사용한 것입니다. #pragma comment문은 특정한 라이브러리를 포함시킬 때 사용합니다.

8번째 줄 ● 에러를 출력하기 위한 함수를 선언합니다.

12번째 줄 ● 사용할 소켓 디스크립터를 선언합니다.

13번째 줄 ● 16번째 줄에서 사용할 WSADATA 구조체의 변수를 선언합니다.

14번째 줄 ● 주소 및 포트 번호를 저장할 구조체를 선언합니다.

16번째 줄 ● TCP/IP를 사용할 수 있도록 운영체제의 함수를 호출합니다. WSAStartup() 함수는 프로그램 실행 시 한 번만 호출해야 합니다.

18번째 줄 ● socket() 함수에 의해 TCP/IP 소켓을 생성합니다.

26번째 줄 ● 주소 체계를 설정하며, 기본적으로 TCP/IP의 주소 체계는 AF_INET을 사용합니다.

27번째 줄 ● 접속할 FTP 서버의 주소를 설정합니다. "127.0.0.1"은 루프백 주소로써 각 개인마다 존재하는 IP 주소입니다. 만약 본인의 PC에 FTP 서버가 없다면 FTP 서버가 존재하는 IP 주소로 변경하여 테스트하기 바랍니다. 학교 등의 FTP 서버에 접속해 보기 바랍니다.

28번째 줄 ● FTP 서버의 고유한 포트 번호를 지정합니다. FTP 서버는 포트 번호로 21번을 사용합니다. 보통 하나의 컴퓨터는 한 개의 IP 주소를 사용하기 때문에 여러 개의 프로그램에서 TCP/IP 통신을 하기 위해서 포트라는 추가적인 번호를 사용합니다. 포트 번호는 1~65535까지 사용 가능하며, 일반적으로 1000번 이후의 번호를 사용합니다. 1000번 이후의 포트 번호를 사용하는 이유는 1000번 이전의 번호들은 이미 다른 유명한 프로그램들(FTP 서버 같은)에 의해서 사용되고 있을 가능성이 있기 때문입니다. 만약 A 프로그램에서 21번 포트를 사용하고 있다면, B 프로그램은 21번 이외의 포트를 사용해야 합니다. 만약 B 프로그램이 21번 포트를 사용하려 한다면, "이미 사용 중이므로 사용할 수 없다"는 에러가 발생됩니다.

30번째 줄 ● TCP/IP를 사용하여 지정한 IP의 FTP 서버에 접속을 시도합니다. 접속이 성공하면 connect() 함수는 0을 리턴합니다.

32-34번째 줄 ● 접속이 실패되면, closesocket() 함수를 호출하여 소켓을 해제한 후, 에러를 출력하고 프로그램을 종료합니다.

37번째 줄 ● socket() 함수에 의해 생성된 소켓 s를 해제합니다.

39번째 줄 ● WSACleanup() 함수에 의해 TCP/IP 소켓 사용을 종료합니다.

44-49번째 줄 ● 에러를 출력한 후 프로그램을 종료합니다. WSAGetLastError() 함수는 소켓 함수에서 발생된 에러 코드를 구합니다.

출력 결과

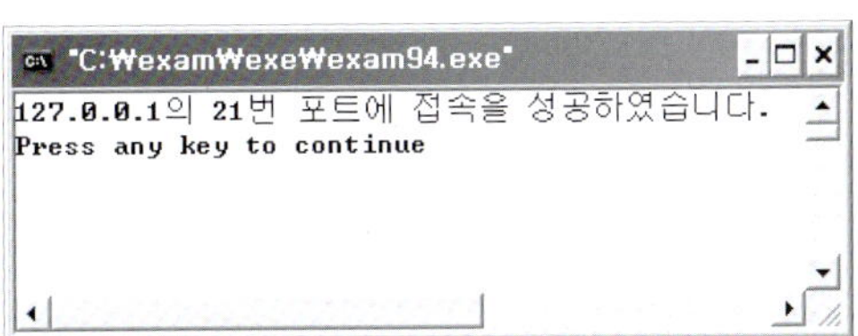

●● FTP 서버에 접속하기

응용해 보세요!

✓ 학교 등의 FTP 서버에 접속해 보세요.

TCP/IP 서버 프로그램

TCP/IP 프로그램은 서버 및 클라이언트 프로그램으로 구성됩니다. 서버 프로그램이란 클라이언트의 접속을 받아들여 일정한 기능을 제공하는 프로그램이며, 클라이언트 프로그램이란 서버 프로그램에 접속하여 일정한 기능을 제공 받는 프로그램을 의미합니다. 이번 예제에서는 TCP/IP 서버 프로그램을 작성하여 클라이언트의 접속을 처리하여 봅니다.

```
01: /* 예제 91 : TCP/IP 서버 프로그램 */
02:
03: #include <stdio.h>
04: #include <winsock2.h>
05:
06: #pragma comment(lib, "wsock32.lib")
07:
08: void Error( char* szMessage );
09:
10: void main( void )
11: {
12:     SOCKET s, cs;
13:     WSADATA wsaData;
14:     struct sockaddr_in sin;
15:     struct sockaddr_in cli_addr;
16:     int size = sizeof(cli_addr);
17:
18:     WSAStartup( MAKEWORD(2,2), &wsaData );
19:
20:     s = socket( AF_INET, SOCK_STREAM, 0 );
21:
22:     if( s == INVALID_SOCKET )
23:     {
24:         Error( "socket" );
25:         return;
26:     }
27:
28:     sin.sin_family = AF_INET;                  // AF_INET 체계임을 명시
29:     sin.sin_port = htons(10000);               // 10000 번 포트를 사용
30:     sin.sin_addr.s_addr = htonl(ADDR_ANY);     // 자동 네트워크 카드 설정
31:
32:     if( bind(s, (struct sockaddr*)&sin, sizeof(sin)) == SOCKET_ERROR )
33:     {
34:         closesocket( s );
35:         Error( "bind" );
36:         return;
37:     }
38:
39:     if( listen( s, SOMAXCONN ) != 0 )
```

```
40:    {
41:        closesocket( s );
42:        Error( "listen" );
43:        return;
44:    }
45:
46:    printf( "클라이언트로부터 접속을 기다리고 있습니다... \n" );
47:
48:    cs = accept(s, (struct sockaddr*)&cli_addr, &size );
49:
50:    if( cs == INVALID_SOCKET )
51:    {
52:        closesocket( s );
53:        Error( "accept" );
54:        return;
55:    }
56:
57:    printf( "클라이언트가 접속되었습니다. \n" );
58:    printf( "IP = %s, PORT = %d \n",
59:        inet_ntoa(cli_addr.sin_addr), ntohs(cli_addr.sin_port) );
60:
61:    closesocket( cs );
62:    closesocket( s );
63:
64:    WSACleanup();
65: }
66:
67: void Error( char* szMessage )
68: {
69:    printf( "Error: [%d] %s \n", WSAGetLastError(), szMessage );
70:    WSACleanup();
71:    exit(0);
72: }
```

12번째 줄 ● 서버와 클라이언트가 연결되면 새로운 소켓 디스크립터가 생성됩니다. 새로 생성되는 소켓 디스크립터를 저장하기 위한 cs를 하나 더 선언합니다.

15번째 줄 ● 클라이언트가 접속되어 올 때 클라이언트의 IP 주소 및 포트 번호를 저장할 구조체를 선언합니다.

16번째 줄 ● 구조체의 크기를 구합니다.

29번째 줄 ● 서버는 클라이언트로부터 접속을 대기할 포트 번호를 지정해야 합니다. 이 서버는 포트 번호가 10000번이므로 [예제 92]에서 작성되는 TCP/IP 클라이언트 프로그램은 반드시 포트 번호를 10000번으로 설정해서 접속을 시도해야 합니다.

32-37번째 줄 ● bind() 함수는 운영체제에 10000번 포트를 사용하겠다는 것을 알리는 역할을 합니다. bind() 함수 호출 시 에러가 발생하면 34번째 줄에서 소켓을 닫고, 35번째 줄에서 에러 메시지를 출력한 후 프로그램을 종료합니다.

39번째 줄 ● listen() 함수는 동시에 접속할 수 있는 클라이언트의 수를 설정합니다. SOMAXCONN의 값은 0x7fffffff로 선언되어 있기 때문에 거의 무한대의 동시 접속이 가능합니다.

48-55번째 줄 ● accept() 함수는 클라이언트로부터의 접속을 받아오는 역할을 합니다. 클라이언트가 접속되었을 때 accept() 함수는 접속 처리를 하며, 그 결과로 클라이언트 소켓 디스크립터를 리턴합니다. 이때 리턴된 cs는 클라이언트와 통신할 수 있는 유일한 소켓 디스크립터입니다. 만약 accept() 함수에서 에러가 발생되었을 경우, 소켓을 닫고, 에러를 출력한 후 프로그램을 종료합니다.

57번째 줄 ● 클라이언트가 접속되었음을 출력합니다.

58-59번째 줄 ● 접속된 클라이언트의 IP 및 PORT 번호를 출력합니다.

61번째 줄 ● 클라이언트 소켓 디스크립터를 닫습니다.

출력 결과

●● TCP/IP 서버 프로그램

 메모하세요

92

TCP/IP 클라이언트 프로그램

이번 예제에서는 [예제 91]의 서버 프로그램에 접속하기 위한 클라이언트 프로그램을 작성하여 봅니다. 클라이언트 프로그램은 서버 프로그램에 비해 간단하게 작성할 수 있으며, 서버에 접속하기 위한 connect() 함수를 사용합니다.

```c
01: /* 예제 92 : TCP/IP 클라이언트 프로그램 */
02:
03: #include <stdio.h>
04: #include <winsock2.h>
05:
06: #pragma comment(lib, "wsock32.lib")
07:
08: void Error( char* szMessage );
09:
10: void main( void )
11: {
12:     SOCKET s;
13:     WSADATA wsaData;
14:     struct sockaddr_in sin;
15:
16:     WSAStartup( MAKEWORD(2,2), &wsaData );
17:
18:     s = socket( AF_INET, SOCK_STREAM, 0 );
19:
20:     if( s == INVALID_SOCKET )
21:     {
22:         Error( "socket" );
23:         return;
24:     }
25:
26:     sin.sin_family = AF_INET;
27:     sin.sin_addr.s_addr = inet_addr( "127.0.0.1" );
28:     sin.sin_port = htons(10000);
29:
30:     if( connect(s, (struct sockaddr*)&sin, sizeof(sin)) != 0 )
31:     {
32:         closesocket( s );
33:         Error( "connect" );
34:         return;
35:     }
36:
37:     printf( "127.0.0.1의 10000번 포트에 접속을 성공. \n" );
38:
39:     closesocket( s );
40:
41:     WSACleanup();
```

```
42: }
43:
44: void Error( char* szMessage )
45: {
46:     printf( "Error: [%d] %s \n", WSAGetLastError(), szMessage );
47:     WSACleanup();
48:     exit(0);
49: }
```

27번째 줄 ● 접속할 서버의 주소를 설정합니다. 클라이언트가 실행될 PC에서 서버 프로그램이 실행중인 경우 "127.0.0.1"로 접속하면 됩니다. 만약 서버 프로그램을 다른 PC에서 실행하였다면, 그 PC의 IP 주소 를 입력하면 됩니다.

28번째 줄 ● 접속할 서버의 포트 번호를 10000으로 설정합니다.

30-35번째 줄 ● sin 구조체에 설정된 IP 및 PORT 번호로 접속을 시도합니다. connect() 함수는 접속 성공 시 0을 리 턴하며, 실패 시 0이 아닌 값을 리턴합니다. 접속 실패 시 소켓을 닫고, 에러를 출력한 후, 프로그램 을 종료합니다.

출력 결과

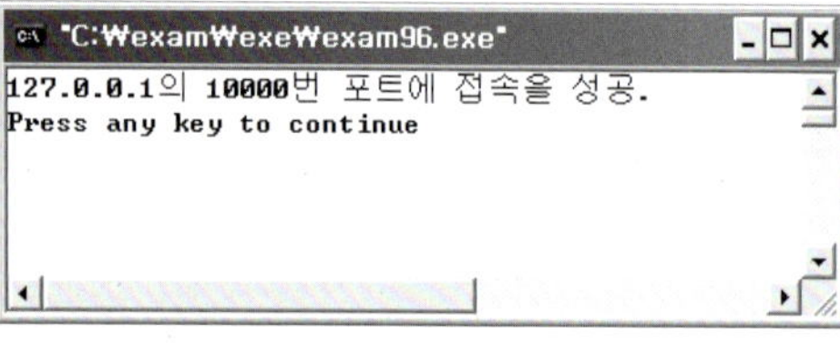

●● TCP/IP 클라이언트 프로그램

 메모하세요

93

에코 서버 프로그램

TCP/IP 에코 서버

에코 서버란 클라이언트로부터 전송되어 오는 메시지를 그대로 클라이언트 프로그램에 전송해 주는 프로그램을 말합니다. 예를 들어 클라이언트가 문자 'a'를 전송하였다면, 에코 서버는 클라이언트에 문자 'a'를 전송해 주며, 문자 'b'를 수신한 경우, 문자 'b'를 클라이언트에 다시 전송해 줍니다.

```
01: /* 예제 93 : TCP/IP 에코 서버 */
02:
03: #include <stdio.h>
04: #include <conio.h>
05: #include <winsock2.h>
06:
07: #pragma comment(lib, "ws2_32.lib")
08:
09: void Error( char* szMessage );
10:
11: void main( void )
12: {
13:     SOCKET s;                // 서버 소켓 디스크립터
14:     SOCKET cs;               // 클라이언트 소켓 디스크립터
15:     SOCKADDR_IN server;      // 소켓 구조체
16:     SOCKADDR_IN client;      // 소켓 구조체
17:     WSADATA wsaData;         // 스타트업 구조체
18:
19:     int num;                 // 수신된 데이터 크기
20:     char buff[100];          // 데이터 수신 버퍼
21:     int size;
22:
23:     WSAStartup( MAKEWORD(2,2), &wsaData );
24:
25:     s = socket( AF_INET, SOCK_STREAM, 0 );
26:
27:     if( s == INVALID_SOCKET )
28:     {
29:         Error( "socket" );
30:     }
31:
32:     server.sin_family = AF_INET;                 // AF_INET 체계임을 명시
33:     server.sin_port = htons(10000);              // 10000 번 포트를 사용
34:     server.sin_addr.s_addr = htonl(ADDR_ANY);    // 자동 네트워크 카드 설정
35:
36:     if( bind(s, (SOCKADDR*)&server, sizeof(server)) == SOCKET_ERROR )
37:     {
38:         Error( "bind" );
39:     }
40:
```

```
41:    if( listen( s, SOMAXCONN ) != 0 )
42:    {
43:        Error( "listen" );
44:    }
45:
46:    printf( "클라이언트로부터 접속 대기 중입니다... \n" );
47:
48:    size = sizeof(client);
49:    cs = accept(s, (SOCKADDR*)&client, &size );
50:
51:    if( cs == INVALID_SOCKET )
52:    {
53:        Error( "accept" );
54:    }
55:
56:    while( 1 )
57:    {
58:        memset( buff, 0, sizeof(buff) );
59:
60:        num = recv( cs, buff, sizeof(buff), 0 );
61:
62:        if( num == 0 || num == SOCKET_ERROR ) break;
63:
64:        puts( buff );
65:
66:        send( cs, buff, num, 0 );
67:    }
68:
69:    closesocket( s );
70:
71:    WSACleanup();
72: }
73:
74: void Error( char* szMessage )
75: {
76:    printf( "Error: [%d] %s \n", WSAGetLastError(), szMessage );
77:    WSACleanup();
78:    exit(0);
79: }
```

19번째 줄 ● 몇 바이트가 수신되었는지를 저장할 변수를 선언합니다.

20번째 줄 ● 수신된 데이터를 저장할 버퍼를 선언합니다.

33번째 줄 ● 서버의 접속 포트를 10000번으로 설정합니다.

36-39번째 줄 ● bind() 함수는 운영체제에 10000번 포트를 사용하겠다는 것을 알리는 역할을 합니다.

41번째 줄 ● listen() 함수는 동시에 접속할 수 있는 클라이언트의 수를 설정합니다.

49번째 줄 ● accept() 함수는 클라이언트로부터의 접속을 받아 오는 역할을 합니다.

56번째 줄 ● 클라이언트와의 접속이 해제될 때까지 56~67번째 줄을 반복 실행합니다.

58번째 줄 ● buff의 모든 값을 0으로 설정합니다.

60번째 줄 ● recv() 함수는 클라이언트 프로그램이 보낸 데이터를 수신하는 함수입니다. 수신된 데이터는 버퍼에 저장되며, 한 번에 최대 100(sizeof(buff))바이트만큼 수신할 수 있습니다. 만약 더 큰 데이터를 수신하려면 buff 크기를 더 크게 설정한 후, recv() 함수를 호출하면 됩니다. 다음은 recv() 함수의 원형이며, s는 클라이언트와 접속된 소켓을 의미하며, buf는 데이터를 수신할 버퍼를, len은 최대 수신 크기를, flags는 수신 설정에 관한 것으로 일반적으로 0을 사용합니다.

```
int recv ( SOCKET s, char FAR* buf, int len, int flags );
```

recv() 함수를 사용할 때는 주의해야 할 것이 있습니다. 예를 들어 100바이트를 수신하겠다고 len을 100으로 사용한 경우, 실제로 수신되는 데이터는 100보다 작을 수 있습니다. recv() 함수는 여러 종류의 리턴값이 있으며, 각각의 리턴값은 다음과 같은 의미가 있습니다.

● SOCKET_ERROR : 잘못된 호출 또는 소켓 디스크립터가 잘못된 경우의 리턴값입니다.
● 0 : 클라이언트와의 접속이 해제된 경우의 리턴값입니다.
● 1>=리턴값 : 정상적으로 데이터를 수신한 경우의 리턴값입니다.

62번째 줄 ● recv() 함수의 리턴값이 0 또는 SOCKET_ERROR인 경우 while 순환문을 종료합니다.

64번째 줄 ● 수신된 데이터를 출력합니다.

66번째 줄 ● 수신된 데이터를 클라이언트 프로그램에 전송합니다. send() 함수는 접속된 클라이언트에 데이터를 전송하는 역할을 하며, 함수의 원형은 다음과 같습니다. s는 클라이언트와 접속된 소켓을 의미하며, buf는 데이터를 송신할 버퍼를, len은 송신 크기를, flags는 송신 설정에 관한 것으로 일반적으로 0을 사용합니다.

```
int send ( SOCKET s, const char FAR * buf, int len, int flags );
```

출력 결과

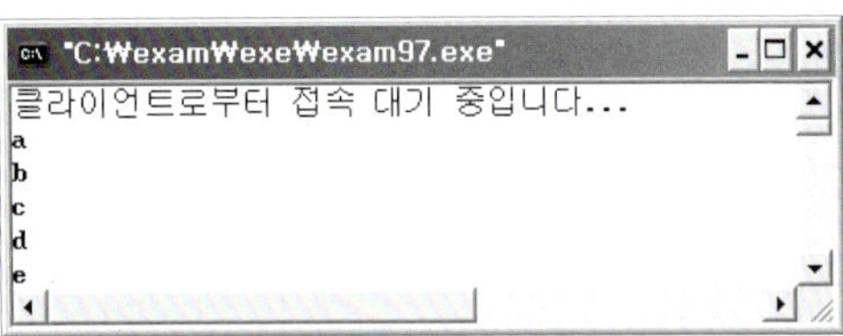

●● TCP/IP 에코 서버

에코 서버를 테스트하기 위해서는 telnet 프로그램을 사용하면 됩니다. telnet 프로그램은 MS-DOS 명령 프롬프트에서 다음과 같이 입력한 후 서버에 접속하면 됩니다.

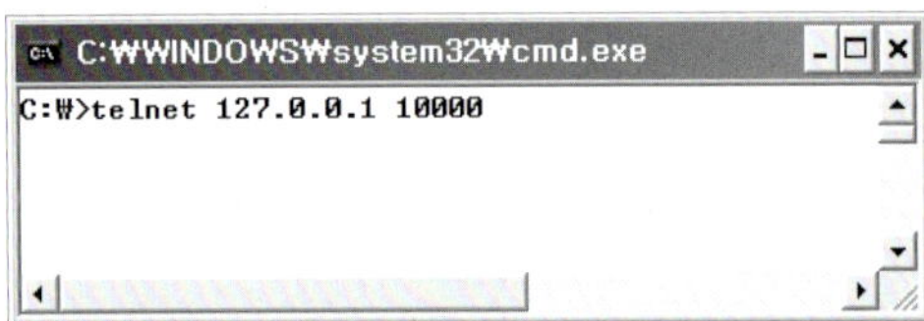

●● 텔넷 프로그램을 사용한 접속

다음 그림은 문자 'a', 'b', 'c', 'd', 'e'를 서버에 전송한 후, 서버로부터 수신된 문자 'a', 'b', 'c', 'd', 'e'를 순서대로 출력하고 있는 telnet 프로그램의 모습입니다.

●● 텔넷 프로그램의 에코 출력

📖 메모하세요

94

TCP/IP 정수값 수신 서버

정수값 수신 서버는 통신 프로그램에서 빈번하게 발생하는 정수값을 수신하는 예제입니다. [예제 94]와 [예제 95]를 통해 정수값을 어떻게 주고받을 수 있는지 배울 수 있습니다.

```
01: /* 예제 94 : TCP/IP 정수값 수신 서버 */
02:
03: #include <stdio.h>
04: #include <conio.h>
05: #include <winsock2.h>
06:
07: #pragma comment(lib, "ws2_32.lib")
08:
09: void Error( char* szMessage );
10:
11: void main( void )
12: {
13:     SOCKET s;              // 서버 소켓 디스크립터
14:     SOCKET cs;             // 클라이언트 소켓 디스크립터
15:     SOCKADDR_IN server;    // 소켓 구조체
16:     SOCKADDR_IN client;    // 소켓 구조체
17:     WSADATA wsaData;       // 스타트업 구조체
18:     int size;
19:
20:     int num;               // 수신된 파일 데이터
21:     int value;             // 정수값 수신
22:
23:     WSAStartup( MAKEWORD(2,2), &wsaData );
24:
25:     s = socket( AF_INET, SOCK_STREAM, 0 );
26:
27:     if( s == INVALID_SOCKET )
28:     {
29:         Error( "socket" );
30:     }
31:
32:     server.sin_family = AF_INET;                // AF_INET 체계임을 명시
33:     server.sin_port = htons(10000);             // 10000 번 포트를 사용
34:     server.sin_addr.s_addr = htonl(ADDR_ANY);   // 임의의 네트워크 카드 설정
35:
36:     if( bind(s, (SOCKADDR*)&server, sizeof(server)) == SOCKET_ERROR )
37:     {
38:         Error( "bind" );
39:     }
40:
41:     if( listen( s, SOMAXCONN ) != 0 )
```

```
42:     {
43:         Error( "listen" );
44:     }
45:
46:     printf( "클라이언트로부터 접속 대기 중입니다... \n" );
47:
48:     size = sizeof(client);
49:     cs = accept(s, (SOCKADDR*)&client, &size );
50:
51:     if( cs == INVALID_SOCKET )
52:     {
53:         Error( "accept" );
54:     }
55:
56:     while( 1 )
57:     {
58:         num = recv( cs, (char*)&value, 4, 0 );
59:
60:         if( num == 0 || num == SOCKET_ERROR )
61:         {
62:             break;
63:         }
64:
65:         printf( "정수값 %d 수신\n", value );
66:     }
67:
68:     closesocket( s );
69:     closesocket( cs );
70:
71:     WSACleanup();
72: }
73:
74: void Error( char* szMessage )
75: {
76:     printf( "Error: [%d] %s \n", WSAGetLastError(), szMessage );
77:     WSACleanup();
78:     exit(0);
79: }
```


33번째 줄 ● 포트 번호는 10000번을 사용합니다.

36-44번째 줄 ● bind(), listen() 함수를 호출하여 서버 모드로 실행합니다.

49번째 줄 ● accept() 함수는 클라이언트로부터의 접속을 받아 오는 역할을 합니다.

58번째 줄 ● 정수형 변수 value에 4바이트만큼 데이터를 받습니다. recv() 함수는 2번째 매개 변수로 char*형을 받기 때문에 char*로 형변환(케스팅) 해주어야 하며, value의 번지를 넘겨주기 위해 번지 연산자(&)를 사용하였음에 주의하세요.

60-63번째 줄 ● recv() 함수를 호출 중 에러가 발생하면 while문을 종료합니다.

65번째 줄 ● 수신된 정수값을 출력합니다.

출력 결과

●● TCP/IP 정수값 수신 서버

 메모하세요

95

TCP/IP 정수값 송신 클라이언트

정수값 송신 클라이언트는 정수값 수신 서버로 정수 데이터를 전송하기 위해 사용합니다. 네트워크를 통해 정수를 보내는 경우가 많으므로 이 예제를 잘 익혀두기 바랍니다.

```c
01: /* 예제 95 : TCP/IP 정수값 송신 클라이언트 */
02:
03: #include <stdio.h>
04: #include <conio.h>
05: #include <winsock2.h>
06:
07: #pragma comment(lib, "ws2_32.lib")
08:
09: void Error( char* szMessage );
10:
11: void main( void )
12: {
13:     SOCKET s;                 // 서버 소켓 디스크립터
14:     SOCKADDR_IN client;       // 소켓 구조체
15:     WSADATA wsaData;          // 스타트업 구조체
16:     char value;               // 파일 송신 버퍼
17:
18:     WSAStartup( MAKEWORD(2,2), &wsaData );
19:
20:     s = socket( AF_INET, SOCK_STREAM, 0 );
21:
22:     if( s == INVALID_SOCKET )
23:     {
24:         Error( "socket" );
25:     }
26:
27:     client.sin_family      = AF_INET;                   // 주소 체계 설정
28:     client.sin_port        = htons( 10000 );            // 포트 번호 설정
29:     client.sin_addr.s_addr = inet_addr( "127.0.0.1" );  // 접속 주소 설정
30:
31:     if( connect(s, (SOCKADDR*)&client, sizeof(client)) != 0 )
32:     {
33:         Error( "connect" );
34:     }
35:
36:     while( 1 )
37:     {
38:         printf( "정수값 입력 : " );
39:         scanf( "%d", &value );
40:         send( s, (char*)&value, 4, 0 );
```

```
41:     }
42:
43:     closesocket( s );
44:
45:     WSACleanup();
46: }
47:
48: void Error( char* szMessage )
49: {
50:     printf( "Error: [%d] %s \n", WSAGetLastError(), szMessage );
51:     WSACleanup();
52:     exit(0);
53: }
```

28-29번째 줄 ● 접속 포트를 10000번으로 접속 주소를 "127.0.0.1"로 설정합니다. 만약 접속하려는 서버의 주소가 다른 PC에 있는 경우 "127.0.0.1"을 그 PC의 IP 주소로 수정하십시오.

31-34번째 줄 ● client 구조체에 지정된 IP 및 PORT 번호로 접속을 시도합니다. 접속이 실패될 경우 에러를 출력 후, 프로그램은 종료됩니다.

36-41번째 줄 ● 정수값을 입력 받아 서버에 전송(send)합니다.

40번째 줄 ● 입력 받은 정수값을 서버로 4바이트만큼 전송합니다.

출력 결과

●● TCP/IP 정수값 송신 클라이언트

📖 메모하세요

리눅스에서 파일 처리를 하는 것은 윈도에서 파일 처리를 하는 것과 일부 유사하기는 하나 조금 다른 면이 있습니다. 요즘에는 리눅스 프로그래밍도 자주 사용하므로 이런 코드를 활용할 수 있습니다.

[linux_exam001.c]

```
01: // ubuntu: sudo gcc  -std=c99  -o  linux_exam001  linux_exam001.c
02: // centos: gcc  -std=c99  -o  linux_exam001  linux_exam001.c
03:
04: #include <string.h>      // strlen
05: #include <sys/types.h>
06: #include <sys/stat.h>
07: #include <fcntl.h>       // open
08: #include <unistd.h>      // close
09:
10: int main( int argc, char *argv[] )
11: {
12:     int fd;
13:     fd = open( "sample.txt", O_WRONLY | O_CREAT );
14:
15:     if( fd == -1 )
16:     {
17:         return -1;
18:     }
19:
20:     char *hello = "hello\n";
21:     write( fd, hello, strlen(hello) );
22:
23:     close( fd );
24:
25:     return 0;
26: }
```

1번째 줄 ● 우분투에서 소스 코드를 컴파일합니다. 우분투에서 소스 코드를 컴파일하기 위해서는 gcc가 설치되어 있어야 합니다. 설치가 아직 안 되어 있다면 다음 명령으로 컴파일러를 설치할 수 있습니다.

```
$ sudo apt-get upgrade
$ sudo apt-get install gcc g++
gcc는 C 컴파일러이고, g++는 C++ 컴파일러입니다.
```

2번째 줄 ● CentOS에서 소스 코드를 컴파일합니다. CentOS에서 소스 코드를 컴파일하기 위해서는 gcc가 설치되어 있어야 합니다. 설치가 아직 안 되어 있다면 다음 명령으로 컴파일러를 설치할 수 있습니다.

```
$ yum -y install gcc gcc-c++
gcc는 C 컴파일러이고, g++는 C++ 컴파일러입니다.
```

12번째 줄 ● 파일 디스크립터 변수 fd를 선언합니다.

13번째 줄 ● 현재 디렉터리에 "sample.txt" 파일을 생성합니다. open() 함수는 파일을 사용하기 위해서 개방을 담당하는 함수이며, 파일과 관련된 처리를 모두 마쳤을 때는 close() 함수를 호출해야 합니다. 다음은 open() 함수의 함수 원형입니다. Pathname은 생성 또는 개방할 파일의 경로 또는 이름이며, flags는 파일을 생성할지, 읽기 위해 개방할지 또는 쓰기 위해 개방할지를 나타냅니다.

```
int open(const char *pathname, int flags);
```

파일 개방 모드는 다음과 같으며, 파일 처리에 알맞게 설정해야 합니다.

모드	설명	모드	설명
O_CREAT	파일을 생성합니다.	O_RDWR	파일을 읽고 쓰기 위해 개방합니다.
O_RDONLY	파일을 읽기 위해 개방합니다. 파일이 존재해야 합니다.	O_APPEND	파일을 추가하기 위해 개방합니다. 파일 포인터는 파일 끝으로 이동합니다.
O_WRONLY	파일을 쓰기 위해 개방합니다.	O_EXCL	이미 파일이 존재하면 개방이 실패합니다. O_CREAT와 같이 사용하지 않습니다.
O_DIRECTORY	디렉터리를 개방합니다.	O_TRUNC	파일이 이미 존재하면 파일을 삭제하고 크기를 0으로 해 새롭게 생성합니다.

다음은 파일 개방 동작별 상황에 따른 개방 모드 조합의 예입니다.

동작	모드 조합	설명
파일 생성 후 쓰기	O_CREAT | O_WRONLY	개방할 파일이 이미 존재하면 파일을 새롭게 생성하지 않고 그 파일을 쓰기 위해 개방합니다.
파일 읽기 모드	O_RDONLY	파일을 읽기 위해 개방합니다.
파일 생성 후 읽고 쓰기	O_CREAT | O_RDWR	개방할 파일이 이미 존재하면 파일을 새롭게 생성하지 않고 그 파일을 읽고 쓰기 위해 개방합니다. lseek() 함수를 통해 파일 포지션 이동 후 읽기도 가능합니다.
파일 크기를 0으로 생성하기	O_CREAT | O_TRUNC | O_WRONLY	개방할 파일이 이미 존재하면 그 파일의 크기를 0으로 해 개방합니다. 파일 내용이 있다면 모두 삭제됩니다.
파일 추가 모드	O_CREAT | O_APPEND | O_WRONLY	파일을 추가하기 위해 개방합니다. 파일이 개방되면 파일 포인터는 맨 뒤로 이동합니다.

15~18번째 줄 ● 파일 생성이 실패되면 −1을 반환합니다.

21번째 줄 ● 개방된 파일에 "hello"를 씁니다. write() 함수의 원형은 다음과 같습니다. fd는 open() 함수에 의해 반환된 파일 디스크립터입니다. buf는 쓸 문자 버퍼의 포인터이며, count는 파일에 쓸 문자의 수입니다.

```
ssize_t write(int fd, const void *buf, size_t count);
```

23번째 줄 ● 개방된 파일을 닫습니다.

출력 결과

```
root@ip-172-31-4-18: ~                    —    □    ×
root@ip-172-31-4-18:~# ./linux_exam001
root@ip-172-31-4-18:~# tail sample.txt
hello
root@ip-172-31-4-18:~#
```

●● 파일에 쓰기

파일로부터 읽으려면 다음과 같이 read() 함수를 사용합니다.

```
ssize_t read(int fd, void *buf, size_t count);
```

fd는 개방된 파일 디스크립터, buf는 읽을 버퍼, count는 최대 읽을 바이트 수입니다. count가 buf의 크기보다 크면 프로그램이 다운되므로 주의해야 합니다. 다음은 간단한 예입니다.

```
// fd = open( "sample.txt", O_RDONLY )
// int read_bytes = read( fd, buf, 10 );
```

파일 포인터 이동 함수는 다음과 같습니다.

```
off_t lseek(int fd, off_t offset, int whence);
```

fd는 개방된 파일 디스크립터, offset은 이동할 바이트 수, whence는 이동할 기준 지점으로 다음과 같습니다.

whence 값	설명
SEEK_SET	파일의 시작지점으로부터 파일 포인터를 offset 바이트 수만큼 이동합니다. 예) lseek(fd, 10, SEEK_SET);　　// 파일 포인터를 10만큼 이동
SEEK_CUR	파일의 현재 읽고 쓰는 위치로부터 offset 바이트 수만큼 이동합니다. offset은 마이너스 값을 가질 수 있으며, offset이 마이너스 값이면 파일 포인터는 앞으로 이동합니다. 예) lseek(fd, 10, SEEK_CUR);　　// 파일 포인터를 뒤로 이동 예) lseek(fd, -10, SEEK_CUR);　　// 파일 포인터를 앞으로 이동
SEEK_END	파일의 끝으로부터 파일 포인터를 앞으로 이동합니다. offset 값은 마이너스 값이어야 합니다. 예) lseek(fd, -10, SEEK_END);　　// 파일 포인터를 앞으로 이동

 메모하세요

리눅스 TCP/IP 통신 서버 프로그램

리눅스 TCP/IP 통신 프로그램도 윈도와 큰 차이가 없습니다. 단, 컴파일 방법 등이 다르므로 그 부분을 이해해야 합니다. 이번 예제에서는 리눅스 TCP/IP 통신 프로그램을 작성하여 클라이언트의 접속을 처리해봅니다.

[linux_exam002.c]

```c
01: // ubuntu: sudo gcc  -std=c99  -o  linux_exam002  linux_exam002.c
02: // centos: gcc  -std=c99  -o  linux_exam002  linux_exam002.c
03:
04: #include <stdio.h>          // printf
05: #include <string.h>         // memset
06: #include <sys/types.h>      // socket, setsockopt, bind, listen, accept
07: #include <sys/socket.h>     // socket, setsockopt, bind, listen, accept
08: #include <netinet/in.h>     // socket, setsockopt, bind, listen, accept
09: #include <unistd.h>         // socket, setsockopt, bind, listen, accept
10:
11: #define LISTEN_PORT     50000
12:
13: int main( int argc, char *argv[] )
14: {
15:     int sockfd, clientfd;
16:     socklen_t client_size;
17:     char buff[256];
18:     struct sockaddr_in server_addr, client_addr;
19:     int optval = 1;
20:     int ret;
21:
22:     sockfd = socket( AF_INET, SOCK_STREAM, 0 );
23:     if( sockfd < 0 )
24:     {
25:         printf( "ERROR opening socket\n" );
26:         return -1;
27:     }
28:
29:     memset( (char *)&server_addr, 0, sizeof(server_addr) );
30:
31:     server_addr.sin_family      = AF_INET;
32:     server_addr.sin_addr.s_addr = INADDR_ANY;
33:     server_addr.sin_port        = htons(LISTEN_PORT);
34:
35:     if( bind( sockfd, (struct sockaddr *) &server_addr, sizeof(server_addr) ) < 0 )
36:     {
37:         close( sockfd );
```

```
38:            printf( "ERROR on binding (%d)", LISTEN_PORT );
39:            return -1;
40:    }
41:
42:    ret = listen( sockfd, 5 );
43:
44:    if( ret < 0 )
45:    {
46:        printf( "listen: error\n" );
47:        return -1;
48:    }
49:
50:    while( 1 )
51:    {
52:        printf( "waiting... \n" );
53:
54:        client_size = sizeof(client_addr);
55:        clientfd = accept( sockfd, (struct sockaddr *) &client_addr, &client_size );
56:
57:        printf( "connected to a client! \n" );
58:
59:        if( clientfd < 0 ) {
60:            close( sockfd );
61:            printf( "ERROR on accept !!" );
62:            return -1;
63:        }
64:
65:        memset( buff, 0, sizeof(buff) );
66:        int read_bytes = read( clientfd, &buff, sizeof(buff)-1 );
67:
68:        if( read_bytes > 0 )
69:        {
70:            printf( "%s \n", buff );
71:        }
72:
73:        close( clientfd );
74:    }
75:
76:    close( sockfd );
77:
78:    return 0;
79: }
```

15번째 줄 ● 서버와 클라이언트가 연결되면 새로운 소켓 디스크립터가 생성되며 sockfd에 저장합니다. 클라이언트가 접속될 때 생성되는 소켓 디스크립터를 저장하기 위해 clientfd도 선언해 둡니다.

18번째 줄 ● 서버와 클라이언트의 주소 패밀리, 포트를 저장할 구조체를 선언합니다.

543

22번째 줄 socket() 함수에 의해 TCP/IP 소켓을 생성합니다.

31번째 줄 주소 체계를 설정하며, 기본적으로 TCP/IP의 주소 체계는 AF_INET을 사용합니다.

32번째 줄 접속 허용할 IP 주소를 지정합니다. 모든 IP를 접속 허용하려면 INADDR_ANY를 사용합니다.

33번째 줄 서버는 클라이언트로부터 접속을 대기할 포트 번호를 지정해야 합니다. 이 서버는 포트 번호가 50000 번이므로 클라이언트가 이 서버에 접속하려면 포트 번호를 50000으로 지정해 접속해야 합니다.

35-40번째 줄 bind() 함수는 운영체제에 50000번 포트를 사용하겠다는 것을 알리는 역할을 합니다. bind() 함수 호출 시 에러가 발생하면 37번째 줄에서 소켓을 닫고, 38번째 줄에서 오류 메시지를 출력한 후 프로그램을 종료합니다.

42번째 줄 listen() 함수는 동시에 접속할 수 있는 클라이언트의 수를 설정합니다.

55-63번째 줄 accept() 함수는 클라이언트로부터 접속을 받아오는 역할을 합니다. 클라이언트가 접속되었을 때 accept() 함수는 접속 처리를 하며, 그 결과로 클라이언트 소켓 디스크립터를 리턴합니다. 이때 리턴된 clientfd는 클라이언트와 통신할 수 있는 유일한 소켓 디스크립터입니다. 만약 accept() 함수에서 에러가 발생했다면 소켓을 닫고, 오류를 출력한 후 프로그램을 종료합니다.

66번째 줄 read() 함수는 클라이언트 프로그램이 보낸 데이터를 수신하는 함수입니다. 수신된 데이터는 버퍼에 저장되며, 한 번에 최대 255(sizeof(buff)-1) 바이트만큼 수신할 수 있습니다. 만약 더 큰 데이터를 수신하려면 buff 크기를 더 크게 설정한 후, read() 함수를 호출하면 됩니다. 다음은 read() 함수의 원형이며, clientfd는 클라이언트와 접속된 소켓을 의미하며, buf는 데이터를 수신할 버퍼를, count는 최대 수신 크기를 의미합니다.

```
ssize_t read(int fd, void *buf, size_t count);
```

read() 함수를 사용할 때는 주의해야 할 것이 있습니다. 예를 들어 100바이트를 수신하겠다고 count를 100으로 했을 때 실제로 수신되는 데이터는 100보다 작을 수 있습니다. read() 함수는 다양한 리턴값이 있으며, 각각의 리턴값은 다음과 같은 의미가 있습니다.

- −1: 잘못된 호출 또는 소켓 디스크립터가 잘못된 경우의 리턴값입니다.
- 0: 클라이언트와의 접속이 해제된 경우의 리턴값입니다.
- 1>=리턴값: 정상적으로 데이터를 수신한 경우 수신된 바이트 수입니다.

출력 결과

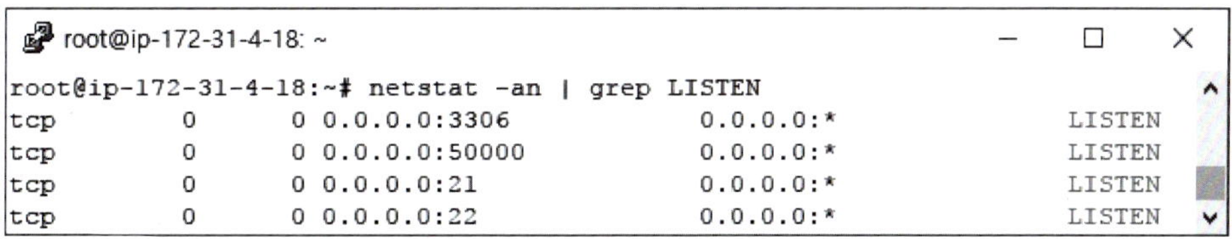

●● 웹 브라우저에서 접속한 경우(http://x.x.x.x:50000, x.x.x.x는 서버 IP입니다)

통신 서버를 테스트하기 위해서는 웹 브라우저나 telnet 등을 사용하면 됩니다(또는 직접 클라이언트 프로그램을 만들어도 됩니다).

방금 만든 서버가 정상적으로 클라이언트 수신을 대기하고 있는지 확인하려면 다음과 같이 netstat 명령을 사용합니다. 50000번 포트가 LISTEN 중이면 정상입니다.

```
$ netstat -an | grep LISTEN
```

```
root@ip-172-31-4-18: ~

root@ip-172-31-4-18:~# netstat -an | grep LISTEN
tcp        0      0 0.0.0.0:3306            0.0.0.0:*               LISTEN
tcp        0      0 0.0.0.0:50000           0.0.0.0:*               LISTEN
tcp        0      0 0.0.0.0:21              0.0.0.0:*               LISTEN
tcp        0      0 0.0.0.0:22              0.0.0.0:*               LISTEN
```

98 리눅스 MySQL DB 처리 프로그램

요즘의 서버 프로그램들은 기본적으로 데이터베이스 처리를 합니다. 이번 예제에서는 리눅스에서 가장 많이 사용하는 MySQL에 접속해 값을 읽고(SELECT), 추가(INSERT)하는 것을 해봅니다.

[linux_exam003.c]

```
01: // ubuntu: sudo gcc -std=c99 -o linux_exam003  $(mysql_config --cflags) linux_exam003.c $(mysql_config --libs)
02: // centos: gcc -std=c99 -o linux_exam003  $(mysql_config --cflags) linux_exam003.c $(mysql_config --libs)
03:
04: #include <stdio.h>
05: #include <mysql.h>
06:
07: int main( int argc, char *argv[] )
08: {
09:     char sql[1024];
10:     MYSQL *dbconn;
11:
12:     dbconn = mysql_init(NULL);
13:
14:     if( dbconn == NULL )
15:     {
16:         printf( "DB INIT ERROR: %s\n", mysql_error(dbconn) );
17:         return -1;
18:     }
19:
20:     if( mysql_real_connect(dbconn, "localhost", "root", "password", "testdb", 0, NULL, 0) == NULL )
21:     {
22:         printf( "%s\n", mysql_error(dbconn) );
23:         mysql_close( dbconn );
24:         return -1;
25:     }
26:
27:     sprintf( sql, "SELECT name FROM customers WHERE uid = 'korea';" );
28:
29:     if( mysql_query(dbconn, sql) )
30:     {
31:         printf( "mysql_query error: %s \n", mysql_error(dbconn) );
32:         mysql_close( dbconn );
33:         return -1;
34:     }
35:
36:     MYSQL_RES *result = NULL;
37:     result = mysql_store_result( dbconn );
```

```
38:
39:     if( result == NULL )
40:     {
41:         printf( "result == NULL: %s\n", mysql_error(dbconn) );
42:         mysql_close( dbconn );
43:         return -1;
44:     }
45:
46:     int num_rows = mysql_num_rows( result );
47:
48:     MYSQL_ROW row;
49:
50:     if( num_rows == 1 ) {
51:         row = mysql_fetch_row( result );
52:         printf( "USER NAME %s\n", row[0] );
53:     }
54:
55:     mysql_free_result( result );
56:
57:     sprintf( sql, "INSERT INTO customers (name) values ('testname')" );
58:
59:     if( mysql_query(dbconn, sql) )
60:     {
61:         printf( "mysql_query error: %s\n", mysql_error(dbconn) );
62:     }
63:
64:     mysql_close( dbconn );
65:
66:     return 0;
67: }
```

12번째 줄 mysql_init() 함수로 mysql을 사용하기 위해 초기화합니다.

20번째 줄 mysql_real_connect() 함수는 mysql 서버에 접속합니다. mysql은 12번째 줄에서 초기화된 dbconn을 사용하고, host는 접속할 IP 또는 URL을 사용합니다. 또한, user는 mysql에 접속할 사용자 ID, passwd는 mysql에 접속할 사용자 ID에 대한 비밀번호, db는 mysql의 접속할 데이터베이스명, port는 보통 0이며 0이 아니면 접속할 TCP/IP 포트 번호를 사용합니다. 나머지는 기본값을 그대로 사용합니다.

MYSQL *mysql_real_connect(MYSQL *mysql, const char *host, const char *user, const char *passwd, const char *db, unsigned int port, const char *unix_socket, unsigned long client_flag)

27번째 줄 SQL 쿼리문을 작성합니다.

29번째 줄 ● mysql_query() 함수는 mysql 서버에 쿼리를 전송합니다. mysql_query() 함수는 성공 시 0을 리턴하며, 실패 시 0이 아닌 값을 리턴합니다.

37번째 줄 ● mysql_store_result() 함수는 SQL 쿼리문의 쿼리 결과를 mysql 서버로부터 읽습니다.

39-44번째 줄 ● 쿼리 결과를 읽을 수 없으면 접속된 mysql 서버를 닫고 종료합니다.

46번째 줄 ● mysql_num_rows() 함수는 SQL 쿼리문에서 읽은 행(row) 수를 반환합니다.

51번째 줄 ● mysql_fetch_row() 함수는 SQL 쿼리에 대한 로우셋(1행)을 반환해 row에 설정합니다.

52번째 줄 ● 27번째 줄의 SQL 쿼리문에서 name에 해당하는 값(row[0])을 읽습니다. 여러 개의 필드가 있다면 row[0], row[1], row[2]처럼 순서대로 매칭해 사용합니다.

55번째 줄 ● mysql_free_result() 함수는 mysql_store_result()에 의해 생성된 자원을 해제합니다.

57번째 줄 ● 데이터를 INSERT하기 위한 SQL 문을 작성합니다.

59번째 줄 ● mysql_query() 함수를 사용해 mysql 서버에 INSERT 쿼리를 전송합니다.

64번째 줄 ● mysql_close() 함수로 mysql 서버에 접속 종료합니다.

출력 결과

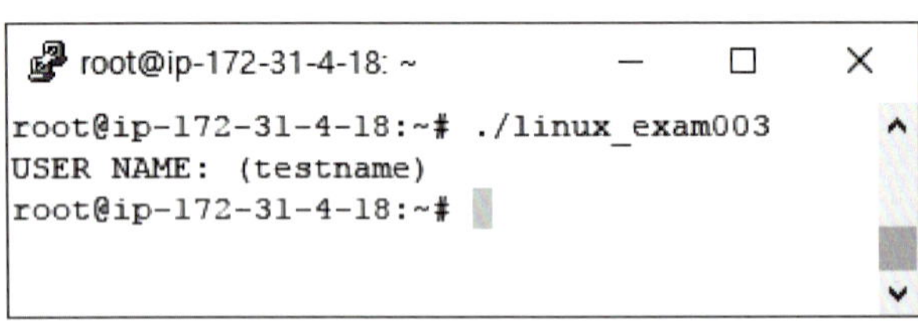

99 리눅스 POSIX 스레드 처리 프로그램

리눅스에서는 통신 프로그램 등을 처리할 때 병렬 처리를 위해 스레드라는 개념을 사용합니다. 물론 윈도에도 스레드라는 개념이 사용됩니다. 이번 예제에서는 스레드 생성과 호출에 대해 알아봅니다.

[linux_exam004.c]

```c
01: // ubuntu: sudo gcc –pthread –std=c99 –o linux_exam004  linux_exam004.c
02: // centos: gcc –pthread –std=c99 –o linux_exam004  linux_exam004.c
03:
04: #include <stdio.h>
05: #include <pthread.h>
06:
07: void* thread_function(void *parm)
08: {
09:     int value;
10:
11:     value = *((int*)parm);
12:
13:     printf( "%d \n", value );
14:
15:     return NULL;
16: }
17:
18: int main(int argc, char *argv[])
19: {
20:     int  value = 2020;
21:     pthread_t  thread_id;
22:     int  exit_status;
23:
24:     pthread_create( &thread_id, NULL, thread_function, (void*)&value );
25:
26:     pthread_join( thread_id, (void **)&exit_status );
27:     printf( "thread exit status: %d \n", exit_status );
28:
29:     return 0;
30: }
```

7번째 줄 ● my_thread() 함수를 정의합니다. 파라미터는 void*형으로 선언해 모든 포인터를 전달받을 수 있도록 합니다.

11번째 줄 ● 전달된 정수형 값을 변환해 value에 대입합니다.

13번째 줄 ● value 값을 출력합니다. 출력 결과는 2020입니다.

15번째 줄 ● 스레드를 종료합니다.

20번째 줄 ● 스레드에 전달할 변수를 선언합니다.

21번째 줄 ● 스레드가 생성되면 스레드를 관리한 id 값을 저장할 변수를 선언합니다.

22번째 줄 ● 스레드를 종료할 때까지 대기 시 스레드 종료 상태를 저장할 변수를 선언합니다.

24번째 줄 ● pthread_create() 함수로 스레드를 생성하고 호출합니다. 7번째 줄의 thread_function()을 호출하며 value를 전달합니다.

26번째 줄 ● pthread_join() 함수로 스레드가 종료할 때까지 대기합니다. 스레드가 실행 중이면 26번째 줄에서 계속 대기 상태로 더 이상 다음 줄이 실행되지 않으며, 스레드가 종료되면 27번째 줄로 실행이 이동됩니다.

출력 결과

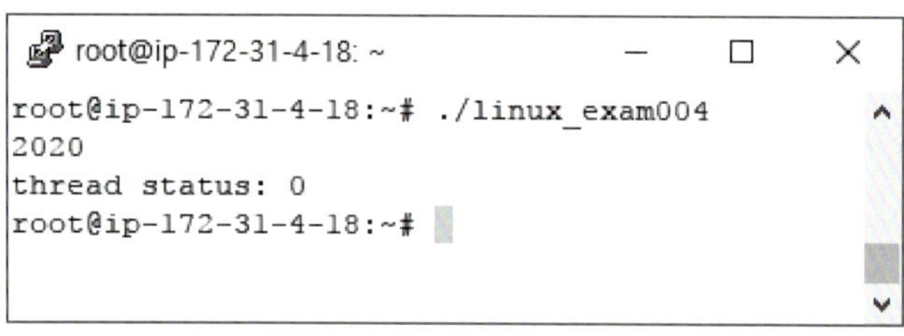

 100 리눅스 GTK+와 Qt GUI 그래픽 처리 프로그램

GUI 프로그래밍은 GTK+와 Qt로 구현할 수 있습니다. 여기서는 간단한 샘플 그래픽 프로그램을 만들어 봅니다. GTK+와 Qt는 라즈베리 파일 또는 우분투 Desktop에서 테스트할 수 있습니다. GTK+와 Qt 모두 C 가 아닌 C++로 작성합니다. C++이지만 별다른 게 없기 때문에 파일 확장자만 cpp로 사용합니다.

[linux_exam005-1.cpp] – GTK+

```
01: #include <gtk/gtk.h>
02:
03: int main( int argc, char *argv[] )
04: {
05:     GtkWidget *window, *label;
06:
07:     gtk_init( &argc, &argv );
08:     window = gtk_window_new( GTK_WINDOW_TOPLEVEL );
09:     gtk_window_set_title( GTK_WINDOW (window), "GUI Program");
10:
11:     label = gtk_label_new( "hello world!" );
12:     gtk_container_add( GTK_CONTAINER (window), label );
13:
14:     gtk_widget_show( label );
15:     gtk_widget_show( window );
16:     gtk_main();
17:
18:     return 0;
19: }
```

GTK+를 컴파일하기 위해서는 다음과 같이 설치해야 합니다.

```
$ sudo apt install libgtk-3-dev
```

컴파일은 다음과 같이 합니다.

```
$ g++ `pkg-config --libs  --cflags gtk+-3.0` linux_exam005-1.cpp -o linux_exam005-1
```

1번째 줄 ● GTK+를 사용하기 위해 헤더 파일을 사용합니다.

5번째 줄 ● GTK+의 윈도 창으로 사용할 window와 라벨로 사용할 label을 선언합니다.

7번째 줄 ● GTK+를 초기화합니다.

8번째 줄 ● 윈도 창을 생성합니다.

9번째 줄 ● 윈도 타이틀을 설정합니다.

11번째 줄 ● 라벨을 생성합니다.

12번째 줄 ● 윈도 창에 라벨을 추가합니다.

14번째 줄 ● 라벨을 보여줍니다.

15번째 줄 ● 윈도 창을 보여줍니다.

16번째 줄 ● main() 함수를 루프 실행합니다. `Ctrl`+`C`를 누르거나 윈도 창에서 ❌ 버튼을 클릭하면 프로그램이 종료됩니다.

실행은 다음과 같이 합니다.

```
$ ./linux_exam005-1
```

출력 결과

[linux_exam005-2.cpp] – Qt

```cpp
01: #include <QtWidgets/QApplication>
02: #include <QtWidgets/QLabel>
03:
04: int main( int argc, char *argv[] )
05: {
06:     QApplication app( argc, argv );
07:
08:     QLabel label( "hello Qt world!" );
```

```
09:     label.resize( 300, 50 );
10:
11:     label.show();
12:     return app.exec();
13: }
```

Qt를 컴파일하기 위해서는 다음과 같이 설치해야 합니다.

```
$ apt-cache search qt5
$ sudo apt install qt5-default
```

컴파일은 다음과 같이 해야 합니다.

```
$ qmake -project
```

그리고 나서 linux_exam005-2.pro를 다음과 같이 수정합니다.

```
$ nano linux_exam005-2.pro
TEMPLATE = app
TARGET = linux_exam005-2
INCLUDEPATH += .
QT += widgets

# Input
SOURCES += linux_exam005-2.cpp
```

qmake와 make를 통해 실행 파일을 생성합니다.

```
$ qmake
$ make
$ ls
linux_exam005-2 linux_exam005-2.cpp linux_exam005-2.o linux_exam005-2.pro Makefile
```

1-2번째 줄 Qt를 사용하기 위해 헤더 파일을 사용합니다.

6번째 줄 Qt 애플리케이션을 정의합니다.

8번째 줄 Qt에서 사용될 라벨을 생성합니다.

9번째 줄 ● 라벨의 크기를 조정합니다.

11번째 줄 ● 라벨을 보여줍니다.

12번째 줄 ● Qt 프로그램을 보여줍니다.

실행은 다음과 같이 합니다.

```
$ ./ linux_exam005-2
```

출력 결과

helloQt

hello Qt world!

메모하세요

C - Language

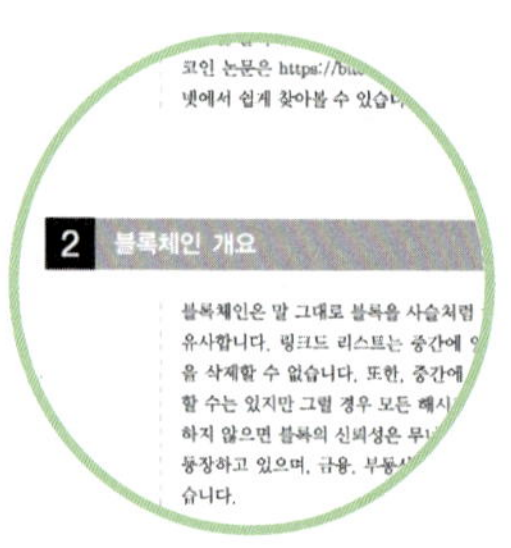

비트코인과 블록체인은 이 시대의 IT가 낳은 산물입니다. C 언어를 공부한다는 것은 그런 시대에 맞는 개발을 하기 위함입니다. 이 부록은 여기까지 C 언어를 공부한 분들이 접할 수 있는 또 다른 기회를 제공하고자 준비했습니다. C 언어를 공부하지 않았다면 결코 접할 수 없는 블록체인 컴파일, 이제부터는 여러분께서 블록체인의 선구자가 되길 바랍니다.

블록체인(비트코인과 이더리움)

1 비트코인 개요

비트코인은 디지털 화폐로 2008년 사토시 나카모토라는 일본 이름을 가진 사람에 의해 탄생되었습니다. 처음에는 1비트코인이 1$도 안 되는 가치를 지녔었지만, 2018년 1월에는 1비트코인이 무려 2,600만 원에 달했습니다. 비트코인은 디지털 지갑을 통해 송금할 수 있으며, 이를 처리하는 내부 시스템은 블록체인이라는 것을 사용하고 채굴(거래에 대한 작업 증명)을 통해 거래가 완성됩니다. 비트코인 논문은 https://bitcoin.org/bitcoin.pdf 사이트에서 볼 수 있습니다. 한국어로 번역된 것도 인터넷에서 쉽게 찾아볼 수 있습니다.

2 블록체인 개요

블록체인은 말 그대로 블록을 사슬처럼 엮어간다는 의미입니다. C 언어의 링크드 리스트를 생각하면 유사합니다. 링크드 리스트는 중간에 있는 항목을 삭제할 수 있지만, 블록체인은 중간에 있는 블록을 삭제할 수 없습니다. 또한, 중간에 있는 거래 내역을 수정할 수도 없습니다. 사실 삭제나 수정을 할 수는 있지만 그럴 경우 모든 해시값이 변경되어야 하기 때문에 블록 해시값이 깨져 버려 재구성을 하지 않으면 블록의 신뢰성은 무너집니다. 이런 장점이 있어 블록체인을 활용한 다양한 사업 모델이 등장하고 있으며, 금융, 부동산, 경매, 계약 등 신뢰를 요구하는 분야에 폭넓게 연구 및 활용되고 있습니다.

3 해시 개요

해시는 암호화 알고리즘인 SHA-256(SHA-2)을 사용해 특정 값에 대해 암호화한 값을 생성하는 것을 말합니다. 예를 들어,

"가나다라마바사아자차카타파하 우리나라 대한민국 블록체인 대한민국"

을 SHA-256으로 암호화하면 아래와 같은 해시값이 나옵니다.

"5B3266B9D21B805ABD8B74F15663BC01F6DF02514B1BAB4ACB0B3C15C2D5FA2A"

또한, 위 블록체인 개요인 "블록체인은 ~ 활용되고 있습니다."를 SHA-256으로 암호화하면 다음과 같은 해시값이 나옵니다.

위와 같은 원리를 통해 블록체인의 각 블록의 거래내역이 SHA-256을 사용해 암호화된 해시값을 생성할 수 있으며, 블록체인은 이전 블록에 대한 해시값을 다음 블록에 키로 전달해 링크드 리스트처럼 사용합니다. 이 해시값을 연속적으로 블록마다 이어감으로써 이전 값이 변경되지 않음을 블록체인이 보증하여 서비스 제공자와 사용자간 상호 신뢰성 있는 시스템을 제공하는 것이 제일 큰 특징입니다. 이런 특징으로 인해 금융, 부동산, 물류 등 신뢰성 있는 시스템 구축을 할 수 있게 되었습니다.

4 비트코인 소스 코드 내려받기

비트코인 소스 코드는 오픈 소스로 깃허브(Github)에서 내려받을 수 있습니다.

5 리눅스 Ubuntu Server 16.04 LTS에서 비트코인 코어 내려받기

리눅스에서 비트코인 코어를 내려받기 위해서는 git이 설치되어 있어야 합니다. 처음 리눅스를 설치하였다면 update 명령을 먼저 실행해 최신 정보로 업데이트합니다. 또한, 아마존 서버를 사용한다면 프리티어는 메모리가 부족해 컴파일을 할 수 없으므로(최소 1.5GB), t2.medium(vCPUs 2개, 메모리 4GB) 이상을 사용하기 바랍니다. 리눅스 Ubuntu Server 14.04 LTS를 사용하려면 다음 링크를 참조하세요(https://gist.github.com/kostaz/19729e6d53adc5d1606c).
그럼, 이제 시작해보죠!

```
$ sudo apt-get update [Enter]
$ sudo apt-get -y upgrade [Enter]
```

git은 다음과 같이 설치합니다. Ubuntu Server 16.04 LTS에는 git이 기본으로 설치되어 있습니다.

```
$ sudo apt-get install -y git [Enter]
```

git이 설치되면 다음과 같이 비트코인 코어를 내려받습니다. 다음 명령을 실행하기 전에 /home 디렉터리 아래에 소스 코드를 내려받을 디렉터리를 생성합니다. 여기서는 /home/ubuntu/bitcoin_src로 생성해 사용합니다.

```
$ cd /home/ubuntu/   [Enter]
$ mkdir bitcoin_src   [Enter]
$ cd bitcoin_src   [Enter]
```

git을 사용해 비트코인 코어 소스 코드를 내려받습니다. 내려받는 데 2~5분 정도 걸립니다.

```
$ git clone https://github.com/bitcoin/bitcoin.git   [Enter]
Cloning into 'bitcoin'...
remote: Counting objects: 107630, done.
remote: Compressing objects: 100% (6/6), done.
remote: Total 107630 (delta 5), reused 1 (delta 1), pack-reused 107623
Receiving objects: 100% (107630/107630), 94.76 MiB | 8.35 MiB/s, done.
Resolving deltas: 100% (76759/76759), done.
Checking connectivity... done.
```

내려받기가 완료되면 bitcoin 디렉터리로 이동합니다.

```
$ cd bitcoin   [Enter]
```

비트코인 코어 소스 코드를 확인하기 위해 ls 명령을 사용합니다.

```
$ bitcoin_src/bitcoin$  ls -l  [Enter]
total 124
-rwxrwxr-x  1 ubuntu ubuntu   527 Feb  4 15:46 autogen.sh
drwxrwxr-x  3 ubuntu ubuntu  4096 Feb  4 15:46 build-aux
-rw-rw-r--  1 ubuntu ubuntu 47128 Feb  4 15:46 configure.ac
drwxrwxr-x 17 ubuntu ubuntu  4096 Feb  4 15:46 contrib
-rw-rw-r--  1 ubuntu ubuntu 13886 Feb  4 15:46 CONTRIBUTING.md
-rw-rw-r--  1 ubuntu ubuntu  1142 Feb  4 15:46 COPYING
drwxrwxr-x  6 ubuntu ubuntu  4096 Feb  4 15:46 depends
drwxrwxr-x  4 ubuntu ubuntu  4096 Feb  4 15:46 doc
-rw-rw-r--  1 ubuntu ubuntu   161 Feb  4 15:46 INSTALL.md
-rw-rw-r--  1 ubuntu ubuntu   295 Feb  4 15:46 libbitcoinconsensus.pc.in
-rw-rw-r--  1 ubuntu ubuntu 10859 Feb  4 15:46 Makefile.am
-rw-rw-r--  1 ubuntu ubuntu  3600 Feb  4 15:46 README.md
drwxrwxr-x  5 ubuntu ubuntu  4096 Feb  4 15:46 share
drwxrwxr-x 21 ubuntu ubuntu  4096 Feb  4 15:46 src
drwxrwxr-x  4 ubuntu ubuntu  4096 Feb  4 15:46 test
```

소스 코드는 src 디렉터리에 있습니다. src 디렉터리로 이동해 ls를 통해 보면 다음과 같이 2,000개가 넘는 비트코인 코어 소스 코드 파일이 있습니다. 그중에 wallet이라는 지갑용 소스가 있는 디렉터리도 보일 것입니다.

```
ubuntu@ip-172-31-6-203:~/bitcoin_src/bitcoin/src$ ls -l  [Enter]
total 2108
-rw-rw-r-- 1 ubuntu ubuntu   3987 Feb  4 15:46 addrdb.cpp
-rw-rw-r-- 1 ubuntu ubuntu   2153 Feb  4 15:46 addrdb.h
-rw-rw-r-- 1 ubuntu ubuntu  16415 Feb  4 15:46 addrman.cpp
-rw-rw-r-- 1 ubuntu ubuntu  19363 Feb  4 15:46 addrman.h
-rw-rw-r-- 1 ubuntu ubuntu   1160 Feb  4 15:46 amount.h
-rw-rw-r-- 1 ubuntu ubuntu   7460 Feb  4 15:46 arith_uint256.cpp
-rw-rw-r-- 1 ubuntu ubuntu   9027 Feb  4 15:46 arith_uint256.h
-rw-rw-r-- 1 ubuntu ubuntu  12301 Feb  4 15:46 base58.cpp
...
-rw-rw-r-- 1 ubuntu ubuntu   8937 Feb  4 15:46 validationinterface.cpp
-rw-rw-r-- 1 ubuntu ubuntu   6707 Feb  4 15:46 validationinterface.h
-rw-rw-r-- 1 ubuntu ubuntu   9045 Feb  4 15:46 versionbits.cpp
-rw-rw-r-- 1 ubuntu ubuntu   3246 Feb  4 15:46 versionbits.h
-rw-rw-r-- 1 ubuntu ubuntu   1608 Feb  4 15:46 version.h
drwxrwxr-x 3 ubuntu ubuntu   4096 Feb  4 15:46 wallet
-rw-rw-r-- 1 ubuntu ubuntu   2711 Feb  4 15:46 warnings.cpp
-rw-rw-r-- 1 ubuntu ubuntu   1037 Feb  4 15:46 warnings.h
drwxrwxr-x 2 ubuntu ubuntu   4096 Feb  4 15:46 zmq
```

비트코인 코어를 컴파일하기 위해 종속적인 다양한 패키지를 설치해야 합니다. 종속되는 패키지는 다음 표와 같은 기능에 대해 설치하는 것입니다.

[필수 라이브러리]

라이브러리	목적	설명
libssl	보안	랜덤 수 발생, 타원곡선 암호
libboost	유틸리티	스레드, 데이터 구조 등
libevent	네트워킹	OS에 종속적이지 않은 비동기 네트워킹

[필요에 따라 사용하는 라이브러리]

라이브러리	목적	설명
miniupnpc	UPnP 지원	Firewall-jumping 지원
libdb4.8	Berkeley DB	지갑 저장소(Wallet storage)
qt	GUI	GUI 툴킷
protobuf	Payments in GUI	데이터 교환 형식
libqrencode	QR codes in GUI	QR 코드
univalue	유틸리티	JSON 분석과 인코딩
libzmq3	ZMQ notification	옵션

다음과 같이 종속되는 패키지를 모두 설치합니다.

```
$ sudo apt-get install -y build-essential libtool autotools-dev autoconf pkg-config libssl-dev
[Enter]
$ sudo apt-get install -y libboost-all-dev [Enter]
$ sudo apt-get install -y libqrencode-dev autoconf openssl libssl-dev libevent-dev [Enter]
$ sudo apt-get install -y libminiupnpc-dev [Enter]
$ sudo apt-get install -y libqt5gui5 libqt5core5a libqt5dbus5 qttools5-dev qttools5-dev-tools
libprotobuf-dev protobuf-compiler [Enter]
```

비트코인 코어는 데이터베이스를 사용합니다. 다음과 같이 libdb를 설치합니다.

```
$ sudo add-apt-repository ppa:bitcoin/bitcoin [Enter]
```

아래와 같은 여러 줄의 메시지가 출력되면 〈Enter〉를 누릅니다.

```
Stable Channel of bitcoin-qt and bitcoind for Ubuntu, and their dependencies

Note that you should prefer to use the official binaries, where possible, to limit trust in
Launchpad/the PPA owner.

No longer supports precise, due to its ancient gcc and Boost versions.
 More info: https://launchpad.net/~bitcoin/+archive/ubuntu/bitcoin
Press [ENTER] to continue or ctrl-c to cancel adding it
```

그런 후 다시 업데이트를 해줍니다.

```
$ sudo apt-get update [Enter]
```

다음으로 libdb를 설치합니다.

```
$ sudo apt-get install -y libdb4.8-dev libdb4.8++-dev [Enter]
```

컴파일을 하기 위해 bitcoin 소스 폴더로 이동합니다.

```
$ cd /home/ubuntu/bitcoin_src/bitcoin [Enter]
```

비트코인 코어를 컴파일하기 위해 다음과 같이 autogen.sh을 실행합니다.

```
$ ./autogen.sh [Enter]
libtoolize: putting auxiliary files in AC_CONFIG_AUX_DIR, 'build-aux'.
libtoolize: copying file 'build-aux/ltmain.sh'
libtoolize: putting macros in AC_CONFIG_MACRO_DIRS, 'build-aux/m4'.
libtoolize: copying file 'build-aux/m4/libtool.m4'
libtoolize: copying file 'build-aux/m4/ltoptions.m4'
libtoolize: copying file 'build-aux/m4/ltsugar.m4'
libtoolize: copying file 'build-aux/m4/ltversion.m4'
…
configure.ac:78: installing 'build-aux/compile'
configure.ac:28: installing 'build-aux/config.guess'
configure.ac:28: installing 'build-aux/config.sub'
configure.ac:38: installing 'build-aux/install-sh'
configure.ac:38: installing 'build-aux/missing'
src/Makefile.am: installing 'build-aux/depcomp'
parallel-tests: installing 'build-aux/test-driver'
```

또한, 다음과 같이 configure도 실행합니다.

```
$ ./configure [Enter]
./configure
checking build system type... x86_64-pc-linux-gnu
checking host system type... x86_64-pc-linux-gnu
checking for a BSD-compatible install... /usr/bin/install -c
checking whether build environment is sane... yes
checking for a thread-safe mkdir -p... /bin/mkdir -p
checking for gawk... gawk
checking whether make sets $(MAKE)... yes
checking whether make supports nested variables... yes
checking whether to enable maintainer-specific portions of Makefiles... yes
checking whether make supports nested variables... (cached) yes
checking for g++... g++
…
Options used to compile and link:
  with wallet    = yes
  with gui / qt  = yes
    qt version   = 5
    with qr      = yes
  with zmq       = no
  with test      = yes
  with bench     = yes
  with upnp      = yes
  use asm        = yes
  debug enabled  = no
  werror         = no

  target os      = linux
```

```
    build os       =

    CC             = gcc
    CFLAGS         = -g -O2
    CPPFLAGS       = -DHAVE_BUILD_INFO -D__STDC_FORMAT_MACROS
    CXX            = g++ -std=c++11
    CXXFLAGS       = -g -O2 -Wall -Wextra -Wformat -Wvla -Wformat-security -Wno-unused-parameter
    LDFLAGS        =
    ARFLAGS        = cr
```

설정이 다 되었으면 이제 빌드해 비트코인(블록체인) 시스템을 생성합니다. 빌드 시간은 10분 정도 걸립니다. 컴파일 도중 경고(warning) 에러가 몇 개 발생하는데 그냥 무시하면 됩니다.

```
$ make [Enter]
Making all in src
make[1]: Entering directory '/home/ubuntu/bitcoin_src/bitcoin/src'
make[2]: Entering directory '/home/ubuntu/bitcoin_src/bitcoin/src'
  CXX        crypto/libbitcoinconsensus_la-aes.lo
  CXX        crypto/libbitcoinconsensus_la-chacha20.lo
  CXX        crypto/libbitcoinconsensus_la-hmac_sha256.lo
  CXX        crypto/libbitcoinconsensus_la-hmac_sha512.lo
  CXX        crypto/libbitcoinconsensus_la-ripemd160.lo
...
  CXX        qt/test/qt_test_test_bitcoin_qt-moc_wallettests.o
  CXXLD      qt/test/test_bitcoin-qt
  CXX        test/test_test_bitcoin_fuzzy-test_bitcoin_fuzzy.o
  CXXLD      test/test_bitcoin_fuzzy
make[2]: Leaving directory '/home/ubuntu/bitcoin_src/bitcoin/src'
make[1]: Leaving directory '/home/ubuntu/bitcoin_src/bitcoin/src'
Making all in doc/man
make[1]: Entering directory '/home/ubuntu/bitcoin_src/bitcoin/doc/man'
make[1]: Nothing to be done for 'all'.
make[1]: Leaving directory '/home/ubuntu/bitcoin_src/bitcoin/doc/man'
make[1]: Entering directory '/home/ubuntu/bitcoin_src/bitcoin'
make[1]: Nothing to be done for 'all-am'.
make[1]: Leaving directory '/home/ubuntu/bitcoin_src/bitcoin'
```

빌드가 완료되면 생성된 bitcoind 데몬을 시스템 디렉터리에 설치합니다.

```
$ sudo make install [Enter]
Making install in src
make[1]: Entering directory '/home/ubuntu/bitcoin_src/bitcoin/src'
make[2]: Entering directory '/home/ubuntu/bitcoin_src/bitcoin/src'
make[3]: Entering directory '/home/ubuntu/bitcoin_src/bitcoin'
make[3]: Leaving directory '/home/ubuntu/bitcoin_src/bitcoin'
```

```
make[3]: Entering directory '/home/ubuntu/bitcoin_src/bitcoin/src'
make[4]: Entering directory '/home/ubuntu/bitcoin_src/bitcoin'
make[4]: Leaving directory '/home/ubuntu/bitcoin_src/bitcoin'
 /bin/mkdir -p '/usr/local/lib'
...
```

이제 블록체인을 사용하는 비트코인 데몬이 /usr/local/bin 디렉터리에 설치되었습니다.

```
/usr/local/bin$ ll [Enter]
total 706908
drwxr-xr-x  2 root root      4096 Feb  4 17:10 ./
drwxr-xr-x 10 root root      4096 Jan  9 22:20 ../
-rwxr-xr-x  1 root root 118060432 Feb  4 17:10 bench_bitcoin*
-rwxr-xr-x  1 root root   8404424 Feb  4 17:10 bitcoin-cli*
-rwxr-xr-x  1 root root 111625880 Feb  4 17:10 bitcoind*
-rwxr-xr-x  1 root root 152946664 Feb  4 17:10 bitcoin-qt*
-rwxr-xr-x  1 root root  17159296 Feb  4 17:10 bitcoin-tx*
-rwxr-xr-x  1 root root 169314544 Feb  4 17:10 test_bitcoin*
-rwxr-xr-x  1 root root 146341760 Feb  4 17:10 test_bitcoin-qt*
```

이것으로 컴파일, 빌드, 설치까지 완료되었습니다. 그럼 지금부터 디지털 계좌를 생성하고 송금을 해보겠습니다. 먼저 bitcoind 데몬을 시작합니다.

```
$ bitcoind -regtest -daemon
Bitcoin server starting
```

regtest는 개인적인 블록체인을 생성하기 위해 사용합니다.
자세한 것은 https://bitcoin.org/en/developer-examples#testnet을 참조하세요. 다른 모든 개발자 간에 블록체인을 테스트하기 위해서 -testnet을 사용할 수도 있습니다.

비트코인 데몬이 실행되고 있는지 확인해봅니다. bitcoind가 LISTEN(접속 대기 중)되고 있는 것을 확인할 수 있습니다.

```
$ netstat -pant [Enter]
(Not all processes could be identified, non-owned process info
 will not be shown, you would have to be root to see it all.)
Active Internet connections (servers and established)
Proto Recv-Q Send-Q Local Address         Foreign Address       State     PID/Program name
tcp        0      0 0.0.0.0:22            0.0.0.0:*             LISTEN    -
tcp        0      0 127.0.0.1:18443       0.0.0.0:*             LISTEN    12183/bitcoind
tcp        0      0 0.0.0.0:18444         0.0.0.0:*             LISTEN    12183/bitcoind
```

```
tcp    0   400 172.31.1.9:22      182.212.198.6:53482  ESTABLISHED  -
tcp6   0     0 :::22              :::*                 LISTEN       -
tcp6   0     0 ::1:18443          :::*                 LISTEN       12183/bitcoind
tcp6   0     0 :::18444           :::*                 LISTEN       12183/bitcoind
```

그럼 이제 실제 블록체인이 어디에 생성되어 있는지 다음과 같이 확인해봅니다.

```
$ pwd [Enter]
/home/ubuntu
```

/home/ubuntu 디렉터리에 .bitcoin 디렉터리가 숨겨져 있습니다. 여기가 바로 블록체인이 살아 숨쉬는 공간입니다.

```
/home/ubuntu$ ll [Enter]
total 44
drwxr-xr-x 7 ubuntu ubuntu 4096 Feb  6 18:09 ./
drwxr-xr-x 3 root   root   4096 Feb  4 16:07 ../
-rw------- 1 ubuntu ubuntu 1257 Feb  4 17:23 .bash_history
-rw-r--r-- 1 ubuntu ubuntu  220 Aug 31  2015 .bash_logout
-rw-r--r-- 1 ubuntu ubuntu 3771 Aug 31  2015 .bashrc
drwxrwxr-x 6 ubuntu ubuntu 4096 Feb  4 17:21 .bitcoin/
drwxrwxr-x 3 ubuntu ubuntu 4096 Feb  4 16:14 bitcoin_src/
drwx------ 2 ubuntu ubuntu 4096 Feb  4 16:12 .cache/
drwxrwxr-x 2 ubuntu ubuntu 4096 Feb  6 18:09 .nano/
-rw-r--r-- 1 ubuntu ubuntu  655 May 16  2017 .profile
drwx------ 2 ubuntu ubuntu 4096 Feb  4 16:07 .ssh/
-rw-r--r-- 1 ubuntu ubuntu    0 Feb  4 16:12 .sudo_as_admin_successful
```

그럼 .bitcoin 디렉터리로 들어가서 드디어 블록체인의 실체를 보겠습니다.

```
$ cd .bitcoin [Enter]
$ ll [Enter]
total 16
drwxrwxr-x 6 ubuntu ubuntu  4096 Feb  4 17:21 ./
drwxr-xr-x 7 ubuntu ubuntu  4096 Feb  6 18:09 ../
drwx------ 5 ubuntu ubuntu  4096 Feb  6 18:12 regtest/
drwxrwxr-x 2 ubuntu ubuntu  4096 Feb  4 17:16 wallets/
```

regtest, wallets 디렉터리가 있고 우리는 지금 regtest 모드로 실행 중이므로 regtest 디렉터리로 이동합니다.

```
$ cd regtest [Enter]
```

다음과 같이 개인적으로 테스트하기 위한 나만의 블록체인이 만들어졌습니다. 실제로는 1비트코인이 수백~수천만 원이라 구매하기 어렵지만, 이곳에서는 100만 비트코인도 소유할 수 있습니다.

```
~/.bitcoin/regtest$ ll [Enter]
total 48
drwx------ 5 ubuntu ubuntu 4096 Feb  8 19:30 ./
drwxrwxr-x 4 ubuntu ubuntu 4096 Feb  8 19:30 ../
-rw------- 1 ubuntu ubuntu   37 Feb  8 19:30 banlist.dat
-rw------- 1 ubuntu ubuntu    6 Feb  8 19:30 bitcoind.pid
drwx------ 3 ubuntu ubuntu 4096 Feb  8 19:30 blocks/
drwx------ 2 ubuntu ubuntu 4096 Feb  8 19:30 chainstate/
-rw------- 1 ubuntu ubuntu   75 Feb  8 19:30 .cookie
-rw------- 1 ubuntu ubuntu 5290 Feb  8 19:31 debug.log
-rw------- 1 ubuntu ubuntu    0 Feb  8 19:30 .lock
-rw------- 1 ubuntu ubuntu 4178 Feb  8 19:30 peers.dat
drwx------ 3 ubuntu ubuntu 4096 Feb  8 19:30 wallets/
```


6 블록체인 디렉터리 확인하기

블록체인 거래 내역이 저장되는 디렉터리를 확인해봅니다.

```
~/.bitcoin/regtest$ ll blocks [Enter]
total 16396
drwx------ 3 ubuntu ubuntu     4096 Feb  4 17:23 ./
drwx------ 5 ubuntu ubuntu     4096 Feb  6 18:27 ../
-rw------- 1 ubuntu ubuntu 16777216 Feb  4 17:21 blk00000.dat
drwx------ 2 ubuntu ubuntu     4096 Feb  6 17:12 index/
```

7 지갑(계좌) 디렉터리 확인하기

개인별 계좌가 생성되어 관리되는 디렉터리를 확인해봅니다.

```
~/.bitcoin/regtest$ ll wallets [Enter]
total 1356
```

```
drwx------ 3 ubuntu ubuntu    4096 Feb  6 17:12 ./
drwx------ 5 ubuntu ubuntu    4096 Feb  6 18:27 ../
drwx------ 2 ubuntu ubuntu    4096 Feb  6 17:12 database/
-rw------- 1 ubuntu ubuntu       0 Feb  4 17:21 db.log
-rw------- 1 ubuntu ubuntu 1376256 Feb  6 17:12 wallet.dat
-rw------- 1 ubuntu ubuntu       0 Feb  4 17:21 .walletlock
```

8 블록체인 내부 정보 확인하기

bitcoin-cli(비트코인 클라이언트)를 사용해 블록체인의 내부 정보를 확인해봅니다. 아직은 블록
(blocks)이 0인 것을 볼 수 있습니다.

```
~/.bitcoin/regtest$ bitcoin-cli -regtest getblockchaininfo [Enter]
{
  "chain": "regtest",
  "blocks": 0,
  "headers": 0,
  "bestblockhash": "0f9188f13cb7b2c71f2a335e3a4fc328bf5beb436012afca590b1a11466e2206",
  "difficulty": 4.656542373906925e-10,
  "mediantime": 1296688602,
  "verificationprogress": 1,
  "initialblockdownload": true,
  "chainwork": "0000000000000000000000000000000000000000000000000000000000000002",
  "size_on_disk": 293,
  "pruned": false,
  "softforks": [
    {
      "id": "bip34",
      "version": 2,
      "reject": {
        "status": false
      }
    },
    {
      "id": "bip66",
      "version": 3,
      "reject": {
        "status": false
      }
    },
    {
      "id": "bip65",
```

```
        "version": 4,
        "reject": {
          "status": false
        }
      }
    ],
    "bip9_softforks": {
      "csv": {
        "status": "defined",
        "startTime": 0,
        "timeout": 9223372036854775807,
        "since": 0
      },
      "segwit": {
        "status": "active",
        "startTime": -1,
        "timeout": 9223372036854775807,
        "since": 0
      }
    },
    "warnings": "This is a pre-release test build - use at your own risk - do not use for mining or
merchant applications"
}
```


9 지갑 상태 확인하기

지갑의 상태를 확인합니다. 현재 잔액(balance)은 0BTC(bitcoin)임을 볼 수 있습니다.

```
$ bitcoin-cli -regtest getwalletinfo [Enter]
{
  "walletname": "wallet.dat",
  "walletversion": 159900,
  "balance": 0.00000000,
  "unconfirmed_balance": 0.00000000,
  "immature_balance": 0.00000000,
  "txcount": 0,
  "keypoololdest": 1517764863,
  "keypoolsize": 1000,
  "keypoolsize_hd_internal": 1000,
  "paytxfee": 0.00000000,
  "hdmasterkeyid": "10be4f95e1a1a2a9894236a0255ccbe18ccc7772"
}
```

10 블록체인이 보유한 총 잔액 확인하기

블록체인을 지금 구성했으므로 아직 잔액은 0BTC입니다. 이를 bitcoin-cli를 통해 확인해 볼 수도 있습니다. 잔액을 확인하기 위해서는 getbalance를 사용합니다.

```
$ bitcoin-cli -regtest getbalance [Enter]
0.00000000
```

이제 채굴(mining)을 통해 잔액을 늘려보겠습니다. 채굴에 앞서 비트코인을 담을 계좌를 먼저 생성하도록 하겠습니다. 계좌를 생성하기 위해서는 getnewaddress를 사용합니다.

```
$ bitcoin-cli -regtest getnewaddress testaccount1 [Enter]
2NFtHsWVHKyNbJvwT9zFG9wUchJBUuENin4
```

그러고 나서 나중에 사용하기 위해 쉘 변수(NEW_ADDRESS)에 대입해줍니다.

```
$ NEW_ADDRESS=2NFtHsWVHKyNbJvwT9zFG9wUchJBUuENin4 [Enter]
```

위에 생성된 **2NFtHsWVHKyNbJvwT9zFG9wUchJBUuENin4**가 계좌번호입니다. 여러분은 이 계좌값이 다르게 생성되므로 위 계좌와 같지 않을 것입니다.
이제 블록을 하나 생성해보도록 하겠습니다. 블록 생성을 위해서는 generate를 사용합니다.

```
$ bitcoin-cli -regtest generate 1 [Enter]
[
  "701b4b11477282d8d5872a58d800fd15c8ff2b15902edbac37844f8aafa8ef76"
]
```

위에 있는 **701b4b11477282d8d5872a58d800fd15c8ff2b15902edbac37844f8aafa8ef76** 값은 블록에 대한 해시값입니다. 이 해시값 또한 대부분 다르게 나올 것입니다.
그럼 다시 블록이 잘 생성되었는지 확인해 보겠습니다. blocks가 1인 것을 볼 수 있습니다.

```
$ bitcoin-cli -regtest getblockchaininfo [Enter]
{
  "chain": "regtest",
  "blocks": 1,
  "headers": 1,
  "bestblockhash": "701b4b11477282d8d5872a58d800fd15c8ff2b15902edbac37844f8aafa8ef76",
```

```
    "difficulty": 4.656542373906925e-10,
    "mediantime": 1517943039,
    "verificationprogress": 1,
    "initialblockdownload": false,
    "chainwork": "0000000000000000000000000000000000000000000000000000000000000004",
    "size_on_disk": 604,
    "pruned": false,
    …
}
```

11 비트코인 확인하기

채굴을 통해 첫 비트코인으로 50BTC를 보상받았습니다. 실세계에서는 불가능하지만, 여기서는 잠깐의 채굴로 50BTC를 획득했습니다. 비트코인을 확인하려면 listtransactions을 사용합니다.

```
$ bitcoin-cli -regtest listtransactions [Enter]
[
  {
    "account": "",
    "address": "n21cLEHqj7MdqxpmtpqtRDs3hoXt9xH5ZR",
    "category": "immature",
    "amount": 50.00000000,
    "vout": 0,
    "confirmations": 1,
    "generated": true,
    "blockhash": "701b4b11477282d8d5872a58d800fd15c8ff2b15902edbac37844f8aafa8ef76",
    "blockindex": 0,
    "blocktime": 1517943039,
    "txid": "4809bbe42786369364305a308ffc2168072d663a30466831884759456cd06368",
    "walletconflicts": [
    ],
    "time": 1517943039,
    "timereceived": 1517943039,
    "bip125-replaceable": "no"
  }
]
```

하지만, 잔액을 확인해보면 여전히 0BTC만 있는 것을 볼 수 있습니다.

```
$ bitcoin-cli -regtest getbalance [Enter]
0.00000000
```

이것은 비트코인 알고리즘 때문이며, 비트코인은 채굴이 끝나고 100블록이 더 생겨야 방금 만든 블록이 유효화됩니다. 즉, 블록이 생성이 됐지만 아직은 유효하지 않은 미생의 블록이라는 것입니다. 그러면 100개의 블록을 더 생성해 첫 블록이 유효하게 되는지 확인해 보겠습니다.

다음과 같이 generate 100을 통해 100개의 블록을 생성하고 각각의 해시값도 볼 수 있습니다.

```
$ bitcoin-cli -regtest generate 100 [Enter]
[
    "7a50c6592ad96ec03e25c357b3a7235314451370402e923648abcb95d35a9f22",
    "4c1dd048b5a77681b317796deab925431b8476d11892d07333ee65ea27a3b0cf",
    "2f2378129ce84225324f5abced9af08cc97132d7b475d2c961f03945340260ca",
    "1413f25c158a736082bf9746c7a9cb988038e9ab7c5698f23d34891a0d7dd418",
    "0ba33ee20c4797f379e0edb0dfadc061b320971ea90f9647fab93a53ba00e0be",
    "777ad4e805b3ae7907b189d968e556c68f0ab9d282c278a4ca0396326a04248f",
    "570566afd8c7e1f6633704b1736b4f7441c35427d992a93bf1476e486768fa21",
    "58beaf4c3852eda5143b87612b8106a25467d4925a13dd6f6a3f1de9f8b7be0f",
    "4471fc49f633912bddda3996da066c41c8a28d5704eb20d054e8a66f1dfaeaa7",
    "194c60e7252c8de25dee6068c5eee0e1ebfbb715efb87757548f625d458fce8c",
    "72c3a2f2f26202c9f9c8c4cde8fa50d3cb6c5f8aceb0b102e8c9b4802a032a20",
    "6689f6c782a981077ed44c7ddcedc555917368a36ab1b833cd034555750ad14f",
    "3d2b2c375dd1b62b9efaf42aa003205fd3b8cf4f5903ffae55d6f247d015e338",
    "0f0cf3d4563cf237ea46692e18f5ced46c156a554bc8251164fbf5e9820034ba",
    "0ee88de5652a7d91320a2976d9ff6ae20cd985faa80b54600805bc050bb97660",
    "3dcf3133d116ab6e42e5b911eb82df061a64497f1c3773732d5eeeee82e9db1f",
    "44174e806b0e3e30b41619a6f58bb88690eff443ed7acbafb6f92f56bd832469",
    "15424ce7bf46c363b03e2d1b190220a93032b01db95debfe4fca97cc3e0b7f41",
    "22e6528af0fce4da6591156a4fb232e7991ce508ceba4721367c2b22125f1af3",
    "13821ffd4c34e2144d3e10f9637e5d9b6ac062cfbac537e037bbd7fa73eb6b8b",
    "125b0cd4ff40edff617c9aeda2f7a6562f82d6a46c40218ac0648a62ec651adb",
    "3b3cb8072f60539d4259c6ee7f5eae1bab0113b94e96db6f7fcae1f8e354acb1",
    "368c6d1765c197b9fe0c2f8a2e71958c49605fb12cf86f3592a693ecc09bc799",
    "351e2779cb36409f700acd2ec3a94407a679762e8bc450632fe76396dd37bb78",
    "112a5b8c2399eb34b16b19e9b9a47dc656b59202f63d5deadc7a749b700a63aa",
    "34a248b564e9353258c3fbb4418a3fb3a3b6d7d3406d22c9f2ead77f36ceca74",
    "06eff9c5a706c02bd46234c025271e6709063514ccfe490cdaad19ea74fc9d8b",
    "4852b7f0c7f1b88922f2ee5665030a0e9b8a37120223e5b7a17c14980fded83a",
    "71ce94567ca5a5217c76b24044f17ea476f286c3f939b9fca160dcec4191c5e9",
    "4ed7637d5ff64f0f03d754385e65675ad3ef184d3d906f15a47c7096c1f4cb8f",
    "0cd6810ed1ae1ff671a8e0bb9fdbff6d0431c735d324dd8fe4c882e9efcd35b0",
    "47675a2207b79908021248ccb75876360be307a42d3319d0c23b4057d0426e6e",
    "49ccea9f70836a8e2ef6fdc56afa5aa734fa4a71330e8ed592678ec7914702a2",
    "0cb6811f40b36f55ffa20cf6a9169bc09228e90854d785757933e5350fac0035",
    "7042c5d904615061e562d6ac91808ddb6a3ba3887c6c3e7eed17c617bf122541",
    "5bd5a2ee855ef2856d3d783fc74ef421279d450041ea5e385d70340934583a9f",
```

"60152a5a2443f5ab2a2ee8650aa4027e03daf88bbfa9eb16017f34427e6800f0",
"7084f9e681d523c99bd00c15a382e9cbd0a01dff57a034c708bdbbe2644e4334",
"3cdcd5763f4aa9ba3c4828f0030159db870605826d1b325f3fa33b06e38ae8ee",
"63a54ae9db5ea731ca6621b377578867ff9711214de19cd39d188bffceea7e9f",
"08b9add16658bd96f286865b628fc5df2034a8a2dded06b1c2730124d110f2bd",
"10616f6315eaf82666d75f32fca161cd4f346a05d33666db40565c926338987a",
"739fdca7c5e26a7a2e54bfe34b7a505c1d62bff8d0ba900c14e5bc695c8f78f9",
"747e5651f9cf08899ef34dcdabd84d451ed17243fc2a1c2855f3661880b077d9",
"714fdaaee72306f3b313c4c5b63b0d181046ad69f399ac6cb6d25b57d902d6c2",
"374d93b9865dbcafb183ba23c3c44af8fb5ae480974217780566d966d820b905",
"364ba8a0081e7ea6b11d212f63db4490efb71dff29189cc6ae450ec1b631fc74",
"3ba31f5bff4b324d9e4e57983bd4bed4e6937984c48f82d63703d32c15191f40",
"3858061d2f6c71aa6820326708c3723d808d9a0a519954235c5a5f65803d5703",
"22e06220d4d3ac8128e7ef344b08373393b9e37111d3bddad79ef5650b45778b",
"05aafe0ccf436354f21d88ce3d5cc2e391735dfd5a2a51f95ee03ce1d77a6236",
"4b95465b79449348c7a4664b9070f972c6d6c4deed7f866b36b32cd6ee51398c",
"41feaf1087a0e6df405a3bfb323b84a157c076697f842413e31e33d482b121a4",
"16caf74494b8eca35ba536f5b58dd508cc1296740403d6ae5d447b0800ad9d9d",
"22184470bd486d9c583d5a8357d7358ace8c81133c6deceb30b1ff37895b45d5",
"3b0c815e5b887c9a00961f6a18dad915392153a2f40cda0945c9ba6f062fb147",
"7092c23607f6e592d81ef322727fbecc09fc2f797bafe0ec522ec94b29359aa5",
"56280093458d8dc09a47a2ab80260ddf34cd765ba1e593a6985d06244dbddc05",
"3487e15daf3b860716b903955c3df9e8873acb9d80d9364fd75fb71d60d23ee5",
"40e765d7dcae3cd25cf2a1ec2fffd14f79cbdb3265b7c50863f4292699979287",
"57a57870474b67c35a64156728e616565fda03e7a12c087b80382e2698e8851a",
"4a872efcb27cf8ff9cb061813dec3a84760b41e401490d51c9b179696df2d377",
"3fa2a44a3dc58e83c88337895e23b31ffd9ee8543c1b60b1be38e27271bd9e2d",
"301a7611599afb987a464ea39c03107915374d468378c22fb5e9b656dee2f8cd",
"4d2e944f60cc0d6403227eef2dfeb47397b4d267f751827a0e113b68a0b383ce",
"36444a7f34d3ba16652a465edc3a966815037ef6780984d98d92bc78dc25ce17",
"379e12d91b6266ecc045e7c08a3e953ce25cd268081d94c5ca35d3577d7822ca",
"0d7fcb969cd694047ecfba059bd9eaf9491d9f1df832662dce65b982795ace36",
"5818e50b255fd0a224f98fd64a7df7efdd330be158e61984b3559031d3e8d348",
"13d2cf0d13825b3f19966672e285bfc7a7b58a8a545bf8eef28596d94e76843b",
"4037d42a6cb4c28c6d376a76eac85850597a1ca2b5dcabc0e8e04dab8308e007",
"5f86324905706cb93109e8eb038d4830a2a31bd5d688f42954235060160f7930",
"3ef9757a4947b87d31f223a8648152b84a9cdbc48d3fea22d943e1a26ef82185",
"22880e30efff700a79a7dcece9e79fe094ab54c2fcbca827ecc1c8adece06bf7",
"48cacc0a63a2f11032eef7e42767151ebd666930c2bc8badcb073229c00d3421",
"0c9fb3922f5e27ee22aeecd008c64891defd4c6cae79a71d29a3880b218e4981",
"6d8c1c1f14acfd48dffad4bde4005ad8da541ab48473f18339f236a840c06d67",
"66bf32fcd9cecaaeb27af3198fde28aac88917b424178606047ae332206a2a70",
"268688aa324d07e3e4e8cfdb6017522aee97e4888141480f998dc2d8a33abf2e",
"1cca53362b5156df11ff125011880b583fcaeb07044e1483d748a727b3cf9594",
"109c2286d8be7969641f14b22a8666023b181cecd44281914a1199935d54630c",
"598a51c908422971bddcb3af417c8c414a67dae87550b8277fc359fcd41f640d",
"116f4fba17dd5cf5f1c660c0f6d7dd9ae6f2a031e48fd5ba7d58d060dbde2ba3",
"6f479974fd9956fafd9b84ff8843e38b11e102c7bc7a3ef3ba9b1defb9c63db5",

```
      "27536b18b07e17ed714e93e286ed684e8a3a5977a83b01c6cc707a3e33f37cb6",
      "3ba105f2762db120d3b1a89fae0de7966c1662565af12d7acc014cac8378d3f6",
      "17f51de220a73bfcd1cfb848fe8ff6a8af1d20068999a69bd06fd99ef947b52d",
      "3c255ac478a27057cbc3be5dd46c7330ae1651f114cbba1cef07b85019f4d4ea",
      "75d66eca7f731845bc0fc2ffbb927c6013858e90f35f75ae674e1369fd3b0c07",
      "0660ce44730688afb7ed2925d3b46d9fa9b01d33a5b5aee5fe9bb0bd686adafc",
      "435088ee0cae48e6a2fbd920c719761904e12497455a6a4b4f7d9616d2a1b5e4",
      "47c972421a58cabd8e29c96621f0706038e4c98e03c3197637cbe53a27f8ad4e",
      "508155057af48bea6f5a61527ec7772d062633566bebe189ee7d7643d0e57adf",
      "3de15d97f60c980be6fac2782407898fb1d8a954f6891b06afd3a8768eeb46bf",
      "4e092b0862da3c477ec9d47a1d8314f280ac9bf19768803d5ae57a30cb6b9976",
      "090695a2a7c2e133acc6f216d4f833c8a7b48bb9b65b8cf9322325fc23549e59",
      "6f29bc2ea80e54a8d0ca6ab44f6b44cde6c91f38ad8cf1e0f878d2acdf3df5a4",
      "6feeeccf95d24ebde763993e0348190b670eca99f6db729b5ffa77b260a33c44",
      "3b5cf07d8deaa211827f98d217ef624d68b8261bb873af80db9e69944b36b114",
      "3296b5bbf301c42d2dbc1b1a4bb4a764305df1af43e12f6dc9d9d0dc13854dc8"
    ]
```


총 블록의 수를 확인해보면 101개가 된 것을 볼 수 있습니다. 이제 101개의 블록체인이 구성된 것입니다. 블록체인은 getblockchaininfo를 통해 확인합니다.

```
$ bitcoin-cli –regtest getblockchaininfo [Enter]
{
  "chain": "regtest",
  "blocks": 101,
  "headers": 101,
  "bestblockhash": "15ae26f6d7fe5411400582131b4fa95798e641f77938b69f29647cda8a9927b5",
  "difficulty": 4.656542373906925e-10,
  "mediantime": 1517944430,

   …

}
```

이제 잔액을 다시 확인해보면 50BTC가 되어 있을 것입니다. 우와~50BTC! 비트코인이 1,000만 원이라면 5억에 해당하는 돈을 채굴을 통해 보상받았습니다. 물론 이것은 실제로는 사용할 수 없고 이 시스템상에서만의 가상화폐입니다. getbalance를 통해 확인합니다.

```
~/.bitcoin/regtest$ bitcoin-cli –regtest getbalance [Enter]
50.00000000
```

그럼 실제로 사용할 수 있는 비트코인이 얼마나 있는지 listunspent를 통해 확인해보겠습니다. amount에 50BTC가 있는 것을 볼 수 있을 것입니다.

```
$ bitcoin-cli -regtest listunspent [Enter]

[
  {
    "txid": "4809bbe42786369364305a308ffc2168072d663a30466831884759456cd06368",
    "vout": 0,
    "address": "n21cLEHqj7MdqxpmtpqtRDs3hoXt9xH5ZR",
    "scriptPubKey": "21028180bf3cbbd13046f4aeae01316613321dd2f576d6720c3d7aaa16443741a90fac",
    "amount": 50.00000000,
    "confirmations": 101,
    "spendable": true,
    "solvable": true,
    "safe": true
  }
]
```

이제는 50BTC를 지급할 수 있기 때문에 위에서 생성한 계좌로 20BTC를 송금하도록 하겠습니다. 송금을 하기 위해서는 sendtoaddress를 사용합니다(비트코인 전체 명령어는 https://en.bitcoin.it/wiki/Original_Bitcoin_client/API_calls_list를 참조하세요).

```
$ bitcoin-cli -regtest sendtoaddress $NEW_ADDRESS 20 [Enter]
4c368a3edeeae8ed046e9ad8d7b6e8213c59f10b8217f1d85e9690e906a4c819
```

계좌인 **$NEW_ADDRESS(2NFtHsWVHKyNbJvwT9zFG9wUchJBUuENin4)**에 20BTC를 송금했으며 그 결과로 txid(4c368a3edeeae8ed046…)가 출력됩니다.

송금에 대해 거래내역(트랜잭션)을 확인해봅니다. 거래 내역을 보면 송금계좌(**2NFtHsWVHKyNbJvwT9zFG9wUchJBUuENin4**)에 amount가 29.99996240BTC이고, 계좌에는 20.0BTC가 남아 있습니다. 총 50BTC가 있었는데 두 트랜잭션의 합이 50BTC가 안 되는 이유는 송금 시마다 트랜잭션 비용이 조금씩 발생하기 때문입니다.

```
$ bitcoin-cli -regtest listunspent 0
[
  {
    "txid": "4c368a3edeeae8ed046e9ad8d7b6e8213c59f10b8217f1d85e9690e906a4c819",
    "vout": 0,
    "address": "2NGXtg2dtG68YnKFfwFhmwAJTmY6UndZBpq",
    "redeemScript": "001409e528e19e9479ff41bbf94234cb221bb25ecac5",
    "scriptPubKey": "a914ff71d75bc704c6857f888598a706ad103f690c0a87",
    "amount": 29.99996240,
    "confirmations": 0,
    "spendable": true,
    "solvable": true,
    "safe": true
```

```
        },
        {
          "txid": "4c368a3edeeae8ed046e9ad8d7b6e8213c59f10b8217f1d85e9690e906a4c819",
          "vout": 1,
          "address": "2NFtHsWVHKyNbJvwT9zFG9wUchJBUuENin4",
          "account": "testaccount1",
          "redeemScript": "0014f7a9f7fccea0dd5a67e643f8a8836dfd641de1bc",
          "scriptPubKey": "a914f855663c3d9cd5c3d544948eb55d353c5d2cb4e587",
          "amount": 20.00000000,
          "confirmations": 0,
          "spendable": true,
          "solvable": true,
          "safe": true
        }
    ]
```

신규로 생성한 계좌의 잔고를 확인해보면 여전히 0BTC가 있습니다. 이것은 거래는 완료됐지만 거래에 대한 작업증명(Proof of Work)이 아직 완료되지 않았기 때문입니다.

```
    $ bitcoin-cli -regtest getbalance $NEW_ADDRESS [Enter]
    0.00000000
```

위 트랜잭션을 처리하기 위해서는 새로운 블록을 하나 생성해야 합니다.

```
    $ bitcoin-cli -regtest generate 1 [Enter]
```

다시 잔액을 확인해봅니다.

```
    $ bitcoin-cli -regtest getbalance testaccount1 [Enter]
    20.00000000
```

이상으로 비트코인과 블록체인에 대한 설명을 마치겠습니다. 다음으로는 이더리움에 대해 살펴봅니다. 이더리움 소스 코드를 내려받고, 컴파일 및 빌드해보도록 하겠습니다.

12 이더리움 소스 코드 내려받기

이더리움 소스 코드는 오픈소스로 깃허브(Github)에서 내려받을 수 있습니다.

리눅스에서 이더리움 코어를 내려받기 위해서는 git이 설치되어 있어야 합니다. 처음 리눅스를 설치하였다면 update 명령을 먼저 실행해 최신 정보로 업데이트합니다. 또한, 아마존 서버를 사용한다면 프리티어는 메모리가 부족해 컴파일을 할 수 없으므로(최소 1.5GB), t2.medium(vCPUs 2개, 메모리 4GB) 이상을 사용하기 바랍니다. 이 과정은 비트코인과 같으므로 이미 비트코인을 설치했다면 git 등 기본 설치는 같습니다.

```
$ sudo apt-get update [Enter]
$ sudo apt-get -y upgrade [Enter]
```

git은 다음과 같이 설치합니다. Ubuntu Server 16.04 LTS에는 git이 기본으로 설치되어 있습니다.

```
$ sudo apt-get install -y git [Enter]
```

git이 설치되면 다음과 같이 이더리움 코어를 내려받습니다. 다음 명령을 실행하기 전에 /home 디렉터리 아래에 소스 코드를 내려받을 디렉터리를 생성합니다. 여기서는 /home/ubuntu/ethereum_src 로 생성해 사용합니다.

```
$ cd /home/ubuntu/  [Enter]
$ mkdir ethereum_src  [Enter]
$ cd ethereum_src  [Enter]
```

git을 사용해 이더리움 코어 소스 코드를 내려받습니다. 내려받는 데 2분 정도 걸립니다. 이더리움 소스 패키지는 여러 가지가 있는데 이중 가장 많이 사용하는 go-ethereum을 내려받습니다. recursive는 필요한 모듈을 함께 내려받는 옵션입니다.

```
$ git clone --recursive https://github.com/ethereum/cpp-ethereum.git  [Enter]
Cloning into 'cpp-ethereum'...
remote: Counting objects: 125101, done.
remote: Compressing objects: 100% (19/19), done.
remote: Total 125101 (delta 2), reused 3 (delta 0), pack-reused 125082
Receiving objects: 100% (125101/125101), 52.42 MiB | 3.20 MiB/s, done.
Resolving deltas: 100% (81165/81165), done.
Checking connectivity... done.
Submodule 'evmjit' (https://github.com/ethereum/evmjit) registered for path 'evmjit'
Submodule 'hera' (https://github.com/ewasm/hera) registered for path 'hera'
Submodule 'test/tests' (https://github.com/ethereum/tests.git) registered for path 'test/jsontests'
```

```
Cloning into 'evmjit'...
remote: Counting objects: 6936, done.
remote: Total 6936 (delta 0), reused 0 (delta 0), pack-reused 6936
Receiving objects: 100% (6936/6936), 2.04 MiB | 796.00 KiB/s, done.
Resolving deltas: 100% (4484/4484), done.
Checking connectivity... done.
Submodule path 'evmjit': checked out 'e5d4a82d3dbbf981ed12e3e629725299f4d42be8'
Cloning into 'hera'...
remote: Counting objects: 902, done.
remote: Compressing objects: 100% (28/28), done.
remote: Total 902 (delta 17), reused 29 (delta 11), pack-reused 861
Receiving objects: 100% (902/902), 217.39 KiB | 0 bytes/s, done.
Resolving deltas: 100% (562/562), done.
Checking connectivity... done.
Submodule path 'hera': checked out '2645bd4d189fb5bc24faea2183ea335506949b3e'
Cloning into 'test/jsontests'...
remote: Counting objects: 109678, done.
remote: Compressing objects: 100% (42/42), done.
remote: Total 109678 (delta 187), reused 186 (delta 167), pack-reused 109469
Receiving objects: 100% (109678/109678), 121.84 MiB | 5.12 MiB/s, done.
Resolving deltas: 100% (105606/105606), done.
Checking connectivity... done.
Submodule path 'test/jsontests': checked out '8235bdcb40c36d0d1359167683dc831fdb06ba96'
```

go-ethereum 디렉터리로 이동합니다.

이더리움 코어 소스 코드를 확인하기 위해 ls 명령을 사용합니다.

```
ethereum_src/cpp-ethereum $  ls -l  [Enter]
total 176
-rw-rw-r--   1 ubuntu ubuntu  3417 Mar  5 20:03 appveyor.yml
-rw-rw-r--   1 ubuntu ubuntu  5061 Mar  5 20:03 circle.yml
drwxrwxr-x   6 ubuntu ubuntu  4096 Mar  5 20:03 cmake
-rw-rw-r--   1 ubuntu ubuntu  5321 Mar  5 20:03 CMakeLists.txt
-rw-rw-r--   1 ubuntu ubuntu   610 Mar  5 20:03 codecov.yml
-rw-rw-r--   1 ubuntu ubuntu  8155 Mar  5 20:03 CODING_STYLE.md
-rw-rw-r--   1 ubuntu ubuntu  1109 Mar  5 20:03 CONTRIBUTING.md
drwxrwxr-x   3 ubuntu ubuntu  4096 Mar  5 20:03 doc
drwxrwxr-x   2 ubuntu ubuntu  4096 Mar  5 20:03 eth
drwxrwxr-x   2 ubuntu ubuntu  4096 Mar  5 20:03 ethkey
drwxrwxr-x   2 ubuntu ubuntu  4096 Mar  5 20:03 ethvm
drwxrwxr-x  10 ubuntu ubuntu  4096 Mar  5 20:03 evmjit
drwxrwxr-x   4 ubuntu ubuntu  4096 Mar  5 20:03 hera
drwxrwxr-x   2 ubuntu ubuntu  4096 Mar  5 20:03 homebrew
drwxrwxr-x   2 ubuntu ubuntu  4096 Mar  5 20:03 libdevcore
drwxrwxr-x   2 ubuntu ubuntu  4096 Mar  5 20:03 libdevcrypto
drwxrwxr-x   2 ubuntu ubuntu  4096 Mar  5 20:03 libethash
drwxrwxr-x   3 ubuntu ubuntu  4096 Mar  5 20:03 libethashseal
```

```
drwxrwxr-x  2 ubuntu ubuntu  4096 Mar  5 20:03 libethcore
drwxrwxr-x  2 ubuntu ubuntu  4096 Mar  5 20:03 libethereum
drwxrwxr-x  2 ubuntu ubuntu  4096 Mar  5 20:03 libevm
drwxrwxr-x  2 ubuntu ubuntu  4096 Mar  5 20:03 libp2p
drwxrwxr-x  2 ubuntu ubuntu  4096 Mar  5 20:03 libweb3jsonrpc
drwxrwxr-x  2 ubuntu ubuntu  4096 Mar  5 20:03 libwebthree
-rw-rw-r--  1 ubuntu ubuntu 35099 Mar  5 20:03 LICENSE
-rw-rw-r--  1 ubuntu ubuntu  6412 Mar  5 20:03 README.md
-rw-rw-r--  1 ubuntu ubuntu     0 Mar  5 20:03 refilltests
drwxrwxr-x  2 ubuntu ubuntu  4096 Mar  5 20:03 rlp
-rw-rw-r--  1 ubuntu ubuntu   262 Mar  5 20:03 sanitizer-blacklist.txt
drwxrwxr-x  3 ubuntu ubuntu  4096 Mar  5 20:03 scripts
-rw-rw-r--  1 ubuntu ubuntu   359 Mar  5 20:03 snapcraft.yaml
drwxrwxr-x  5 ubuntu ubuntu  4096 Mar  5 20:03 test
drwxrwxr-x  4 ubuntu ubuntu  4096 Mar  5 20:03 utils
```

다음과 같이 종족적인 파일들을 설치합니다.

```
$ sudo ./scripts/install_deps.sh  [Enter]
```

마지막으로 이더리움을 빌드합니다. 빌드하기 위해 다음과 같이 build 폴더를 생성한 다음 build 폴
더로 이동합니다.

```
$ mkdir build  [Enter]
$ cd build  [Enter]
```

이더리움을 컴파일합니다. 컴파일 시간은 5~10분 정도 걸립니다.

```
$ cmake ..  [Enter]
```

마지막으로 이더리움을 빌드합니다. 빌드 시간은 20~30분 정도 걸립니다.

```
$ sudo make [Enter]
Scanning dependencies of target secp256k1
[  1%] Creating directories for 'secp256k1'
[  1%] Performing download step (download, verify and extract) for 'secp256k1'
-- Downloading...
dst='/home/ubuntu/ethereum_src/cpp-ethereum/build/deps/src/secp256k1-ac8ccf29.tar.gz'
   timeout='none'
-- Using src='https://github.com/chfast/secp256k1/archive/ac8ccf29b8c6b2b793bc734661ce43d1f952977a.
tar.gz'
```

```
— verifying file...
      file='/home/ubuntu/ethereum_src/cpp-ethereum/build/deps/src/secp256k1-ac8ccf29.tar.gz'
— Downloading... done
— extracting...
    src='/home/ubuntu/ethereum_src/cpp-ethereum/build/deps/src/secp256k1-ac8ccf29.tar.gz'
    dst='/home/ubuntu/ethereum_src/cpp-ethereum/build/deps/src/secp256k1'

…

[ 96%] Building CXX object test/CMakeFiles/testeth.dir/unittests/libp2p/eip-8.cpp.o
[ 96%] Building CXX object test/CMakeFiles/testeth.dir/unittests/libp2p/net.cpp.o
[ 97%] Building CXX object test/CMakeFiles/testeth.dir/unittests/libp2p/peer.cpp.o
[ 97%] Building CXX object test/CMakeFiles/testeth.dir/unittests/libp2p/rlpx.cpp.o
[ 98%] Building CXX object test/CMakeFiles/testeth.dir/unittests/libtesteth/blockchainTest.cpp.o
[ 98%] Building CXX object test/CMakeFiles/testeth.dir/unittests/libtesteth/testHelperTest.cpp.o
[ 98%] Building CXX object test/CMakeFiles/testeth.dir/unittests/libweb3core/memorydb.cpp.o
[ 99%] Building CXX object test/CMakeFiles/testeth.dir/unittests/libweb3core/overlaydb.cpp.o
[ 99%] Building CXX object test/CMakeFiles/testeth.dir/unittests/libweb3jsonrpc/AccountHolder.cpp.o
[100%] Building CXX object test/CMakeFiles/testeth.dir/unittests/libweb3jsonrpc/Client.cpp.o
[100%] Building CXX object test/CMakeFiles/testeth.dir/unittests/libweb3jsonrpc/jsonrpc.cpp.o
[100%] Linking CXX executable testeth
[100%] Built target testeth
~/ethereum_src/cpp-ethereum/build$
```

빌드가 완료되면 생성된 이더리움 데몬을 시스템 디렉터리에 설치합니다.

```
$ sudo make install [Enter]
Install the project...
— Install configuration: "RelWithDebInfo"
— Installing: /usr/local/bin/eth
— Installing: /usr/local/bin/ethvm
```

이제 블록체인을 사용하는 이더리움 데몬이 /usr/local/bin 디렉터리에 설치되었습니다.

```
/usr/local/bin$ ll [Enter]
total 269732
-rwxr-xr-x 1 ubuntu ubuntu  10003392 Nov 30  2016 ccmake
-rwxr-xr-x 1 ubuntu ubuntu  10102640 Nov 30  2016 cmake
-rwxr-xr-x 1 ubuntu ubuntu  24907616 Nov 30  2016 cmake-gui
-rwxr-xr-x 1 ubuntu ubuntu  10444432 Nov 30  2016 cpack
-rwxr-xr-x 1 ubuntu ubuntu  11446256 Nov 30  2016 ctest
-rwxr-xr-x 1 root   root   139859456 Mar  5 20:43 eth
-rwxr-xr-x 1 root   root    69429864 Mar  5 20:43 ethvm
```

이것으로 컴파일, 빌드, 설치까지 완료되었습니다. 이제 이더리움 클라이언트를 시작해봅니다.

```
$ eth [Enter]
cpp-ethereum, a C++ Ethereum client
cpp-ethereum 1.3.0
  By cpp-ethereum contributors, (c) 2013-2018.
  See the README for contributors and credits.
    09:40:42 PM.878|p2p  UPnP device not found.
Node ID: enode://c4f84efcd74b95a75f09ea65eb21724732053518a5a2eb9f891ade9a71af2e6c3a5bcf8a77fed56d3b
58a4cd1ba77f414341e8e54e26b8c08a6fb65f328b84d9@0.0.0.0:0
JSONRPC Admin Session Key: DT+6yVodXTg=
```

이더리움 클라이언트가 실행되고 있는지 확인해봅니다. eth가 LISTEN(접속 대기 중)되고 있는 것을
확인할 수 있습니다.

```
ubuntu@ip-172-31-29-17:~/ethereum_src/cpp-ethereum$ netstat -pant
(Not all processes could be identified, non-owned process info
 will not be shown, you would have to be root to see it all.)
Active Internet connections (servers and established)
Proto Recv-Q Send-Q Local Address           Foreign Address         State        PID/Program name
tcp        0      0 0.0.0.0:22              0.0.0.0:*               LISTEN       -
tcp        0      0 0.0.0.0:30303           0.0.0.0:*               LISTEN       1448/eth
tcp        0      1 172.31.29.17:58144      13.84.180.240:30303     SYN_SENT     1448/eth
tcp        0    400 172.31.29.17:22         182.212.198.6:64384     ESTABLISHED  -
tcp        0      0 172.31.29.17:46550      13.93.211.84:30303      TIME_WAIT    -
tcp        0      0 172.31.29.17:22         182.212.198.6:63758     ESTABLISHED  -
tcp        0      0 172.31.29.17:46534      13.93.211.84:30303      TIME_WAIT    -
tcp        0      0 172.31.29.17:46564      13.93.211.84:30303      TIME_WAIT    -
tcp6       0      0 :::22                   :::*                    LISTEN       -
```

이더리움을 사용한 간단한 테스트로 계좌를 하나 생성해봅니다.

```
$ eth account new  [Enter]
Enter a passphrase with which to secure this account: [비밀번호 입력] enter
Please confirm the passphrase by entering it again: [비밀번호 입력] enter
Created key 6ec50921-1fdf-7159-e66f-217613df5b88
  Address: 00979adda1b6c0232d270c05302cfeb99647db3f
```

위와 같이 지갑 주소가 생성되었습니다. 다음과 같이 지갑 목록을 확인해 볼 수 있습니다.

```
$ eth account list [Enter]
Account #0: {00979adda1b6c0232d270c05302cfeb99647db3f}
```

이상으로 간단하게 이더리움도 살펴보았습니다. 이더리움에 관해 좀 더 상세한 것은 다음의 사이트를 참조하세요. 그리고 이더리움 블록체인이 실행되고 있기 때문에 여러분이 좀 더 발전시켜 나가길 바랍니다.

http://www.ethdocs.org/en/latest/ethereum-clients/index.html

지금까지 C 언어의 기본으로부터 블록체인에 이르기까지 4차 산업혁명에 필요한 기본을 배워보았습니다. 시간이 된다면 이 책을 2~3회 반복 학습해 실력을 좀 더 많이 향상시킬 수 있기를 바랍니다. 감사합니다.

초보자를 위한 200/300제

예제를 따라하며 쉽게 익히는 프로그래밍의 원리

초보자를 위한 C 언어 300제 (2판)

이 책에서는 C 프로그래밍을 시작하는 방법, 변수/상수의 선언, 포인터, 구조체 등의 기본적인 내용을 다뤄 기초를 쌓을 수 있도록 하였으며, 실무 등에서도 참고할 수 있도록 각종 런타임 함수(모든 프로그래밍 언어에서 공통적으로 사용되는 기법 전수) 등도 예제 중심으로 제공하고 있습니다. 또한, C 언어를 사용한 네트워크(TCP/IP) 서버/클라이언트 프로그램도 학습하고 실무에 활용할 수 있도록 하였습니다.

김은철 지음 | 664쪽 | 20,000원

초보자를 위한 파이썬 200제

파이썬은 스크립트 언어임에도 불구하고 C나 C++로 작성할 수 있는 대부분의 프로그램을 작성할 수 있으며, 동일한 목적의 프로그램을 C나 C++로 작성할 때와 비교하면 절반도 되지 않는 노력으로 구현할 수 있습니다. 이 책은 파이썬의 기본 자료형을 살펴보고 실무에 바로 적용하여 활용할 수 있는 예제를 가득 실었습니다.

장삼용 지음 | 376쪽 | 20,000원

초보자를 위한 Node.js 200제

이 책은 JavaScript+Node.js에 대한 기초 및 응용서입니다. 200개의 예제를 입문부터 초급, 중급, 활용, 실무를 거쳐 프로젝트까지 실현할 수 있는 단계로 구성되어 있습니다. 처음 시작할 때 설치부터 기본적인 문법 설명까지 안내하고, 한 예제를 1~3p로 구성함으로써 집중도를 높이게 되어 있습니다. 초보자에게 어려울 수도 있는 소스 코드는 라인별 친절한 설명이 있으므로 처음 겪는 분들도 쉽게 이해할 수 있습니다.

김경록, 정지현 지음 | 432쪽 | 23,000원

초보자를 위한 C# 200제

이 책은 문자 그대로 200개의 예제로 이루어져 있습니다. 200가지의 문제, 200가지의 해결방법, 200가지의 소스 코드 덕분에 끊임없는 반복 학습이 가능합니다. 문법에 대한 설명이나 이미 짜여진 코드를 보고 넘어가기는 쉽지만, 막상 활용하려면 보이지 않는 벽에 부딪히는 경우가 많습니다. 각 장에서 배운 문법을 최대한 활용할 수 있게 구성하였으므로 각 문법이 실제로 어떻게 사용되는지 생생하게 볼 수 있습니다.

조효은 지음 | 786쪽 | 25,000원

초보자를 위한 Java 200제 완전 개정판

객체지향 언어의 대표주자인 Java는 플랫폼에 영향을 받지 않으므로 Java 언어 하나만 알아도 웹부터 안드로이드, 엔터프라이즈, 클라우드 컴퓨팅에 이르는 다양한 영역의 프로그램을 작성할 수 있습니다. 활용 폭이 넓은 만큼 기본기가 탄탄해야 효율적인 프로그래밍이 가능합니다. 다시 말해 용어나 문법을 단순히 암기하는 데서 벗어나 구현 원리까지 구체적으로 이해하고 있어야 합니다. 이 책은 바로 여기에 중점을 두고 있습니다.

조효은 지음 | 816쪽 | 27,000원

예제가 가득한 시리즈

실전에 도움이 될 테크닉과 개발 노하우를 알려주는 지침서

예제가 가득한 iOS 프로그래밍

이 책은 현장에서 활약하는 iOS 앱 개발자 또는 초보자 탈출을 목표로 하는 개발자를 위해 iOS 애플리케이션 개발에서 조심해야 할 내용이나 알고 있는 내용을 쉽게 참고할 수 있는 내용을 중심으로 정리한 "팁 모음집"입니다.

Zhao Wenlai 외 지음 | 김은철, 유세라 옮김 | 468쪽 | 20,000원

예제가 가득한 Java 프로그래밍

Java에서 프로그래밍할 때 "정말 필요한 지식과 테크닉"을 목적별로 정리한 책입니다. "하고 싶은 것"을 목차에서 찾아 해당 레시피를 참조하면 "어떻게 가능할까"를 알아볼 수 있습니다. 초보자가 실수하기 쉬운 포인트에 대해 자세하게 설명하고 있으며, 유사한 기능이나 API의 용도에 관해 설명하고 있습니다.

Takezoe Naoki 외 지음 | 김은철, 유세라 옮김 | 584쪽 | 22,000원

예제가 가득한 JavaScript 프로그래밍

JavaScript에서 Web 애플리케이션을 개발할 때 이용될 수 있는 지식과 기술을 목적별로 정리하였습니다. 실제로 코드를 쓰는 중에 하고 싶은 일로부터 구체적인 구현 방법을 찾아볼 수 있습니다. 초보자가 실수하기 쉬운 사항에 대해 언급하였으며, JavaScript를 어느 정도 이해하고 있던 분들도 이 책을 통해 다시 입문할 수 있는 계기가 되었으면 합니다.

Yamada Yoshihiro 지음 | 김은철, 유세라 옮김 | 632쪽 | 23,000원

예제가 가득한 Android 프로그래밍

이 책은 현장에서 활약하는 Android 앱 개발자나 초보자 탈출을 목표로 하는 개발자를 위해 집필한 책으로, 안드로이드 앱 개발에서 조심해야 할 부분이나 알고 있는 것을 쉽게 참고할 수 있는 내용을 중심으로 정리한 '엄선 TIP BOOK' 입니다.

㈜Re:Kayo-System 지음 | 김은철, 유세라 옮김 | 608쪽 | 23,000원

예제가 가득한 PHP 프로그래밍

이 책은 PHP에서 Web 응용프로그램을 개발할 때 정말 필요한 지식과 테크닉을 목적별로 정리한 책입니다. '하고 싶은 것'을 목차에서 찾아 해당 레시피를 참조하면 "어떻게 가능할까"를 알아볼 수 있고, 초보자가 실수나 오류를 범하기 쉬운 포인트를 상세히 설명하고 있습니다.

Suzuki Kenji 외 지음 | 고영자 옮김 | 이현준 감역 | 872쪽 | 25,000원